权威·前沿·原创

皮书系列为
“十二五”“十三五”国家重点图书出版规划项目

北京国际城市发展研究院社会建设研究重点项目
贵州大学贵阳创新驱动发展战略研究院重点项目
北京国际城市文化交流基金会智库工程出版基金资助项目

贵阳城市创新发展报告 No.2 云岩篇

THE INNOVATION DEVELOPMENT REPORT OF GUIYANG No.2: YUNYAN CHAPTER

主　　编／连玉明
执行主编／朱颖慧

社会科学文献出版社
SOCIAL SCIENCES ACADEMIC PRESS (CHINA)

图书在版编目（CIP）数据

贵阳城市创新发展报告. NO. 2. 云岩篇 / 连玉明主编. －－北京：社会科学文献出版社，2017. 5
（贵阳蓝皮书）
ISBN 978－7－5201－0674－0

Ⅰ. ①贵…　Ⅱ. ①连…　Ⅲ. ①城市建设－研究报告－贵阳　Ⅳ. ①F299. 277. 31

中国版本图书馆 CIP 数据核字（2017）第 074919 号

贵阳蓝皮书
贵阳城市创新发展报告 No. 2　云岩篇

主　　编 / 连玉明
执行主编 / 朱颖慧

出 版 人 / 谢寿光
项目统筹 / 邓泳红　郑庆寰
责任编辑 / 郑庆寰　张玉平　吴　鑫

出　　版 / 社会科学文献出版社 · 皮书出版分社（010）59367127
地址：北京市北三环中路甲 29 号院华龙大厦　邮编：100029
网址：www. ssap. com. cn
发　　行 / 市场营销中心（010）59367081　59367018
印　　装 / 三河市东方印刷有限公司

规　　格 / 开　本：787mm × 1092mm　1/16
印　张：26. 25　字　数：440 千字
版　　次 / 2017 年 5 月第 1 版　2017 年 5 月第 1 次印刷
书　　号 / ISBN 978－7－5201－0674－0
定　　价 / 98. 00 元

皮书序列号 / PSN B－2015－498－10/10

贵阳蓝皮书编委会

《贵阳城市创新发展报告 No. 2 云岩篇》编写组

主　　　编　连玉明

执行主编　朱颖慧

副 主 编　宋　青　胡海荣　江　岸　张俊立　文　颖

核心研究人员　连玉明　朱颖慧　宋　青　胡海荣　江　岸　张俊立　文　颖　陈惠阳　刘春辉　汪　浩　刘　健　何庆生　陈　俊　张　华　李　伶　高佐涛　黄筑森　高继龙　赵　兵　胡焯雅　龚　诚　严　旭　梅　杰　陈　曦　叶梁婕　俸闻婧　季雨涵　潘关淳淳　张松群　陈　慧　李明环

学术秘书　胡焯雅

主编简介

连玉明　著名城市专家，教授、博士，北京国际城市发展研究院院长，贵州大学贵阳创新驱动发展战略研究院院长，北京市人民政府专家咨询委员会委员，北京市社会科学界联合会副主席，北京市哲学社会科学京津冀协同发展研究基地首席专家，基于大数据的城市科学研究北京市重点实验室主任，北京市社会发展研究中心理事长，北京市朝阳区发展研究中心首席顾问，大数据战略重点实验室主任，阳明文化（贵阳）国际文献研究中心主任。

研究领域为城市学、决策学和社会学。近年来致力于大数据战略、生态文明理论及实践等研究。首创“大数据战略重点实验室”，打造中国特色大数据新型高端智库。首次提出“贵阳指数”，该指数成为中国生态文明发展风向标。主编《贵阳蓝皮书：贵阳城市创新发展报告 No. 1》《中国生态文明发展报告》《贵阳建设全国生态文明示范城市报告》等论著60余部。最新研究成果《块数据：大数据时代真正到来的标志》《块数据2.0：大数据时代的范式革命》《块数据3.0：秩序互联网与主权区块链》成为中国国际大数据产业博览会的重要理论成果，《六度理论》《绿色新政》《双赢战略》成为生态文明贵阳国际论坛的重要理论成果。

摘 要

“创新、协调、绿色、开放、共享”的发展理念成为当下中国发展的主旋律、最强音。“十二五”期间，贵阳在创新领域先行一步，先棋一着，引入大数据思维、大数据技术，推动产业转型、创新发展模式，逐步探索出了一条守住“两条底线”、实现“双赢发展”的新路径，这也是践行“五大发展理念”的自觉行动。以此为基础，贵阳审时度势，主动承担发展的责任与使命，将“一个目标、三个建成”（打造创新型中心城市、建成大数据综合创新实验区、建成全国生态文明示范城市、建成更高水平的全面小康社会）作为“十三五”时期的奋斗目标，并科学提出以大数据引领经济转型升级、提升政府治理能力、改善民生服务水平的三大任务，以科技、人才、金融、安全为支撑，以培育创新环境、扩大开放合作、深化体制改革、健全法规标准、完善评价考核为保障，把建设块数据城市作为创新型中心城市的实现形态和战略抓手，增强区域发展的影响力、创造力和竞争力。贵阳市 10 个区（市、县）坚持以大数据为引领，服务大局、错位发展，发挥“长板”优势，补齐“短板”劣势，多维度、多层面进行实践探索，做强创新驱动引擎，加快构建全产业链；优化开放合作环境，加快构建全治理链；统筹民生事业发展，加快构建全服务链，为贵阳市建成创新型中心城市发挥强劲支撑作用。

《贵阳城市创新发展报告 No. 2 云岩篇》围绕“建设创新型中心城市核心区，率先实现基本现代化”这一主题，坚持理论探讨与实证研究相结合，在全面梳理云岩区“十二五”期间的发展历程，客观分析其规划指标、主要项目与任务完成情况的基础上，重点对云岩未来五年的发展形势、发展思路和路径进行探究。在贵阳市建设“千园之城”的重要战略背景下，结合云岩的区位特点和发展需求，本书还对公园城市建设与城市功能的问题以及云岩区如何建设“百园之区”进行理论研究和实践探讨。同时，为了解当前云岩基层社会治理的重点难点并探讨其“十三五”期间的发展思路，本书对云岩区所有

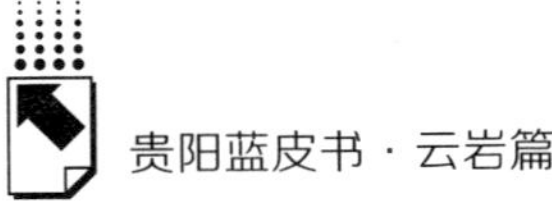

社区、乡（镇）的主要负责人进行深度访谈，在此基础上形成调研报告与案例报告。

本书认为，云岩区打造创新型中心城市核心区的功能作用与率先实现基本现代化的发展要求在内在上是高度一致、互为促进的。云岩应坚持以“五大理念”为引领，以“一巩固两率先三建成”为发展目标，以“提升三种能力、实现五个突破”为发展重点，以大数据为引领，深入实施创新驱动战略、开放带动战略、功能优化战略，重点实施“十大工程”推动大数据商用、政用与民用，全力打造创新型中心城市核心区，加快率先实现基本现代化。

Abstract

The concept of development of "innovation, coordination, green, open, sharing" is becoming the main theme and the strongest voice of the development ofChina. During the Twelfth Five-Year Plan period, Guiyang first introduced big data concept and big data technology in the field of innovation to promote industrial restructuring and innovation and development models, and gradually explored a new path to hold the "two bottom lines" and achieve the "win-win development", which is also a conscious action in practicing "five development concepts" . On the basis of this, Guiyang, taking the initiative to assume the responsibility and mission of development, with "one objective and three establishments" as the goal during the period of Thirteenth Five-Year Plan, put forward the three major tasks of the data-leading economic transformation and upgrading, improvement of the management capacity of the government and improvement of the level of people's livelihood services, supported by science and technology, personnel, finance and security by cultivating an innovative environment, expanding open cooperation, deepening the system reform, improving the standards, and strengthening the assessment, to build a block data city as an innovative central city and to enhance the influence, creativity and competitiveness of the regional development. The ten districts (cities and counties) of Guiyang City have made multi-dimensional, multi-level exploration, strengthened the innovation-driven engine, and accelerated the construction of the whole industry chain by adhering to the principle of being led by big data, considering the overall situation, dislocation development, playing the "long board" advantage and filling the "short board" disadvantage; optimized the open and cooperative environment and sped up the construction of the whole governance chain; coordinated the development of people's livelihood and accelerated the construction of full service chain, thus providing a strong support for Guiyang City to build an innovative center city.

Themed by "building an innovative central city which first achieves basic modernization", *the Innovation Development Report of Guiyang No.* 2: *Yunyan Chapter* focuses on exploring the development trend, ideas and path for Yunyan in the next five years by combing the theoretical discussion and the empirical research based on a comprehensive understanding of the development process of Yunyan during the period of Twelfth Five-Year Plan and the objective analysis of its planning indicators, main projects and completion of tasks. In the important strategic background of building Guiyang City as a "Park City", combined with the characteristics of the location and development needs of Yunyan, the Book also gives theoretical research and practice discussion on the park city construction and urban functions and how to build Yunyan as a "District of Parks" . At the same time, in order to understand the current focuses and difficulties in social governance at the grassroots level and to explore the development ideas during the Thirteenth Five-Year Plan period, research reports and case reports are produced in the Book based on in-depth interviews with the main leaders of all the communities and townships in Yunyan District.

The Book argues that the functional role of Yunyan District as the core area of the innovative central city is highly consistent with the development requirement for it to first realize the basic modernization and that the two promote each other. Yunyan should deeply implement the innovation-driven strategy, open strategy and function optimization strategy and focus on the implementation of the "top ten projects" to promote commercial, political and civilian application of big data, to create a core area in an innovative central city and to speed up the first achievement of basic modernization by adhering to the leading "five ideas", taking "one consolidation, two firsts and three establishments" as development goals, focusing on "enhancing the three capabilities to achieve five breakthroughs" and being led by big data.

目 录

Ⅳ 调研篇

Ⅴ 案例篇

CONTENTS

Ⅲ Theory Reports

Ⅳ Investigation Reports

Ⅴ Case Studies

导论：增强核心功能：一轮事关全局的深刻变革

总体来看，“十二五”期间，云岩区的发展在全省一直处于领先地位。围绕都市功能核心区定位和“三个率先”奋斗目标，坚守发展与生态两条底线，全面推进经济、政治、文化、社会、生态建设，云岩率先通过全省首批全面小康创建达标认定，为“十三五”时期在全省率先建成生态文明示范城区、率先迈向基本现代化奠定了坚实基础。2015 年，地区生产总值、税收收入增速、旅游总收入、综合科技进步水平指数、城镇新增就业人数、农村和城镇常住居民人均可支配收入等 13 项指标名列全省第一，保持了全省县域经济“排头兵”的地位。

云岩强劲的发展势头对贵阳、贵州实现后发赶超、同步小康起到了显著的示范引领作用。“十三五”时期是贵州省与全国同步全面建成小康社会的决胜阶段，作为贵州省经济社会发展“火车头”与“发动机”的贵阳市，正在以“守底线、走新路、打造升级版”为总览，培植后发优势，奋力后发赶超，以大数据为引领加快打造创新型中心城市，推动贵阳发展升级，走出西部欠发达城市经济发展与生态保护“双赢”的可持续发展之路。作为贵阳市的核心区，云岩在率先实现同步小康的基础上，开启迈向基本现代化的新征程。创新型中心城市核心区的功能需求和新阶段对发展品质的要求，对云岩发展提出了变革方向。

事关全局的重要性

云岩区核心功能的实现对于贵阳，以及贵州都具有重要意义。

云岩区历来是贵州省贵阳市政治、经济、文化的主要承载区。从区域位置看，云岩位于贵阳的城市中心区，是贵州省人大、省政府、省政协驻地所在地区。辖区内自然环境优美，人文景观丰富，尤其是阳明文化资源十分丰富。从综合实力看，云岩是贵阳发展的核心区，在“十二五”期间云岩 GDP 年均增长 14.1%，2015 年达到 650 亿元，总量始终保持全省第一。从发展阶段看，云岩是贵阳实现全面小康的先行区。

基于云岩区对全省、全市重要的影响力，在当前全省、全市的发展大局中，云岩转型发展的质量如何、发展的方向怎样，直接影响着全市其他区（市、县）。从建设创新型中心城市核心区来看，云岩应肩负着支撑助推的责任，要主动探索发展模式，努力成为产业层次最高的区域，加快金融业转型升级跨越，为全市实现产业创新、大数据应用、后发赶超率先闯出一条新路。从率先实现基本现代化来看，云岩肩负着引领带头的责任，要当好“排头兵”，为全省其他区（市、县）后发赶超树立榜样，加快全省全面小康步伐，增强全省各族干部群众的发展自信、跨越自信，为全省现代化积累经验、提供有益借鉴。

变革变什么?

核心区不仅是一个空间概念，其本质上还是一个功能概念。就创新型中心城市的核心区而言，它不仅仅是整个城市空间的核心，更是城市功能上的核心，应发挥核心功能作用。从建设创新型中心城市的需求出发，创新型中心城市的核心区应具备两大功能，发挥一个作用，即创新驱动功能、服务支撑功能、辐射带动作用。而这两大功能和一个作用与基本现代化对发展的可持续性、全面性和协调性的要求在内在上是高度一致、互为促进的。

但当前云岩区的发展与建设创新型中心城市的核心区、实现基本现代化仍存在不小的差距，集中体现在云岩区的创新能力较弱，缺乏引领发展的驱动力；发展质量不高，以云岩区为极核的增长体系尚未形成，缺乏辐射周边的带动力；治理难度较大，政治经济文化资源功能集中、人口密度大，“城市病”突出，缺乏功能完备的服务力。

因此，云岩区亟须完善创新驱动功能，转换主要增长动力，从要素驱动转向创新驱动，加快让创新取代传统要素（劳动力、资本、资源）成为驱动发展的新引擎，让创新在城市经济社会发展中发挥驱动功能；完善服务支撑功能，从要求导向转向需求导向，构建满足创新型中心城市发展需求的完备的服务体系，以高品质的城市管理、城市环境建设、公共服务、文化服务等为城市发展发挥支撑功能；增强辐射带动作用，在集聚要素推进自身发展的基础上，推动区域发展从极化效应向涓滴效应转变，向全市及全省其他区域发挥高端辐射作用。

变革怎么变?

变革需要发展理念引领，并以此推动发展方式的转变，最终实现发展质量效益的提高。为实现“一巩固两率先三建成”① 的发展目标，云岩首先应以“创新、协调、绿色、开放、共享”五大发展理念为引领，积极转变发展方式，着力实施创新驱动战略、开放带动战略、功能优化战略，重点“提升三种能力、实现五个突破”②，并推进“十大工程”实现大数据商用、政用与民用，切实提高云岩的发展质量效益。

完善块数据城市核心区布局，提升辐射传动功能。依托云岩作为核心区要素聚集优势，以及云岩与周边其他县域经济发展的关联互补优势，立足“一核五圈三片”的布局，加快完善块数据城市核心区的布局。

构建大数据支撑体系，提升对外开放功能。构建以“四大平台”为核心的大数据支撑体系，即人才培育平台、招商引资平台、投融资平台、科技创新平台，抓住机遇开拓发展。

培育大数据产业体系，提升业态聚合功能。走高端化发展路径，重点围绕大数据的核心业态、关联业态以及衍生业态，以“大数据 +”推动传统产业转型升级，在一批重点行业、关键领域实现大数据产业突破。

推进大数据政务创新，提升社会治理功能。将大数据应用作为政务系统提能增效的重要手段，着力运用数据增加效益、管住权力、服务市场、提升治理。

探索大数据惠民融合，提升公共服务功能。依托大数据技术，大力加强智慧云岩建设，增强公共服务高端智能供给，攻克教育、医疗、养老等民生“痛点”。

---

① “一巩固”，即全力巩固全面小康社会建设成果，建成更高水平的全面小康社会。“两率先”，即2018年率先达到生态文明示范城区标准、2020年率先在全省迈向基本现代化。“三建成”，即建成创新型中心城市核心区、建成全省大数据综合应用核心区、建成全省文化高地。

② 提升三种能力：提升综合创新能力、服务配套能力、现代大都市辐射能力；实现五个突破：围绕产业发展、城市建设、社会建设、文化建设、生态建设五大领域有所突破。

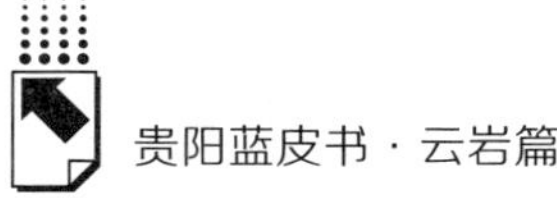

大数据助力城市建设，提升空间承载功能。按照“疏老城、建新城”总体规划，用大数据立体、多维、矩阵式的思维统筹考虑城市功能分区、综合交通组织、生态绿地系统、地下空间利用，提高城市建设的科学性和前瞻性，逐步破解“城市病”顽疾，提升空间承载功能。

聚焦大数据环境治理，提升生态涵养功能。整合生态领域块数据，建立完善生态环境大数据库，全面提高生态环境保护综合决策、监管治理和公共服务水平，打造生态文明示范城区。

厚植大数据文化土壤，提升城市人文功能。充分挖掘云岩的历史文化内涵和精髓，并借助大数据、互联网等新技术和新思维，着力塑造具有浓郁地方和民族特色的文化产业品牌，打造“八大特色文化名片”，建设全省文化高地。

落实大数据精准扶贫，提升协调发展功能。以大数据为抓手，动员社会各方力量，加大对“三农”的支持力度，强化扶贫精准性，推动云岩实现城乡一体化发展。

形成大数据党建格局，提升组织引领功能。充分利用大数据思维和手段加强党的建设，创新干部教育培训方式、强化干部队伍管理、深化党风廉政建设、夯实基层党组织基础，强化和提升组织引领的功能。

总 报 告

General Report

B.1

以创新驱动产业调整升级 以服务增强城市核心功能 探索西部地区率先实现 基本现代化的路径

——贵阳市云岩区“十三五”发展思路研究

摘 要： 我国进入“十三五”发展时期，从中央到地方都在探索新的发展道路。贵阳市云岩区作为城市核心区，早在2013年就顺利通过全省首批全面小康创建达标认定，开启了向基本现代化迈进的新征程。在云岩区“十三五”的开局之年，本课题组采取实地调研、座谈讨论以及深度访谈的形式，对云岩区的产业发展、公园城市建设、养老事业、扶贫事业、棚户区改造及“十三五”规划编制等工作进行深入调查研究，总结了云岩区“十三五”发展的基础与形势导向，梳理了云岩区“十三五”的整体发展思路，并对云岩区如何以创新驱动产业调整升级、以服务增强城市核心功能率先实现基本现代化

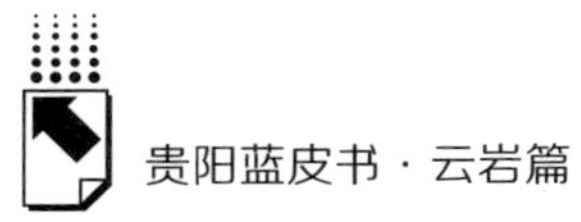

的路径进行探索，对于其他区域探索“十三五”的发展路径具有重要的参考和借鉴意义。

关键词：　云岩区　“十三五”　战略发展　创新驱动

一　云岩区“十三五”发展基础与形势研判

（一）现实的基础与优势

1. 从区域位置看，云岩是贵阳的城市中心区

云岩是贵阳的城市中心，城市面貌与人居环境较好。在城市面貌方面，“十二五”期间通过疏解老城、建设新城，云岩基础设施不断完善、城市功能有效优化。首先，云岩形成了以东线片区、西线片区、北线片区为总体格局的城市功能分区态势，在中心地带着力加快业态升级、功能疏解，建成一批城市综合体，并针对重点区域、重点路段、老旧小区开展整体提升和局部改造，成功转移市西路批发业态，大营坡、老百货大楼、新建汽车零部件厂等棚户区改造顺利推进（见图1）。在基础设施方面，稳步推进轨道交通1号线、2号线和1.5环等重大交通基础设施项目征拆工作。

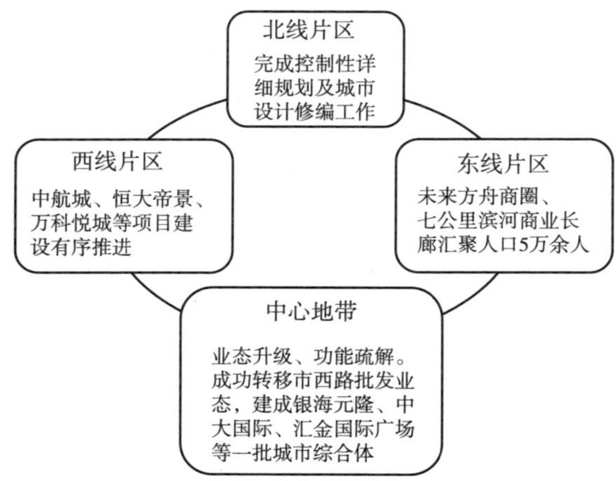

图1　“十二五”时期云岩区城市建设重点

其次，通过大力实施环卫市场化、综合执法扁平化、建设“温馨家园”，以及“碧水”“蓝天”“绿地”“清洁”“田园”保护计划和建设公园城市等举措，云岩区人居环境得到有效改善。截至“十二五”期末，云岩建成区绿化覆盖率为45.34%，森林覆盖率为34.58%，单位GDP综合能耗降低率达18%。①

2. 从综合实力看，云岩是贵阳发展的核心区

在经济方面，云岩在“十二五”期间一直领跑全省。

从经济总量来看，“十二五”期间，云岩GDP年均增长14.1%，2015年达到650亿元（见图2），GDP始终保持全省第一。与成都金牛、昆明五华、重庆渝北等城市核心区相比，云岩的差距分别缩小9.65个百分点、6.9个百分点、4.59个百分点。从产业结构来看，云岩的三次产业结构比为0.08∶19.14∶80.78，服务业增加值超过500亿元，处于主体地位；非公有制经济的发展态势良好，增加值达357亿元，占GDP的比重为54.93%。②

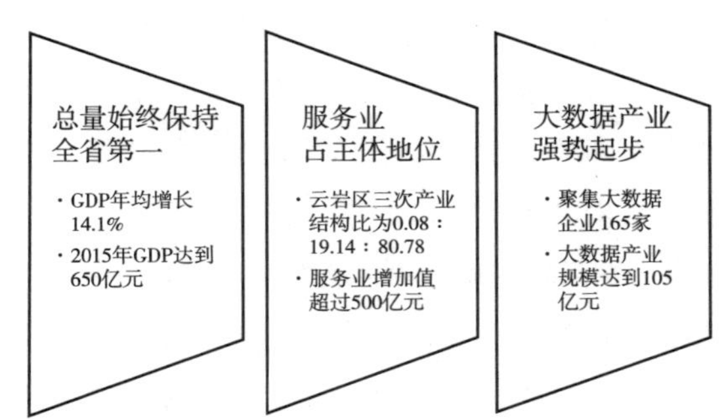

图2 云岩区“十二五”综合实力概况

此外，从大数据产业的发展来看，云岩在起步阶段打下了较好基础。截至“十二五”末期，云岩聚集大数据企业165家，大数据产业规模达105亿元。③

3. 从发展阶段看，云岩是贵阳实现全面小康的先行区

从发展阶段来看，云岩区2013年已顺利通过全省首批全面小康创建达标

---

① 中共云岩区委、云岩区人民政府：《关于云岩区工作情况的报告》，2016。

② 中共云岩区委、云岩区人民政府：《关于云岩区工作情况的报告》，2016。

③ 中共云岩区委、云岩区人民政府：《关于云岩区工作情况的报告》，2016。

认定，开启了向基本现代化迈进的新征程。截至2015年，全区城镇居民人均可支配收入为28117元，农村常住居民人均可支配收入为14026元，均排名全省第一。在民生方面，“十二五”期间，云岩区致力于解决“民生十困”①，义务教育均衡发展高质量通过国家验收，基本医疗及基本公共卫生服务实现区域全覆盖，每千名老人床位数达到30张，刑事发案数持续下降，2015年同比下降11.74%，安全感测评得分为96.66，并积极打造了“北京798”艺术中心、“阅享云岩”等特色文化品牌。

（二）存在的差距与问题

1.创新能力较弱，缺乏引领发展的驱动力

创新能力较弱，缺乏引领发展的驱动力是云岩的一大难题。虽然云岩的综合科技进步水平指数2015年已达95.3%，连续五年位居全省第一。但2015年全区大数据产业产值仅占全区地区生产总值的14.62%。② 目前，大数据产业仅体现在增量上，且高新技术产业企业数量少、增加值低，大数据和大健康等产业跨界融合和转型升级的能力滞后，战略性新兴产业发展较慢等问题还十分突出。加之区内的贵州师范大学、贵阳医学院等高校陆续外迁，创新平台和人才支撑不足，将制约云岩区的下一步发展。

2.发展质量不高，缺乏辐射周边的带动力

云岩区作为贵阳市政治、经济、文化中心城区之一，不仅城区规模与人口大区不相称，而且经济总量明显偏小，以云岩区为极核的增长体系尚未形成，缺乏辐射周边的带动力。

按照现代区域性中心城市发展规律，首位城区人口不低于10%、经济总量不低于30%，首位城区的中心地位才能得到有效巩固。但目前，云岩区的主要指标，特别是工业增加值指标在全市和全省的占比较低（见图3），且近年来随着周边区域的加快发展，占比呈下降趋势，成为区域性中心城区还有一定距离。

① “民生十困”，即“收入低、就业难、上学难和上好学难、看病难、养老难、治安形势严峻、住房难、行车难和停车难、买菜难和买菜贵、公共绿地少”。

② 中共云岩区委、云岩区人民政府：《关于云岩区工作情况的报告》，2016。

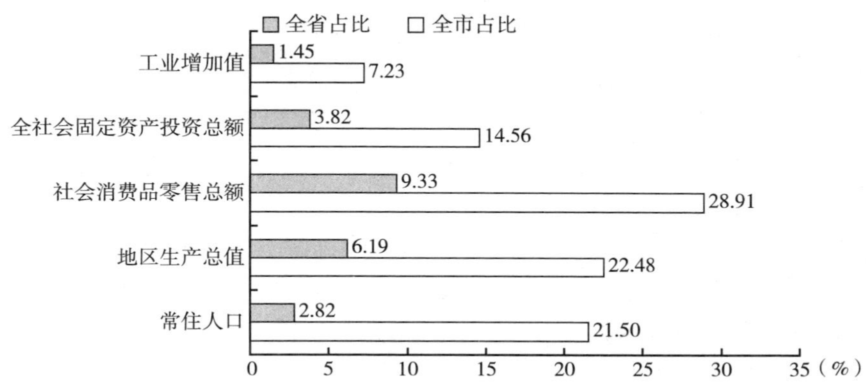

图 3　云岩区主要指标全省及全市占比情况

资料来源：贵阳市委、市政府联合调研组，《云岩区发展情况调研报告》，2016。

此外，从发展质量来看，云岩区的主体产业——服务业，仍存在内部各行业发展不平衡、结构不够合理等问题。餐饮、房地产等传统行业比重偏大，信息、中介等生产性服务业比重偏小，生产性服务业发展不足的问题日益凸显，资料显示“云岩区的生产性服务业在服务业中的比重较低，仅占到30%左右，而沿海发达城市中心城区的比例一般可占到70%以上，差距很大”。①

3. 治理难度较大，缺乏功能完备的服务力

云岩区作为贵阳市两大主城区之一，治理难度较大，集中体现在政治经济文化资源功能集中、人口密度大，“城市病”缓解难度大。

云岩区是省政府、省人大、省政协等20余家省直部门所在地，汇聚4大银行以外的所有金融机构的总部及信息咨询、法律服务等中介机构，有多所省级高校、优质中小学和省内优质三甲医疗机构。这种资源功能的高度集聚，也吸引了高密度居住人口、高密度就业人口、高密度建筑形态，云岩区以全市1.16%的面积，聚集了全市21.5%的人口，人口密度达1.063万人/平方公里，是贵阳市的18.49倍。② 虽然近年来云岩区大力推进中心城区功能疏解，但上好学难、看病难、交通拥堵等“城市病”仍未得到根本缓解（见图4）。

① 中共云岩区委、云岩区人民政府：《关于云岩区工作情况的报告》，2016。

② 贵阳市委、市政府联合调研组：《云岩区发展情况调研报告》，2016。

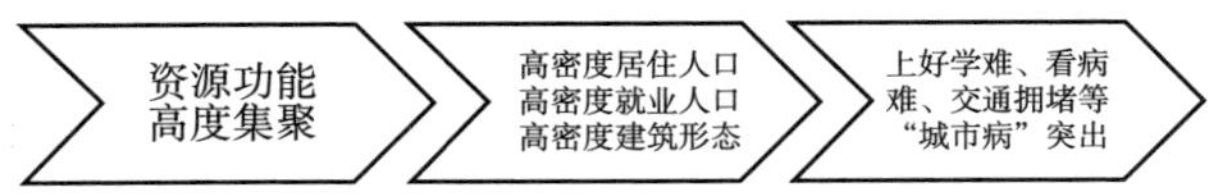

图 4　云岩区“城市病”分析

从服务功能来看，由于云岩区本身建成区空间狭小，建筑密集，空间布局不尽合理，大量棚户区与高楼并立，老旧小区、院落、背街小巷穿插其中，城郊接合部散布多个城中村，公共基础建设和配套设施不完善，城市功能发挥并不理想，缺乏功能完备的服务力。但是目前旧城改造、新区拓展需要巨额投入，成本高企，加之拆迁量大、矛盾多，路网不完善，基础设施薄弱，推进较为缓慢。而在公共服务方面，云岩区区域面积有限，空间资源有限，导致现有文化、体育、医疗、教育设施用地与国家相关标准差距较大，还有 10 个社区没有卫生服务中心，文化、体育设施只有国标的 15%，教育设施也只有国标的 50% 左右，且布局非常不均衡，大量资源集中在城区核心范围内。

（三）发展的形势与导向

1. 速度变化、结构优化、动力转换的经济新常态为实现弯道取直、后发赶超创造了发展机遇

在经过改革开放 30 多年高速增长后，我国当前的经济环境、资源环境、生产能力、市场需求等已然发生重要变化。随之而来的是，经济的增长速度转向中高速，发展方式转向质量效率型集约增长，结构调整转向存量与增量并存的深度调整，发展动力转向新增长点。简言之，我国进入了速度变化、结构优化、动力转换的新时期。

在此背景下，为适应新变化，我国在资源配置上更加注重以市场发挥决定性作用，政府的宏观调控转向以“区间调控 + 定向调控”为主，进一步加大行政体制改革，释放“大众创业、万众创新”活力；在产业结构上，更加注重推动高新技术产业发展，并倡导以“互联网 +”“大数据 +”推动传统产业转型升级。在经济新常态面前，东西部同样面临转方式调结构的新命题。只要能主动适应经济新常态，引领经济新常态，西部欠发达地区也有弯道取直、后发赶超的可能。

2. 新一轮城市规划建设管理改革明确了“让人民生活更美好”的发展导向

与经济发展类似，经过30多年发展，我国城市发展也到了一个新的“拐点”。超过50%的常住人口城镇化率，表明我国的城市形态正在发生根本变化，亟须完善和优化城市规划、建设及管理的理念与体制。在此“拐点”，中央城市工作会议再度召开，明确指出我国城市发展已经进入新的发展时期。

新时期需要新的发展方向。2016年2月出台的《中共中央国务院关于进一步加强城市规划建设管理工作的若干意见》，明确城市规划建设管理的总体目标是：“实现城市有序建设、适度开发、高效运行，努力打造和谐宜居、富有活力、各具特色的现代化城市，让人民生活更美好。”

就地处西部的贵州而言，要跟上新一轮城市规划建设管理的步伐，让人民生活更美好，关键先要补齐短板。2016年6月，贵州省印发《关于进一步加强城市规划建设管理工作的实施意见》，强调今后5年内贵州将完善一系列城市路网、地下综合管理、垃圾综合处置等基础设施建设。而将在2020年建成全国生态文明示范城市的贵阳，也审议通过新的《贵阳市控制性详细规划管理办法》《贵阳城市环境总体规划（2015～2025）》，为贵阳推进生态文明城市建设和可持续发展提供法制和环境战略支撑。

3. 大数据战略的实施为守底线、走新路提供了现实路径

发展方向决定发展路径。既要守底线，摒弃透支自然资源、破坏生态环境的传统老路，又要促进经济发展与改善民生，建设让人民生活更美好的城市，贵阳迫切需要探索发展新路。而《促进大数据发展行动纲要》（以下简称《纲要》）和国家大数据综合实验区的建设，为贵阳的变革与发展提供了现实路径。

《促进大数据发展行动纲要》将大数据产业提升到国家战略高度，并指出大数据已经成为推动经济转型发展的新动力，在创新生产组织方式、改变经济运行机制、创新商业模式、催生新业态等方面发挥重要作用，大数据产业正在成为新的经济增长点。贵州作为《纲要》唯一提及的省份及大数据综合试验区践行者，要以此为契机，大力推进大数据战略行动，将大数据作为实施创新驱动发展战略的重要支撑。以大数据培育新动能、发展新经济，已成为贵州和贵阳的发展重点。“十三五”期间作为贵州省会城市的贵阳，更是明确提出要加快形成以大数据为引领的创新型中心城市发展格局。

二　从两大关系看云岩区“十三五”发展的整体思路

（一）从“两个一百年”看全面小康与基本现代化的关系

1. 全面小康以实现人民生活富裕为主要导向

继党的十五大报告首次提出两个一百年奋斗目标之后，党的十八大报告再次重申：在中国共产党成立一百年时全面建成小康社会，在新中国成立一百年时建成富强民主文明和谐的社会主义现代化国家。

针对全面小康的目标，十八大报告提出“实现国内生产总值和城乡居民人均收入比2010年翻一番”的新指标。此外，十八大报告也明确指出要“千方百计增加居民收入”，通过深化收入分配制度改革，让经济发展水平和人民生活水平能够同步提高，并明确提出要“提高居民收入在国民收入分配中的比重、提高劳动报酬在初次分配中的比重”。将经济总量指标与人民生活指标一并提出，注重增加居民收入，这些举措都明确显示全面小康是以实现人民生活富裕为主要导向。

2. 基本现代化以提升发展品质为主要方向

我国基本现代化的发展要求是随着时代发展不断丰富完善的。从新中国成立初期到改革开放前，我国相继提出的现代化目标主要涵盖工业、农业、交通运输业、国防、科学技术等领域。从本质上看，该阶段的现代化发展要求主要是以经济的现代化为核心。改革开放后，在不断的实践和探索之中，以经济建设为核心的现代化取向，逐渐转变发展为“五位一体”① 的现代化布局。从最初单一追求经济现代化，到五大领域的现代化，这体现出现代化对发展品质要求的变化。“十三五”开年之际，我国树立“五大发展理念”，并明确发展理念、发展方式、发展质量和效益之间的关系，旨在提升广大群众的获得感，这无疑指出了发展品质提升的路径和目标。

---

① 贵阳市委、市政府联合调研组：《云岩区发展情况调研报告》，2016。

3. 全面小康与基本现代化是相互衔接的历史阶段和梯次推进的发展目标

“全面建成小康社会”和“建成富强民主文明和谐的社会主义现代化国家”是中国梦的两个阶段。

从目标的设置时间和内容上来说，全面小康与基本现代化是相互衔接的历史阶段。全面小康的目标指向2020年，国内生产总值和城乡居民人均收入到2020年比2010年翻一番，全面建成惠及十几亿人口的小康社会。而基本现代化的目标则指向新中国成立100年——2049年之时，建成富强民主文明和谐的社会主义现代化国家。

从发展阶段来看，二者是梯次推进的发展目标，不能调换。只有全面建成小康社会才能开启迈向现代化建设的新征程，并为未来30年基本实现现代化奠定基础。而基本现代化是在全面建成小康社会基础上的全面升级。究其根本，现代化是一个转变的过程，其核心是经济、社会、文化进行根本性变革，从而推动传统社会向现代社会转变。相比全面小康，基本现代化发展的目标要求更加全面，也更加丰富，指向的是人的自由全面的发展。

（二）创新型中心城市核心区与实现基本现代化

1. 创新型中心城市核心区的本质是要完善功能作用

核心区不仅是一个空间概念，其本质上也是一个功能概念。就创新型中心城市的核心区而言，它不仅仅是整个城市空间的核心，更是城市功能上的核心，应发挥核心功能作用。

从建设创新型中心城市的需求出发，创新型中心城市的核心区应具备两大功能，发挥一个作用，即创新驱动功能、服务支撑功能、辐射带动作用。所谓创新驱动功能，就是核心区要转换主要增长动力，加快让创新取代传统要素（劳动力、资本、资源）成为驱动发展的新引擎，让创新在城市经济社会发展中发挥驱动功能。所谓服务支撑功能，就是核心区要构建支撑城市发展的完备的服务体系，以高品质的城市管理、城市环境建设、公共服务、文化等为城市发展发挥支撑功能。所谓辐射带动作用，就是核心区要在集聚要素的基础上，在区域发展中发挥辐射带动作用。创新是动力，服务是支撑，辐射带动是效能，三者缺一不可。

2. 实现基本现代化对发展提出更高要求

基本现代化的发展是可持续的发展，需重构经济动力体系，实现发展的可持续性。随着我国劳动力、资本、土地、资源、能源、环境的低成本优势逐渐消失，资源能源环境恶化的制约愈发明显，重构经济动力体系势在必行。

基本现代化的发展是全面的发展，需完善功能结构体系，实现发展的全面性。首先，基本现代化追求的是以人为本，实现人的自由全面的发展。按照马斯洛需求理论，人的全面发展不仅要满足生理需求、安全需求，更要在此基础上，得到爱和归属感、尊重和自我实现。从经济社会发展领域来说，全面的发展就是全面推动经济、政治、文化、社会、生态文明发展，人的发展需求的全面性以及社会发展领域的全面性决定了社会功能结构体系必须不断完善。

基本现代化的发展是协调的发展，需形成协同联动体系，实现发展的协调性。坚持协调发展，应按照中国特色社会主义事业的总体布局，正确处理发展中的重大关系，对内处理好经济建设、政治建设、文化建设、社会建设、生态文明建设之间的关系，建立内部协同联动体系，促进经济社会协调发展；对外重点处理好城乡之间、区域之间的关系，建立城乡协同、区域联动体系，促进区域间协调发展。

3. 功能作用与发展要求是高度一致、互为促进的

从创新型中心城市核心区应具备的功能出发，对照基本现代化的发展要求，不难发现二者是高度一致且互为促进的。

创新驱动的功能与基本现代化对发展的可持续性要求是一致的。唯有以创新驱动发展，才能缓解人与自然的矛盾，实现经济绿色、均衡、可持续发展；调节人与人的矛盾，实现社会有序竞争、和谐公正、可持续发展。服务支撑功能与基本现代化对发展的全面性要求是一致的。发展的全面性决定了需求结构的多样性和复杂性，而需求结构的满足需要强有力的服务功能支撑。辐射带动的作用集中体现在对面的辐射和对点的带动，兼具广泛性和针对性，有助于发展的平衡与协调。换言之，辐射带动作用不仅有助于发挥突出优势，辐射影响各个领域与区域间的发展，而且能通过合理配置优质资源，集中火力补齐短板。

（三）云岩区应全力以赴打造创新型中心城市核心区，加快实现基本现代化

1. 以“五大发展理念”为发展引领

为适应和引领新常态，云岩应以“五大理念”引领发展。

坚持创新发展，把创新摆在区域发展全局的核心位置，实施创新驱动战略，加快健全激励创新的体制机制，强化创新投入和人力资本建设，激发创新主体活力，发挥科技创新在全面创新中的引领作用。坚持协调发展，缩小区域内部差距，拓宽城市发展空间，统筹城市中心与周边区域一体化发展；加强对民生等薄弱领域的投入，推进社会事业全面进步，促进有效投资，扩大社会消费，挖掘经济发展潜力；构建全省文化高地，推动物质文明和精神文明协调发展。坚持绿色发展，着力推进生态文明建设，大力推行绿色低碳的生产生活方式，加大生态环境保护力度，推进形成生产空间集约高效、生活空间适度宜居、生态空间山清水秀，实现百姓富与生态美有机统一。坚持开放发展，按照行政干预最少、发展环境最优、服务质量最好的目标，更加注重扩大对内对外开放，充分借助外部力量和经验发展壮大自己，激发发展活力和动力，拓展深化合作渠道，建立稳定长效机制，着力促进互利共赢。坚持共享发展，把保障和改善民生放在经济社会发展优先位置，推进基本公共服务均等化，加强和创新社会治理，努力使全体人民群众更广泛地参与发展过程、更公平地分享发展成果，增强人民群众获得感。

2. 以“一巩固两率先三建成”为发展目标

“十三五”时期，云岩区奋斗目标是：“一巩固两率先三建成”（见图5）。

“一巩固”，即全力巩固全面小康社会建设成果，建成更高水平的全面小康社会。

“两率先”，即2018年率先达到生态文明示范城区标准。围绕贵阳市建设全国生态文明示范城市的总体要求，加强生态环境保护，地区生产总值单位能耗和主要污染物排放总量明显下降，城区空气质量明显向好，形成功能互补、特色鲜明、优美宜居的现代化城区。2020年率先在全省迈向基本现代化。基本实现产业现代化、城市现代化、文化现代化、公共服务现代化和生活现代化，建成全省基本现代化的先行区和示范区。

“三建成”，即建成创新型中心城市核心区。把创新摆在发展全局的核心位置，全面推进理念文化、体制模式、路径空间、技术产业、社会事业和公共服务等全领域创新，进一步完善城市布局，优化城市功能，提升综合创新能力、服务配套能力和现代化大都市辐射能力，推动大众创业、万众创新，成为贵阳创新型中心城市核心区。建成全省大数据综合应用核心区。着力强化大数据引领，以优势聚资源，以应用促发展，倾力打造社会管理与公共服务大数据应用平台中心，在社会治理、产业发展、民生保障等领域积极推广大数据应用示范，提升政府治理能力，提高公共服务水平，带动产业转型升级。建成全省文化高地。着力打造以阳明文化为核心，以生态文化、时尚文化、都市文化、公共文化和民族文化等为支撑的文化建设示范区，推动现代国民教育体系更加完备，公共文化服务体系更加健全，文化设施显著改善，文化产业长足发展。

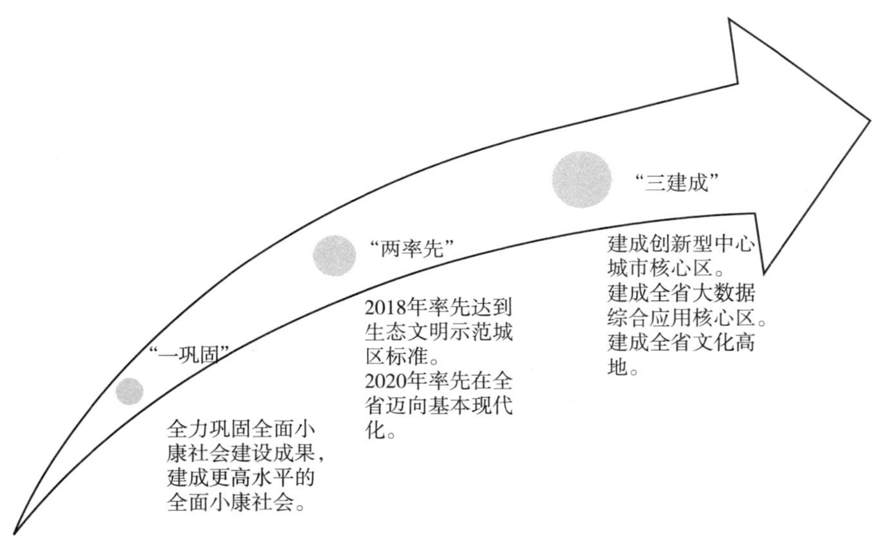

图5　云岩区“十三五”发展目标

3. 以“提升三种能力、实现五个突破”为发展重点

面对新常态发展的新机遇、城市发展的新导向、大数据战略提供的新路径，结合云岩区建设创新型中心城市核心区、加快率先实现基本现代化的需求与目标，云岩应以“提升三种能力、实现五个突破”为发展重点。

“提升三种能力”：提升综合创新能力，云岩区作为创新型中心城市的核心区，应率先提升综合创新能力，逐步形成具有特色和领先地位的创新生态体系，使创新在云岩的发展格局中占据核心位置，成为经济社会发展的第一推动力和新引擎；提升服务配套能力，云岩区作为创新型中心城市的核心区，应不断破除体制机制障碍，加快改革创新的步伐，特别是在城市建设、城市管理、民生服务、社会事业发展的各个方面要提升能力，让创新成果惠及市民百姓；提升现代大都市的辐射能力，作为创新型中心城市的核心区，应对全市及全省其他区域形成高端辐射，提高云岩作为中心城区的实力。

而“五个突破”则是云岩应围绕产业发展、城市建设、社会建设、文化建设、生态建设五大领域有所突破。在产业发展方面，着力构建以大数据产业为引领，以金融业为龙头，以现代服务业为主体的新产业体系。在城市建设方面，应以降低人口密度为核心，棚户区改造应坚持“多拆不建、只拆不建”的原则，加快中心城区功能疏解，建设靓丽、时尚、文化、生态新云岩。在社会建设方面，应深化社区体制改革，强化长效机制建设，着力整治城市风貌和环境。在文化建设方面，应依托云岩文化资源优势，积极推动以阳明文化为核心的各类文化建设，同时加强公共文化设施建设与布局平衡。在生态建设方面，云岩应在“千园之城”建设中发挥示范引领作用，立足区情积极探索集约式公共空间绿化。

三 云岩区“十三五”率先实现基本现代化的路径研究

（一）“三大战略”落实创新型中心城市核心区功能

1. 实施创新驱动战略，实现动能转化

创新型中心城市核心区的核心功能是创新驱动功能。云岩区应把大数据作为经济发展的重大战略引擎，以大数据为引领，调整产业结构，推动传统的优势行业，如金融业、楼宇经济、总部经济等转型升级，推动生产性服务业发展有所突破，着力构建新型产业体系。以此为路径，推动云岩区的发展动能从要素驱动转变为创新驱动，推动大数据及相关产业规模不断突破，提升金融业与服务业的增加值。

2. 实施开放带动战略，提高开放水平

辐射带动作用是创新型中心城市核心区应发挥的关键作用。云岩区应把深化改革、扩大开放作为跨越发展的关键，重点集聚优势资源，带动自身发展。对外，进一步充分利用贵阳市京筑合作的开放平台，集聚创新要素，强化项目、环境和人才支撑，将大数据、大健康、大教育以及文化旅游等作为企业和人才引进的重点领域，提升外向型经济对 GDP 的贡献率。此外，对内加大与高新区、经开区、综合保税区以及双龙临空经济区的交流合作，促进优势互补。

3. 实施功能优化战略，形成服务支撑

服务功能是创新型中心城市核心区的重要支撑，云岩区应以管理精细化、服务精准化、城市精品化为方向，实施功能优化战略。坚持旧城改造与新城建设并举，重点以公园城市建设优化城市功能，提升城市管理精细化水平；坚持共享理念，重点完善城乡就业、医疗教育、社会保障、公共文化和安全生产等领域的服务内容，并针对多元化的主体，创新服务方式，提升城市服务精准化水平；坚持“以文化人”，以云岩的文化内涵贯穿城市建设与管理，重点将文化与产业发展、城市综合体以及公园建设相结合，彰显云岩特色，提升城市品质，推动城市朝精品化方向发展，打造空间优化、环境宜居、功能完善、产业合理、服务到位的城市核心区。

（二）“十大工程”实现大数据商用政用民用价值

云岩区建设创新型中心城市核心区，率先实现基本现代化的关键在于以大数据促进商用、助推政用、带动民用，让大数据在商用、政用、民用中落地，推动云岩区产业调整优化升级、政府治理有效升级、服务功能全面升级。

1. 完善块数据城市核心区布局，提升辐射传动功能

贵阳市明确提出，打造创新型中心城市，首先要建成块数据城市。云岩区作为创新型城市核心区，也是块数据城市的核心区，应发挥核心区要素聚集优势，以及与周边县域经济板块的高度关联互补优势，按照“153”即“一核五圈三片”结构布局（见图6），进一步深化产业规划布局，释放辐射效能，实现功能传动。

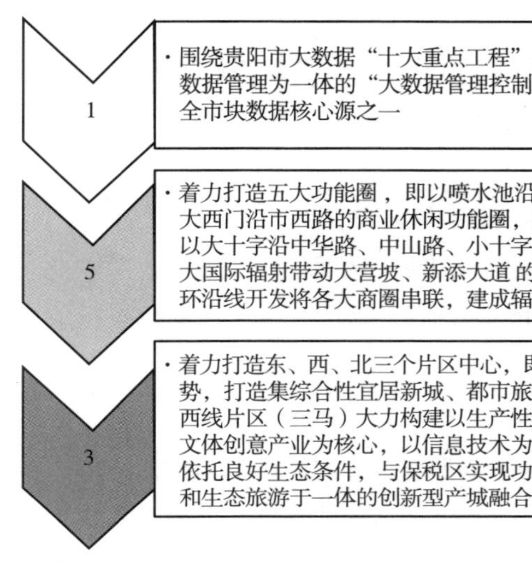

图6　云岩区块数据城市核心区“一核五圈三片”结构布局

2. 构建大数据支撑体系，提升对外开放功能

面对大数据蓝海机遇，云岩应构建以“四大平台”为核心的大数据支撑体系，即人才培育平台、招商引资平台、投融资平台、科技创新平台，抓住机遇开拓发展。

在人才培育平台方面，坚持把人才工作作为重要战略任务，进一步深化与贵州财经大学、贵州理工学院、深圳北斗应用技术研究院等高校和科研院所的合作，全力打造大数据人才产学研训“十大基地”，着力构建涵盖高、中、初三级和商用、民用、政用三大领域的大数据人才培养体系，实现年培训大数据人才 1 万人的目标，为大数据发展提供人才支撑。

在招商引资平台方面，以数据库形式完善招商工作台账，强化数据分析，健全从项目筛选、评估、洽谈、签约、落地到推进的全程跟踪机制，积极争取省、市支持，着力开展精准招商，尤其要加大对大数据相关企业的招商，提高驻区饱和度，使云岩成为承接全市大数据项目的重要一极。

在投融资平台方面，成立投融资决策委员会，加快推进区属国有平台公司的搭建和整合重组，采取实体化项目运作，做大做强，力争 5 年内在 1～2 个优质板块上市。按比例设立大数据发展基金，推进金融服务创新，打通大数据创新型企业融资渠道。

在科技创新平台方面，优化“双创”环境，建立容错纠错机制，积极搭建科技创新创业孵化服务平台，做大做强一批示范性和创新型孵化器、众创空间，汇聚创新要素，提升创新能力。

3. 培育大数据产业体系，提升业态聚合功能

在产业方面，坚持高端化发展路径，围绕大数据的核心业态、关联业态以及衍生业态，以“大数据 +”推动传统产业转型升级，在一批重点行业、关键领域实现大数据产业突破。

着力发展大数据核心业态。充分发挥中心城区海量数据流通优势，大力扩展大数据核心门类应用。重点扶持以大数据加工为代表的航天云宏、以大数据分析为代表的贵州云腾致远科技、以大数据交易为代表的中品数交、以大数据信息安全为代表的贵州亨达集团等企业发展壮大；同时，积极促进全球顶尖的大数据分析应用思爱普（SAP）公司落户，带动本土企业技术、理念、服务升级，加快构建核心业态重要增长极。

大力发展大数据关联业态。积极推进外包型呼叫中心聚集壮大，扶持培养一批呼叫中心与服务外包企业，配套发展软件开发业务。重点依托贵州财经大学大数据金融产业园和贵州理工学院大数据产业园，加快推动文思海辉、北大青鸟、中科曙光等服务外包和软件开发高新技术项目建设，将云岩发展成为重要的呼叫服务基地和大数据研发中心。

全面发展大数据衍生业态。在金融业方面，重点依托华融金融中心、黔金所（金融超市）等，加快发展以数据资产交易为核心的大数据金融业务，进一步增强金融业龙头效应，努力建成块数据交易中心。在电子商务方面，推动电子商务与实体经济融合发展，加快传统楼宇、商圈卖场信息化建设，利用大数据支持品牌建立、产品定位、精准营销，逐步形成新型商业产业集群，带动楼宇经济结构性升级。在旅游业方面，围绕“吃、住、行、游、购、娱”，进一步整合全区旅游景点、酒店餐厅、旅行社团等基础信息，通过为游客提供可查、可导、可荐、可评、可信的智慧服务，提升旅游数据综合应用效益，推动旅游景点和旅游业态扩展连接，打造全景、全业、全时、全民的“全域旅游”。在医药业方面，推进益佰肿瘤大数据中心、医生集团、康德乐智能医疗物流、百灵糖尿病防控数据中心等项目建设，加快建成贵州省重要的大健康医药产业集聚区。

4. 推进大数据政务创新，提升社会治理功能

在大数据政用方面，将大数据应用作为政务系统提能增效的重要手段，着力运用数据增加效益、管住权力、服务市场、提升治理。

在增加效益方面，按照市级平台管理要求，建立区级政府数据交换共享平台，确立政府数据资源清单和开放目录，对数据予以分类定级，在安全保障和隐私保护的前提下，稳步推动公共数据资源集中向社会开放，促成“数据商机”，尝试拓展数据增值服务业务。

在管住权力方面，扎实推进“数据铁笼”工程，通过数据留痕，实现权力运行可视化、监督具体化、管理预判化。并充分运用“党建红云”平台，强化全区党员干部数据动态管理，进一步形成以数据分析、管理为主导的干部行为监督机制。

在服务市场方面，推进大数据综合治税示范应用，完善综合治税信息平台，通过数据专业分析，提升税收风险管理和专业化管理水平。推进商事服务便捷化，加快建立公民、法人和社会组织统一社会信用代码制度，为社会公众提供查询注册登记、行政许可、行政处罚等各类信用信息的一站式服务；依托数据库系统，实行商事审批全流程办理，简化办事程序。

在提升治理方面，加大力度推广“双助理”及智慧门牌管理模式，实现村（居）全覆盖。以禁毒人民战争社会化康复“一公里”小站、阳光助业驿站成功经验为基础，健全综治、禁毒、流管、信访等重点工作数据采集、分析、应用工作长效机制，实现管理无缝对接，提高精细化管控水平，有效破解社会治理“顽疾”。

5. 探索大数据惠民融合，提升公共服务功能

为提升公共服务功能，增加居民获得感，云岩区应借力大数据技术，大力加强智慧云岩建设，增强公共服务高端智能供给，攻克教育、医疗、养老等民生“痛点”。

在智慧教育建设方面，依托智慧教育大数据综合服务平台，全面实现大数据在教育管理、课堂教学、学校管理及教育评价等方面的运用，实现数据产生、录入、分析、处理能力的全面提升，逐步实现从传统教育到数字教育再到智慧教育的跨越发展，打造贵州省乃至全国领先的智慧教育示范区。

在智慧医疗建设方面，按照省、市统一规划，利用大数据建成集管理、服务为一体的智慧医疗体系，实现数据互联互通，提供在线会诊、病情监测、医疗指导等服务，探索打造新型医疗示范样板。

在智慧养老体系建设方面，依托社区养老服务平台，整合相关信息数据资源，面向第三方开放共享，推动专业型、养护型机构养老和社区养老、居家养老结合，逐步形成养老服务多层次、多样化供给体系，为老年群体提供广泛的综合服务。

在智慧民生体系建设方面，依托“社会和云”，推动人口健康、社会保障、就业帮扶等民生服务数据与互联网、移动互联网、个人终端设备联通，开发便民应用，优化公共资源配置，打造民生服务升级版。

6. 大数据助力城市建设，提升空间承载功能

面对空间资源的有限性和城市功能的不完善，云岩区应以大数据助力城市建设，按照“疏老城、建新城”总体规划，用大数据立体、多维、矩阵式的思维统筹考虑城市功能分区、综合交通组织、生态绿地系统、地下空间利用，提高城市建设的科学性和前瞻性，逐步破解“城市病”顽疾，提升空间承载力。

重点强化信息基础设施建设。积极配合“无线网络·满格贵阳”行动，打造“信息高速公路”，为大数据产业发展提供重要支撑。建设适应经济社会发展需要的下一代信息基础设施，着力提升宽带用户 50Mbps 宽带接入能力覆盖率，推动云岩区所有室内公共场所 WIFI 实现全覆盖。

重点打造智能楼宇。按照智能楼宇的标准，综合计算机、信息通信等方面的先进技术，协调做好楼宇建筑的电力、空调、照明、防灾、防盗、运输设备等工作，集中精力再打造一批智能楼宇，实现办公设备自动化、智能化，通信系统高性能化，建筑柔性化，建筑管理服务自动化等，为发展特色楼宇、形成产业集群打下坚实基础。

重点推进棚户区改造。破除“大拆大建”传统思维，坚持科学规划和精细管理齐抓、整体改造和局部整治并举、环境改善和功能优化同步，积极探索新形势下的棚户区改造新模式，以非集中成片改造为切入点，坚持“多拆少建、只拆不建”，加快推进省教育厅周边、万科云岩大都会等棚改项目。通过实施改造，改善居民居住条件，实现降低老城区人口密度、降低建筑密度，优化城市环境、优化核心区功能“双降双优”的目标。

重点完善市政基础设施建设。配合中环路的建成和轻轨1、2号线的开通，加快打通中环路匝道至化工路段、延安东路延伸段、黑马市场至金仓路等断头路，畅通城市“微循环”，积极推进区管道路改造提升和三马片区“三纵一横”等规划道路建设，着力构建高效、便捷、大容量、低成本的综合交通网络。切实加强城市应急管理，强化交通堵点治理和城区防洪抗灾工作，着力缓解交通拥堵、环境恶化、管理粗放、应急滞后等问题。

重点建设城市综合体。抓紧推进东线未来方舟和西线红星美凯龙、中航城九方等城市综合体项目建设，增强周边板块的吸附聚集能力；完成贵阳市西滨河商业街业态布局，力争启动阳明文化街区项目建设，在促进业态升级的同时进一步稀化、美化老城。同时，积极借鉴国内外著名CBD建设经验和做法，依托轨道交通建设等，合理开发利用地下空间，实现“三维”立体开发。

7. 聚焦大数据环境治理，提升生态涵养功能

保护生态环境是云岩区发展的底线，云岩区应将坚守生态“底线”作为可持续发展的根本保证，整合生态领域块数据，建立完善生态环境大数据库，全面提高生态环境保护综合决策、监管治理和公共服务水平，打造生态文明示范城区。

在污染防治方面，积极推动大数据应用与生态环保接轨，加快建立生态环境数据管理体系，强化生态环境大数据分析，实现生态环境实时动态监测。深入实施水污染、大气污染、生活垃圾污染及各类废弃物污染综合防治工程，加快完成金钟河流域水环境综合整治，严格保护阿哈水库等城市饮用水源安全。

在公园城市建设方面，重点加快推进小关湖湿地公园、南垭公园2个市级大型示范性公园，以及区级示范性公园燕隼山体公园建设，切实增加市民公共活动空间，提升城市品位。积极创建“数字园林、智慧公园”，运用大数据平台，对全区公园绿地实行动态管理，以网格化、标准化、精细化手段，实时掌握绿地动态信息。

在城市管理方面，积极推进城市综合执法体制改革和环卫一体化改革，落实社区主责，强化属地管理，提升管理水平。应用大数据手段，全面掌握全区

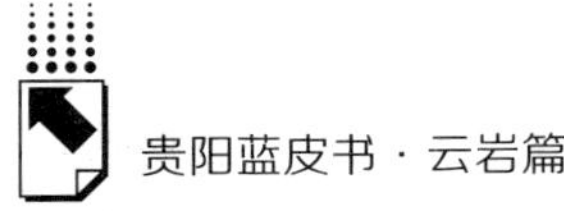

村（居）民违章建房情况，为违章建筑的管控、拆除提供信息资源和执法依据。加大“整脏治乱”力度，实施严管示范街和样板街的打造工程，深入开展城市道路、楼群院落的整治改造，“疏堵结合”推进占道经营治理，整体改善城市面貌。

8.厚植大数据文化土壤，提升城市人文功能

在文化方面，充分挖掘云岩历史沿革和人文精神文化内涵，积极引入大数据及互联网思维和技术，大力提升具有地方和民族特色的精品文化品牌，着力打造“八大特色文化名片”，带动形成一批更具个性化、差异化、特色化、品牌化的文化产品和服务，建设贵州省文化高地。

阳明文化名片。立足阳明文化街区项目建设，对贵阳城东历史文化区域进行集中整合，在挖掘阳明文化价值的同时，释放巨大产业红利。

生态文化名片。立足生态文明建设成果，突出生态文化优势，弘扬生态文化绿色理念，做生态文化的传播地、风景眼。

“两河”文化名片。充分发掘市西河、贯城河“贵阳文化发源地”的特色，实现商业文化、旅游文化与改造同步规划，塑造老贵阳历史文化风貌。

街巷城垣文化名片。围绕贵阳九门四阁在云岩辖区内的遗址城垣，有计划地对民权路、勇烈路、电台街、文笔街、蔡家街等传统街巷进行打造，重现老城风貌。

红色遗址文化名片。完成八路军贵阳办事处旧址、《新华日报》贵阳分销处旧址、林青烈士就义处等红色文化遗址的修缮工作。

现代都市时尚文化名片。借鉴北京“798”模式，建设一批都市艺术文化创意中心，为广大市民和“贵漂群体”提供休闲娱乐空间。

社区公共文化名片。将社区公共文化阵地建设纳入城市建设工作重点，着力提升公共文化服务功能。

“阅享云岩”文化名片。增加图书场所网点布局，引导形成全民读书良好氛围，丰富市民精神文化生活。

9.落实大数据精准扶贫，提升协调发展功能

在城乡协调发展方面，以大数据为抓手，动员社会各方力量加大对“三农”的支持力度，实现精准扶贫，形成城乡发展一体化新格局。

重点全力抓好扶贫攻坚战略行动。把握好三个方向：对内精准建立大扶贫数据库，利用数据系统动态监控低收入群体的收入变化，实现更为科学、系统的“精准扶贫”，确保扶到点上、扶到根上，有效提高区内低收入群体的收入水平；对内，加快农业合作示范园建设，积极创新农村产业发展路径，抓紧完善项目实施方案和手续，用三年时间将其打造成集种植加工、观光休闲、农产品电子商务等为一体的农业生态园；对外，积极承担贵州省第一经济强区的责任，抓好开阳、印江的对口帮扶工作，帮助它们尽早实现脱贫。

重点全力推进农村城市化进程。依托片区开发建设，坚持“一村一策”的思路，进一步完善包括规划、征拆、安置、配套在内的系统方案，切实加快“城中村”改造和整村搬迁工作。通过数据挖掘分析，为农民提供个性化就业信息推荐服务，重点抓好农村转移人口和失地农民的就业创业培训和服务，系统解决好就业、住房、社保、医疗、子女教育等问题。大力倡导城市文明习惯和现代生活方式，让农村转移人口更好地融入城市。

10. 形成大数据党建工作格局，提升组织引领功能

在党建工作方面，积极利用大数据思维和手段加强党的建设，创新干部教育培训方式、强化干部队伍管理、深化党风廉政建设、夯实基层党组织基础，强化和提升组织引领的功能。

借力大数据创新干部教育培训方式。结合“两学一做”学习教育，以“党建红云”为载体，运用大数据分析找准干部队伍能力素质建设与云岩发展需求的结合点，摸清干部素质能力“短板”，实施干部素质提升工程，开展多层次、个性化、精准化培训，提升干部队伍的执行力和专业化水平。

借力大数据强化干部队伍管理。通过积极开展“四位一体”从严管理干部机制试点工作，把工作目标、岗位责任、正向激励保障、负向惩戒约束等内容转化为数据语言，加快“数据铁笼”工程建设，强化对干部的日常监管和多维度分析、全方位考察。

借力大数据深化党风廉政建设。通过积极发挥“廉洁云岩”微信公众平台等新型媒体在党风廉政建设中的宣传教育和监督作用，方便群众查询、投诉民生领域中存在的问题。通过大数据技术的综合分析、合理判断、预测功能，收集整理群众对云岩区各单位的评价数据，倒逼各单位切实抓好“两个责任”落实。

借力大数据夯实基层党组织基础。建立农村党组织书记管理体系、基层党建工作督查考核巡查体系、党员志愿者服务微云等，全面落实从严治党责任，进一步增强全区基层党组织政治功能，不断提升党的建设科学化水平。

参考文献

贵阳市委、市政府联合调研组：《云岩区发展情况调研报告》，2016。

中共云岩区委、云岩区人民政府：《关于云岩区工作情况的报告》，2016。

云岩区人民政府：《云岩区国民经济和社会发展第十三个五年规划纲要》，2016。

评 估 篇

Evaluation Report

B.2

云岩区“十二五”规划实施情况的分析报告

摘 要： 《贵阳市国民经济和社会发展“十二五”规划纲要》对贵阳市“十二五”期间国民经济和社会发展共计提出了33项指标，共分为经济发展、社会发展、人民生活和资源环境四大类。本文按照贵阳市指标体系分析云岩区“十二五”规划实施情况，规划确定主要指标25项，对最能体现云岩区发展成绩的主要指标进行2011～2015年纵向对比分析，以及与其他区（市、县）进行横向对比分析，为云岩区“十三五”发展起到科学评估和支撑作用。

关键词： 云岩区 “十二五”规划 实施情况

一 云岩区“十二五”发展思路回顾

“十二五”时期是云岩区深入实施西部大开发战略、加快实现经济社会发展的历史性跨越、迈向全面建设小康社会的关键时期，是云岩区加快经济结构调整、推进发展方式转变的重要时期。面对“十二五”时期国际国内形式变化出现的新情况、新问题，根据贵州省和贵阳市发展战略的调整，云岩区随即对发展思路，发展方向、战略和目标进行了合理优化和调整。

（一）战略调整：从“三产立区、工业强区”到“三产立区、工业强区、体制活区”

云岩区“十二五”规划中明确了云岩区重点实施“三产立区、工业强区”战略，大力实施都市型经济。即按照“调整结构、壮大规模、提升定位”的整体要求，强化“三产立区”战略，向空间要效益，化传统为现代，大力发展总部楼宇经济，坚持“一核两带三片区”发展方向，着力夯实云岩区服务业基础地位。强化“工业强区”战略，推动产业资源整合，技改创新，大力发展新兴产业，提升工业支撑作用，进一步优化产业布局，积极培育打造规模大、实力强的品牌企业，增强经济综合实力和产业竞争力。

在“十二五”的开局之年，云岩区对这一战略进行了科学调整，升级为“三产立区、工业强区、体制活区”，增加了“体制活区”，即重点领域体制改革迈出新步伐。完善财政改革，强化财政预算，初步建立财政国库管理制度，规范非税收入管理机制及财政转移支付制度。推进投融资体制改革，完善中小企业融资和信用担保体系，落实企业投资自主权，规范政府投资行为，积极引导社会投资，健全企业投资项目核准制和备案制。稳步推进市政公用事业管理体制的改革。理顺价格关系，增强市场调节价格的机制。提高对内对外开放水平，积极实施开放带动战略，改善投资环境，加强招商项目库建设，坚持“走出去”与“请进来”相结合，创新招商引资方式，加强招商引资工作，出台招商引资优惠政策，尽量缩短落地时间；积极加强与珠三角、长三角和成渝经济区大企业、大集团的战略合作；切实加大招商引资对外经济合作力度，不断提高对内对外开放水平。扩大公有制经济规模，出台一系列支持非公有制经济加快发展的政策措施，鼓励非公有制经济进入城市基础设施、公用事业等领域，切实缓解中小企业融资难问题，保护非公有制企业合法权益。

（二）任务调整：从“四大关键”到“六大重点”

云岩区“十二五”规划明确了主动适应新常态，抓好产业发展升级、城市建设管理升级、生态保护升级、民生改善升级四个关键。2015 年的《政府工作报告》提到，将任务调整为六大重点任务，即云岩区牢牢守住发展和生态“两条底线”，主动适应经济发展新常态，突出“开放、转型、生态、和谐、人文、民生”六大重点任务，努力实现经济社会发展“六大新跨越”。云岩区抓开放促发展，主动融入全市“四轮驱动”开放新格局，拓展对外交流合作；抓转型促升级，以金融业为龙头，大力发展与高新技术产业、现代制造业相融合的生产性服务业；抓生态促提升，加快“疏老城”步伐，提升城市品质；抓和谐促稳定，健全矛盾排查预警、便民诉讼服务、安全防范等机制，化解社会矛盾；抓人文促传承，大力弘扬社会主义核心价值观，传承历史人文经典，实现物质文明与精神文明的同步现代化；抓民生促改善，进一步拓宽就业、创业增收渠道，建立完善社会保障、住房保障、社会救助和社会养老服务体系。

（三）目标调整：从“建设幸福云岩”到“率先在全省迈向基本现代化”

云岩区“十二五”规划提出，2011～2012 年，云岩区贯彻落实党的十七届五中全会、贵州省委十届十次全会和贵阳市委八届十次全会精神，围绕“十二五”发展规划，将总目标定为“全力提升经济社会发展水平，切实改善民生，为人民谋幸福，为实现经济社会又好又快更好更快发展、纵深推进生态文明城区建设而努力”。

2013 年是全面贯彻落实党的十八大精神的开局之年，是抢抓战略机遇期和黄金发展期，率先在全省实现全面小康、率先建成生态文明示范城区、率先向现代化迈进的重要一年。为贯彻十八大、贵州省委十一届二次全会、贵阳市委九届二次全会、云岩区委八届四次全会精神，将总目标升级为：扎实推进“幸福云岩工程”不断向前迈进。

2015 年是“十二五”的收官之年，也是继续深化改革、加速转型升级的关键之年。为贯彻落实十八届四中全会、中央经济工作会、贵州省委十一届五次全会、全省经济工作会、贵阳市委九届四次全会和云岩区委八届六次全会精神，将“率先在全省迈向基本现代化”作为云岩区发展的总目标。定下“十三五”目标：2020 年率先在全省迈向基本现代化；基本实现产业现代化、城市现代化、文化现代化、公共服务现代化和生活现代化，建成全省基本现代化的先行区和示范区。

二　云岩区“十二五”规划主要指标完成情况的比较分析

《贵阳市国民经济和社会发展“十二五”规划纲要》对贵阳市“十二五”期间国民经济和社会发展共计提出33项指标，共分为经济发展、社会发展、人民生活和资源环境四大类。《云岩区国民经济和社会发展第十二个五年规划纲要》提出“十二五”时期要进一步扩大经济规模，增强经济实力，完善优化结构，提高发展质量和效益，增强自主创新能力，强化生态建设与环境保护等经济发展目标，并主要围绕经济增长、结构调整、资源节约和环境保护、人民生活、社会建设等方面提出了25个主要指标。

（一）云岩区“十二五”规划88%的主要指标完成情况良好

“十二五”期间，云岩区坚持以科学发展观为指导，推进规划实施。规划确定的25项主要指标绝大部分已经完成，大部分指标完成情况良好。与“十一五”相比，云岩区“十二五”期间经济社会发展各项指标均有较大幅度提升（见表1）。

表1　云岩区“十二五”主要经济社会发展指标完成情况

类别	指标	属性	2010年	规划目标	年均增长目标(%)	2015年完成值	目标实现程度
经济增长	生产总值(亿元)	预期性	306.12	631	15.57	650.02	超额完成
	第二产业(亿元)	预期性	124.06	250	15.1	124.37	未完成
	第三产业(亿元)	预期性	181.48	381	16	525.07	超额完成
	人均生产总值(元)	预期性	40573	70109	—	65443	基本完成
	财政总收入(亿元)	预期性	27.99	60	16.47	136.98	超额完成
	一般预算收入(亿元)	预期性	14.92	32	17	35.88	超额完成
	全社会固定资产投资(亿元)	预期性	143.99	[1500]	28.27	408.31	基本完成
	社会消费品零售总额(亿元)	预期性	181.90	397	17	306.45	未完成
	招商引资到位资金(亿元)	预期性	60.23	183	25	282	超额完成

续表

类别	指标	属性	2010 年	规划目标	年均增长目标(%)	2015 年完成值	目标实现程度
结构调整	三次产业结构	预期性	0. 19: 40. 53: 59. 28	0: 39. 62: 60. 38	—	0. 09: 19. 13: 80. 78	完成
	累计转移农村劳动力(万人)	预期性	—	1. 8	—	—	完成
	城镇化率(%)	预期性	98	99. 8	—	—	完成
	非公有制经济比重(%)	预期性	40. 1	43	—	—	完成
科技	科技进步贡献率(%)	预期性	—	50	—	95. 3	超额完成
	本级科技支出占当年财政支出比重(%)	预期性	—	1. 5	—	2	超额完成
资源节约和环境保护	能源消费总量(万吨标煤)	预期性	—	控制在省、市下达的指标范围内	—	控制在省、市下达的指标范围内	完成
	单位生产总值能耗(吨标煤/万元)	约束性	—		—		完成
	单位生产总值二氧化碳排放量(吨/万元)	约束性	—		—		完成
	主要污染物排放总量	约束性	—	—	—	—	完成
人民生活	城镇居民人均可支配收入(元)	预期性	16597. 28	26729	10	28117	完成
	城镇登记失业率(%)	预期性	—	4. 5	—	4 以内	完成
社会建设	人口自然增长率(‰)	约束性	3. 62	4. 5	—	2. 18(常住人口)	超额完成
	年末常住人口总数(万人)	约束性	75. 45	90	—	99. 44	完成
	高中阶段教育毛入学率(%)	预期性	85. 32	90	—	101. 64	完成
	亿元生产总值生产安全事故死亡率(人)	预期性	—	0. 23	—	0. 06	完成

注：[1500] 表示云岩区“十二五”全社会固定资产累计数。

资料来源：《云岩区国民经济和社会发展第十三个五年规划纲要》。

（二）云岩区“十二五”期间主要发展指标的比较分析

1. 从“四大增长、一大成效”看云岩区“十二五”经济保持快速增长

《云岩区国民经济和社会发展第十二个五年规划纲要》中的预期目标为：力争“两个翻番，一个突破”。即到“十二五”规划末，在2010年的基础上，全区生产总值翻一番，财政总收入翻一番，固定资产投资累计突破1500亿元。

国民经济持续快速增长。与“十一五”末相比，全区生产总值从306.12亿元，增至650.02亿元，是五年前的2.1倍，达到了预期的第一个“翻一番”的目标，超额完成了631亿元的规划目标值。从图1可以看出，五年来，全区生产总值持续保持上升状态，“十二五”期间年均增速达到14.14%，增速最高的是2011年，达到17.4%，2014年达到了百亿元的增长。经济总量在“十二五”期间保持全省第一。

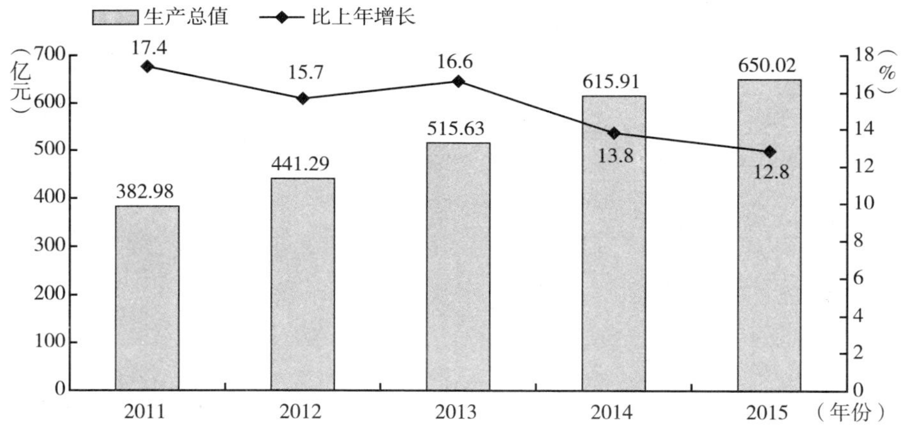

图1　2011～2015年云岩区生产总值及增长速度变化

注：该指标绝对值是按现价计算，增速的计算已剔除价格变动因素。图5、图9、图13～图16、图23～图26的算法同此。

资料来源：2010～2015年《云岩区国民经济和社会发展统计公报》。

财政总收入显著增加。与“十一五”末相比，财政总收入从27.99亿元增至136.98亿元，是规划目标值60亿元的2.28倍，是五年前的4.9倍，达到第二个“翻一番”目标。从图2可以看出，全区财政总收入呈现逐年增长的趋势，其中，因2013年财税体制改革，2013年后的财政总收入与往年计算口径不同，因而出现2013年的陡增现象。

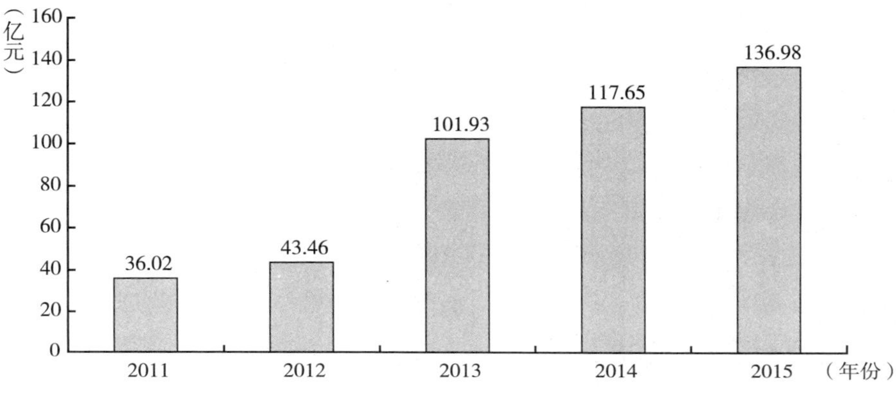

图2　2011～2015年云岩区财政总收入

注：因2013年财税体制改革，所以2013年之后的财政总收入与往年计算口径不同。
资料来源：2010～2015年《云岩区国民经济和社会发展统计公报》。

与“十一五”末相比，一般预算收入从14.92亿元增至到35.88亿元，超额完成32亿元的规划目标，是五年前的2.4倍（见图3）。

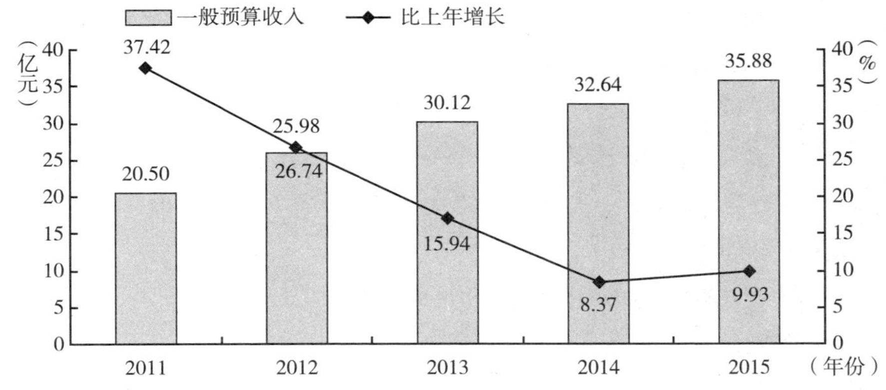

图3　2011～2015年云岩区一般预算收入及增长速度变化

资料来源：2010～2015年《云岩区国民经济和社会发展统计公报》。

固定资产投资持续增长。与“十一五”末相比，固定资产投资累计从143.99亿元增至408.31亿元，是五年前的2.8倍。同时，五年固定资产投资累计额为1579.83亿元，实现了固定资产投资累计突破1500亿元的“一个突破”目标。从图4可以看出，2011～2015年固定资产投资总额都有不同程度的增长。

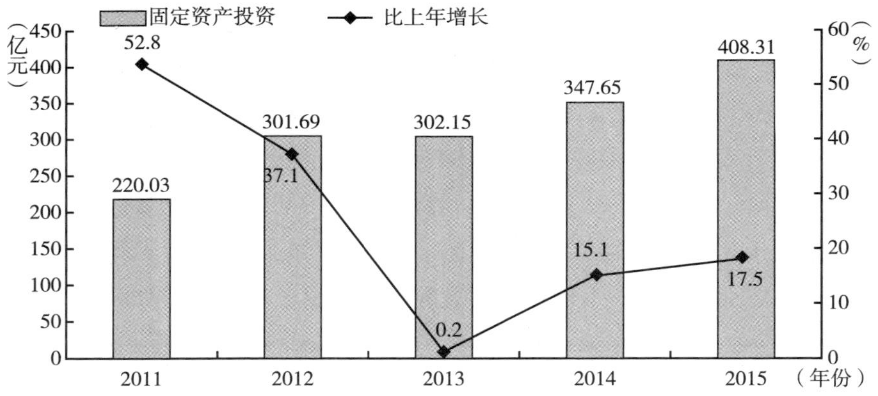

图4　2011～2015年云岩区固定资产投资总额及增长速度变化

注：2015年统计口径为50万，故数据计算方式有差异。

资料来源：2010～2015年《云岩区国民经济和社会发展统计公报》。

社会消费品零售总额稳步增长。与“十一五”末相比，社会消费品零售总额从181.9亿元增至306.45亿元，是五年前的1.68倍，年均增长率为13.93%。从图5中看出，社会消费品零售总额逐年增长，其中，2015年全区社会消费品零售总额因统计口径不同，数据计算方法有差异，出现了社会消费品零售总额下降的现象。

招商引资工作成效显著。与“十一五”末相比，招商引资到位资金从60.23亿元增至282亿元，是五年前的4.7倍。从图6可以看出，招商引资到位资金呈逐年上升趋势。

2. 从产业结构比、城镇化率看云岩区经济转型明显加快

三次产业结构比调整成效明显，服务业跃居龙头地位。云岩区“十二五”规划目标是：三次产业结构调整为0∶39.62∶60.38，第二产业年均增长达16%。第一、第二、第三产业的结构比从“十一五”末0.19∶40.53∶59.28转为0.09∶19.13∶80.78（见图7）。第二产业和第一产业的比重逐年递减，产业结构得到了进一步的优化，由此说明云岩区以服务业为主的第三产业持续加快发展。

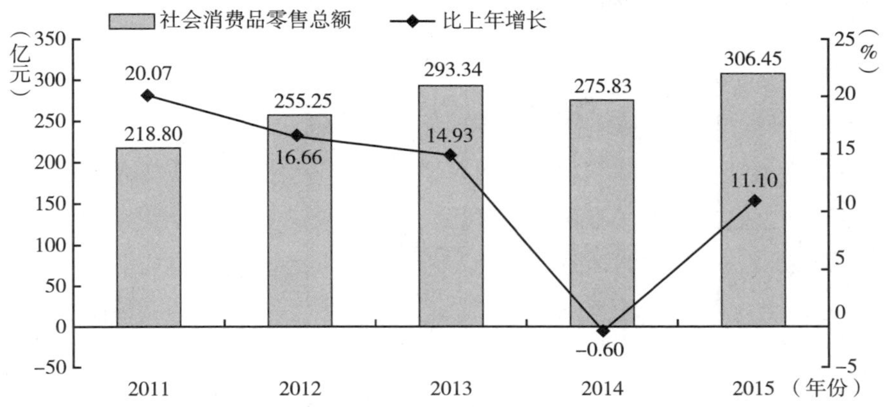

图 5　2011～2015 年云岩区社会消费品零售总额及增长速度变化

注：2015 年云岩区社会消费品零售总额基数与 2014 年不一样，且统计口径不一致，所以数据计算方法有差异。

资料来源：2010～2015 年《云岩区国民经济和社会发展统计公报》。

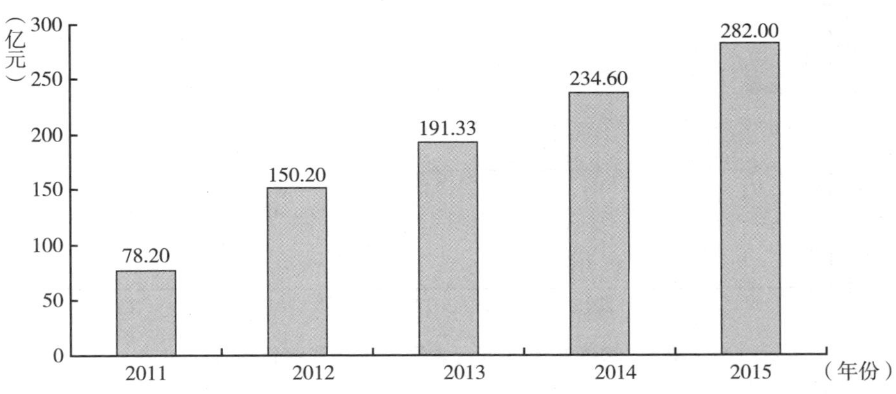

图 6　2011～2015 年云岩区招商引资到位资金

资料来源：2010～2015 年《云岩区国民经济和社会发展统计公报》。

城镇化率于 2015 年完成 100%。从图 8 可以看出，2011～2013 年的城镇化率基本维持在 93%，而 2014 年稍有下滑。2015 年，由于推进城镇化建设，云岩区圆满完成城镇化率 100%。

3. 从城乡居民人均可支配收入、城镇就业率看云岩区民生福祉显著增强

城镇居民收入进一步增加。与“十一五”末相比，城镇居民人均可支配

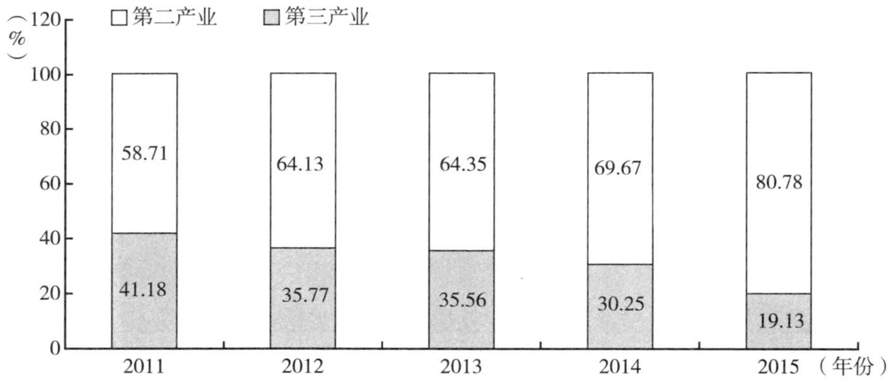

图 7　2011～2015 年云岩区第一、第二、第三产业结构情况

注：一产所占比例极小，在图中不做表示。

资料来源：2010～2015 年《云岩区国民经济和社会发展统计公报》。

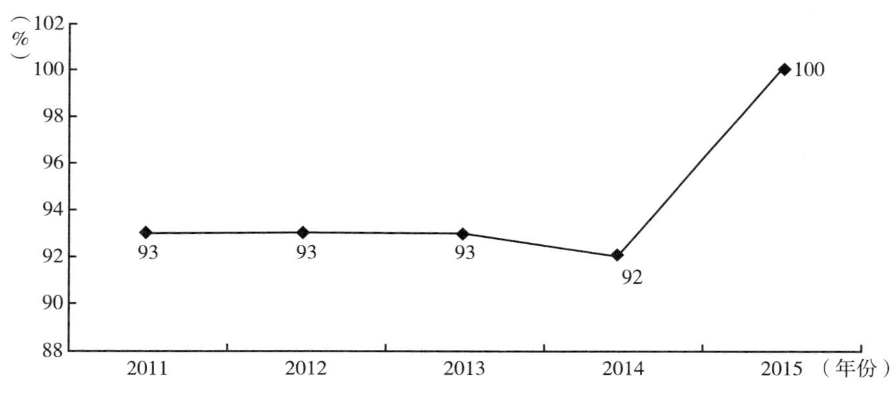

图 8　2011～2015 年云岩区城镇化率变化情况

资料来源：2010～2015 年《云岩区国民经济和社会发展统计公报》。

收入从 16597.28 元增至 28117 元（见图 9），是五年前的 1.7 倍。已完成城镇居民人均可支配收入达到 26729 元的目标。

城镇就业稳步增长。与“十一五”末相比，城乡统筹新增就业人数从 19026 人增至 57215 人（见图 10），超额完成“十二五”期间城乡统筹新增就业 50000 人的目标，是五年前的 3 倍。城镇登记失业率 2011 年为 3%，2012 年为 3.25%，2013 年为 3.47%，2014 年为 3.43%，2015 年为 3.4%，均控制在预计的 4% 目标值以内，均达到了“十二五”目标要求。

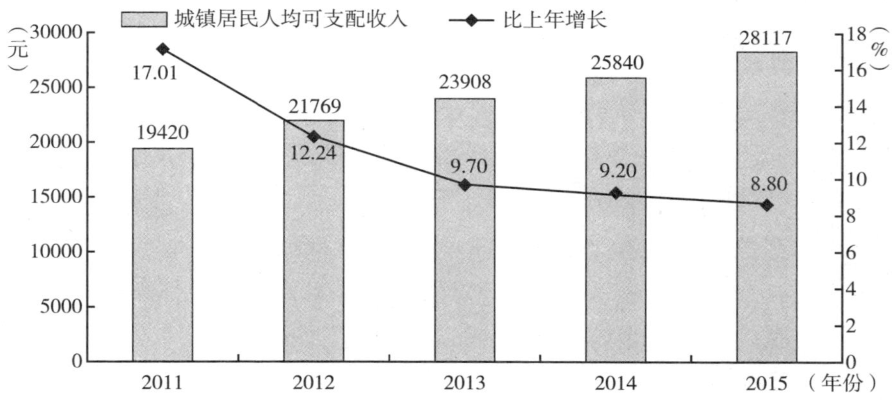

图 9　2011～2015 年云岩区城镇居民人均可支配收入及增长速度变化

资料来源：2010～2015 年《云岩区国民经济和社会发展统计公报》。

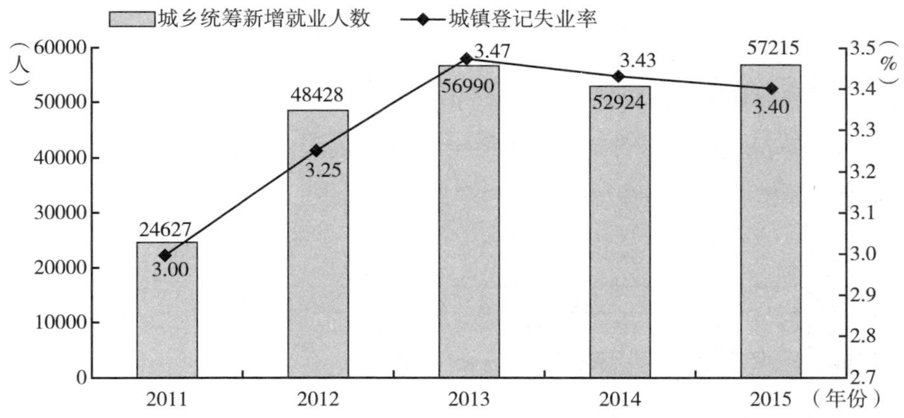

图 10　2011～2015 年云岩区城乡统筹新增就业人数及城镇登记失业率

资料来源：2010～2015 年《云岩区国民经济和社会发展统计公报》。

4. 从约束性指标基本看发展方式转变

年末常住人口总数已达标。从图 11 可以看出，云岩区 2011～2015 年的人口自然增长率分别为 4.59‰、4.37‰、4.19‰、4.27‰、4.24‰，控制在 4.5‰左右的目标值内。2011～2014 年的年末常住人口总数都在 60 万人左右。2015 年，常住人口总数已达 99.44 万人，超过了预计目标。主要原因是随着

“三大片区”的建设和全省城镇化步伐的加快，省会中心城区承担了更多吸收人口转移的功能。

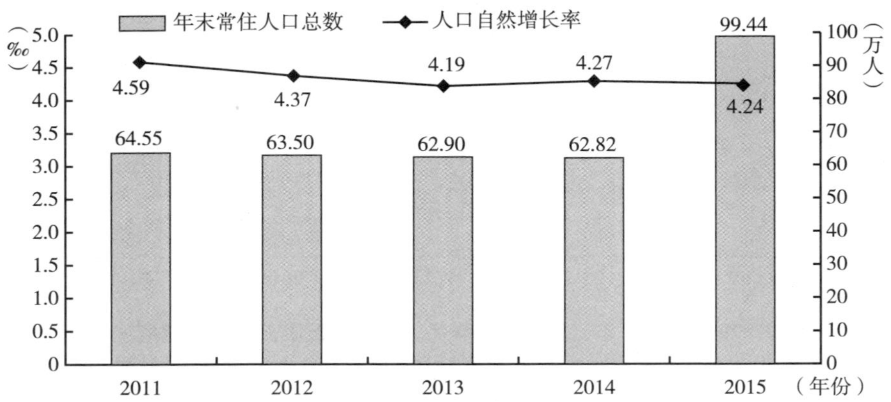

图 11　云岩区 2011～2015 年年末常住人口总数及人口自然增长率变化情况

资料来源：2010～2015 年《云岩区国民经济和社会发展统计公报》。

万元工业增加值能耗低于省市下达标准。万元工业增加值能耗由 2011 年的 0.22 吨标准煤/万元，下降到 2015 年的 0.19 吨标准煤/万元（见图 12），控制在省、市下达的指标范围内，完成了规划目标。

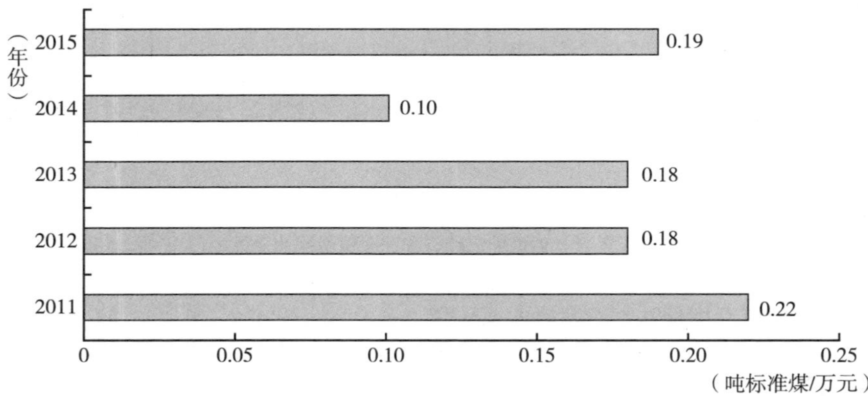

图 12　2011 年～2015 年云岩区万元工业增加值能耗

资料来源：2010～2015 年《云岩区国民经济和社会发展统计公报》。

（三）2015年云岩区与贵阳市及其他区（市、县）主要指标比较分析

1. 经济总量继续保持第一

“十二五”期间，云岩区紧紧围绕“三个率先”奋斗目标，全面推进经济、政治、文化、社会、生态建设，较好地完成了“十二五”规划目标任务，“十二五”末生产总值达650.02亿元，在全省增比进位综合测评中继续排名前列，各项经济社会指标稳中有进，牢固捍卫了全省第一强区的优势地位，率先在全省实现了同步小康（见图13、图14）。

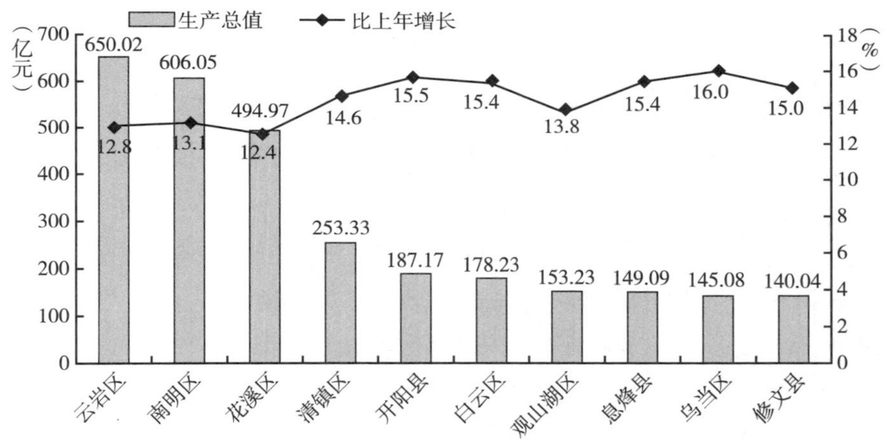

图13　2015年贵阳市各区（市、县）生产总值及增速比较

资料来源：贵阳市统计局、国家统计局贵阳调查队，《2016贵阳统计年鉴》，中国统计出版社，2016。图14～图28的资料来源同此。

2. 人均生产总值排名全市第四，增速高于全市

“十二五”期间，云岩区人均生产总值总体较为靠前，增速相对靠后。云岩区人均生产总值2015年年末为65443元，增速为12.6%，在全市10个区（市、县）中排名第四，其总体较贵阳市均值高出2440元，增速高出1.3个百分点。相较排名第一的花溪区人均生产总值少12192元，但增速高1.2个百分点。相较排名最末的开阳县人均生产总值高出14358元，增速却低了2个百分点（见图15、图16）。

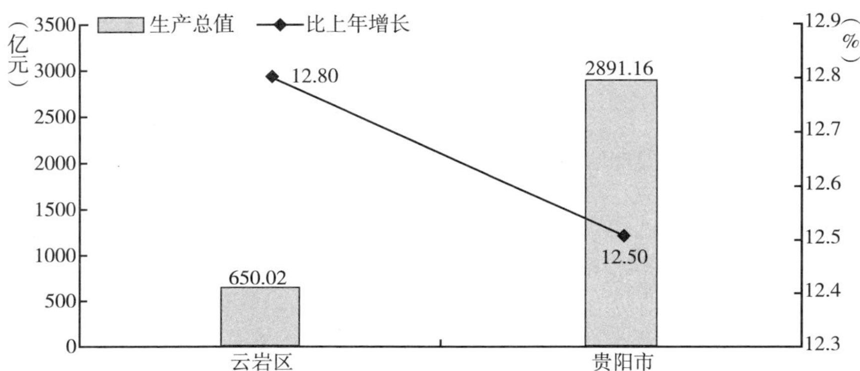

图 14　2015 年云岩区与贵阳市地方生产总值及增速变化情况

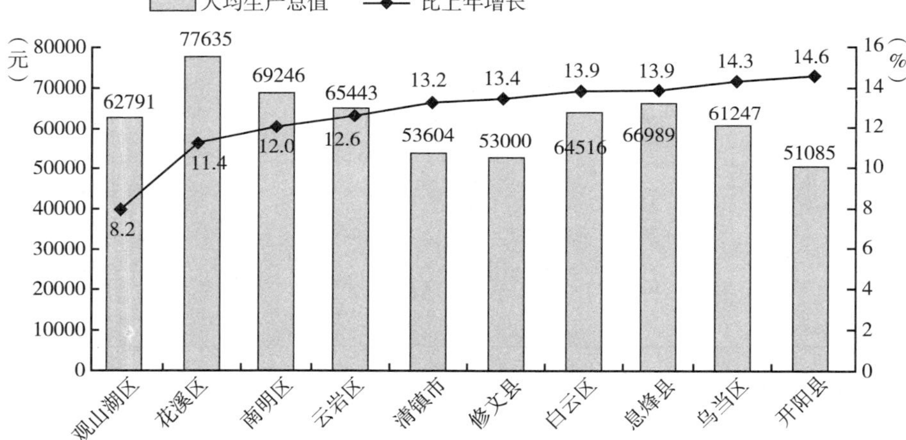

图 15　2015 年贵阳市各区（市、县）人均生产总值及增速变化情况

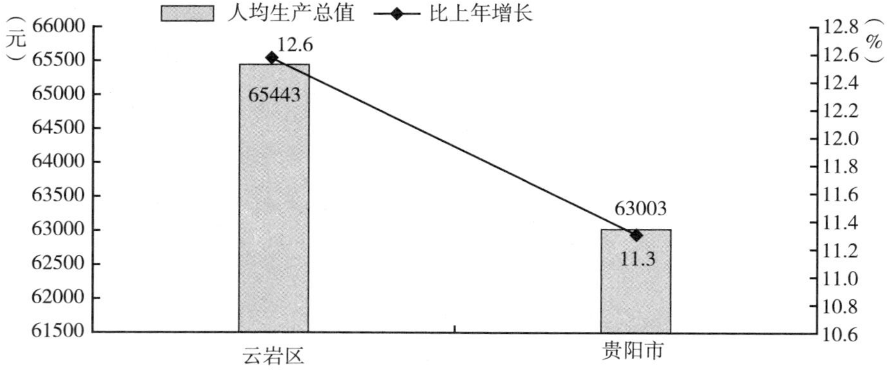

图 16　2015 年云岩区与贵阳市人均生产总值及增速变化情况

3. 公共财政预算收入排名第三，增速靠后

2015 年，云岩区的公共财政预算收入为 35.88 亿元，增速为 9.9%（见图 17）。云岩区 2015 年公共财政预算收入占全市 374.15 亿元的 9.6%，增速较全市的 12.8%，低了近 3 个百分点（见图 18）。相较于全市 10 个区（市、县），云岩区的公共财政预算收入排名第三，仅次于观山湖区的 44.65 亿元和南明区的 43.57 亿元。同比增速较为靠后，仅高于南明区 9.4%、息烽县 7.37%。

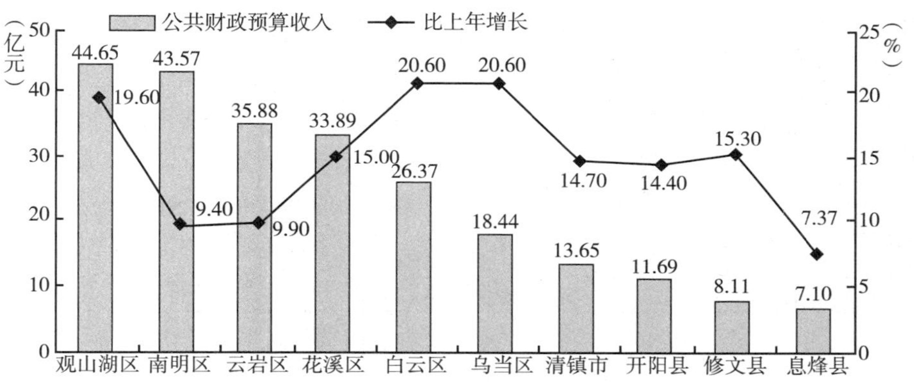

图 17　2015 年贵阳市各区（市、县）公共财政预算收入及增速变化情况

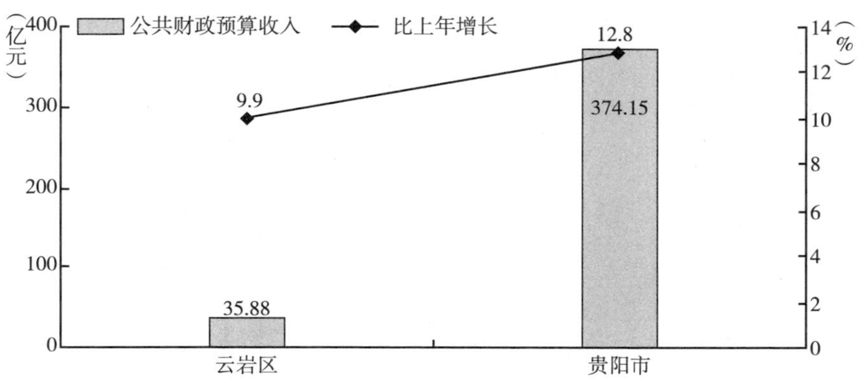

图 18　2015 年云岩区与贵阳市公共财政预算收入及增速变化情况

4. 社会消费品零售总额排名第二，增速排名最末

“十二五”末，云岩区社会消费品零售总额为 306.45 亿元，同比增长

11.1%。社会消费品零售总额相较全市10个区（市、县）排第二位，与排名第一的南明区336.65亿元，相差30.2亿元，远高于排名第三的花溪区近100亿元。就其增速而言，云岩区2015年社会消费品零售总额增速在全市10个区（市、县）排名最末，较贵阳市增速而言，低0.4个百分点，较最高的息烽县低了1.6个百分点（见图19、图20）。

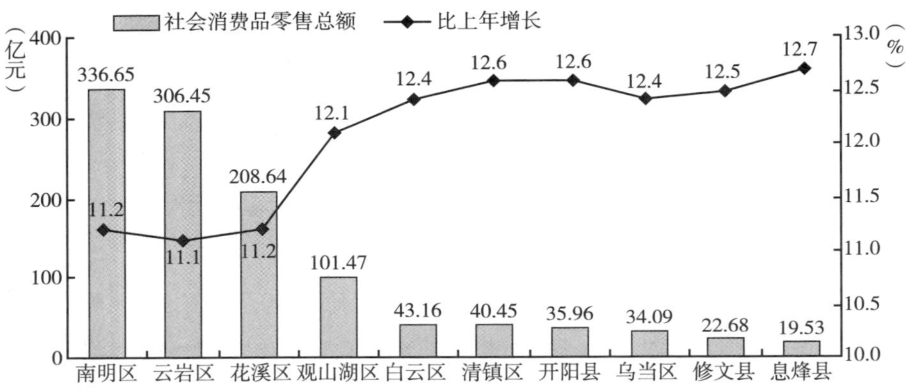

图19　2015年贵阳市各区（市、县）社会消费品零售总额及增速变化情况

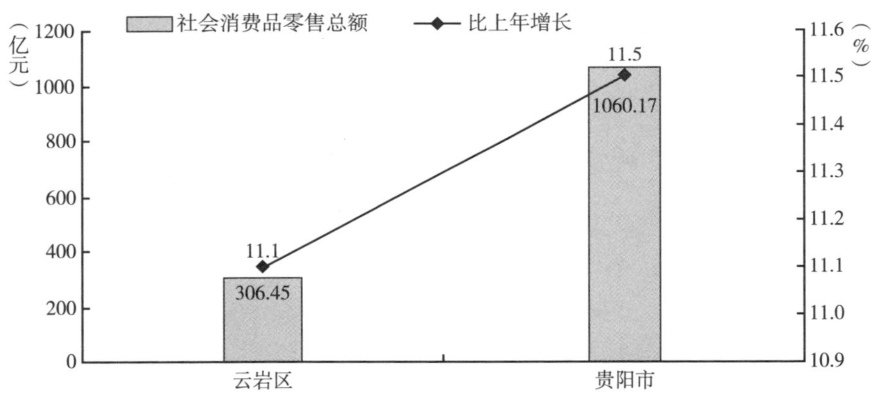

图20　2015年云岩区与贵阳市社会消费品零售总额及增速变化情况

5.外贸进出口总额名列榜首，同比增速大幅下降

“十二五”末，云岩区外贸进出口总额为197994万美元，同比下降35.64%。相较于全市10个区（市、县）名列榜首，与排名第二的南明区相比，仅高了11006万美元，与排名最末的花溪区相比，高了197604万美元。增速大幅下降的地区还有南明区、乌当区、修文县、息烽县、清镇市和花溪区。与全市相比较，云岩区2015年外贸进出口总额仅占全市份额的21.71%，增速相比全市的16.3%低51.94个百分点（见图21、图22）。

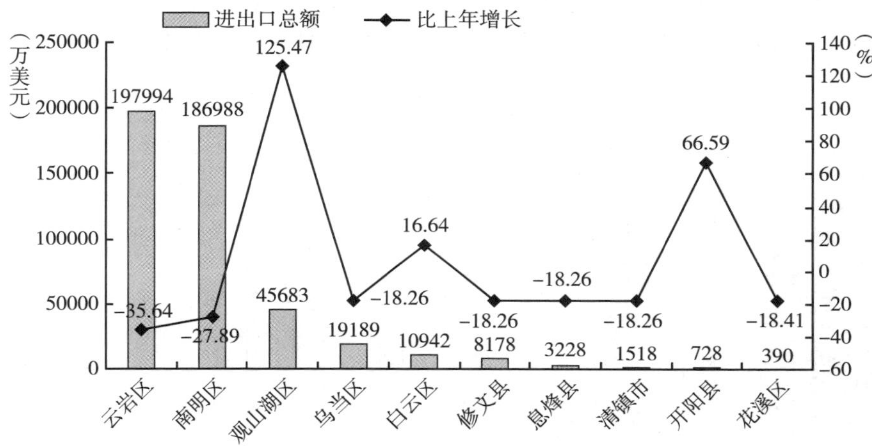

图21　2015年贵阳市各区（市、县）外贸进出口总额及增速变化情况

注：增长速度=（2015年进出口总额－2014年进出口总额）÷2014年进出口总额×100%。

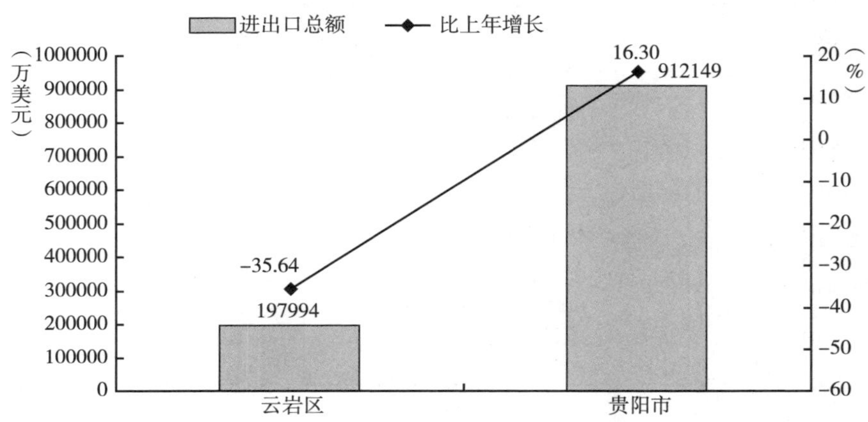

图22　2015年云岩区与贵阳市外贸进出口总额及增速变化情况

6. 城镇居民人均可支配收入排名第一，增速与南明并列第六

“十二五”末，云岩区城镇居民人均可支配收入为 28117 元，同比增长 8.8%。相较于全市 10 个区（市、县）排名第一，与排名第二的南明区仅相差 56 元。而云岩区的增速为 8.8%，与南明区同时位列第六，比增速最高的息烽县低了 3.1 个百分点（见图 23）。相较于贵阳市而言，云岩区城镇居民人均可支配收入高出贵阳市 876 元，且增速也高出贵阳市 2.2 个百分点（见图 24）。

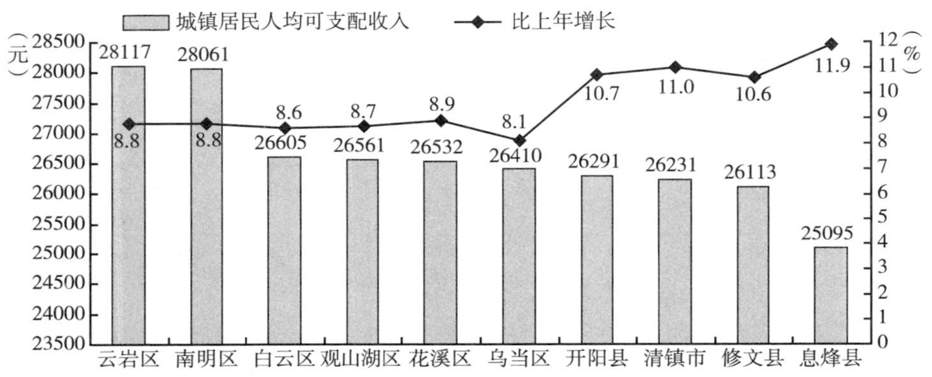

图 23　2015 年贵阳市各区（市、县）城镇居民人均可支配收入及增速变化情况

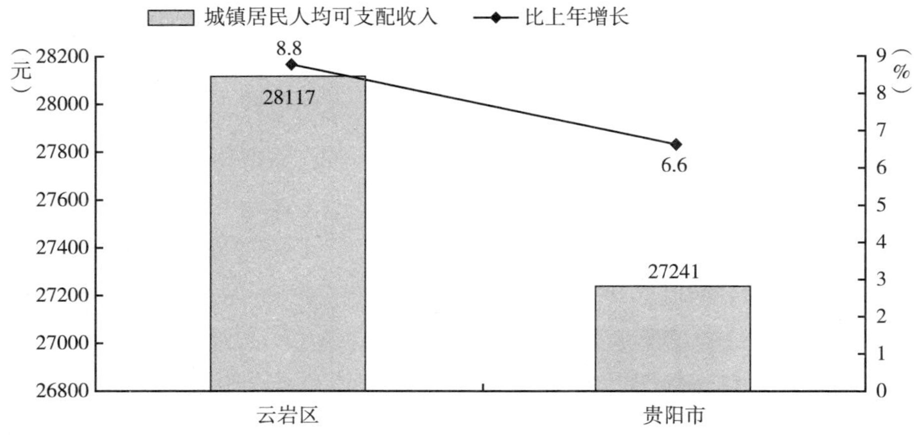

图 24　2015 年云岩区与贵阳市城镇居民人均可支配收入及增速变化情况

7. 农村居民人均可支配收入排名第一，增速排名靠后

“十二五”末，云岩区农村居民人均可支配收入为 14026 元，同比增长 9.2%。相较全市 10 个区（市、县），云岩区排名第一，比排名第二的白云区仅高出 20 元，比排名最末的息烽县高出 3204 元。增速与南明区并列倒数第二，与增速排名最末的白云区相较而言，仅高出 0.1 个百分点，与增速排名第一的修文县相差 1.5 个百分点（见图 25）。相较贵阳市而言，云岩区 2015 年农村居民人均可支配收入高出贵阳市 2108 元，增速高出贵阳市 0.7 个百分点（见图 26）。

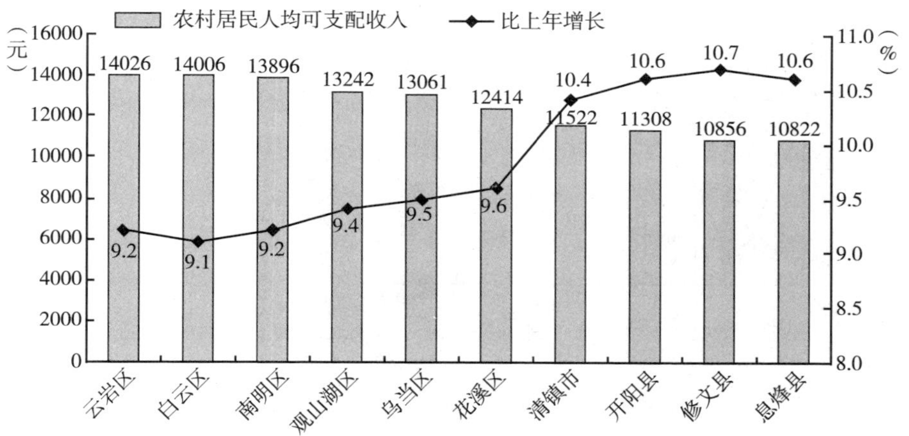

图 25　2015 年贵阳市各区（市、县）农村居民人均可支配收入及增速变化情况

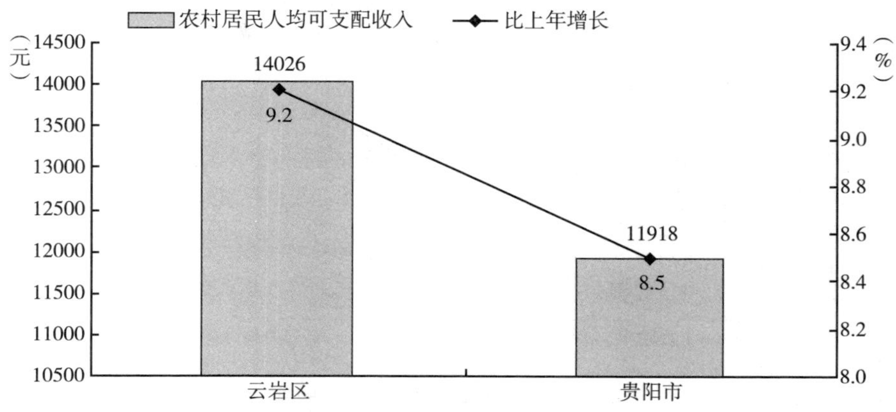

图 26　2015 年云岩区与贵阳市农村居民人均可支配收入及增速变化情况

8. 单位 GDP 综合能耗较低

“十二五”末，云岩区单位 GDP 综合能耗为 0.3 吨标准煤/万元，降幅为 4.5%。相较于全市 10 个区（县、市）而言，单位 GDP 综合能耗最少（见图 27）。云岩区 2015 年单位 GDP 综合能耗比贵阳市低 0.92 吨标准煤/万元（见图 28）。

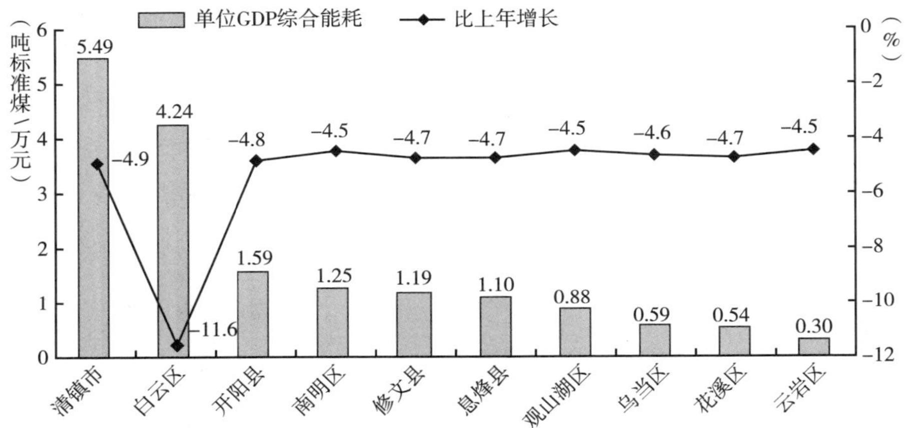

图 27　2015 年贵阳市各区（市、县）单位 GDP 综合能耗及增速比较

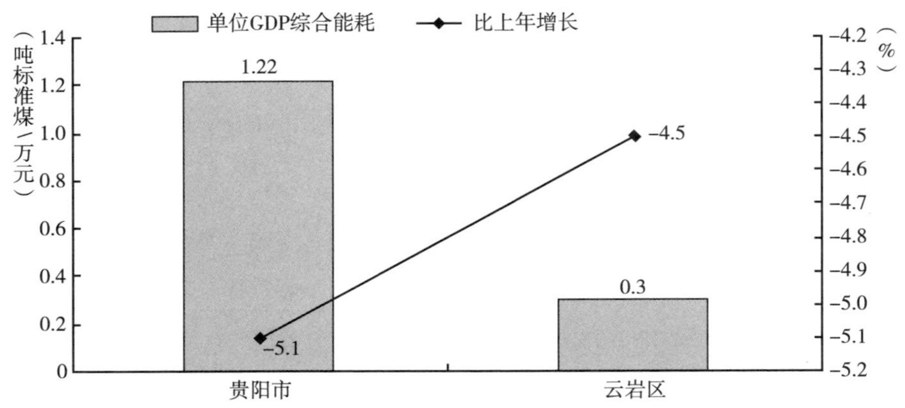

图 28　2015 年云岩区与贵阳市单位 GDP 综合能耗及增速变化情况

三 云岩区“十二五”规划主要项目推进情况的分析

（一）引进一批产业项目，推动产业转型升级

“十二五”期间，云岩区以生产服务业为核心，成功引进光大银行、招商银行、浦发银行、贵州银行、国信证券、阳光基金、黔金所等企业入驻。支持辅正、腾辉、正方等法律中介服务企业发展壮大，推动中华北路、延安路、北京路、中山路等生产性服务业聚集街区升级发展。以商圈建设为依托，喷水池、紫林庵、大西门、大十字四大商圈提质升级，银海元隆、中大国际、汇金广场等大型高端商贸综合体相继成形，完成市西路批发业态转移，市西滨河商业步行街建设有序推进。以文化旅游业为带动，加快以“吃、住、行、游、购、娱”六大体系为主体的传统服务业转型，南明河城市流域休闲度假带——未来方舟城市综合体被列入全省100个旅游景区，引进了北京“798”艺术中心、保利文化互动创意库、中影星美国际影城、完美电子竞技中心等20余个较大文化产业项目，文化产业增加值达28亿元。

着力引进国内外500强和知名企业入驻云岩，成功引进美国康德乐、中国华融、万科地产、恒大地产、中航地产、香港阳晨、腾讯集团、腾邦集团、深圳劲嘉、西南能矿等企业落户，希尔顿酒店、麦当劳、星巴克、哈根达斯、红星美凯龙、万达IMAX影院、世茂影城等知名品牌纷纷入驻，五年来共引进项目967个，引进省外实际到位资金840亿元，实际利用外资达3.13亿美元。

加快产业园区发展，积极对接永吉印务、科辉制药等扩能项目落户产业园区，先后引进一树药业、海汇天创、中国普天、中食集团等重点企业，园区2015年完成规模以上工业总产值35亿元，完成固定资产投资12亿元，建成标准厂房2万平方米。

（二）新建一批基建项目，夯实城市发展基础

实施重点棚改项目。“十二五”期间，云岩区按照“疏老城、建新城”的要求，五年来共实施棚户区改造31个，累计改造面积为445万平方米，惠及

群众8.9万人。实施了9个非集中成片棚户区改造、公园路2号和3号地块、新建汽车零部件厂和大营坡等重点棚改项目。推进老旧小区改造，实施“新型社区·温馨家园”项目353个，完成50条区管市政道路的提升和230个老旧小区院落的改造。

实施城中村改造项目。东片区依托未来方舟城市综合体项目建设，积极打造七公里滨河商业长廊，未来方舟已建成480万平方米，完成销售315万平方米，在渔安新城探索出了城中村改造和农民安置的新模式。金西大道延伸段、金工路等道路建成通车，进一步改善了片区交通路网。北片区于2012年实现盐沙线竣工通车，打通了云岩向北发展的门户，已完成小关污水处理厂征地和房屋搬迁，即将启动实施雅关、偏坡整村搬迁工作。

（三）实施一批民生项目，提高群众生活水平

“十二五”期间，云岩区不断推进民生事业向前发展，在教育方面，实施“9+3”教育计划，坚决完成“控辍保学”和中职招生任务。坚决落实“教育立市”战略，深化学区化改革，建立五大学区教育共同体。积极开展集团化试点，成立了云岩教育集团。增加公共教育资源，启动学前教育三年攻坚行动，建设中小学7所、幼儿园10所。加大清理整顿民办校（园）力度，取缔11所，颁证19所，整改提升29所。

在保障体系方面，建立并启动失地农民养老保险制度，建立社区社保服务平台，在全市率先将参保登记等个人社会保险业务延伸至社区。完成了区中心敬老院一期建设和二期主体工程建设，全区养老床位达到3023张，入住老人1800余人。创新曦阳老年公寓社会化养老模式，全面启动“云岩区96811便民服务平台”居家养老购买服务。

在就业水平方面，完成“全国创业型城区”创建工作，在全市率先建立为特殊就业困难群体提供精准服务的就业创业公益平台，建成区残疾人就业培训中心，零就业家庭保持动态为零，新增就业人数累计达23.93万人，始终保持全省第一。在文体设施建设方面，建成渔安新城文化广场和水东社区文化活动中心，建立10个“阅享云岩”图书馆小站，新建15条体育健身路径。

四　云岩区“十二五”规划主要任务完成情况的分析

（一）坚持开放发展理念，激发经济发展活力

进一步深化了财税体制改革，扩大“营改增”试点范围，启动实施“三证合一、一照一码”登记制度，各类市场主体达 8 万户，注册资本达 610 亿元。全面深化政治、文化、社会等领域改革，完成了卫生、计生、物价、工商、质监等部门的撤并整合，形成了 24 个政府机构和 4 个直属事业单位新构架，行政效率得到提升。积极参与“贵州 · 北京”大数据产业发展推介会、“京 · 筑”创新区域合作年会等省、市招商平台，成功引进中航地产、万科集团、腾邦集团等企业，进一步推动了区域开发。“十二五”期末，扩大开放成效显著。

（二）坚持产业转型升级，增强经济发展优势

“十二五”期末，服务业增加值超过 500 亿元，年均增长 16% 以上，占全区生产总值的比重超过 75%。工业增加值基本达到目标，高新技术产业增加值占 GDP 的 25% 以上，工业发展提质增效。地区生产总值比“十一五”期末的 306 亿元翻了一番，持续位居全省第一，经济发展成效突出，综合经济实力大幅增强。通过着力改造提升传统优势服务业，推动市西路业态转型升级，建设商贸综合体，金融、设计、研发、信息、商务等现代服务业有序发展，旅游基础设施进一步完善，总部经济和楼宇经济不断发展，服务业规模不断壮大，实现结构优化、产业提升。通过生物制药、包装印刷等特色产业做大做强，信息技术等高新技术产业加速发展，园区建设迅速推进。

（三）坚守生态保护底线，提升城市宜居形象

“创文”“创卫”成果进一步巩固，“创模”顺利通过考核验收。加大阿哈水库、小关水库、黔灵湖等水系资源保护力度，垃圾处理和污水处理能力提高，金钟河草坝、龙潭、汇源桥、蔡家关污水收集治理项目及打石沟截污工程

建设全面竣工，南明河、市西河清淤任务顺利完成。环境空气质量状况优良天数达标率为93%，名列全市前茅，单位GDP能耗下降率、主要污染物排放总量控制均顺利完成市下达任务。大力开展社区绿化工作，切实提升社区环境，建成区绿化覆盖率为45.34%。生态文明纵深推进，城市宜居形象不断提升。

（四）丰富人文精神内涵，提升城市发展品质

充分发挥云岩文化旅游资源优势和交通区位优势，构建“快进慢游”服务体系和产业体系。发展文化旅游相关产业，积极培育文化博览、创意设计、数字新媒体等文化创意产业，促进提升酒店住宿、节庆会展、茶楼品茗等配套行业品质，新增10个“阅享云岩”图书馆小站，建设15条全民健身路径，在东山、黔灵山等区域打造5个特色茶楼。加快文化旅游资源的开发、建设、保护及利用。未来方舟七公里外滩、小关湖湿地公园等新兴旅游项目的开发有序推进，旨在打造集文化教育、观光旅游、度假娱乐为一体的区域性综合旅游集散地和目的地。

利用全市构筑孔学堂、阳明洞、阳明祠三足“鼎”筑贵阳“精神大厦”的机遇，加快历史人文景点升级改造。大力弘扬阳明文化，将“文昌阁－阳明祠”历史文化街区逐步打造成阳明文化园核心区，规划建设阳明文化展示区、图书馆、剧场、阳明学园、山体景观区等相关项目，积极开发以阳明文化为品牌的文化产品。挖掘老贵阳历史文化风貌，启动了贯城河沿线改造项目前期工作，充分发掘贯城河“贵阳文化发源地”的特色，通过整治河道、修建沿河步行系统、新修古色店铺，逐步打造集地产开发、旅游文化、商业零售、娱乐休闲为一体的商业街。

（五）提高民生保障水平，提高城市幸福程度

2013年通过省级全面小康达标验收，提前8年在全省率先建成全面小康社会。“十二五”末，城镇居民人均可支配收入及农村居民人均可支配收入两项指标绝对值位居全省第一。创业就业各项政策不断完善，新增就业超额完成，“十二五”期间新增就业人数累计达23.93万人，城镇登记失业率控制在4%以内。通过国家义务教育发展基本均衡县（市、区）检查，教育“9+3”计划扎实推进，小学、初中毛入学率均达100%，毛入园率达75%，深入实施

“人才强区”战略，区内人才资源总量近22万人，高层次人才4.6万人，人才总量增长、结构改善、素质提高。

卫计事业持续发展，各级各类医疗卫生机构达548所，千人拥有床位数13张，千人拥有卫生技术人员19人，医疗服务体系、保障体系进一步健全。养老模式不断创新，全面启动“云岩区96811便民服务平台”居家养老购买服务，在区中心敬老院建立实行医养结合的养老新模式；实现各项社会保险制度全覆盖，参保人数达68.5万人，平均覆盖率达98%。科技创新能力不断增强，科技进步水平指数持续四年位居全省第一。持续推进“两严一降”专项行动和“禁毒人民战争”，群众安全感连续5年实现提升。民生投入不断加大，推动教育、卫生、科技、文化、体育等各项社会事业全面发展。

五　云岩区“十二五”规划实施过程中存在的主要问题

（一）都市型经济转型升级难度仍然很大

人口过度密集，土地资源有限。空间资源约束与可持续发展矛盾较为突出，土地利用结构不是十分合理。项目落地难度大，经济发展仍面临巨大挑战。服务业转型升级压力大，服务业中生活性服务业占比大、增速慢，生产性服务业总量偏小、规模效应不突出，现代服务业发展水平不高，转型创新发展任务艰巨。现代金融、电子商务、文化创意、科技服务、先进制造发展水平还不高，新兴产业支撑都市型转型的能力尚显薄弱。

（二）社会发展领域面临困难仍然多

社会发展的体制机制仍存在改革创新的空间。民众对社会公平、社会保障、民生改善等提出新要求。“疏老城、建新城”任务艰巨，历史遗留问题、征地拆迁等矛盾较多，维护社会稳定压力大。政府公共服务管理水平和工作效率有待进一步提高，特别是旧街坊、“城中村”、流动人口等方面的社会管理还存在不足，交通拥堵等“城市病”日益突出，空气、垃圾、水环境治理和城市精细化管理等工作水平与人民群众的期待还有差距，社会公共安全防控和应急体系需进一步完善。人口老龄化日益加剧，民生工作的投入和群众的需求仍有较大差距，科技、教育、文化、卫生、社会保障等各项公共事业发展仍有不少问题亟待解决。

（三）城市综合承载功能仍薄弱

城市基础设施薄弱，城区内水、电、气等管网和线路老化设施陈旧，社区等公共服务基础设施难以满足民众的需求。城市功能不完善，停车位缺口大，交通拥堵情况严重，城市道路交通体系需要进一步优化。区域发展相对不均衡，城市空间拓展需要巨额投入，基础设施建设成本高，现代化城市规划建设压力不断加大。

六　云岩区“十二五”期间的发展经验与特点

（一）坚持先行先试，在经济发展上保持领先领跑

云岩自2013年率先在全省建成全面小康后，又在省、市的支持下，提出了率先迈向基本现代化的目标，从五年的发展经验来看，只有坚持先行先试，才能在新的历史时期乘势而上。经济总量和综合实力是云岩在全市的最大优势，要不断推进产业转型，壮大实体经济，才能巩固提升云岩的辐射力和首位度。

（二）坚持开发改造，加快改善城市风貌和市容环境

过去五年，云岩区按照“疏老城、建新城”的要求，通过棚户区改造实现“腾笼换鸟”，推动了一批商务楼宇、城市综合体和公园项目的落地，坚持抓好生态保护和环境整治，做到了发展和生态两条底线一起守，两个成果一起收。实践证明，对于城市建设中存在的棚户区、危旧房和配套设施落后等问题，都要用发展的思路来考虑，在城市化建设的进程中解决。

（三）坚持民生优先，真正确保发展成果由人民共建共享

“十二五”时期，云岩区围绕民生优质化、均衡化的目标，将“民生十

困”问题目标化、项目化，积极畅通群众诉求反映渠道，努力将民生工程办成民心工程，事实证明，只有依靠群众，坚持改革，发展才有不竭的动力。因此，要做到坚持维护政通人和、风清气正的政治生态，坚持以民生需求倒逼改革，坚持以民生导向提升政府执政能力。

参考文献

贵阳市人民政府：《贵阳市国民经济和社会发展第十三个五年规划纲要》，2016。

贵阳市统计局：《2015 年贵阳市国民经济和社会发展统计公报》，2016。

云岩区人民政府：《云岩区国民经济和社会发展第十二个五年规划纲要》，2011。

云岩区发改局：《〈云岩区国民经济和社会发展第十二个五年规划纲要〉中期评估报告》，2014。

云岩区发改局：《云岩区“十二五”规划完成情况基本评价》，2015。

云岩区人民政府：《云岩区国民经济和社会发展第十三个五年规划纲要》，2016。

云岩区发改局：《云岩区 2015 年国民经济和社会发展计划执行情况及 2016 年国民经济和社会发展计划（草案）报告》，2016。

云岩区统计局：《2011 年云岩区国民经济和社会发展统计公报》，2012。

云岩区统计局：《2012 年云岩区国民经济和社会发展统计公报》，2013。

云岩区统计局：《2013 年云岩区国民经济和社会发展统计公报》，2014。

云岩区统计局：《2014 年云岩区国民经济和社会发展统计公报》，2015。

云岩区统计局：《2015 年云岩区国民经济和社会发展统计公报》，2016。

云岩区人民政府：《2010 年政府工作报告》，2010。

云岩区人民政府：《2011 年政府工作报告》，2011。

云岩区人民政府：《2012 年政府工作报告》，2012。

云岩区人民政府：《2013 年政府工作报告》，2013。

云岩区人民政府：《2014 年政府工作报告》，2014。

云岩区人民政府：《2015 年政府工作报告》，2015。

云岩区人民政府：《2016 年政府工作报告》，2016。

理　论　篇

Theory Reports

B.3 公园城市建设与城市功能探析

摘　要：　在我国城市化进程快速推进的背景下，交通拥堵、生态环境破坏、人居环境质量下降等各种“城市病”日渐凸显，我们应当意识到城市化以及城市现代化不只是经济、人口、建筑、面积等量的增长，更重要的是城市品质的提升。本文将以公园城市建设为切入点，研究公园城市建设如何优化城市功能规划与布局，推动城市品质的提升。并就如何通过公园城市的建设来实现城市经济效益与生态效益的双赢，如何促进人与自然和谐相处、协同发展进行探讨。

关键词：　公园城市　城市功能　生态　城市规划

一　城市功能与城市空间的耦合关系

（一）三个维度理解城市功能

1. 城市功能是城市存在的价值所在

城市功能也称城市职能，不同学科对城市功能有不同的界定，不同的定义从不同方面反映了城市特定的功能。社会学中的功能主义学派认为城市生活得以有序维系是基于城市社区中的各种习俗、规范、制度之间相互共同作用的结果；文化人类学家站在城市的文化功能角度提出，城市功能是对人类文化的保护与继承，往更高层次讲，还可以是创造。

在城市科学的视角下，城市功能是由城市这种特定组织形式的各种结构性因素决定的城市机能或能力，是城市在一定区域范围内的政治、经济、文化、社会活动所具有的能力和所起的作用。①

城市功能是城市发展的根本，城市功能的转变会直接影响一个城市未来的发展前景，甚至是兴衰。一般来说，一个城市的功能定位是城市自身发展需要与其他地区（或区域）将要建立的经济关系和社会关系的一种预判。②

2. 城市功能是城市发展的动力所在

城市功能是一个复合体，其类型具有多样性，涵盖了政治功能、经济功能、文化功能、社会功能与生态功能。城市功能是一个空间的概念，不同类型的城市功能对应着不同的服务空间和服务对象，越是核心的城市功能其服务范围也越大；相对来说，一些基础的城市功能服务范围则较小。不同类型的城市功能在城市中发挥着各自的作用，促进城市的不断进步与发展。

在不同的空间尺度上，起主导作用的城市功能的类型也不相同，主导功能对城市的发展起着支配作用，决定着城市的定位与发展方向。如上海作为中国的经济中心，经济功能是其主导功能，同时经济功能还将持续支配着上海未来发展的方向。

3. 城市功能是城市体系的基础所在

城市体系是一组地域近邻、各有功能分工、不同规模分布的城市群体。城市体系的类型有金字塔型、多核型、网络型和带状型。城市体系内的城市层级不同，各个城市在城市体系中所发挥的城市功能也不同。

在金字塔型的城市体系中，大城市或特大城市发挥核心功能，周围的中

---

① 陈柳青：《城市功能及其空间结构和区际协调》，《中国名城》2011 年第 1 期。

② 同上。

小城市发挥着各自在体系中的不同功能作用，共同维系着整个金字塔型城市体系的发展。在长江三角洲的金字塔城市体系中，上海发挥着区域经济中心的核心功能，是区域金融中心、高级商贸中心、航运中心和国际投资中心等；南京、杭州作为副中心，承担着省级经济中心和交通中心的功能；苏州、常州、无锡和宁波承担着体系内的制造业服务功能；镇江、南通和扬州等承担着市域经济文化中心功能；其他中小城市和小城镇承担着县级经济中心功能。

（二）城市功能反映在城市空间上

1. 城市功能是分区的、分层的

城市功能属于空间概念的范畴，不同的城市功能类型具有不同的空间服务范围。一个资源优化配置的现代城市是由不同类型的功能区构成的，城市功能就是通过这些不同的功能区充分发挥各自作用得以实现的。例如，成都市的功能区围绕城市中心呈同心圆状分布。市中心承担着行政区、商业区和居住区的功能，市中心与二环路之间承担着居住区和文化区的功能，二环路以外是各类不同规模的工业区。

城市功能还具有层次性，是由不同层次的功能共同构成的。城市功能是一个大体系，由不同的子系统构成。各子系统下面还有更低一级的小系统，层级依次递减。由于城市功能系统与子系统之间的隶属关系不同，从而构成了系统内部的等级，这样的等级就使城市功能具有了层次性。①

一般而言，城市功能较高级的具有更广的服务范围，城市功能较低的则服务范围较窄。

2. 城市空间是有结构、有形态的

城市功能在城市地域空间上的投射称为城市空间，是政治、经济、文化等各领域不同要素的整体反映，是城市功能的空间载体。城市空间包含两个重要内容：一个是城市空间结构，另一个是城市空间形态。其中空间结构是城市空间系统的内在连接方式，空间形态则是城市空间系统的外在表现形式。

① 陈柳青：《城市功能及其空间结构和区际协调》，《中国名城》2011 年第 1 期。

城市空间结构是指在一定历史时期内，城市各个空间要素在城市地域上的分布和相互作用而形成的空间关系，是城市中各种要素在空间的分布和组合状态，并且空间系统内部各要素之间相互关联。

城市空间形态是指城市中的物质设施、社会群体、经济活动等不同要素之间的空间分布模式。[①] 城市空间形态涵盖了城市空间形式、人类活动、土地利用的空间组织、城市景观的描述、类型学分类系统等。

3. 城市空间结构是决定城市功能的核心要素

城市功能不仅源于城市空间结构，同时还依附于城市空间结构。城市功能随城市空间的结构改变而改变，可以说城市空间结构是城市功能的核心要素。城市空间结构的科学性、合理性会直接影响城市的政治功能、经济功能、文化功能与社会功能，还有可能会对生态功能造成破坏。

城市功能的类型和布局直接影响着城市的发展，城市的发展还在于城市空间结构的科学性、合理性和先进性。事实上，一个城市的发展过程就是城市自身空间结构逐步优化的过程。第二次世界大战以后，交通的便捷和计算机的广泛使用，使得美国城市化逐渐由城市转向郊区，城市的传统制造业和服务业也随之转向郊区，因此，随着空间结构的变化，城市功能由“制造业中心”转变为“智力中心”。

（三）以功能疏解与空间重构推动城市更新

1. 城市更新是城市发展到一定阶段的必然选择

城市更新是复兴城市功能，振兴城市经济，实现城市在社会、经济、环境方面良性发展的复杂体系和周期性活动。

随着城镇化的快速发展，大城市尤其是中心城区的人口规模不断增大，城市功能高度集聚，城市不断发展并越来越壮大。因而产生聚集不经济、环境污染、交通拥堵等城市问题。

不同时代背景和地域环境的城市发展到一定阶段必然会经历再开发的过程。英国曾在经历全球产业链转移后，为复兴衰败旧工业城市而采取策略进行再开发。再开发不仅刺激了英国衰败城市经济增长，还增强了城市

---

① 陈柳青：《城市功能及其空间结构和区际协调》，《中国名城》2011 年第 1 期。

竞争力。中国目前存在各地区城市发展非均衡现象，其中老工业面临产业升级转型的经济重组，城市化进程较快地区土地越来越少，迫切需要通过城市集约再开发的过程，来获取新的空间资源等。由此可以看出，城市的再开发是城市发展到一定阶段的必然选择。事实上，城市的再开发过程就是城市更新。

2. 城市更新的重点是功能疏解与优化

城市功能疏解是指通过疏散过于集中的人口，把城市中的部分功能有机疏散到其他地区，实现城市的交通缓解、环境改善、产业转型升级，从而实现城市的可持续发展。功能优化是指优化功能布局，根据城市空间区位优势对城市功能进行合理的布局，从而促进城市发展提质增效升级，实现城市的可持续发展。

通过功能疏解与优化促进城市更新不仅更新方式，也更新重点内容。北京朝阳区在“十三五”规划纲要中提到，为了把朝阳区建设成为高水平国际商务中心、文化创新实验区与和谐宜居模范区，在未来的五年，一方面要疏解区域内不低于七成的商品交易市场、一般性制造业、物流基地，另一方面要优化区域，布局高品质建设首都功能核心区与行政副中心的廊道，大力发展金融、文化等产业，优化提升首都核心功能。①

3. 推动功能疏解与优化需要展开空间重构

空间的重构势必会改变空间的结构与空间的形态，城市空间结构与形态的改变推动城市功能疏解与优化。随着中国经济的快速发展和城市化进程的不断加快，国内的特大城市和大城市人口规模也不断增大，城市空间随之快速向外扩展，在城市外围出现了卫星城、新城，城市空间结构与形态发生了变化。这些卫星城与新城承担着中心城市疏解的功能，城市功能布局得到了优化提升。

空间的重构势必影响着功能的分区与分层，城市功能分区与分层的形成会推动城市功能疏解与优化。党和政府在北京城市发展中提出了“非首都核心功能疏解”理念，疏解的功能主要有：一般性制造业和高消耗产业，区域性

① 《北京朝阳：疏解五类产业　优化核心功能》，新华网，http://news.xinhuanet.com/chanye/2016-03-15/c_1118336917.htm，2016年3月15日。

物流基地和专业批发市场，一般性培训机构、专科医院、文化团体等社会服务功能。这些被疏解的功能将按照区域和层级，疏解到京津冀区域的其他城市中。

二　从城市功能与城市空间角度看公园建设

（一）公园是城市空间集约的一个重要组织方式

1. 公园具有要素叠加性

公园具有的特征要素不是单一的，而是由多个要素叠加而成。公园具有生态性、人文性与约束性等特点。生态性体现在要尽可能保持原有地形形态，随形而造景。同时，还要以植物造景为主，营造绿地与人和谐相处的生态环境。人文性主要体现在对过往历史文化的纪念上。历史文化是一个城市特有的文化资源，充分利用城市文化资源，不仅可以丰富公园的内容，还增添了城市文化内涵。约束性体现在公园作为对社会开放的公共场所，其公共性与公益性决定其必须有约束性。公园的约束性主要表现为社会约束、法律约束、行政约束和行业约束。

2. 以公园建设调整空间结构

公园建设是优化城市空间结构的重要引擎。公园建设可以使绿道、绿廊、绿带、城市环境、公共配套、产业业态都发生改变。公园并不是一个孤立的空间，其建设与发展和整个城市的空间格局调整息息相关。城市的空间演变不能局限于城市空间本身，也需要以公园建设来调整城市的空间结构。杭州市在近现代的城市公园建设中，逐渐形成“西湖进城、湖城合璧”的城市空间格局。

（二）公园是城市功能优化的一个核心动力要素

城市功能是城市的本质特征，涵盖了政治、经济、文化、社会、生态等各领域内容，不同类型的城市功能作用于不同尺度的城市空间，城市功能与其作用空间的互动构成了城市的功能体系。城市功能优化是实现城市可持续发展的重要内容，城市功能优化须遵循战略性、现实性和可持续性的原则，以提升城市发展的全局性、系统性、可持续性、宜居性、积极性为目标。在新型城镇化背景下，我国城市发展应以绿色生态理念为引领，以生态文明城市建设为导向，以公园城市建设为抓手对城市功能进行优化，保障城市发展活力。公园作为公园城市建设的主要内容和功能载体，同时也是城市功能优化的一个核心动力要素。

1. 公园具有功能复合性

从公园的功能作用来看，公园集休闲、旅游、防灾减灾等多方面功能于一身，是为公众提供的具有空间开放性和功能复合性的公共空间。随着社会发展和人们需求的变化，公园的类型和功能也愈发多样化，现代的公园功能已经不仅仅局限于休闲游乐，还兼具生态、科普、教育、文化、经济等功能。如图1所示，现代公园的功能具有高度复合性，随着城市现代化的发展，公园在均衡、修复、优化城市功能中起着愈发重要的作用。

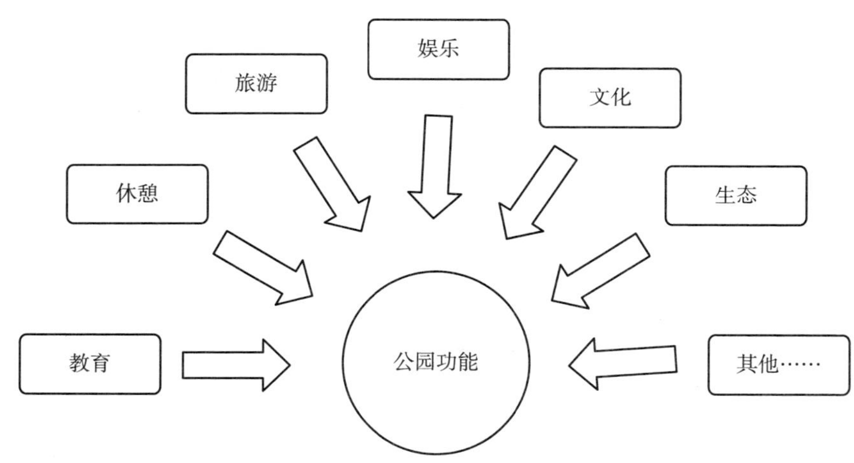

图1　公园功能复合性

2. 以公园建设均衡城市功能

随着社会经济的发展，城市发展中的生态环境保护问题和城市可持续发展问题日益被人们所重视，国民经济发展与生态环境保护的和谐统一，城市功能均衡发展，成为城市现代化可持续发展的必然要求。在不断探索与实践中，人们开始注意到公园对于城市发展的特殊意义：公园强大的功能兼容性和高度复合性特征，使公园建设成为优化城市空间结构、均衡城市功能、促进城市可持续发展的重要手段。当今，作为综合性公园的“升级版”——“绿色综合体”发展方兴未艾，日本的难波公园①更是其中的经典案例之一，向人们充分展示了公园建设在均衡城市功能中的重要地位和作用。

三　绿色发展背景下的公园城市建设

（一）绿色是城市发展的方向与动力

英国是最早提出绿色发展理念的国家之一，英国将绿色发展理念贯彻于以绿色城市建设为载体的城市发展模式中。“欧盟 2020 战略计划”建议欧盟成员降低二氧化碳排放、提升能源中的可再生能源比例、减少能耗等，将绿色发展作为欧盟可持续发展战略目标提出。在 2007 年召开的中共十七大上，推进生态文明建设首次纳入国家发展战略，如今生态文明建设已成为推进我国社会、经济、政治、文化、生态“五位一体”协调可持续发展的基本国策，绿色发展理念已逐渐成为国际共识，“绿色”将成为未来城市发展的方向和动力。

1. 绿色理念引领城市可持续发展

随着我国城市化的快速推进，随之而来的国土空间资源紧张，生产、生活和生态用地矛盾激化，生态资源成本不断增加，传统的高环境资源成本、高能耗的城市发展方式已经不可持续，推进生态文明建设、实现城市可持续发展成了当今社会城市发展研究的重要课题。在 2015 年 10 月的中共十八届五中全会上，通过了《中共中央关于制定国民经济和社会发展第十三个五年规划的建议》（以下简称《建议》），《建议》提出了“创新、共享、协调、绿色、开放”的发展理念。其中“绿色”发展理念即坚持绿色发展，坚持空间集约型发展，坚持可持续发展，构建人与自然协同发展、和谐相处的现代化城市发展

① 难波公园区别于传统意义上的公园，是日本一个以购物中心、办公楼为主的城市绿色综合体，既是商业区，又是公园，被誉为“城市里的森林”。

新格局。绿色发展理念的提出为城市可持续发展指明了道路和方向。

2. 绿色发展体现在功能和空间上

绿色发展强调人与自然和谐共生、协调发展，目的是构建现代化城市建设可持续发展的新格局。从功能层面来看，绿色发展要求城市功能兼具社会经济发展和生态环境保护功能，一方面，通过技术手段实现节能减排、低碳发展，以创新驱动社会经济发展方式转型升级；另一方面，通过生态环境保护反哺城市发展，建设生态宜居环境，提高城市发展质量，实现城市的可持续发展。从空间层面来看，我国人口基数较大，国土空间资源有限，城市发展的空间规划必须兼顾人与自然发展的空间需求，对二者空间结构关系进行科学、准确的定位，对“人”而言，要求有社会经济发展空间和宜居空间环境，对“自然”而言，则要有充足的生态发展空间。

总而言之，绿色发展不只是一个抽象的概念，在当今城市发展的各方面也有具体的体现，首先体现在城市发展功能和空间的规划上，绿色发展不仅是社会经济发展和生态环境保护的协调与统一，也是功能和空间规划的协调统一。

3. 公园城市是绿色发展的典范

在绿色、可持续发展理念的引领下，公园城市的概念应运而生，公园城市通过城市公园建设来优化城市功能空间布局，均衡城市功能空间结构，激发城市发展活力，实现城市发展中人与自然的协调统一、和谐发展。与“公园城市”相似的概念还有“花园城市”和“园林城市”，它们所要实现的目标是一致的：都是致力于创造人与自然和谐发展的环境，促进城市可持续发展。但后二者的概念更侧重于通过在城市里面建公园来改善城市生态；而“公园城市”则强调城市空间规划之初，就要以规划公园的要求来规划城市，用建设公园的标准来建设城市，要求以可持续发展为目标进行城市空间规划，尊重城市发展规律，在城市功能空间规划和发展中，以生态文明建设为中心，尊重自然、顺应自然、保护自然，形成集约、环保、可持续发展的空间格局和生产、生活方式。公园城市建设是从“在城市里建绿地”到“在绿地里建城市”的建设理念的转变，是现代绿色发展的典范。

（二）“多规合一”的发展趋势

在当今我国的规划编制和管理过程中，由于规划主体、规划理念、技术标准、功能定位等方面的差异，各类规划的编制和实施难以协调统一，甚至存在相互矛盾和冲突的现象，严重影响规划实施效能。为了推动空间规划改革，提升规划实施效能，2014 年 12 月国家发改委、国土资源部、环保部和住建部联合下发了《关于开展市县“多规合一”试点工作的通知》，提出以主体功能区规划为基础，统筹空间规划，从多维度探索“多规合一”的科学路径，解决当今空间规划各部门自成体系、缺乏协同以及管理主体不清等问题，以“多规合一”推动空间规划改革。

1. “多规合一”的改革取向：功能与空间融合、衔接、统一

在探索“多规合一”科学路径的过程中，首要任务是厘清“多规合一”的科学内涵，明确“多规合一”的改革取向。所谓“多规合一”，并非机械地将多个规划合并为一个规划，形成一种独立的规划。“多规合一”应是一种规划体系，通过建立规划之间的衔接与协调机制，打破各方面规划自成体系、内容冲突的规划格局，建立一个相互协调、统一衔接、总分有序、层级清晰、科学精准的空间规划体系，促进国土空间资源集约、高效和可持续利用以及城市功能的优化与提升，推动政府空间规划体制改革。

2. 生态规划与“三线”引导和管控

生态规划是一个规划概念范畴，其中包括土地生态、城市生态、生态城市等规划概念，提倡在各类规划中融入生态理念，以生态理念引导和约束各类规划，促进生态文明建设，实现城市、区域可持续发展。要推进生态规划与目前既有规划相融合，要加强“三线”① 引导和管控，引导各规划主体将生态理念融入各类规划之中，以“三线”为规划底线开展和实施各类规划。生态规划和规划“三线”实际上是一个有机统一的整体，以生态理念为引导，以规划“三线”为底线，以“多规合一”为实践，推动我国政府空间规划体制改革，促进城市可持续发展。

3. 以“多规合一”推动公园城市建设规划

要推动公园城市建设，首要任务是建立一套科学的公园城市建设规划体系。公园城市建设需要空间规划、生态规划、社会经济发展规划等多个规划相

---

① 本文“三线”指贵阳市环境总体规划提出的“生态保护红线、大气环境质量红线、水环境质量红线”。

互协调统一，才能实现以公园城市建设对城市功能进行优化提升，生态保护与城市可持续发展步调一致。基于此，目前应加快推进“多规合一”，探索“多规合一”的科学路径，以“多规合一”推动公园城市建设规划的全局性、系统性、可持续性。

（三）公园城市建设需要绿色综合体

城市绿色综合体是公园建设的未来发展趋势，公园具有两个明显的特征——绿色与综合性。作为城市功能重要载体和媒介的公园，塑造了城市综合性空间与形态，在绿色发展理念与城市现代化发展需求下，城市公园正在逐渐向城市绿色综合体的方向转型升级，这是一处既能给城市带来经济效益，同时还具有城市基础设施性质的城市景观，为城市发展指出了一条文明、健康、环境与效益兼顾的发展路径。现代公园作为承载城市功能的绿色综合体，在发展过程中逐渐渗透进城市发展和城市生态建设中，并对各类都市生活产生了引导作用，作为城市可持续发展的重要战略，公园城市的建设自然也离不开绿色综合体。

1. 将城市综合体概念引入公园建设

城市综合体是对城市公共空间内不同功能的建筑空间和城市空间进行组织，按照一定价值关系统筹规划，统一开发所形成的综合性建筑或建筑群。在重视公园建设的同时，应当引入城市综合体的概念，以公园建设为城市综合体建设奠定空间基础，打造城市综合体，融合多元城市功能，催生新的城市功能，保持城市发展活力，在建设城市综合体的过程中，还应当坚持绿色理念，打造城市绿色综合体。绿色综合体是在公园绿地建设的基础上进行功能扩展，对某些城市功能进行强化，从而替代某些城市功能区或对某一区域城市功能进行整合，优化城市功能空间结构，以实现城市功能均衡发展的城市绿色综合体。建设城市绿色综合体将使城市生态建设从被动保护转为积极发展，推动公园城市建设，促进人与自然和谐统一发展。

2. 绿色综合体的尺度与公园体系

绿色综合体是从可持续发展视角提出的新的城市综合体概念，以公园为载体，绿色和生态是绿色综合体的本质属性。绿色综合体建设的根本是保护生态环境、促进城市可持续发展，无论是空间布局、功能分布还是尺度，均体现了以绿色生态为基础、满足多层面需求的综合型城市空间特点。

绿色综合体建设的尺度与公园体系密切相关。按照公园的主要用途、服务对象、承载功能等对公园进行分类，形成了公园分类体系。服务空间范围是决定公园建设类型的主要因素之一。绿色综合体基于公园绿地建设，在尺度上通常与公园建设类型具有一致性，其大小和作用范围与公园建设体系密切相关，基于大型综合性城市公园建设而形成的绿色综合体，其空间尺度和作用范围相对较大，反之亦然。无论是大型城市公园，抑或是小型社区公园，都可以成为培育绿色综合体的摇篮。

3. 绿色综合体与公园建设运行模式

公园是城市功能的载体和重要媒介，绿色综合体是公园的发展趋势，公园则是绿色综合体建设的基础，推进城市绿色综合体建设，必须探索出一套科学的规划机制，将绿地建设与城市功能修复、优化和提升纳入统一规划，构建功能协调、生态友好、空间集约、可持续发展的公园建设模式。首先，应以"多规合一"为推手，推动公园绿地建设规划体制改革，对城市功能和城市空间进行统筹规划，推动绿色综合体建设；其次，以统筹规划推动公园建设与市政基础设施相融合，塑造城市综合性空间形态，建立城市绿色综合体。总之，公园绿地建设规划是推动绿色综合体建设的前提和关键，绿色综合体建设是推动人与自然和谐发展、城市可持续发展的有力保障。

参考文献

陈柳青：《城市功能及其空间结构和区际协调》，《中国名城》2011 年第 1 期。

高宜程、申玉铭、王茂军、刘希胜：《城市功能定位的理论和方法思考》，《城市规划》2008 年第 10 期。

靳美娟、张志斌：《国内外城市空间结构研究综述》，《热带地理》2006 年第 2 期。

严若谷、周素红、闫小培：《城市更新之研究》，《地理科学进展》2011 年第 8 期。

《北京朝阳：疏解五类产业　优化核心功能》，新华网，http：//news. xinhuanet. com/chanye/2016 - 03 - 15/c_ 1118336917. htm，2016 年 3 月 15 日。

苏涵、陈皓：《"多规合一"的本质及其编制要点探析》，《规划师》2015 年第 2 期。

陶晓丽、陈明星、张文忠、白永平：《城市公园的类型划分及其与功能的关系分析——以北京市城市公园为例》，《地理研究》2013 年第 10 期。

王书汉：《现代城市功能结构的优化思路》，《鞍山师范学院学报》2006 年第 8 期。

马修·卡恩：《绿色城市：城市发展与环境的动态关系》，《城市发展研究》2011 年第 10 期。

郑曦：《城市公园作为绿色综合体的发展特征与构建策略研究》，《城市发展研究》2013 年第 6 期。

B.4

关于云岩区“百园之区”建设规划的研究与思考

摘　要：为了积极响应贵阳市提出的“千园之城”，云岩区制定了“百园之区”规划。为此对云岩区“百园之区”建设规划进行研究与思考是为了更好地探讨这一规划的重要地位。本文在梳理大量相关理论文献的基础上，结合与云岩区生态文明建设局进行的座谈会来进行分析。本文通过梳理云岩区“百园之区”的规划，再对云岩区将着力打造的标志性公园进行具体分析，提出打造“百园之区”的理论基础、现实条件以及打造思路。

关键词：“千园之城”　“百园之区”　城市建设标准　绿化体系建设　云岩区

一　建设背景：贵阳确立建设“千园之城”的目标任务

（一）“千园之城”是打造发展升级版的一个重要载体

贵阳的发展升级，生态是不可或缺的部分。“十三五”期间，贵阳提出推进“六大工程”，其中之一就是推进公园城市工程，打造生态贵阳升级版。“十二五”时期，贵阳市生态文明获得较大发展——获批建设全国首个生态文明示范城市并取得阶段性成效，“蓝天”“碧水”“绿地”“清洁”“田园”五项保护计划有力推进，环境空气质量优良率在90%以上，集中式水源地水质达标率为100%，森林覆盖率达45.5%，建成区人均公共绿地达10.95平方米。①

---

① 《构建“千园之城”新体系　展现绿色发展别样魅力——省“两会”内外热议做优生态长板奋力建成全国生态文明示范城市之三》，《贵阳日报》2016年1月31日。

站在“十三五”的新起点，“千园之城”成为推动生态贵阳升级、建成全国生态文明示范城市的重要载体。按照相关规划，贵阳市将通过改造、提升、建设、规划等手段，构建“五位一体”① 公园体系。到 2020 年，预计城市绿化覆盖率超过 50%，建成区人均绿地面积达 17 平方米，② 达到建设“千园之城”的目标，实现贵阳市生态全面升级。

从长远看，“千园之城”是推动贵阳发展全面升级、打造创新型中心城市的优势竞争力和靓丽名片。首先，创新型中心城市的发展与核心功能的实现，离不开良好的生态环境作为支撑。其次，未来贵阳城市空间的合理布局、城市功能的日趋完善，也有利于汇集人才、资本、技术等各类资源，形成更加适宜大众创业、万众创新的城市氛围，推动贵阳发展全面升级，建成创新型中心城市。

（二）“千园之城”是探索新型城镇化的一种创新实践

中国特色新型城镇化的核心在于以人为本，实现产业结构、就业方式、人居环境、社会保障等由“乡”到“城”的转变。③ 而打造“千园之城”的核心正是从以人为本出发，通过公园建设调整城市空间结构，实现城市环境、公共配套、产业业态等一系列的优化。从功能实现的角度来看，“千园之城”亦是探索新型城镇化的创新实践。

打造“千园之城”可有效改善贵阳的城市环境与功能。“五位一体”公园体系的布局和建设，将从空间结构上彻底改变贵阳市当前中心城区人口密度大、建筑密集、活动空间少、绿化水平低的环境状况，并以空间结构的优化来实现城市生态、服务、管理等功能的完善。

打造“千园之城”将进一步推动城乡融合发展。通过结合“疏老城、建新城”改造棚户区城中村，推动建设“千园之城”，不仅能实现新老城区“扩园增绿”，同时也将优化城市公共服务设施的规划布局，引导城市人口、功能逐步向新建城区疏散，推进城镇基本公共服务常住人口全覆盖，推动农业转移人口市民化，使全体居民共享城市建设发展成果，在城镇化过程中促进人的全面发展和社会公平正义。

---

① “五位一体”公园体系，即“森林公园、湿地公园、城市公园、山体公园、社区公园”。

② 贵阳市生态文明委、市规划局：《贵阳市绿地系统规划》，2015。

③ 徐绍史：《坚定不移走中国特色新型城镇化道路》，《人民日报》2014 年 3 月 17 日。

打造“千园之城”也是调整产业结构、推动产城融合发展的契机。在“十二五”期间，贵阳逐渐探索出以大数据为引领的创新发展之路。以打造“千园之城”为契机，贵阳市将优化生产、生活、生态空间均衡配置，鼓励和引导绿色产业发展，进一步推动产业结构“腾笼换鸟、凤凰涅槃”，构建资源消耗低、附加值高的现代产业体系，进一步推动贵阳产城融合发展。

（三）“千园之城”是提升百姓获得感的民生工程

良好生态环境是最公平的公共产品，是最普惠的民生福祉。从本质上来说，“千园之城”是一项旨在提升百姓获得感的民生工程。

打造“千园之城”有利于人与自然和谐共生。地处喀斯特高原的贵阳自身生态十分脆弱，“十二五”期间贵阳积极探索生态环境治理与保护的路径，在全国提出创建首个生态文明示范城市。当前“千园之城”的建设规划明确提出以提高环境质量为核心，加大对生态环境的保护力度，促进人与自然和谐共生。

打造“千园之城”让城市环境更生态宜居。以绿地系统和公共空间系统为基础，按照有关规划，“到2020年，贵阳市预计将新增各类公园660个，全市公园达1000个以上，实现中心城区出行‘300米见绿，500米见园’”,① 为居民生活创造宜居的生活环境，切实提升居民的获得感。

打造“千园之城”是提升居民生活品质的重要保障。“千园之城”建设不仅是城市环境建设，也是制度和文化的建设。按照“千园之城”的推进要求，贵阳也要推动生产生活方式的绿色化，健全生态文明制度体系，加快形成生态文明建设的良好社会风尚。这些举措无疑将为居民生活环境与生活品质的持续提高提供重要保障。

二 理论基础：公园城市建设标准与绿化体系建设

（一）绿化是城市品质的重要标志

城市集聚了人类主要的经济活动，是社会发展的重要推力。城市经济社会

① 中共贵阳市委办公厅、贵阳市人民政府办公厅：《贵阳市推进“千园之城”建设行动计划（2015～2020年）》，2016。

发展促进城市绿化水平的提升，城市绿化也为经济发展奠定环境基础。城市绿化是现代化城市建设的重要组成部分，它不仅能够美化环境，改善城市生态格局，保护城市环境中的生物多样性，还能为市民提供视觉和精神享受，陶冶情操，推动社会主义精神文明建设，因此，城市绿化有着至关重要的作用。

绿化是城市文明的体现。城市的发达程度和经济水平决定了城市在绿化方面的投入比重，一般而言，城市的发达程度越高，经济水平越高，绿化投入比重越大。绿化的发展创造了良好的城市环境，也将推动城市经济的积极发展。因此，城市绿化水平与城市发展是相互促进的关系。城市绿化水平推动了城市的发展，提高了城市魅力，展现了城市文明。2013 年，在全国 284 个城市人均绿地面积排名前 10 的城市中，东部沿海发达城市占了 6 个，分别为：东莞市、深圳市、广州市、舟山市、南京市、厦门市。由此可见，绿化与城市的发展息息相关。①

绿化是生活质量的体现。随着经济的增长和人民生活水平的提高，人们对城市居住条件的要求也不断提升，因而城市绿化的重要性日益突显。城市绿化能够调节城市气候，净化城市空气，减弱城市噪音，不仅对人们的身体健康大有裨益，也提高了生活质量。在新的发展时期，城市居民的生活质量不仅仅体现在经济发展水平上，也体现在城市绿化上。在“花园城市”新加坡，其绿化面积占国土面积的45%，绿化覆盖率超过80%，② 绿化水平非常高，从一定层面也反映了当地居民的生活质量处于较高水平。

（二）绿化水平是公园城市建设的重要标准之一

作为城市品质的重要标志，绿化水平也是公园城市建设的重要标准之一。衡量公园城市建设三大指标分别为：绿化覆盖率、建成区绿地率及人均公共绿地面积。

绿化覆盖率是城市绿地现状效果的反映，是指城市中所有植被的垂直投影面积占城市总面积的百分比，是考察一个城市普遍绿化程度的指标，反映了绿

① 刘举科、孙伟平、胡文臻：《中国生态城市建设发展报告（2014）》，社会科学文献出版社，2015。

② 《新加坡如何从垃圾遍野变为花园城市》，新华网，2015 年 12 月 19 日。

色植物在城市境域内的覆盖程度。

建成区绿地率是衡量城市绿地水平的直接指标，指建成区内城市绿地空间规模与区域整体空间规模的关系，在一定层面上反映了城市绿地的生态效益。

人均公共绿地面积指城市公共绿地面积与城市非农业人口的比值，代表着城市居民平均每人占有公共绿地的数量，是衡量城市人口规模与城市公园绿地空间规模是否配套的重要指标。人均公共绿地面积用于衡量城市环境和居民生活质量，在一定程度上代表着城市绿地所产生的社会效益。

就创建国家公园（园林）城市而言，其三大基本指标——城市绿化覆盖率、建成区绿地率、人均公共绿地面积需达到一定要求，具体见表1。

表1　创建国家公园（园林）城市的指标要求

类别	区域	100万人以上城市	50万~100万人城市	50万人以下城市
人均公共绿地面积（平方米/人）	秦岭淮河以南	7.5	8	9
	秦岭淮河以北	7	7.5	8.5
建成区绿地率（%）	秦岭淮河以南	31	33	35
	秦岭淮河以北	29	31	34
城市绿化覆盖率（%）	秦岭淮河以南	36	38	40
	秦岭淮河以北	34	36	38

（三）提升绿化水平的关键是完善绿化体系

城市绿化体系由三个绿化子系统构成，即功能性子系统、质量和效益评价子系统、支持性子系统，每个子系统中又涵盖多种模式。功能性子系统是整个城市绿化体系的核心和基础，包括城区绿地系统、郊区防护绿地等。积极完善功能性子系统，完善绿化体系，对于增加城市绿地面积，提升城市绿化水平具有至关重要的作用。

要进一步完善城市绿化体系，构建符合城市生态学原理和系统科学的城市生态系统，使城市绿地系统分布更均衡，结构更合理，功能更完善，景观更优美，人居生态环境更清新舒适，推动城市绿化水平再上一个新的台阶。首先，需要确立可持续发展的理念，充分利用城市空间及资源，将绿地、林地、湿地等作为综合整体来考虑，调整绿化布局，完善绿化体系；其次，要努力提升城市绿化的科技内涵，引进先进的科技理念，运用新工艺、新技术、新方法，提高科技对城市绿化发展的贡献率，着力提升创新能力、补足发展后劲、加快成果转化，以科技水平促进绿化水平提高。

三　现实条件：生态基础、战略驱动与人文优势

（一）云岩区的绿化系统现状

云岩区地处东经106°29′～106°47′，北纬26°33′～26°41′，是原贵阳老城的主体部分，也是贵阳市的两大主城区之一。区内自然环境优美，人文景观较丰富，为城市绿化的发展提供了有利的基础条件。云岩区为贵阳盆地的一部分，地貌属黔中丘原盆地，丘陵占全区面积的52.79%，山地占29.01%，平坝占18.20%，中南部地势较低，北、西、东三面环山，平均海拔1184米。区内河道总长25千米，主要河流为南明河及其支流雅关河（市西河），以及贯城河（沙河），属长江流域乌江水系。沿雅关河已建成小关水库及黔灵湖，集水面积22.3万平方米，容量346万立方米。云岩区属亚热带季风性湿润气候，年平均气温15.3℃，无霜期271天，年平均降水量1196.7毫米，年平均相对湿度77%，年平均日照时数1354小时。四季分明，雨量充沛，气候温和，光照丰富，为植物的生长提供了有利的气候条件。①

截至2014年年底，云岩区建成区范围内共有各类公园60处，其中综合公园2处，社区公园18处，专类公园19处，带状公园8处，街旁绿地13处；生产绿地共6处，总面积7.45公顷；其他绿地面积20.86公顷。② 绿化基础良好，为推动公园城市建设，打造“百园之区”提供了有利的条件。

近年来，云岩区积极实施造林绿化，开展绿色河道、绿色通道、社区绿化等重点工程，积极推进更新绿化系统，在改善城市生态环境方面取得了良好的成果，并收获良好的生态效益、社会效益和经济效益。截至2015年12月底，

---

① 贵阳市云岩区人民政府网站，http：//www.yunyan.gov.cn/zwgk/。

② 贵阳市生态文明建设委员会、北京中国风景园林规划设计研究中心：《〈贵阳市绿地系统规划（2015～2020年）〉文本、图则》，2015。

云岩区建成区绿地率已达到44.64%，绿化覆盖率为45.34%，人均公共绿地面积为10.80平方米，[①] 森林覆盖率实现32.65%，森林蓄积量达到30万立方米。[②]

（二）云岩区的旧城改造计划

云岩区位于贵阳市中心城区的核心区域，总用地面积93.6平方公里，城镇面积34.85平方公里。辖区内27个社区及黔灵镇，现常住人口约为99万人，流动人口为30万人。城区城镇面积狭小，人口密度过大，[③] 建筑布局紧凑，绿化用地欠缺，尤其社区公园和街旁绿地较少。

为了降低人口和建筑密度，增加人均公共绿地面积，增加城市公共空间，[④] 加快生态文明城市建设，促进老城与新城协调发展，把云岩区建设成为空间布局合理、基础设施完善、交通结构合理、生态环境优美、人居环境良好、公共服务优质、社会管理高效、文化特色鲜明的现代化城区，云岩区依照贵阳市“疏老城、建新城”的总体战略思路和具体工作指示，结合公园城市建设，全力提速旧城改造工作。以建设中小型公园及街旁绿地为主，重点对老城区进行改造，利用老城区内的未利用地和旧城改造的空地进行社区公园和街旁绿地的建设，着力增加人口居住区的绿地，以此来优化老城区的绿地布局，构建复合生态网络，创造宜人生态环境，力争实现城市环境和核心区功能的优化。

老城区居住绿地提升改造主要通过“疏老城、建新城”的行动，疏解出用地，并留出一定比例用作公园绿地建设，在居民区附近重点增加可供居民就近使用的社区公园和街旁绿地。到2020年，计划实现老城区建筑密度降至25.3%，疏解20万人，增加公共绿地和公共开敞空间230公顷的目标，最终实现功能优化，提升区域整体的城市品质。[⑤]

---

① 贵阳市云岩区人民政府网站，http：//www.yunyan.gov.cn/zwgk/。

② 云岩区人民政府：《云岩区国民经济和社会发展第十三个五年规划纲要》，2015。

③ 《云岩区国土资源局“十三五规划”建议》，2015。

④ 《李再勇调研疏老城工作：疏老城建新城，让贵阳更宜居》，贵阳网，http：//www.gywb.cn/content/2013－10/23/content_ 311663.htm，2013年10月23日。

⑤ 《关于城市建设“疏老城、建新城”工作中应加强配套设施建设完善城市功能的建议》，贵阳市人民政府网站。

（三）云岩区的人文历史风貌

文化是城市的灵魂，它承载着一座城市的历史，凝聚着城市的品格。

文化兴而城市兴。作为贵阳市核心城区，云岩区经过悠久历史的洗礼，留下了许多珍贵的遗迹。不仅有阳明祠、文昌阁、弘福寺等历史遗迹，而且有八路军办事处旧址、抗日战争烈士纪念碑等红色经典人文景观，承载了深刻的文化内涵。据统计，全区目前共有文物保护单位 47 家，其中包括全国重点文物保护单位、省级文物保护单位、市级文物保护单位（见图 1），彰显着云岩的人文魅力。①

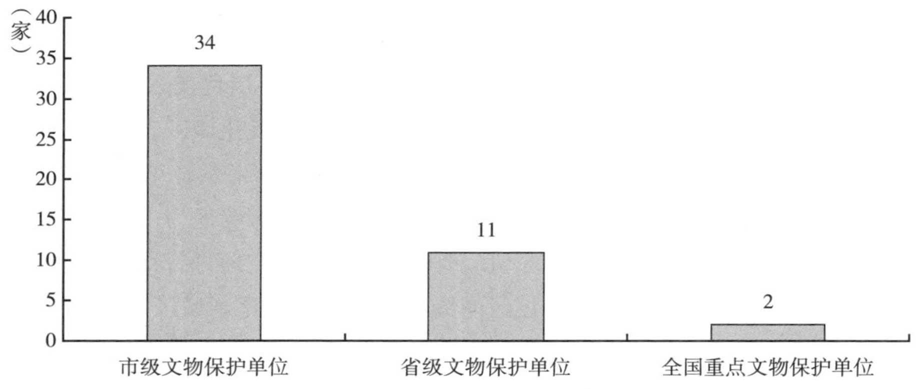

图 1　云岩区文物保护单位

目前，贵阳市正依托孔学堂、阳明洞、阳明祠这三个顶级文化资源，着手打造“三足鼎筑”的文化格局。位于云岩区的阳明祠，是当代贵阳市传承、弘扬与研究儒家文化的重要基地。阳明祠位于东山之南，相宝山之北，建祠之初即为祭祀王阳明之地。近年来，云岩区以阳明祠为阵地，以阳明文化为引领，大力挖掘“王学”精髓，打造“人文云岩”品牌文化，着力提升云岩区的精神内涵和城市品位，为“百园之区”的建设提供了良好的人文环境。

① 《关于城市建设“疏老城、建新城”工作中应加强配套设施建设完善城市功能的建议》，贵阳市人民政府网站。

四　对云岩区建设规划“百园之区”基本思路的思考

（一）规划目标：构建绿色生态网络体系

1. 保护自然生态基质

云岩区建设“百园之区”的首要目标是保护云岩区的山脉、水系、林带、公园等自然生态基质。城市公园的生态系统是一个小区域生态系统，对改善和保护城市的生态平衡有很重要的作用。而现在的城市问题，如城市人口的增长、城市环境污染等会破坏大气、植物、水体、土壤，直接影响城市公园的生态系统。

云岩区按照贵阳市建设公园城市的部署，依托良好自然资源，构建绿色生态网络体系；为落实贵阳市打造“千园之城”，推进云岩区建设“百园之区”，实现对山脉、水系、林带、公园等自然生态机制的保护。

2. 构建自然生态网络

作为贵阳市中心老城区，云岩区建筑密度大，城市绿地较少，生态系统呈碎片化分布。为改善当前状况，云岩区计划以生态斑块和廊道为载体，构建云岩区“林带 + 水系 + 通风走廊 + 公园”的生态网络，实现由碎片化向系统化、网络化、一体化的转变。

云岩区摒弃传统的规划设计思路，运用景观生态学，将云岩区的自然生态系统和对景观的规划纳入总体规划设计中。以生态廊道为纽带，把分散的、独立的景观斑块连接起来，镶嵌起一个连续而完整的生态网络。

3. 完善城市公园体系

截至 2014 年年底，云岩区共有各类公园 60 余处，相对于中心城区人口密度而言，区内公园数量较少，且分布不均，难以满足居民生活需求。为改善当前状况，提升公园数量，满足居民生活所需，云岩区计划构建“森林公园、湿地公园、城市公园、山体公园、社区公园”五位一体的城市公园体系，这是“百园之区”规划的关键目标。

城市公园体系是衡量居民居住环境质量的指标。城市公园体系的建设既能维护城市的生态平衡，也能为居民提供游憩、休闲的空间，起到缓解城市居民精神压力的作用。完善公园城市体系建设可以让公园更好地发挥生态效应和游憩功能。云岩区构建五位一体公园，包含了多种类型的公园建设，能够使资源得到均衡，满足居民的多样化需求，实现人与自然和谐相处，实现城市与自然的融合，将公园城市体系的作用发挥到最大。

（二）规划理念：以空间叠加提升城区品质

1. 生态空间公园化——以登高云山森林公园为例

生态空间与城市空间的有机融合，是云岩区空间布局的关键，而生态空间布局公园化是实现这一融合的重要抓手，也是云岩区建设公园的重要规划路径。根据云岩区自身所辖面积受限的实际，必须最大限度地利用城市生态空间打造不同类型的公园，系统谋划云岩区公园布局规划。

登高云山森林公园，即顺海森林公园，于 2016 年正式更名。登高云山森林公园位于贵阳市东北面城郊接合部二环路边，分布在云岩区、乌当区境内，黔灵山脉和南岳山脉之间。它是一环林带的重要组成部分，也是体现老城风貌的重要载体。公园规划总面积 135.8 公顷。公园以“森林之城、休闲胜地”为总体定位，园内规划为六个区，即山清气韵、梅樱报春、林幽巡迹、林海康乐、森林花海五大核心景区及森林保育区。建设登高云山森林公园弥补了贵阳东北区域公园绿地的空白，建成后可服务人群约 10 万人，将成为市民森林休闲、体育健身的理想去处。

以黔灵山脉和南岳山脉为基础，登高云山森林公园将原本的森林生态空间打造为公园，体现了生态空间的公园化。

2. 公园建设可达性——以宅吉社区公园为例

云岩区公园建设必须注重可达性要求，可达性是云岩区建设“百园之区”的重要理念。可达性是多层次、多方面的，重点包括公园体系之间以及公园体系与周边街区的融通关系。公园建设可达性至少应该包括空间方面的开放、功能设施方面的共享和文化取向方面的一致，从而最大限度地提高公园的使用价值、满足附近居民的要求和需要。

可达性公园的典型代表是社区公园。社区公园指为一定居住用地范围内的居民服务，具有一定活动内容和设施的集中绿地（不包括居住组团绿地）。云岩区拟建设 72 座社区公园。

宅吉社区作为典型的住宅型老旧社区，存在着“老社区、新建设”总体规划差、居民结构复杂、基础设施短缺、可用社会资源少等问题。在打造社区公园时，宅吉社区以升级改造银碧滩公园为切入点，连同打造白腊井、庆丰幸福院落形成“点－线－面”的结合，以满足从“点”扩大到“面”所辐射范围内居民对绿化的需求；在改造过程中增添健身器材以满足公园建设中功能设施的共享需求。

宅吉社区公园充分体现了以人为本的理念，最大限度地满足市民的要求和需要，体现了公园建设的可达性。

3. 公园品质人文化——以阳明公园为例

公园不仅具有休闲娱乐的功能，也能反映本地区的形象。云岩区悠久的历史文化是打造公园城市的一个重要资源，公园建设必须继承云岩区的地方景观和文化。自然景观是城市的基础，文化景观是城市的灵魂，将人文嫁接在云岩区公园建设上，才能提升公园建设品质，使公园成为展示人文云岩的重要窗口和平台。

习近平总书记在关于阳明文化的讲话中提出：坚定“三个自信”，更要大力弘扬优秀传统文化，增强文化自信，贵州要深入探索阳明文化优势。阳明文化作为贵阳文化标志，对其进行正确的科学定位，使之符合市民的认可和城市发展的要求。依托独具特色的文化资源，引领城市文化发展，提升城市核心竞争力，体现了城市文化特色和优势。为了进一步凸显贵阳作为阳明文化起源地的优势，应大力弘扬阳明传统文化、塑造城市灵魂、凸显城市文化特色、提升文化品牌价值，云岩区在市委、市政府的坚强领导和市直有关部门的大力支持配合下，把阳明文化公园建设作为弘扬中华优秀传统文化、构筑“三足鼎筑”贵阳精神大厦、加快核心区棚户区改造进程、建设“公园城市”的重要工作来抓。云岩区计划以阳明祠为核心，在东至中天世纪新城，西至文昌北路，南至蟠桃宫－月亮岩，北抵相宝山整个东山区域，实施阳明文化公园项目建设。

阳明文化公园的建设是当前城市化进程中对于公园建设和城市文化相互融合的探索：建设阳明文化公园使阳明文化能够进行传承和延续，同时也提升了贵阳的风貌特色和文化优势，体现了公园品质的人文化。

（三）规划重点：布局、标准与实施

1.规划布局体现系统性

系统性，即整体性。在公园城市的建设中，系统性是指将整座城市视为一个系统，以系统整体目标的优化为准绳，协调系统中各分系统，即各类公园的相互关系，使系统完整、平衡。因此，在公园城市的规划布局中，云岩区充分考虑到各类公园的作用，结合城市需求，制定了合理的规划，体现了布局的系统性。

云岩区规划公园110座，面积2550.02公顷（不含社区公园用地），占总用地的27%，人均公园绿地25平方米。其中森林公园3座，占地面积751.23公顷；城市公园16座，占地面积1039.13公顷；湿地公园2座，占地面积159.22公顷；山体公园17座，占地面积600.44公顷；社区公园72座（见表2）。

表2　云岩区公园绿地规划（2020年）

公园类型	数量(座)	面积(公顷)	公园名称	面积(公顷)
森林公园	3	751.23	鹿冲关森林公园	567.31
			马鬃岭森林公园	45.91
			燕子岩森林公园	138.01
城市公园	16	1039.13	黔灵山公园	505.63
			雅关公园	72.85
			中天公园	26.18
			贵州省植物园(公园)	78.9
			圣泉公园	134.51
			云岩广场(公园)	0.53
			大十字广场(公园)	1.88
			文昌阁(文化公园)	4.67
			阳明公园	5.65
			红桃公园	11.98
			仙鹤广场(公园)	6.52
			渔安公园	18.40
			安井公园	21.14
			普天公园	10.83
			金惠公园	26.40
			小关公园	113.06

续表

公园类型	数量(座)	面积(公顷)	公园名称	面积(公顷)
湿地公园	2	159.22	小关湖－黔灵湖湿地公园	74.86
			小湾河湿地公园	84.36
山体公园	17	600.44	云山山体公园	48.47
			文峰苑山体公园	42.4
			春怡山体公园	38.34
			黄山冲山体公园	21.52
			海天公园	218.53
			照壁山公园	5.66
			仙鹤山公园	3.54
			螺丝山公园	2.48
			东山公园	11.73
			仙人洞公园	25.49
			云贵山山体公园	44.81
			海马冲山体公园	40.79
			中坝公园	49.64
			河边山山体公园	17.26
			双龙峰公园	14.39
			尖山山体公园	7.62
			狮峰山公园	7.77
社区公园	72	—	—	—
总　计	110	2550.02（不含社区公园）	—	—

资料来源：《阳明文化助推“人文云岩”建设》，《贵阳日报》2016年6月2日。

2. 建设标准体现规范性

规范性是指凡事皆有一定的规矩和标准。云岩区根据《城市公园分类》相关要求制定，结合贵阳市现状和景观资源条件，界定云岩区各类公园规模、建设标准及相关配套设施要求（见表3），充分体现了规范性。

3. 实施推动体现示范性

示范性，即某种可供大家学习的典范的特性，它能够起到示范作用，作为别人学习的标杆。云岩区在《云岩区“百园之区”建设发展规划》中提到要建设市级示范性公园2个，即小关湖－黔灵湖湿地公园和南垭山体公园；区级

表 3　公园建设标准

类型	用地规模（公顷）	服务半径（米）		设施要求	备　　注
森林公园	≥25	5000 ~ 10000		具备安全、公厕（服务半径不超过 500 米）、休憩、避雨、停车、医疗、购物等设施	具备森林风景资源及环境条件，可以开展森林旅游，森林植被占总面积 75% 以上
城市公园	≥10	市级	2000 ~ 3000	具备休憩、餐饮、购物、娱乐、医疗、停车、锻炼等设施	满足城市居民的休闲需要，供居民休息、游览、锻炼、交往，以及举办各种集体文化活动等，绿化率应在 60% 以上
	2 ~ 5	区级	1000 ~ 1500		
山体公园	≥2	1000 ~ 1500		具备安全、公厕（服务半径不超过 500 米）、休憩、避雨、医疗等设施	具备植被景观、地质、文化、科学等环境条件，可以开展旅游
湿地公园	≥20	5000 ~ 10000		具备休憩、餐饮、购物、娱乐、医疗、停车、科普教学、生态监测等设施	国家湿地公园中的湿地面积一般应占总面积的 60% 以上
社区公园	≥0.5	300 ~ 500		具备休憩、娱乐等设施	绿化率应在 65% 以上

示范性公园 1 个，即燕隼公园。打造示范性公园的意义在于将云岩区的资源、文化、地域结合起来，打造高品质、有特色的示范性公园，使其成为其他类型公园的参照范本。

参考文献

云岩区人民政府、清华同衡规划设计研究院：《云岩区“百园之区”建设发展规划》，2015。

尚正永、张小林、卢晓旭、周晓钟：《基于可达性的城市功能用地空间格局演变研究——以江苏省淮安市为例》，《地理科学》2014 年第 2 期。

缪雪莹：《哈尔滨城市公园体系的研究》，硕士学位论文，东北林业大学，2012。

贵阳市生态文明建设委员会、北京中国风景园林规划设计研究中心：《〈贵阳市绿地系统规划（2015 ~ 2020 年）〉文本、图则》，2015。

调 研 篇

Investigation Reports

B.5 云岩区社区调研报告

摘 要: 近年来，随着经济社会的快速发展，城市基层管理面临着新形势和新挑战，传统的基层管理体制和运行机制亟待改革与创新。在此背景下，“十二五”期间，贵阳市积极开展城市基层管理体制改革工作，通过撤销街道办事处，设立社区服务中心，推动了“市－区－街道－社区”四级管理体制向“市－区－社区”三级管理体制的转变，探索出了新型社区建设的“贵阳经验”。为进一步了解基层管理体制改革的后续发展情况，贵阳市委政研室、北京国际城市发展研究院和贵阳创新驱动发展战略研究院联合组成课题组，通过“实地调研＋座谈＋访谈”的方式，对云岩区的相关社区进行了深入调研。本文按照理论研究与实证调研相结合的方法，总结当前云岩区基层治理创新的相关做法与典型经验，客观剖析街居制转变为社区制之后面临的新问题，并有针对性地提出相关建议，以期为云岩区完善基层治理体制与运行机制提供决策参考。

关键词: 云岩区 社区 基层治理体制改革 调研

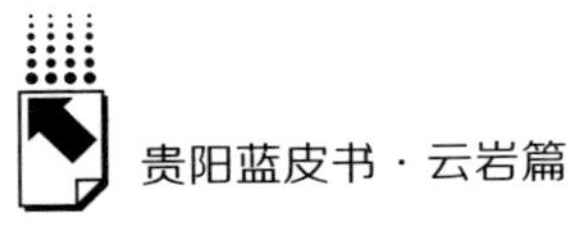

一 调研背景

（一）调查目的与意义

“十三五”期间，是贵阳“守底线、走新路、打造升级版”的关键时期，既要在环境保护、创业创新、转型发展等方面下大功夫，又要以提升民众获得感为发展主线，致力于社会建设、全民小康。

“十二五”时期，贵阳市社会建设与群众工作取得显著成效，开创了崭新局面，先后撤销49个街道办事处，成立了90余个新型社区服务中心，实现“公共服务+社区自治”社会化治理机制逐步取代“衙门化”街居管理体制。

但随着转型升级步伐的加快，各类问题引发的社会矛盾相对集中，给经济社会持续健康发展埋下了隐患，需要加强社会治理，从源头上、基础上、根本上解决好这些问题。为了了解贵阳市基层管理体制改革后云岩社区的运行情况，本课题组深入云岩区27个社区进行调查研究，旨在为云岩区完善和创新基层治理提供思路。同时，总结云岩区基层社会治理的实践与经验，为贵阳市进一步深化社区治理体制改革，及其他地区探索基层治理体制改革提供借鉴。

（二）调查时间与过程

本次调研课题组以填写“贵阳市基层社区居委会工作调查表”的形式收集27个社区的基本信息，包括社区简介、辖区地图、社区概况、科技和教育资源、体育文化休闲餐饮住宿设施、医疗卫生资源、困难群体与特殊人群、班子与队伍、稳定与安全、问题与难点等，并在此基础上，于2015年11月23日至29日以座谈和访谈云岩区群工委负责人和社区书记或主任的形式，对社区进行深入调查研究。

通过本次调研，课题组对改革后云岩社区的基本情况以及基层管理体制改革的实践与探索有了详细了解，并在对社区一把手的访谈中认识到改革后的新型社区面临的问题与挑战。在此基础上，本文梳理出推动云岩新型社区发展的建议。

（三）调查方法与对象

本次调研主要采取了自填问卷法和深度访谈法。调查表为深度访谈提供了基本信息；而深度访谈有助于了解基层一线干部对社区工作的看法与思路，获取更多、更有价值和深度的信息。云岩区社区访谈对象见表1。

表1　云岩区社区访谈对象

编码	性别	所在社区	编码	性别	所在社区
YS1	男	威清社区	YS21	男	中华社区
YS2	男	金鸭社区	YS22	女	中华社区
YS3	男	普天社区	YS23	男	金关社区
YS4	男	普天社区	YS24	女	金关社区
YS5	男	东山社区	YS25	男	市西社区
YS6	男	东山社区	YS26	男	栖霞社区
YS7	男	蔡关社区	YS27	女	栖霞社区
YS8	男	普陀社区	YS28	男	贵乌社区
YS9	女	头桥社区	YS29	女	中东社区
YS10	女	中环社区	YS30	男	北京路社区
YS11	男	三桥社区	YS31	男	北京路社区
YS12	男	三桥社区	YS32	男	金惠社区
YS13	男	省府社区	YS33	男	金惠社区
YS14	女	省府社区	YS34	男	金狮社区
YS15	女	黔东社区	YS35	女	宅吉社区
YS16	男	荷塘社区	YS36	女	圣泉社区
YS17	男	金龙社区	YS37	女	延中社区
YS18	女	金龙社区	YS38	女	蔡关社区
YS29	女	中天社区	YS39	男	云岩区群工委
YS20	男	水东社区			

注：文中访谈对象姓名处均采用表1编码标示。

二　云岩区街道改社区的基本情况

（一）从城市核心区看云岩社区的发展

1. 社区数量多，城市化程度高

云岩区作为省会城市贵阳市中心城区核心区域，是老城区与周边功能区衔接、交流的重要区域，这决定了云岩的社区具有数量多、城市化率高的特点。基层管理体制改革前，2009 年，云岩全区已经有 18 个街道办事处、1 个镇、134 个社区居民委员会、19 个村民委员会。2015 年，全区辖 27 个社区服务中心，占全市社区总数近 1/3。与此同时，云岩区的城市化率已接近 100%（2010 年已达 98%），目前全区只有 6 个社区存在辖村的情况（见表 2）。

2. 辖区面积小，覆盖人口多

云岩社区的另一大特点是社区辖区面积小、覆盖人口多，这是由云岩本身处于老城区，土地面积有限，人口密集所决定的。云岩区土地总面积 93.57 平方公里，① 仅占贵阳市土地面积的 1% 左右。② 具体到云岩的社区，在 27 个社区中辖区面积在 1 平方公里以下的就有 15 个，只有 7 个社区的辖区面积在 2 平方公里以上（见表 2）。云岩区约有 135 万人（其中常住人口 98 万人，流动人口 37 万人），③ 常住人口占贵阳市常住人口的 21.2%，④ 人口密度十分高。

表 2　云岩区社区基本情况

名　称	辖区面积（平方公里）	居(村)委会个数	总户数（户）	总人口（万人）
北京路社区	1.37	8	19924	5.65
蔡关社区	2.81	2(含 1 村)	14000	3.4
东山社区	0.54	3	8151	2.07
贵乌社区	1.41	9	25092	7.33
荷塘社区	0.99	4	10400	4.63
金关社区	4.76	4(含 1 村)	14275	2.99
金惠社区	11.48	3(含 2 村)	1402	0.94
金龙社区	1.45	7	16468	3.87
金狮社区	0.64	5	10559	2.66

① 云岩区政府官网，http：//www.yunyan.gov.cn/content/2012－05/04/content_ 667791.htm。

② 《贵阳市第二次土地调查主要数据成果公报》显示截至 2015 年，贵阳市土地总面积为 8043.3660 平方公里，计算下来云岩区土地总面积占贵阳市土地总面积的 1.16%。

③ 云岩区政府官网，http：//www.yunyan.gov.cn/content/2012－05/04/content_ 667791.htm。

④ 《2015 年贵阳市国民经济和社会发展统计公报》显示截至 2015 年，全市年末常住人口为 462.18 万人。

续表

名　称	辖区面积（平方公里）	居（村）委会个数	总户数（户）	总人口（万人）
金鸭社区	3.87	5(含1村)	14509	3.96
普天社区	2.38	3(含1村)	5536	1.38
普陀社区	0.54	6	13000	3
栖霞社区	0.6	5	7200	4.73
黔东社区	0.34	3	8126	1.89
三桥社区	1.28	4	11161	2.98
省府社区	0.76	5	8721	2.87
圣泉社区	1.68	1	5925	1.29
市西社区	0.77	9	16364	4.81
头桥社区	5.84	8	21022	4.75
威清社区	0.5	6	10789	2.26
延中社区	0.73	10	17316	3.64
宅吉社区	0.72	4	11639	4.33
中东社区	0.66	5	12017	2.52
中华社区	0.31	4	5672	2.01
中环社区	0.61	7	17521	3.28
中天社区	0.94	5	9280	2.59
水东社区	8.6	4(含2村)	2334	1

注：表格数据与案例篇数据截止时间不同，存在不一致情况。

资料来源：2015 年调研期间由各社区提供。

3. 具体区位两极分化，多种治理问题并存

在调研中课题组发现，云岩区虽位于贵阳市的核心位置，但边界位置与多个区（市、县）交界，不少社区边界不清晰。云岩区社区的区位呈现两极分化，主要分为老城区社区和城郊接合部社区，社区情况较为复杂。由此导致云岩区社区在治理过程中呈现历史遗留问题、棚户区改造矛盾纠纷问题、流动人口问题、老旧小区管理问题等多种治理问题并存的局面。

如访谈对象 YS8 就指出，其所在普陀社区是典型的老城区社区，辖区范围内多为老旧平房，一方面基础设施老旧，尤其是管网普遍老化，不能满足居民生活和发展需要；另一方面，普陀社区的老旧小区、棚户区面临旧城改造，征地、拆迁矛盾突出。此外，普陀社区内流动人口较多，约有 3000 人，摊贩占道经营现象较多，加之街道办改革成为社区后，社区不再具有执法权，城市管理的难度更大。位于城郊接合部的圣泉社区正处于城镇化进程中，访谈对象YS36指出，辖区内村民、居民杂居，基础设施较为薄弱，养老、教育方面的基础配套较为缺乏，辖区范围内很大面积正在进行拆迁建设，由此产生的维稳、上访问题，以及大量回迁居民今后的生活、就业等问题逐步凸显，加之有7家企业正在改制，治安情况复杂。

（二）改革背景与过程

云岩区街道改社区是在贵阳市基层管理体制改革的大背景下推进的，而改革的重要原因就是街道办事处权力集中，职能错位。

由于经济职能突出，街道办事处主要精力用于抓经济、抓税收，而服务、管理等功能并没有很好地发挥出来，职能错位明显。在此背景下，为精简管理层级，实现管理结构扁平化，提高服务效率，云岩区全面撤销街道党工委和街道办事处，成立新型社区党委和社区服务中心，实行“市－区－社区”三级管理及“区直管社区”。通过改革，新型社区的职能有了重新定位，主要职能定位为“服务群众、凝聚人心、优化管理、维护稳定”。

云岩区的街道改社区大致经历了三个阶段（见表3），社区工作职能和社区内设机构变化见图1和图2。

表3　云岩区街道办改社区阶段推进基本情况

第一阶段：2011年至2012年5月	云岩区针对各个街道办事处区域面积大小不平衡、人口密度较大、服务对象结构复杂的特点，按照“宜分则分、宜统则统、方便群众、节约成本”的原则，撤销18个街道办事处，成立26个新型社区（2014年新建水东社区，故云岩共有27个社区）
第二阶段：2012年6月至2012年10月	云岩区新型社区改革的主要任务是规范社区服务中心的工作，明确其职能定位、内设机构及运行方式，梳理社区服务中心与区直部门及居委会的关系等
第三阶段：2012年10月至2015年7月	创建文明社区、绿色社区、平安社区，提升社区群众满意度，开展“新型社区·温馨家园”创建活动，对前两个阶段的改革成果进行巩固提升
第四阶段：2015年7月至今	按照贵阳市《关于进一步加强和改进社区工作的十条具体意见》，对社区工作职能、社区内设机构、社区班子构成、社区执法工作等十个方面进行调整和优化。其中，值得注意的是社区明确恢复服务经济发展的职能

资料来源：根据2015年调研资料综合整理。

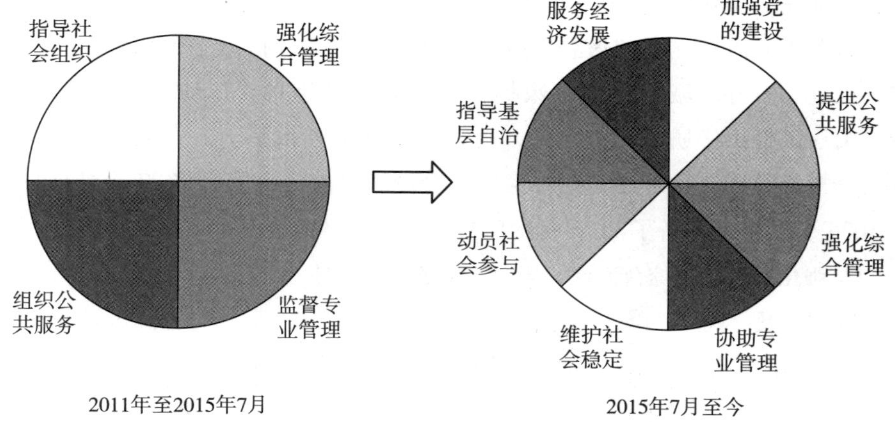

图 1　社区工作职能变化

资料来源：《关于进一步加强和改进社区工作的十条意见》《关于深化社区体制改革的调研报告》。

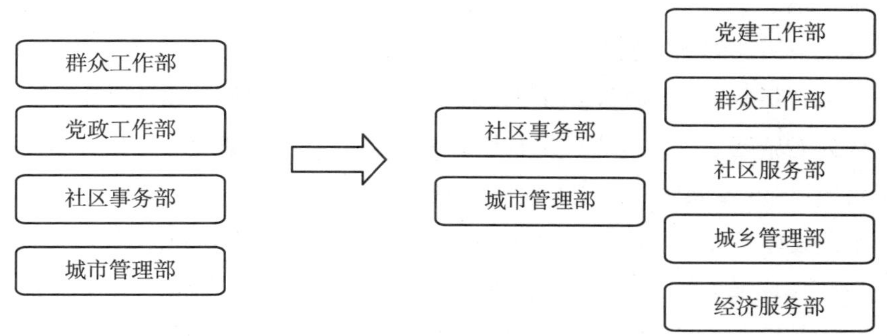

图 2　社区内设机构变化

资料来源：同上。

（三）社区改革以及巩固成果的主要实践与探索

1. 强化服务职能，居民满意度明显提高

在调研过程中，受访者普遍反映基层管理体制改革带来最大的亮点是社区的服务功能得到强化，服务效率和质量得到有效提升。一方面，实行“一条龙”服务、“一站式”办结。将市、区政务服务中心与社区服务中心大厅联网办公，提高工作效率，减少办结程序。另一方面，充分整合资源，提高办事效率。贵阳市先后建立基础信息数据库和社区管理综合信息平台，囊括社区人口、设施、事件、城管等信息数据。上下联动，建立“12319”公共服务平台，为居民提供优质服务。此外，进一步提升服务水平。云岩区按照“大数据、全模式”的工作理念，推行网格化管理。目前，云岩区将27个社区划分为1025个网格，配备了1196名网格员，全区网格覆盖率达100%。[①]

2. 强化社会治安综合治理，居民安全感有效提升

通过开展“两严一降”行动，强化社会治安综合治理，动员群众参与群防群治，“十二五”期间云岩区的刑事案件发案率实现了年均降低10%，群众安全感测评从80%上升至96.66%，经济社会发展满意度测评从84.8%上升至95.04%。[②]

在调研中访谈对象YS4说到，其所在社区一方面推行“超B级锁芯”“平安E家”报警电话入户工程，提升辖区技防工作的整体水平，安装“平安E家”电话332部、“超B级锁芯”148套；另一方面，采取“5加2”“白加黑”的车巡、步巡模式，各节假日期间也未间断。该社区通过努力实现了春节及国庆长假期间的零发案，发案率下降45%。

3. 以“新型社区·温馨家园”为抓手完善社区基础设施，改善居民居住环境

作为老城区之一的云岩区，长期以来面临着基础设施老旧、薄弱的问题。访谈对象YS35反映，其所在社区作为典型的住宅型老旧小区，整体规划不科学、基础设施不完善、社区管理不到位，院落内治安管理混乱、案件高发，已然成为“环境差、治安差、管理差”的老旧院落代表。为此，该社区党委以建设“幸福院落”为试点，对整个小区进行了下水管网改造、地面修整、绿化补植、人文环境充实等方面的综合改造，并进行了软硬件的升级打造。

街道改社区后，截至2015年，云岩区社区已经打造完成“新型社区·温馨家园”公益事业项目94个。其中，2014年共完成42个项目，[③] 2015年共完成52个项目，[④] 有效改善了老旧院落基础设施滞后、居民活动空间少的问题。

① 《以网格化管理助推社会治理创新　云岩区网格覆盖率达100%》，《贵阳日报》2016年1月13日。

② 云岩区人民政府：《2016年云岩区政府工作报告》，2016。

③ 《云岩区“新型社区·温馨家园”公益项目全部开工》，《贵阳日报》2014年9月17日。

④ 吴琳：《贵阳市云岩区创新型社区温馨家园　当文明主角》，《贵州日报》2016年7月25日。

三　当前云岩区社区建设面临的问题和挑战

（一）权责不匹配，执法管理难落实

在调研中，不少基层干部提出，社区的权责并不匹配，社区承担执法管理的职能，却没有执法管理的权限。

1. 社区性质与职能不相符

社区的性质与其职能并不相符，如访谈对象 YS16 认为基层体制改革后，社区服务中心的性质是事业单位，应着重服务功能，弱化管理职能，但社区在实际工作中仍承担较多管理工作。

社区除了承担直接面对群众的服务管理事项外，还需要承担一些让人感觉“莫名其妙”的工作。正如访谈对象 YS1 所说：“还有大量的证明需要社区出具。有一天我还出了一个证明，他是外地人，来到贵阳市朋友家做客。突发急性阑尾炎去医院住院，因为他是异地医保，要求我们出一个证明，证明他是在朋友家中突发的急病。这样的证明数不胜数。”

2. 社区权限与职能不匹配

社区权限与其职能不匹配，主要体现在基层管理体制改革后，社区服务中心不具备执法权，难以完成相应的执法管理工作。

由于不具备执法权，社区在管理上所使用的手段有限，而上报有关部门又增加处理问题的时间成本。正如访谈对象 YS1 所说：“城市管理，比如占道经营还是需要社区去执法，但是社区没有执法权，只能是劝说，不能够对他进行强制的措施。上报给城管，由城管局的执法大队去执法。这个过程中有时间段，增加了时间成本和执法成本。”

3. 辖村社区管理体制与基层实际不相符

改革后，呈现的一大问题是社区改革的管理体制与基层实际存在不相符的问题，尤其是对辖村的社区来说，管理体制的改革没有考虑到城乡差异，以至于社区下面既有居委会，又有村委会，而二者的管理方式却截然不同。

正如访谈对象 YS39 所说：“原来在考虑街道办事处改革的时候没有充分考虑到二元城乡结构问题，云岩区虽然只有 1 个乡镇，11 个村。其实并不是

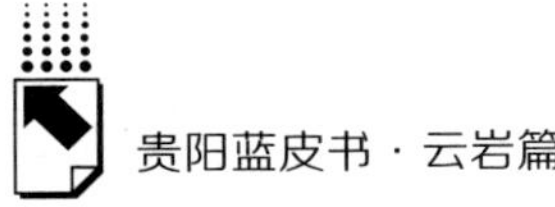

传统意义上的农村，都是一些城中村，大部分失地农民还保留农民的身份，获取的利益略高于居民，比如享受集体的红利分配和农房政策，这些居民是没有的。举个例子，相隔一条街，农民修的房子和居民一模一样，但是管理方式截然不同，模式混杂在一起，势必造成环境的混乱。所以改革要解决二元结构和城乡一体化的问题。”

（二）服务体系不健全，难以满足居民需要

社区作为服务中心，服务功能应是核心，但由于行政下沉工作量过大、共驻共建不到位等原因，当前云岩的社区在服务方面难以满足居民需要。

1. 下沉工作量过大

从工作量来看，在整个调研过程中几乎每一位受访者都会说社区工作量过大、种类繁多。如访谈对象 YS23 说：“现在一个社区服务中心，承接了市里面、区里面 60 个部门的工作，细数下来，所有的工作担下来接近 300 项。”

访谈对象 YS17 说：“目前，政府的大量公共服务工作都要求进社区，从而导致社区承担的工作项目越来越多，工作量越来越大，这些工作占据了社区工作者大部分的精力和时间，因此社区居民需要的其他服务被置于次要位置甚至无暇顾及。”

2. 共驻共建不到位

社区本身资源有限，共驻共建不到位，也是导致服务体系不健全的重要原因。如访谈对象 YS17 说：“社区志愿者队伍不足，驻区单位参与共驻共建不够，致使社区服务主体单一化，社区向社会性服务组织购买服务渠道不多，没有充分的政策法规依据。同时，社区服务功能薄弱，使居民对社区缺乏认同感、归属感，社区邻里互助、志愿服务等群众性自我服务意识差，社区居民的参与度低。”

（三）两大因素，导致社区工作队伍不稳定

1. 经济职能转移，干部积极性受挫

城市基层管理体制改革后，由于社区经济职能转移，激励机制不健全，影响了社区工作人员的工作积极性。

如访谈对象 YS10 所说：“服务要有经济费用来支持，现在一个月只有 10 多万元的工作经费，单位的水电费办公用品都不满足。”

改革前，区－街道两级分灶吃饭，办事处拥有较强的财力支配权，对基层

人员按工作绩效考核兑现奖励，干部队伍工作积极性高。改革后，社区财权收统到区，几乎没有自主财力，同时因政策因素，基层人员绩效大幅减收。加之社区作为基层执行单位，事多、权小、责大，“5 + 2”“白 + 黑”常态化、待遇低，社区工作人员普遍存在“干与不干一个样，干多干少一个样”的错误认识，工作积极性明显减弱，难以调动。以改革前 2011 年为例，全区共获得全国、省、市各级奖励 58 项，原办事处获各类奖励 7 项，其中还获得国家部委荣誉 1 项，共占全区所获荣誉的 12.1%；但 2014 年，全区共获得全国、省、市各级奖励 59 项，社区只获奖励 3 项，仅占全区的 5.1%。[①]

2. 体制不顺，干部政策无法落地

体制改革遗留的编制问题，也是影响社区队伍稳定的关键问题。一方面，中央出台的相关干部政策无法落地，影响干部积极性。2015 年，中共中央办公厅、国务院办公厅印发《关于县以下机关建立公务员职务与职级并行制度的意见》，由于社区服务中心目前为事业单位性质，不在职务与职级并行实施范围，使中央政策无法落地惠及基层一线干部，很大程度上挫伤了社区干部的积极性，对基层干部队伍稳定和云岩区经济社会发展各项工作都造成了较大影响。

另一方面，由于机制不健全，干部交流和双向流动受阻。城市基层管理体制改革后，新型社区明确为事业单位，导致机关、社区干部的双向合理流动几乎停滞，极大阻碍了干部的多岗位培养锻炼。

（四）多种因素导致网格化管理不到位

1. 信息收集难，数据准确率不高

网格化管理的基础工作是网格信息的收集，但目前云岩区社区的网格化管理，入户较难、指标定义不清晰等导致收集到的数据准确率有限，在对数据进行分析时，时常发现“不正常”数据以及不同部门统计同一指标数据不一致的问题。如访谈对象 YS39 说：“比如 0 ~ 18 岁的再婚率，居然有数据，但 0 ~ 18 岁本身就不应该存在这个数据……对流动人口的定义也出现问题，有的人说，区上统计下来，流动人口有 26 万人，而基层只有 5 万人，统计口径不一

① 云岩区人民政府：《关于深化社区体制改革的调研报告》，2015。

样，这是体制的问题造成的。”

2. 缺乏部门联动，解决问题难

网格化管理虽然将居民纳入网格进行管理，能够及时发现问题，但在发现问题后，因缺乏部门联动、监督反馈机制，也很难解决问题。如访谈对象YS16说：“所谓网格，是要网格员当全科医生，就是在这个网格里面的所有事情网格员都要及时发现，并及时报给社区。但有些问题是社区解决不了的，反馈给相关职能部门之后，也得不到解决，久而久之网格员就不报了。比如城市管理，市民看到井盖没盖好，反映给城管局，城管局马上就安排人把盖子盖好，然后反馈给市民。但是很多事情网格员反馈了，却得不到解决，这就是部门联动问题。”

3. 网格管理员配备不足，管理水平滞后

目前，云岩区社区在网格化服务管理工作中，网格管理人员设置不足，加之工作量大，难以对网格管理的制度建设、技术维护和业务支持等做出全方位的完善，在系统维护、网格员培训等方面工作相对滞后，工作成效难以发挥。

四　云岩区新型社区发展思路探讨

（一）重点培育社会组织，建立多元化公共服务体制

在属地原则要求下，社区既要承担计生、城市管理等事务，又要满足老百姓多样化的服务需求，亟须培育社会组织承担部分服务功能。云岩区应重点培育社区社会组织，建立多元化公共服务体制，激发社会组织活力，提供多样化服务。加强社会组织培育和发展，建立社会组织发展服务中心，集中培育扶持社区公益性社会组织。建立公共财政对社区社会组织和社工机构发展支持机制；推动公众力量参与，进一步规范社区志愿者管理，建立社区志愿服务督促机制，开展社区志愿者文明、互动活动。

（二）强化激励和素质提升，增强社区治理能力

对于当前人才队伍不稳定的问题，建议云岩区从编制优化建设、激励机制完善着手吸引和鼓励人才，并加大交流培训的力度，提升人才综合素质和软实力。

1. 优化编制建设

按照当前社区的发展现状，改革势在必行。如对现有社区管理服务范围进行调整后，社区管理范围、服务人口等平均工作量将有所增加。在对社区机关编制实行总量不增的基础上，建议由区编制部门根据社区的规模、特点和实际需要，对社区编制及职数进行重新核定。

2. 加强交流培训

各地在社区发展过程中面对许多共性问题，建议云岩区为社区工作者提供更多交流学习培训的机会，加强云岩区与其他省市成熟社区的交流互动，拓宽社区工作者的工作思路，提升社区软实力。同时，云岩区应出台相关政策，引进专业化、职业化的“社会工作者”到基层工作，稳定在基层。

此外，针对网格员难以适应工作需要的问题，建议加强对网格员的业务培训，使其工作流程化、标准化。组织各区部门派出成员，成立网格支持专家组，为网格化管理的制度建设及日常业务中的问题提供支持与建议。同时，在网格员中自发成立工作讨论组，加强网格员团队建设，增强网格员自主学习和解决问题的能力。

3. 完善激励机制

根据云岩区区情和体制现状，对社区工作者的激励离不开体制机制的调整和创新。在恢复经济服务职能的同时，建议针对社区工作者建立健全相关的考核和激励机制，将经济服务职能的完成情况适当与社区工作者的考核相挂钩。此外，针对社区普遍存在的网格员待遇较低的问题，建议在事业单位招考时向网格员适当倾斜，或适当增加网格员待遇。

（三）充分利用数据手段，提升网格化管理水平

在大数据发展背景之下，加快建设“社会和云”平台，完善数据收集汇聚，加大部门间数据共享，创新数据分析与应用，着力提升社区网格化管理水平。

1. 完善数据采集机制，减少重复采集

面对当前网格化管理实际工作中入户难、信息不准确、手持终端信号不稳定等问题，出台有关意见规范入户信息采集机制，在采集的信息内容、采集时间、采集地点、采集方式、采集频率、采集过程、采集对象信息安全等方面做出明确规定，并制定相关流程和考核、监测标准，确保信息采集的可操作性、

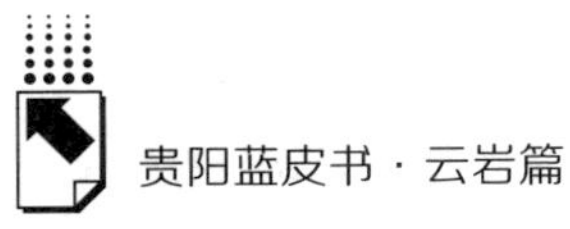

采集信息的有效性和居民信息的安全性。

2. 加强数据共享

面对当前网格员重复采集录入数据、各部门信息化系统重复建设的问题，进一步打破部门利益壁垒，在现有基础上，积极整合公安、消防、地税、计生等部门数据，建立公共数据库。

具体来说，可基于“云上贵州·贵阳平台”建设整合各政务部门和企事业单位社会治理数据、群众采集数据和互联网数据，集成现有网格化管理系统、百姓－书记市长交流台、12345公共服务平台、“筑城微治”微信平台等应用，建设包含综合展示、网格管理、社会动员、社区民生服务等功能的社会综合治理服务云平台，以“和谐”为目标，采用平台推送、网格员专员采集、众包数据采集、深网爬虫采集等多种方式采集社会数据，实现对社会的精准服务和精准治理，构建“党政社企群”协同共治的工作体系。

3. 加强数据分析与应用

在建设和完善“社会和云”大数据云平台，打通与公安、交通、民政等部门的数据通道，促进社会治理综合数据的“块上”聚集的基础上，着力加强数据的分析与应用，推动智慧社区管理体系协同化建设，全面提升社会治理能力。按照大数据治理的思维，以数据分析为基础研究社区居民的需求，以数据应用为基础为社区居民提供服务，建立以环境秩序、出租房屋、社会治安、公共安全等为主的公共管理应用系统，和以社区电子商务、文化娱乐、社会服务等为主要内容的社区服务应用系统，实现社区服务管理的在线化、可视化、预判化和高效化。

参考文献

《中共中央关于全面深化改革若干重大问题的决定》，《人民日报》2013年11月16日。

云岩区人民政府网站，http://www.YSunYSan.gov.cn/content/2008－10/16/content_667783.htm。

贵阳市国土资源局：《贵阳市第二次土地调查主要数据成果公报》，2015。

贵阳市统计局：《2015年贵阳市国民经济和社会发展统计公报》，2016。

黄秋月：《以网格化管理助推社会治理创新　云岩区网格覆盖率达 100%》，《贵阳日报》2016 年 1 月 13 日。

吴琳：《贵阳市云岩区创新型社区温馨家园当文明主角》，《贵州日报》2016 年 7 月 25 日。

云岩区人民政府：《2016 年云岩区政府工作报告》，2016。

王伟倩：《云岩区“新型社区·温馨家园”公益项目全部开工》，《贵阳日报》2014 年 9 月 17 日。

云岩区人民政府：《关于深化社区体制改革的调研报告》，2015。

中共贵阳市委办公厅、贵阳市人民政府办公厅：《关于进一步加强和改进社区工作的十条意见》，2015。

B.6
云岩区居委会调研报告

摘　要：　近年来，随着我国经济与社会改革发展的不断深入，城市管理体制正在发生深刻的变化。贵阳市作为全国社会管理创新综合试点城市，2010 年全面推进基层管理体制改革，通过撤销街道办事处，设立社区服务中心，变“市－区－街道－社区”四级管理为“市－区－社区”三级管理，实现了管理体制扁平化；构建“一委一会一中心”组织架构，增强了社区服务、管理、凝聚、维稳功能；实行“一社多居”，强化了党组织的领导核心地位；推行“居政分离”，促使居民自治回归，逐步探索出一条新型社区建设的“贵阳经验”。为进一步了解基层管理体制改革在居委会这一层面的情况，贵阳市委政研室、北京国际城市发展研究院和贵阳创新驱动发展战略研究院联合组成课题组，对云岩区的相关居委会进行了深入调研。本文通过实地调研，对居委会自治取得的成效和存在问题进行梳理与分析，并提出相关建议，以期为云岩区乃至贵阳市进一步完善城市基层治理体制改革提供决策参考。

关键词：　云岩区　居委会　自治　基层治理体制改革　调研

一　调研背景

（一）调查目的与意义

新中国成立以来，我国基层社会管理体制历经了几个阶段。越来越多的“单位人”“社会人”转变为“社区人”，社区成为维护社会和谐稳定的基础。

而居委会作为社区建设中的核心组织，是实现社区科学管理的重要力量。为了了解贵阳市基层管理体制改革后，新型社区下居委会的运行情况，本课题组从云岩区 140 个居委会选取了 52 个居委会进行调查研究，旨在总结云岩区基层社会治理的实践与经验，为云岩区完善和创新基层治理提供思路，为贵阳市进一步深化社区治理体制改革，及其他地区探索基层治理体制改革提供借鉴。

（二）调查时间与过程

本次课题组以填写“贵阳市基层社区居委会工作调查表”的形式收集了云岩区 140 个居委会的基本信息，包括居委会概况，辖区配套公共服务设施，辖区科技、教育和卫生资源，辖区文化（旅游）和体育资源，辖区居住者结构，辖区失业与就业，辖区稳定与安全，辖区劳动与社会保障，辖区管理问题与难点以及居委会工作问卷等。并在此基础上选取了 50 个居委会，于 2015 年 11 月 23 日至 29 日以访谈居委会书记或主任的形式进行深入调查研究。

通过本次调研，课题组对云岩区居委会的基本情况有了详细了解，并在与居委会干部的访谈中认识到居委会基层管理体制改革后工作中的突出亮点和存在的问题。在此基础上，本文提出针对云岩区居委会发展的建议。

（三）调查方法与对象

本次调研主要采取了自填问卷法与深度访谈法。调查表为深度访谈提供了基本信息；而深度访谈有助于了解基层一线干部对居委会工作的看法与思路，获取更多、更有价值和深度的信息。云岩区居委会访谈对象见表 1。

表 1　云岩区居委会访谈对象

编码	性别	所在居委会	编码	性别	所在居委会
YJ1	女	云山居委会	YJ8	男	野鸭居委会
YJ2	男	沙河居委会	YJ9	女	警苑居委会
YJ3	男	瑞北居委会	YJ10	女	东山居委会
YJ4	女	鲤鱼居委会	YJ11	女	贵工大居委会
YJ5	女	金马居委会	YJ12	女	普陀居委会
YJ6	女	汽制居委会	YJ13	女	和平居委会
YJ7	女	普天居委会	YJ14	男	英烈居委会

续表

编码	性别	所在居委会	编码	性别	所在居委会
YJ15	女	黄金居委会	YJ34	女	贵轮居委会
YJ16	女	合群居委会	YJ35	女	三砂居委会
YJ17	女	陕西路居委会	YJ36	男	月桂巷居委会
YJ18	女	北路居委会	YJ37	男	市西路居委会
YJ19	女	改茶居委会	YJ38	女	扶风居委会
YJ20	女	盐务居委会	YJ39	女	冠竹苑居委会
YJ21	女	盐务居委会	YJ40	女	大营居委会
YJ22	女	吉新居委会	YJ41	女	东新路居委会
YJ23	女	三民居委会	YJ42	男	电台街居委会
YJ24	女	水电八局居委会	YJ43	男	地矿居委会
YJ25	男	水电九局居委会	YJ44	女	云岩街居委会
YJ26	男	金谷居委会	YJ45	女	北极星居委会
YJ27	女	五柳居委会	YJ46	男	登高居委会
YJ28	女	御翠岭居委会	YJ47	女	巫峰居委会
YJ29	女	黄山冲居委会	YJ48	男	金仓居委会
YJ30	男	石榴园居委会	YJ49	女	金仓居委会
YJ31	女	王家桥居委会	YJ50	女	圣泉居委会
YJ32	女	贵山居委会	YJ51	女	岳英街居委会
YJ33	男	富水居委会	YJ52	男	团结居委会

注：文中访谈对象姓名处均采用表1编码标示。

二　云岩区居委会整体概况与52个重点调研居委会的基本情况

（一）云岩区居委会整体概况

2003年云岩区共15个街道办事处，1个镇，113个社区居民委员会，13个村民委员会。2009年全区共18个街道办事处，1个镇，134个社区居民委员会，19个村民委员会。截至2015年，云岩区共140个居委会（见表2），11个村民委员会。

表2　2015年云岩区居委会基本情况

序号	社区	居委会	总人口（人）	总面积（平方公里）	地理位置
1	北京路	安云路居委会	8112	0.260	东至省政府大院 西至贵州广播电视大学 南至贵州饭店 北至林城酒店
2	北京路	八鸽岩路居委会	8260	0.300	东至天宏物业建筑 西至黔灵大酒店 南至贵州广播电视大学 北至北象山
3	北京路	北新区路居委会	8550	0.600	东至铝镁设计院 西至北京路加油站 南至天润花园 北至黔灵大酒店
4	北京路	地矿居委会	4279	0.097	东至贵州饭店 西至黔灵公园 南至博物馆 北至贵州广播电视大学
5	北京路	省府居委会	2976	0.040	东市北路54号，相邻市北路居委会 西至财源宾馆，相邻安云路居委会 南至钤明宾馆，相邻市北路居委会 北至加油站，相邻扁井居委会
6	北京路	市北路居委会	6400	1.000	东至盐务街商业学校大楼 西至贵州饭店 南至省政协办公大楼 北至省政府大楼
7	北京路	体育场居委会	3892	0.200	东至外贸大楼、北京路22号，相邻贵乌社区 西至金瑞大厦、北京路202号，相邻威清社区 南至贵阳市人民体育场北京路104号，相邻中环社区 北至北京路
8	北京路	云岩街居委会	9250	0.600	东至贵州饭店 西至贵州省广播电视大学 南至银海无隆 北至贵州省疾控中心

续表

序号	社区	居委会	总人口（人）	总面积（平方公里）	地理位置
9	蔡关	贵工大居委会	4256	0.800	东至长坡 西至草坝 南至工学院游泳池 北至工学院大门
10	东山	达兴居委会	6372	0.646	南与东山小区相邻 西接古迹“阳明祠” 东、北与黔灵镇紧连
11	东山	东山居委会	8011	1.400	东至豪力新村 西至东山路4号武警栖霞警苑 南至仙人洞路5号 北至扶枫路山美庐小区
12	东山	警苑居委会	4054	1.200	省公安厅家属区电梯楼下
13	贵乌	冠竹苑居委会	8116	0.400	东至普陀路（普陀社区） 西至北京路（贵医居委会） 南至贵开路（友谊居委会） 北至宝山北路（普陀社区）
14	贵乌	大营居委会	13500	0.800	东至万江 西至黔灵镇 南至黔灵镇 北至黔灵镇
15	贵乌	贵医居委会	18016	0.700	东至贵医附院内科大楼 西至省政协大楼 南至贵医急诊大楼 北至省移动公司和新华社大楼
16	贵乌	杨柳湾居委会	5610	0.730	东至省二医 西至万江居委会 南至黔灵镇 北至黄山冲居委会
17	贵乌	万江居委会	8862	0.400	东至沙河村委会 西至枫林小区 南至沙河村委会 北至大营居委会

续表

序号	社区	居委会	总人口（人）	总面积（平方公里）	地理位置
18	贵乌	兴黔居委会	8398	0.300	东至友谊居委会 西至沙河村委会 南至万江居委会 北至半边街居委会
19	贵乌	银佳居委会	4506	0.600	东至云岩区工商局 西至御荣新城 南至锦泰家园 北至中大国际
20	贵乌	友谊居委会	9400	0.570	东至筑新居委会 西至贵医居委会 南至冠竹苑居委会 北至银佳居委会
21	贵乌	筑新居委会	9200	4.500	东至金狮社区/黔灵镇 西至友谊居委会 南至普陀社区/冠竹苑居委会 北至中大国际
22	荷塘	水电八局居委会	6000	0.170	北京西路至长岭南路口
23	荷塘	水电九局居委会	6340	0.240	东接210国道（鸭江村委会） 西接长岭南路（红星利尔广场） 南接北京西路（水电九局安装处） 北接贵州公路公司、雪花啤酒厂、阳关村
24	荷塘	鑫园居委会	6448	0.190	水电九局和尚坡外区
25	荷塘	鸭江居委会	15995	6.200	东至贵遵高速 西至长岭南路 南至北京西路 北至黔灵山路
26	金关	金关居委会	1984	3.200	滇黔公路和贵黄公路交界
27	金关	贵轮居委会	5088	0.500	百花大道
28	金关	三砂居委会	3970	0.500	百花大道
29	金惠	北极星居委会	554	2.800	东西南北均与大凹村相连
30	金龙	金鼎居委会	8685	0.250	东至金鼎路（金谷居委会） 西至智慧龙城（松山居委会） 南至花果园（A南区居委会） 北至中山南路（乌金路居委会）

续表

序号	社区	居委会	总人口（人）	总面积（平方公里）	地理位置
31	金龙	金谷居委会	6754	0. 225	金顶路 36 号
32	金龙	龙城居委会	3408	0. 470	松山路商业广场 15 号
33	金龙	罗汉营居委会	5981	0. 420	东至市西巷 西至金顶山 南至中山南路 北至金顶山路
34	金龙	松山居委会	3737	0. 310	东与金顶相邻 西与云贵山相邻 南与金龙中心相邻 北与头桥相邻
35	金龙	五柳居委会	9074	1. 300	东至云岩区黔灵镇改茶村 西至南明区后巢乡太慈村 南至头桥社区黔春居委会 北至南明区花果园
36	金龙	杨柳湾居委会	2429	0. 400	延安西路柳湾巷 9 号
37	金狮	百花山居委会	4870	0. 500	百花山路 20 号
38	金狮	登高居委会	6051	0. 600	东至黔灵镇沙河村 西至百花山居委会 南至金狮居委会 北至石洞坡居委会
39	金狮	金狮居委会	4051	0. 230	百花山路百花巷 2 号
40	金狮	石洞坡居委会	4700	0. 800	思源巷 18 号
41	金狮	巫峰居委会	4230	0. 180	东起百花山路与金狮一期相邻 西起百峰巷与狮子组团相邻 南起巫峰路与农民新村相邻 北起百花山路与农民新村相邻
42	金鸭	金马居委会	4449	0. 500	东至金鸭村委会 西至贵轮居委会 南至金鸭居委会 北至汽制居委会
43	金鸭	金鸭居委会	2657	1. 140	百花大道金马路
44	金鸭	黎苏居委会	2501	2. 100	马王街黎苏路
45	金鸭	汽制居委会	3599	1. 000	马王街

续表

序号	社区	居委会	总人口（人）	总面积（平方公里）	地理位置
46	普天	普天居委会	1177	0.040	东至北杨林 西至金惠社区 南至金阳 北至轮胎厂
47	普天	野鸭居委会	1309	0.020	东至柏杨林 西至世纪城 南至杨惠村 北至龙泉村
48	普陀	友谊居委会	9058	0.220	东至黔东社区 西至贵乌社区 南至中北办事处
49	普陀	和平居委会	8203	0.300	陕西路虎门巷
50	普陀	金波居委会	3138	0.200	东至扶风小区 西至古建队 南至贵州师范大学 北至金狮二区
51	普陀	普陀居委会	5824	0.400	东至普陀社区友谊居委会 西至沙河桥 南至普陀社区和平居委会 北至贵阳医学院附属医院
52	普陀	贵州日报居委会	1414	0.040	贵州日报报业集团
53	普陀	相宝居委会	6995	0.500	东至金筑酒店 西至第 5 人民医院 南至贵阳华美达神奇大酒店 北至施格名门
54	栖霞	大吉居委会	2785	0.890	云岩区委党校
55	栖霞	扶风居委会	4950	0.900	巫峰路两侧，左邻东山村，右邻旭东社区
56	栖霞	栖霞居委会	11631	0.680	相邻东山社区阳明祠
57	栖霞	师大居委会	5500	0.250	东至旭东路 西至新华印刷厂 南至宝山北路 北至照壁山、思贤山顶

续表

序号	社区	居委会	总人口（人）	总面积（平方公里）	地理位置
58	栖霞	旭东居委会	4437	0.170	东至卫干校 西至旭东路加油站 南至黔灵镇 北至巫峰路
59	黔东	三民居委会	3482	0.100	东至柏顿酒店 西至一家酒店 南至外文书店 北至电信大楼
60	黔东	陕西路居委会	8764	0.150	东至延安东路 西至黔灵东路 南至中华北路 北至友谊路
61	黔东	筑东居委会	8492	0.150	东至嘉信华庭 西至电信大楼（文昌北路） 南至市东小学（九华路） 北至新东门小学（友谊路）
62	三桥	白云居委会	4472	0.750	东至白云小区 西至综合批发市场 南至三桥立交桥 北至安装公司
63	三桥	北路居委会	8412	0.800	东至贵广铁路 西至三桥立交桥 南至恒大名都 北至东方欣苑
64	三桥	改茶居委会	9603	3.500	东至西二环（杨家山隧道出口） 西至三桥立交桥 南至三桥南路 北至后坝大道
65	三桥	新街居委会	5879	0.500	东至立交桥 西至飞来庙 南至车管所 北至货运站

续表

序号	社区	居委会	总人口（人）	总面积（平方公里）	地理位置
66	省府	扁井居委会	8792	0.500	东至省人事厅宿舍（扁井东巷15号） 西至扁井西巷山坡与沙坡村接壤处 南至审计厅办公大楼（市北路68号） 北至文峰苑小区（市北巷6号）
67	省府	南垭居委会	2946	0.360	东至贵大科技学院 西至贵州省药监所 南至省国家安全厅 北至省财政学校
68	省府	盐吉居委会	5675	1.200	东至宅吉大厦（宅吉社区吉祥居委会） 西至省政府办公厅（北京路社区省府居委会） 南至中天宅吉碧苑（盐务居委会） 北至审计厅（扁井居委会）
69	省府	盐务居委会	7137	0.960	东至金波茅台大厦，邻接贵乌社区 西至贵阳实验一小 南至贵阳医学院附院 北至省老年大学
70	省府	银通居委会	3039	0.400	东至银通山庄鸿禧园，邻接宅吉社区开鄰花园小区 西至贵阳中草医院，邻接黔灵镇宅吉村 南至省测绘院家属区，邻接宅吉社区梦想典成 北至黔灵镇山体
71	圣泉	圣泉居委会	8240	1.170	东至三桥村、三桥立交桥、三桥社区北路居委会 西至三桥村、大洼村民组 南至三桥村社区服务中心、三桥村、三桥新村村民组 北至贵遵路、荷塘社区服务中心

续表

序号	社区	居委会	总人口（人）	总面积（平方公里）	地理位置
72	市西	浣纱居委会	3283	0. 130	东至市西河 西至商业居委会 南至浣纱路 北至市西路
73	市西	平安巷居委会	2963	0. 200	暂无
74	市西	瑞金中路居委会	3008	0. 200	东至延中社区岳英街居委会 西至市西社区新建路居委会 南至河滨社区瑞金居委会 北至三林路居委会
75	市西	商业街居委会	4442	0. 400	东至市西河 西至烟厂 南至妇产医院 北至花香上海城
76	市西	月桂巷居委会	4440	0. 151	烟厂宿舍
77	市西	海文居委会	5454	0. 300	东至永鑫商住楼 西至海文小学 南至祥云商场 北至新建小学
78	市西	市西路居委会	2311	0. 080	东至市西路平桥 西至延安西路
79	市西	乌金路居委会	5225	0. 120	东至市西商业街 西至花果园 南至花果园立交桥 北至金龙省招办
80	市西	新建路居委会	3358	0. 100	东至瑞金西巷 36 号 西至交通局宿舍 南至澳马商住楼 北至金宇紫林广场
81	水东	石榴园居委会	—	3. 670	东至中天未来方舟 西至中天世纪新城 南至中天外滩七公里商业中心 北至东山小区

续表

序号	社区	居委会	总人口（人）	总面积（平方公里）	地理位置
82	水东	王家桥居委会	1742	0.700	东至南明河 西至世纪新城半山居 A 区 南至华麟学校 北至木瓜田组
83	头桥	头二桥居委会	8177	0.920	东至英烈居委会 西至黔春居委会 南至头桥社区服务中心 北至金龙社区服务中心
84	头桥	海马居委会	3692	0.255	东以门牌号码海马冲街 76 号、13 号为界，东为宏福居委会 西以双峰路为界，西为双峰居委会 南至黔灵山 北以毛藤巷为界，北为英烈居委会
85	头桥	宏福居委会	4542	0.255	东与头二桥居委会相邻 南与头桥耐火厂相接 西至黔灵山后山 北至海马居委会、省质监局
86	头桥	黄金居委会	8634	0.340	东至头桥双峰居委会 西至头桥英烈居委会、黔灵镇云岩村 南至头桥延西居委会 北至头桥双峰居委会
87	头桥	黔春居委会	4700	0.730	地处云岩区西出口，头桥黔春路
88	头桥	双峰居委会	6714	2.800	东邻北京路、威清路、标志性建筑君临天下 西邻海马冲隧道、接海马居委会 南邻黄金居委会 北邻黔灵公园
89	头桥	延西居委会	5482	0.500	东至威清社区服务中心 西至英烈居委会 南至金龙社区服务中心 北至黄金居委会
90	头桥	英烈居委会	4165	0.033	东至黄金路 西至海马冲 南至延安西路 北至双峰路

续表

序号	社区	居委会	总人口（人）	总面积（平方公里）	地理位置
91	威清	瑞北居委会	3074	0.120	东至延安中路（延安商店） 西至威清路（建设银行） 南至紫林庵（新华书店） 北至威西门（人行天桥）
92	威清	山林居委会	3746	0.096	东至瑞金北路 西至威清路 南至延安西路 北至延安巷
93	威清	鲤鱼居委会	4512	0.200	东至鲤鱼东巷与石板坡交界处 西面紧靠君临天下商住楼 南至鲤鱼街威清路交界路口 北至鲤鱼街口，临近北京路加油站
94	威清	威西门居委会	3639	0.100	东至福建大夏 西至吉庆巷26号 南至比兰德装饰材料城 北至丽豪酒店
95	威清	下威清居委会	3571	0.100	东至威西门居委会、福建大厦 西至黄金居委会、熊骏大厦 南至延安居委会、福建大厦 北至鲤鱼居委会、君临天下商住楼
96	威清	延安居委会	6798	0.230	东至嘉华酒店 西至客运站 南至交通医院 北至比兰德建材市场
97	延中	城基路居委会	3511	0.130	东至达亨大厦 西至华亿医院 南至六盘水饭店 北至兴中元大厦
98	延中	飞山街居委会	5438	0.300	东与公园西路、公园居委会相邻 西与中山西路、南明区市府社区相邻 南与瑞金中路、市西社区相邻 北与飞山街、岳英街居委会相邻

续表

序号	社区	居委会	总人口（人）	总面积（平方公里）	地理位置
99	延中	公园居委会	5786	0.200	东至峰会国际 西至都市名园 南至大十字广场
100	延中	嘉禾居委会	3528	0.200	东至世贸广场 西至国贸大楼 南至鑫海大厦 北至新闻出版大楼
101	延中	交易路居委会	5666	0.100	东至贵阳市北控水务集团 西至贵阳市成黔集团 南至贵州省发改委 北至瑞源星城商住楼
102	延中	龙井路居委会	3129	0.150	东至中华中路 西至公园北路 南至省府西路 北至延安中路
103	延中	黔灵西路居委会	4062	0.200	东至合群路 西至威清路 南至延安西路 北至城基路
104	延中	团结居委会	2243	0.500	东至中华北路 西至下合群路 南至延安中路 北至黔灵西路
105	延中	下合群路居委会	2049	0.220	东至德家巷、黔灵西路（延中团结居委会） 西至公园南路（延中公园居委会） 南至龙泉巷、黔灵西路（延中城基路居委会、嘉禾居委会、黔灵西路居委会） 北至上合群路（中环社区合群居委会）
106	延中	岳英街居委会	7451	0.150	东至省府西路 西至粮粗米汤饭 南至公园路 北至豪丽楼

续表

序号	社区	居委会	总人口（人）	总面积（平方公里）	地理位置
107	宅吉	半边街居委会	20856	1.320	东至电信枢纽大楼 西至贵州省老年大学 南至实验二校 北至银通山庄
108	宅吉	吉祥居委会	6234	0.500	宅吉大厦
109	宅吉	金仓居委会	4541	0.500	宅吉小区核心地带
110	宅吉	永安居委会	7938	1.300	东至典诚房开 西至宅吉路 335 号 南至贵信花园 北至开磷花园
111	中东	电台街居委会	9306	0.150	东至市东小学交汇处与莲花居委会相邻 西至蔡家街与民生路交汇处、文明路与省府路交汇处，与民生路、贵山居委会相邻 南至蔡家街与中山东路交汇处，止于锐辉酒店 北至君子巷与河坎街交汇处，文昌北路 173 号止于一家酒店，与圆通居委会相邻
112	中东	东新路居委会	4021	0.150	东至宝山北路中医一附院外科大楼，与宝山居委会相邻 西至电台街文昌阁，与民生、电台街居委会相邻 南至中山东路中东大厦，与宝山路、民生路居委会相邻 北至文昌北路文昌大厦，大雅园与莲花、电台街居委会相邻
113	中东	莲花居委会	8609	0.250	东至鸿基文昌苑 西至省电信公司 南至文昌阁 北至中央公园

续表

序号	社区	居委会	总人口（人）	总面积（平方公里）	地理位置
114	中东	宝山路居委会	7095	0.300	东连东山路及黔灵乡东山村和东山社区东山居委会，贵州省公安厅、公安厅招待所 西接文昌北路中东东新路居委会及民生路居委会，文昌阁广场、水钢大厦 南接南明区东笙居委会及官巷居委会、贵州省人民医院 北接九华居委会和栖霞社区栖霞居委会、中央公园
115	中东	民生路居委会	5107	0.100	东至文昌阁，接东新路居委会和电台街居委会 西至世纪星光影城，接中华正新居委会 南至中东大厦，接南明区尚武、白沙居委会 北至升远文化市场，接圆通居委会
116	中华	富水居委会	2328	0.800	东至贵阳饭店 西至龙港百盛 南至觉园禅院 北至虹祥大厦
117	中华	贵山居委会	4837	0.150	东至忠烈街贵州省无线电一厂宿舍 西至富水中路双号 南至竹筒街天业大厦 北至省府北街贵山城市花园
118	中华	正新居委会	2166	0.700	东至中山东路（中山大厦） 西至大十字广场（峰会国际） 南至至中华南路（智诚百货） 北至中华中路（工商银行）
119	中华	圆通居委会	7307	0.100	西至银桥大厦 南至贵山城市花园 北至天恒城市花园
120	中环	合群居委会	3310	0.900	东至贵阳不孕不育医院、贵阳五中 南至乐优玛特超市、金鑫农贸市场
121	中环	环兴居委会	1565	0.020	南至城市之光 北至赤天化集团

续表

序号	社区	居委会	总人口（人）	总面积（平方公里）	地理位置
122	中环	永乐居委会	4780	0.030	东至云岩广场 西至环城北路 南至毓秀路 北至六广门体育场
123	中环	毓秀居委会	3485	0.190	东至黔灵东路温州酒店 西至黔灵西路铭都酒店
124	中环	吉新居委会	5271	0.300	东至鲤鱼街 西至梅炭厅 南至威清社区 北至北新区路居委会
125	中环	六广门居委会	1903	0.700	东至普陀路、白鹦巷 西至上沙河街、六广门体育场 南至北横居委会、永乐路 北至北京路
126	中环	北横居委会	4531	0.700	东至云岩广场 西至美佳大厦 南至贵阳七中 北至金辉大厦
127	中天	黄山冲居委会	3429	0.450	东至黄山冲路 西至新添大道 南至万江路 北至黄山冲路北段
128	中天	顺海居委会	2164	0.270	东至顺海林场林区 西至新添大道 南至茶店村居民房 北至商专北校区
129	中天	乌江怡苑居委会	1646	0.185	东至海天园 西至计质监站和实验二中分校 南至汪家湾 北至登高坡路
130	中天	中天居委会	7685	0.410	东至新添大道南段 西至罗家坡路西段 南至罗家坡路南段 北至中天 1 号路
131	中天	御翠岭居委会	7099	0.480	东至新添大道南段 西至罗家坡路 南至中天花园 1 号路 北至北二环高速路

续表

序号	社区	居委会	总人口（人）	总面积（平方公里）	地理位置
132	黔灵镇	沙河居委会	11826	4. 800	东至百花山路口 西至大营路 南至化工路 北至省二医
133	黔灵镇	世纪园居委会	—	—	东至小石城 西至景馨居委会 南至瑞华小学 北至 18 路车站
134	黔灵镇	石欣居委会	6344	0. 394	东邻黔灵镇沙河村 南邻黔灵镇宅吉村 北邻黔灵镇世纪园居委会
135	黔灵镇	扶风花园居委会	—	0. 150	东至西瓜村民房 西至栖霞社区 南至中东社区 北至东山村、西瓜村
136	黔灵镇	景馨居委会	—	0. 139	东至石欣居委会小石城 西至宅吉村麻冲村民组 南至世纪园小区 北至 37 路终点站经干院
137	黔灵镇	天誉城居委会	5251	0. 700	东至黔灵村 西至黔灵村 南至顺海公园 北至顺海公园
138	黔灵镇	云山居委会	10944	—	北至盐沙大道 南至顺海公园 西至黔灵村
139	黔灵镇	银枫居委会	5680	0. 720	东至万江路(万江居委会) 西至天玺园(沙河村村委会) 南至鹿冲关路(兴黔居委会) 北至财经大学(茶店村村委会)
140	黔灵镇	金海居委会	6000	1. 140	东至临西瓜村周家山 西至沙河村 南至北京东路 北至顺海林场

注：表格数据与案例篇数据截止时间不同，存在不一致情况。

资料来源：2015 年调研期间各居委会提供。

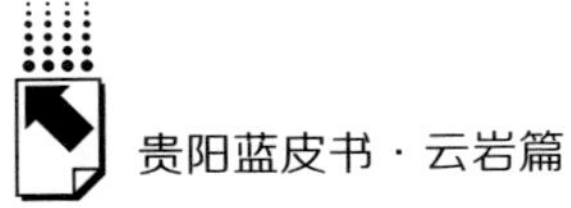

（二）50个重点调研居委会的基本情况

在云岩区140个居委会中，课题组选取了50个居委会，即瑞北居委会、鲤鱼居委会、金马居委会、汽制居委会、普天居委会、野鸭居委会、警苑居委会、东山居委会、贵工大居委会、普陀居委会、和平居委会、英烈居委会、黄金居委会、合群居委会、陕西路居委会、北路居委会、改茶居委会、盐务居委会、吉新居委会、三民居委会、水电八局居委会、水电九局居委会、金谷居委会、五柳居委会、御翠岭居委会、黄山冲居委会、石榴园居委会、王家桥居委会、贵山居委会、富水居委会、贵轮居委会、三砂居委会、月桂巷居委会、市西路居委会、扶风居委会、冠竹苑居委会、大营居委会、东新路居委会、电台街居委会、地矿居委会、云岩街居委会、北极星居委会、登高居委会、巫峰居委会、金仓居委会、圣泉居委会、岳英街居委会、团结居委会、云山居委会、沙河居委会。

（三）当前云岩区居委会的主要实践与探索

1.“全科医生”——网格化管理全覆盖

当前社区管理主要实行的是网格化管理。每个网格配备了一名网格管理员，在调研中，课题组了解到网格员基本都是由居委会的委员兼任，网格工作是居委会工作的重要部分。截至2015年，云岩区除黔灵镇外，共划分了1025个网格，配备了1196名网格员，实现了网格化管理的全覆盖。① 网格管理员的定位是成为服务居民的“全科医生”，对每一位网格员进行集中业务培训。通过手持终端APP软件“社区通”，以房间为单位，对人口、事件、违建等信息进行采集和整合。实施网格化管理的同时还建立起数据库，涵盖人口、建筑楼栋、法人单位、重点服务群体、消防安全重点单位等重要数据，实现信息数据的融合共享。②

2.便民服务者——服务居民生活各方面

通过社区服务网络，加强载体建设，发挥其功能。云岩区居民委员会建设

---

① 《以网格化管理助推社会治理创新　云岩区网格覆盖率达100%》，《贵阳日报》2016年1月13日。

② 《以网格化管理助推社会治理创新　云岩区网格覆盖率达100%》，《贵阳日报》2016年1月13日。

坚持以服务为龙头，根据辖区居民群众日益增长的物质文化需求，不断加强服务设施建设，拓宽服务内容，为辖区居民提供社区就业、卫生、文化、环境、救助等全方位的服务，依靠服务增强居民凝聚力和感召力。居家养老服务、留守儿童服务、特殊困难群体服务覆盖云岩区每一个社区，各居民委员会推出钟点、保洁、看护、法律咨询、心理疏导等服务内容，涵盖了老百姓生活的方方面面，有效地帮助辖区居民融入社区，提高居民的生活质量。

3. 自治组织——积极动员居民参与自治

动员广大居民群众参与社区建设是居民自治的表现形式，也是居民委员会的重要职责。云岩区居委会通过重点培育居民的参与意识，以楼栋居民自治和院落居民自治为主要抓手，鼓励社区居民参与社区管理，有效引导居民依法自治。同时，通过加强居委会建设实现居民自治。采取项目支持、协调企事业单位、盘活国有资产房源等方式全面解决社区居委会办公服务用房问题。开展宣传教育、制度建设和民主实践活动，认真组织开展“星级居委会”创建活动，确保完成“星级居委会”创建任务。以“新型社区·温馨家园”社区公益事业项目建设为抓手，进一步强化居委会建设，提升自治水平。

三　当前云岩区居委会存在的主要问题

（一）工作量大，类多烦琐

在调研中，居委会普遍反映最多的问题是工作量过大。透过访谈分析，导致居委会工作量过大的原因主要是行政职能下沉严重、体制机制没有理顺、工作流程不规范。

1. 行政职能下沉严重

云岩区根据基层体制改革要求，共梳理出居委会承担的事务141项，改革后居委会只承担自治职能6项，协助政府及社区服务中心13项，其余的事务划归各部门和社区服务中心。[①] 总体上，改革后，居委会承担的行政性职责大大减少，但实际工作中，由于社区服务拓展，其协助职能也相应精细，所以，

① 云岩区人民政府：《云岩区居委会建设及运行情况调研报告》，2014。

居委会事务在工作量和感受上并没有减少。

如访谈对象 YJ50 所在居委会，统计发现工作事项多达 248 项，包括低保、廉租房、流动人口管理、维稳、基层党建等在内的方方面面的问题都需要居委会处理。

访谈对象 YJ27 说："反正政府管多少，居委会就是管多少，现在居委会就是不抓经济，包括社会治安，这些都全部是由居委会承担。你想一下我们民警派出所编制都没有几个，所以大量的派出所工作，全部在居委会。"

在调研访谈中问及如果把居委会的工作分为两块，访谈对象表示"一块是'应付'政府的工作，一块是服务居民"，访谈对象 YJ30 表示，"起码 60% 是干政府的活，40% 属于为居民服务"。

2. 体制机制没有理顺

体制机制方面的问题，主要体现在从横向上来说，存在多头管理的现象，相关职能部门之间较为割裂，导致居委会重复劳动。如访谈对象 YJ9 说："计生、综治、城管这三个单位各自为政，城管要报城管的，综治要报综治的，计生要报计生的，就应该统筹规划，一起来给中心，给居委会下任务。这会儿刚刚入户去宣传'两严一降'，去宣传禁毒工作，转过身城管的问卷调查就来了，要求创办文明城市、'154'行动宣传，实际上是多头管理，多头下达任务，给基层造成为难，而且老百姓觉得扰民。"

从纵向来说，省、市、区有不同的要求，如访谈对象 YJ9 说："有些东西我们也不好做，我就讲计生工作，以点带面，包括进度，省里面讲的这套，市里面讲的这套，区里面讲的这一套，我们都做，做的这套软件也不行了，市里面又在修改，又跟着做，在电脑上操作，区里面觉得有这套又不符合我们实际上的工作，又来搞这些，烦琐得很。"

3. 工作流程不规范

工作职能界定不清、工作流程不规范，也是导致居委会工作量过大的重要因素。如访谈对象 YJ42 说："一个是工作流程不规范，因为就是作为居委会和社区这一块，尤其是我们居委会，替代了很多基层的行政职位。其实一方面我们在搞管理，另一方面我们又在搞服务，实际上我们的工作，如果从居委会来说，真正的界定它只能是服务，管理这块不应该在我们这块，应该是社区服务中心，但是社区服务中心又扩展了职能，不仅要管服务还要管建设，也超出了他们的管理范围，所以说这些工作需要明确一个工作流程。”

（二）网格化管理难落地

在调研中，居委会纷纷表示网格化管理是好的举措，但在实际操作过程中网格员主要面临三大难：入户采集信息难、解决问题难、做“全科医生”难。

1. 入户采取信息难

由于房屋出租中介过多、人口流动性较大等原因，网格员入户采集信息较难。如访谈对象 YJ12 说：“很多地方进不去。比如我要进七楼，在六楼就给你安一个门，你敲死都进不去。我入户不怕，关键是敲不开门，有些长期入不到户。还有租房子不仅是通过熟人介绍，还有中介。中介有可能转 5、6 次。我永远访不到房东家。还有这种情况，我们是朋友，我租给你，你租给他，倒手的太多。”

另外，由于入户工作缺乏规范性以及居民自我保护意识较强，网格员入户后采集关键身份信息时，居民配合有限。如访谈对象 YJ18 说：“居民自我保护意识比较强。去登记，很多东西不给你讲的，比如网格员需要采集的，买社保没有，要告诉我社保号、工作单位、身份证号码、居住地址，这是我们网格员调查必须要掌握的数据，他不给你讲。”

2. 解决问题难

解决问题难，主要体现在三个方面：一是机制不健全，鼓励网格员发现问题却易导致作假；二是权限不匹配，网格员缺乏解决实际问题的能力和权限；三是手持终端存在硬件问题。这些因素导致居民向网格员反映的实际问题，往往难以得到根本解决，影响居民对网格员的信任感。如访谈对象 YJ9 说：“比如现在我们搞一个‘12345’的行动，网格员每天要报，就是说你发现问题必须要达到多少条，发现后马上要进行整改，这也是一个好处，就是调动网格员自己要去找自己的问题，这个大方向是没有错的，但是就有作假的成分在里面。假如我是一个网格员我发现一些问题，我解决不了的，但是报上去必须要解决掉，有些不是网格员就能解决的，这个不好操作。还有，网格员发了终端机，但是好多终端机现在都用不上。还有一个流动人口平台，每个网格员要上平台，不好用，网络不匹配，很多的网格员要上机上不了，不好操作。”

3. 做“全科医生”难

在本次调研过程中，几乎所有社区均存在一个问题——网格员的综合素质难以达到“全科医生”的工作要求，队伍不稳定。由于待遇偏低，专职网格员队伍的不稳定性十分明显。目前许多社区招聘的专职网格员大多在社区工作，而真正下到网格开展数据收集和入户调查的网格员多为居委会委员所兼任，由于居委会日常工作繁忙，他们在网格工作上精力有限。如访谈对象 YJ12 说：“网格员功能没有发挥出来。居委会本身人员兼网格员，但是每一个居委会人员本身就有很多工作。比如我，我在居委会要当主任，我还要兼民政工作，还要兼网格员。网格员难以像以前那样能家家户户都熟悉。”

同时，居委会委员在年龄结构、文化水平上不存在优势，导致其难以有效应对手持终端的日常使用以及网格化服务管理工作中涉及的各类专业问题。

（三）城市建设管理问题多

云岩区作为城市核心区，城市化率较高，但由于具体位置与观山湖区、白云区、乌当区、南明区接壤，在基层凸显出较多的城市管理问题。

1. 村居过渡期，交叉管理混乱

在辖村的社区，居委会与村委会并存，各自采用不同的管理模式，交界处不免出现管理混乱的问题。如访谈对象 YJ30 说：“不涉及拆迁的，我们居委会都出证明，他虽然是村民，但是证明还是我这儿出，慢慢地过渡。那么村委会那里就不会出，村委会就不知道他住这个电梯房。”

2. 流动人口多，管理更新难

流动人口管理难，主要是由于流动人口的流动性太大导致的，如访谈对象 YJ34 说：“现在（居委会）的流动人口起码占据了四分之一，住进来的人就比较杂，杂在管理模式上，程度上，包括人员素质、层次都参差不齐。因为外来人员流动得太快，我们刚刚登记，摸底摸好，还没上平台又走了，更新都还来不及。”

3. 基础设施落后，卫生治理问题反复出现

由于基础设施落后，不少居委会的环境卫生问题反复出现，而居委会又缺乏处理这些问题的资金。如访谈对象 YJ14 说：“资金有限，硬件设施又特别差，三天两头都在堵，以前的老房子，下水管道特别陈旧，这里才弄好，那里又冒出水来了，总共16个单元，8栋宿舍都集中在黄金路段上，就比较难办。”

4. 历史遗留问题多，难以彻底解决

历史遗留问题主要是由于大环境下的变革导致的，如集体户问题、上访问题等。

由于过去实行的是单位体制，不少户口是集体户，如今随着单位制的解体，居民身份逐渐从单位人变成社区人，户口问题随之凸显。如访谈对象YJ8说：“以前我们居民都是集体户，户口全部掌握在我们居委会。集体户居民办事情很不方便，什么事情都到居委会来，比如办身份证都要到居委会来，因为他没有户口，没有分下去。”

不少居委会都存在上访问题，多因拆迁等纠纷引起。如访谈对象YJ46说：“我那里都是常年的这种老上访户，有的是以前枣山路拆迁，政府遗留下来的问题，现在全部都集中在我这个地方。所以维稳工作也相当重，特别是在国家的重大会议期间。”

（四）基本保障弱

1. 收入低，人才断档严重

居委会的人才支撑不足，主要表现为工作人员较少、年龄层偏大、流动性较大，主要原因在于工作人员待遇较低，加之工作量较大，居委会容易出现留不住人才和招不到人的局面。

当前云岩区居委会在人员方面，呈现妇女居多、拥有高中学历居多的特点。现有的1106名居委会委员具体的职务情况、学历情况以及性别比例见图1、图2、图3。

在居委会委员待遇情况方面，从整体上看，居委会委员的待遇水平仍较低。按照《贵阳市关于进一步加强居民委员会建设的十条措施》，居委会未被选任社区工作者的（即编制内工作人员、兼职人员和社区服务志愿者），补贴标准为正职1500元、副职1400元、委员1350元。

如访谈对象YJ25说：“居委会的工作人员年龄偏大、文化偏低、女性较多。执行力差，交代的任务做不了、完不成，工作繁重、工作量大、待遇少。待遇现在只是贵阳市的最低标准，导致积极性、主动性、能动性难以发挥。还

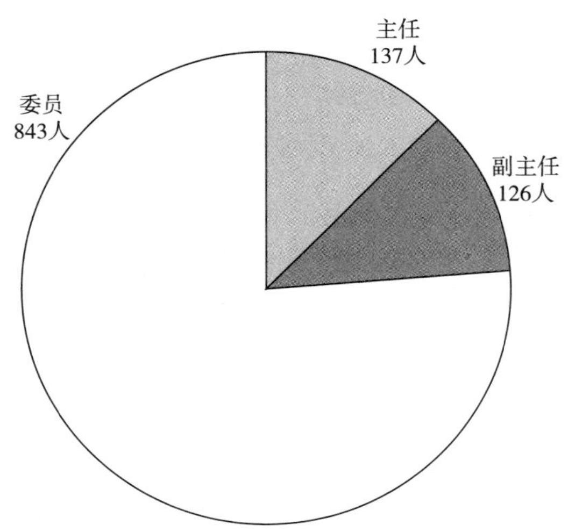

图1　云岩区居委会委员职务情况

资料来源：云岩区民政局基政科，《云岩区2016年居委会换届选举调研报告》，2016。

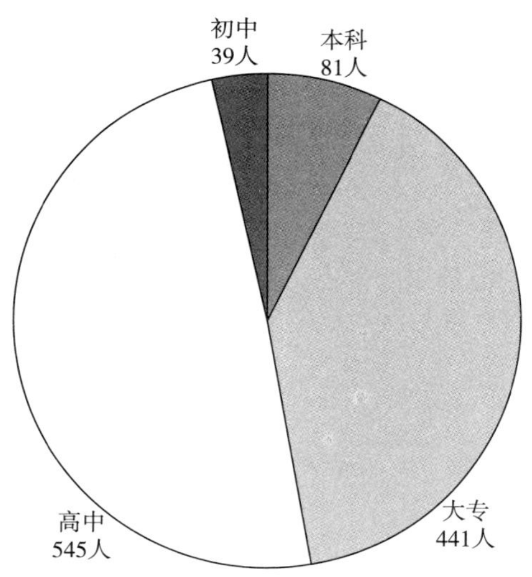

图2　云岩区居委会委员学历情况

资料来源：云岩区民政局基政科，《云岩区2016年居委会换届选举调研报告》，2016。

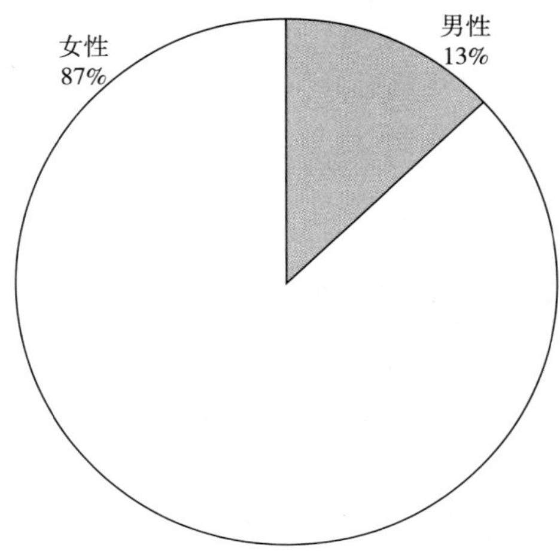

图3　云岩区居委会委员性别比例

资料来源：云岩区民政局基政科，《云岩区2016年居委会换届选举调研报告》，2016。

有文化层次不高，都是高中。现在的居委会不再是过去的婆婆妈妈的居委会，面临的都是新型社区的管理，这对人员素质的要求也比较高，所以引不进人才，留不住人才。"

2. 经费少，办公条件参差不齐

一方面是办公经费少，目前居委会每月的办公经费仅为2500元（按照《贵阳市关于进一步加强居民委员会建设的十条措施》最新标准）。如访谈对象YJ37说："还有就是办公经费不足，不能真正给老百姓做好服务。比如老百姓来交个资料，他差一个复印件，我们拿复印机给他复印，这个耗材谁给，复印多了也是一笔大的开支。还有我们现在网络是我们自己交钱，电话也是我们自己的。"

另一方面，办公条件参差不齐。在居委会办公用房情况方面，目前云岩区居委会办公用房平均面积为113平方米（不含服务设施），但具体用房面积并不均衡。其中，80～199平方米办公用房68家，占全区48%；40～80平方米以下办公用房33家，占全区26%，其中20～40平方米的有17家；而200平方米以上办公用房仅22家，占全区16%（见图4）。最大面积600平方米（黔灵镇云山居委会），最小面积20平方米（市西社区海文居委会、头桥社区延西居委会等）。现140个居委会有65家没有其他资产

（门面、房屋出租等），占总数的46%；75家有资产的居委会所得资金用于：一是补充居委会活动经费，二是补充办公开支，三是提高委员补贴待遇。①

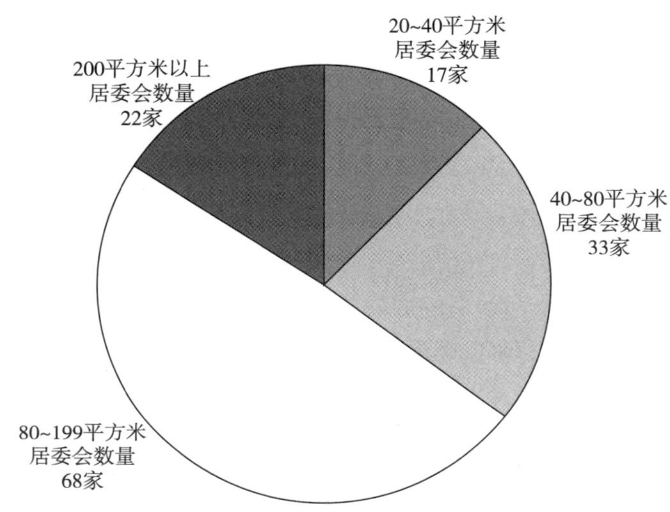

图4　云岩区居委会办公用房情况

资料来源：云岩区人民政府，《云岩区居委会办公用房调研情况汇编》，2015。

此外，办公的其他硬件如电脑等较为陈旧。在调研中不少居委会提出办公室的电脑已经配备多年尚未更新，运行十分缓慢。

四　关于推动云岩区居委会发展的建议和思考

（一）坚持去行政化，规范工作权限与流程

面对当前行政事务占据居委会委员主要工作精力的局面，建议云岩区梳理居委会现有工作职责和事项，对下沉到居委会的行政职能进行逐步清理，明确有关职能部门的职责，减少居委会行政工作事项。对包括社会治安综合治理工

① 云岩区人民政府：《云岩区居委会办公用房调研情况汇编》，2015。

作、城市管理、公共卫生工作等方面在内的各项协助职能部门的工作，进一步明确居委会的工作职责范围，并规范工作流程，为居委会“减负”，减少其重复工作和无效工作；同时强化居委会与社区、有关职能部门的协调联动，顺畅沟通交流渠道。对于必须由基层负责的行政事项，建议有关部门派遣组织工作小组到居委会，尤其是在省、市、区开展大型项目时，逐步弱化居委会的行政功能，强化其自治功能。

在此基础上，居委会要对自身角色有清晰的认识，把工作重心转向基层实际生活，加大与居民融合互动，了解其诉求，不断转变自身角色，从政府行政事务的代理人转变为居民权益诉求的代言人和维护人，从社区“管控者”转变为社区自治推进者。

（二）逐步完善资源配置，建强服务管理能力基础

加强基础设施建设。按照《贵阳市关于进一步加强居民委员会建设的十条措施》要求，对老旧城区居委会办公服务用房面积不到200平方米的，在两年内要通过新建、改建、扩建、置换、购买、租赁以及整合辖区内公共资源等方式多渠道解决。对新建小区，要强化同步规划、同步建设、同步验收，确保新建居委会办公服务用房面积不低于400平方米。在此基础上，切实落实《贵阳市关于进一步加强居民委员会建设的十条措施》的要求，尤其是在老城区的居委会，要切实把居委会办公用房、社区服务用房、社区活动用房，以及办公和服务必需的用品、设施解决好，落实到位，改变目前居委会基础设施薄弱的状况。

在人才保障方面，除了切实落实《贵阳市关于进一步加强居民委员会建设的十条措施》对居委会人员待遇的调整举措之外，云岩区应加强居委会工作队伍建设，着力完善社会工作者的聘用制度和考核管理激励机制等，以社会招聘的形式聚集专业人才，促进基层队伍年轻化，提升基层工作队伍的积极性和专业化水平。同时，加强对居委会原有工作人员的专业培训力度，尤其是在信息化水平方面，有效提升其操作能力。此外，通过对内以老带新、对外交流培训等方式，促进新老工作者优势互补，区域之间相互学习经验。

（三）引入多方主体参与治理，强化自治、共治功能

云岩区应在现有的楼宇居民自治、院落居民自治的基础上，大力培育和发展社会组织，引入多方主体参与治理，强化居委会的自治、共治功能。首先，出台和完善支撑社会组织发展的政策支持，在经费支持、机制保障、人才服务上要出台相关优惠政策激励社会组织的培育，通过体制机制保障，积极培育各类社会组织，比如行业协会、商会和联合会等社会团体和民间组织，吸引他们发挥社会组织的优势和资源条件，投入社会治理的大潮中。其次，政府在引导协调社会组织的工作上要发挥积极作用，广泛动员各方力量参加社区志愿服务，深化志愿者文明、互动活动，实现多方共治。

（四）做好网格化管理支撑

1. 加强专业指导与硬件支持

作为网格化管理的支撑，首先要完善网格管理体系，组建网格化服务管理团队。就居委会而言，亟须云岩区在区级层面设置网格管理、网格技术支持、网格业务等工作人员，对居委会的网格员进行定期培训及工作支持与指导，使其工作流程化、标准化。其次，云岩区应组织各区直部门派出成员，成立网格支持专家组，为网格化管理的制度建设及日常业务中的问题提供支持与建议。此外，在网格员中自发成立工作讨论组，加强网格员团队建设，增强网格员自主学习和解决问题的能力。在硬件方面，建议增设网格技术管理人员，专门进行技术维护和支持，或与系统提供商进行密切合作，保证基层网格系统的稳定性。

2. 建立健全网格员激励机制

针对目前网格员收入低、队伍不稳定的问题，建议通过建立绩效考核机制，打破目前网格员“干多干少一个样，干好干坏一个样”的局面。向第三方组织购买服务，对网格数据进行抽样检测，从而对数据的准确度进行评估，并以此为基础，对各社区及网格员进行绩效考核，以绩效工资的形式对网格员进行工作激励。或借鉴南明区花果园社区模式，面向社会招聘一批综合素质较高的专职网格员，使居委会委员脱离网格工作，保障网格化服务管理工作的水平，同时也确保居委会日常工作的开展。

参考文献

云岩区人民政府：《云岩区居委会办公用房调研情况汇编》，2015。

《以网格化管理助推社会治理创新　云岩区网格覆盖率达 100%》，《贵阳日报》2016 年 1 月 13 日。

云岩区民政局基政科：《云岩区 2016 年居委会换届选举调研报告》，2016。

云岩区人民政府：《云岩区居委会建设及运行情况调研报告》，2014。

云岩区人民政府：《发挥居委会网底功能　筑牢和谐云岩基石——云岩区居民委员会建设情况汇报》，2014。

B.7
云岩区乡镇调研报告

摘　要：　2016 年 4 月 25 日，习近平总书记在安徽凤阳县小岗村召开的农村改革座谈会上强调，中国要强农业必须强，中国要美农村必须美，中国要富农民必须富。贵州作为农业大省，始终把解决好“三农”问题摆在全省经济社会发展“重中之重”的位置，连续 13 年以“一号文件”形式聚焦“三农”。贵阳市作为贵州省经济社会发展的“火车头”和“发动机”，紧紧围绕“农业强、农村美、农民富”的奋斗目标，大力推动现代高效农业示范园区和美丽乡村建设，积极探索都市现代农业体系，着力促进农业发展、农村和谐和农民增收，为率先在省内实现全面建成小康社会，打造贵阳发展升级版提供了有力支撑。为深入了解当前贵阳市农村发展情况，贵阳市委政研室、北京国际城市发展研究院和贵阳创新驱动发展战略研究院联合组成课题组，通过“实地调研 + 座谈 + 访谈”的方式，对云岩区的相关乡镇进行了深入调研。本文按照理论研究与实证调研相结合的方法，总结当前云岩区乡镇发展的主要做法，梳理乡镇存在的发展瓶颈，并有针对性地提出建议，以期为云岩区下一步发展提供决策参考。

关键词：　云岩区　乡镇　“三农问题”　经济社会　调研

一　调研背景

（一）调研目的与意义

乡镇是农村之首、城市之尾，是衔接城市与农村的重要枢纽，在经济社会发展的过程中发挥着重要作用。云岩区作为贵阳市的两大主城区之一，其乡镇的发展情况直接关系到云岩区的城市化进程和综合发展水平。通过对云岩区唯一的乡镇——黔灵镇进行实地调研，课题组总结了云岩区乡镇的基本概况和发展现状，以及乡镇经济社会发展存在的三大问题。在此基础上，本文梳理出针对云岩区乡镇经济社会发展的思考建议，以期为云岩区切实推动城乡一体化发展提供思路。

（二）调研时间与过程

课题组于 2015 年 11 月 23 日至 29 日在云岩区展开了关于云岩区乡镇社会经济发展情况的调研活动。调研期间，课题组在云岩区区委、区政府召开了系列座谈会，基本摸清了云岩区乡镇的社会经济发展情况。根据前期召开座谈会获得的资料和信息，进行实地调研并对乡镇干部进行深度访谈。通过深入调研，对云岩区乡镇社会经济在“十二五”期间的发展状况以及关于“十三五”发展思路等有了深入的了解，并收集了云岩区乡镇情况一手资料，为本文奠定了坚实的基础。

（三）调研方法及对象

本次调研主要采取了文献研究法与深度访谈法。文献研究法主要是针对乡镇的现状与特点，通过查阅和整理相关文献的方式，对其进行定位与定性分析，并从国际国内乡镇发展中借鉴有益经验与思路；而深度访谈法有助于了解乡镇一把手对乡镇经济社会发展的目标与思路，获取更多、更有价值和深度的信息，为进一步研判乡镇发展趋势、探索乡镇发展路径提供支撑。云岩区乡镇访谈对象具体见表 1。

表 1　云岩区乡镇访谈对象

编码	性别	所在乡镇
YZ1	男	黔灵镇

注：文中访谈对象姓名处均采用表 1 编码标示。

二　云岩区乡镇概况

（一）云岩区乡镇总体概况

黔灵镇位于贵阳市云岩区东西北面，是云岩区唯一的镇，地处城郊接合部，东西两面及东北面与乌当区接壤，西北部与北面邻白云区界，南面与南明区毗连，处于贵阳政治、经济、科技、文化、商业、信息、交通中心。全镇东西宽13.5公里，南北长12.5公里，总面积57.87平方公里，占全区总面积的70.27%，辖区常住人口144535人。[①] 目前，黔灵镇共有11个村，9个居委会，分别是：茶店村、沙河村、东山村、西瓜村、三桥村、改茶村、云岩村、宅吉村、黔灵村、雅关村、偏坡村以及沙河居委会、世纪园居委会、石欣居委会、扶风花园居委会、景馨居委会、天誉城居委会、云山居委会、银枫居委会、金海居委会。

（二）黔灵镇辖区村（居）委会基本情况

黔灵镇辖区村（居）委会基本情况见表2。

表2　黔灵镇辖区村（居）委会基本情况

辖区村（居）委会	辖区面积（平方公里）	常住人口（人）	办公面积（平方米）	地理位置
茶店村	4	20548	1400	东:安井村 西:雅关村 南:沙居村 北:乌当区
东山村	2.5	46268	200	东:西瓜村 西:黔东办事处、贵州师范大学 南:中东办事处 北:贵乌办事处、普陀办事处、沙河村
偏坡村	12	3591	无办公用房	东:乌当奶牛场 西:白云都溪村 南:雅关村 北:白云区都拉营

① 黔灵镇政府：《黔灵镇基本情况一览表》，2016。

续表

辖区村（居）委会	辖区面积（平方公里）	常住人口（人）	办公面积（平方米）	地理位置
黔灵村	5.5	5538	700	东:宅吉村、南垭居委会 西:黔灵山公园 南:扁井居委会 北:雅关村、观山湖区
三桥村	3	20305	600	东:头桥 西:观山湖区 南:改茶村 北:黔灵公园
沙河村	8	34600	1000	东:西瓜村、东山村 西:宅吉村 南:贵乌办事处 北:茶店村
西瓜村	4	14439	700	东:水东社区、渔安新城 西:栖霞社区阳明祠、东山村 南:中东社区仙人洞 北:沙河村、金狮小区
雅关村	1	4286	250	东:盐沙路 西:小关湖尾 南:小关湖尾端 北:雅关大桥河边
云岩村	5.5	10168	300	东:北京路社区、威清社区 西:头桥社区 南:金龙社区、花果园社区 北:头桥社区、三桥社区
宅吉村	2.5	11770	600	东:贵乌社区 西:黔灵村 南:宅吉社区 北:贵州大学、世纪园小区
改茶村	2.4	42756	240	东:金龙社区 西:金关社区 南:三桥社区 北:蔡关社区

注：表格数据与案例篇数据截止时间不同、存在不一致情况。

资料来源：2015 年调研期间由黔灵镇提供。

三 云岩区乡镇经济社会发展的现状

（一）黔灵镇成为贵阳城市发展的未来主战场

作为云岩区唯一的乡镇，黔灵镇拥有优越的区位优势，其下辖的 11 个村中，除偏坡村、雅关村以外，其他村基本属于城中村。黔灵镇采取有别于其他乡镇常规农业化的发展道路，将城市化发展和增强综合实力作为两大工作重点，以“城市发展主战场、经济发展增长极、都市功能新中心”为发展定位，积极配合沪昆线、渝黔线、中环路云岩段等交通道路建设，协助龙华、劲嘉等房地产开发公司项目建设，协同北线片区开发建设，大力发展黔灵镇经济。截至 2015 年，全镇公共财政预算收入完成 1.08 亿元，年均增长 13.5%；社会消费品零售总额完成 16.42 亿元，年均增长 11%；招商引资完成 28 亿元，年均增长 12%；固定资产投资完成 152.77 亿元，年均增长 12%。[①]

（二）乡镇居民收入来源由农业向非农业转变

由于黔灵镇当前多数村庄土地已被征拨，辖区内正处于大规模开发建设阶段，当地积极转变思路，创新举措提升居民收入。通过充分利用仅存的耕地资源，依托城市发展，开展实用技术培训，扶持农民发展经济果林、绿色蔬菜、二元种猪等种养殖业；引导村民培育花卉、苗木、盆景等，促进农民致富增收；充分发挥农村富余劳动力转移指导中心的作用，引导村民自主创业，增加收入。现黔灵镇居民主要从事房屋租赁业、运输业和养殖业，其中房屋租赁业的收入占比较大。截至 2015 年，黔灵镇农村居民人均可支配收入达 14080 元，年均增长 13.01%。[②]

（三）乡镇居民生产生活接近城市居民

地处中心城区，为黔灵镇推进城市化进程提供了得天独厚的区位优势，过

---

① 何辉：《固基石 谋大势 严规矩 快发展 为全面推进“五彩黔灵 · 活力之镇”而努力奋斗——在中共云岩区黔灵镇第四次代表大会上的工作报告》，2016 年 8 月 29 日。

② 何辉：《固基石 谋大势 严规矩 快发展 为全面推进“五彩黔灵 · 活力之镇”而努力奋斗——在中共云岩区黔灵镇第四次代表大会上的工作报告》，2016 年 8 月 29 日。

去五年乡镇居民的生产生活方式也接近城市居民，集中体现为三大融合。在产业融合方面，黔灵镇清理现有存量资源，拓宽信息渠道，与周围社区服务中心进行交流与合作，注重招商引资，引进76家企业，其中注册资金超过1000万元的项目10个。在环境融合方面，积极采取筹集多方资金、新增垃圾桶、整顿占道经营、清理居民楼房卫生、整治沿街店铺等措施，争取在卫生环境方面接近贵阳市区。在民生保障融合方面，黔灵镇以保障和改善民生为重点，围绕民生“十困”问题，创新社会管理方式，为民谋利，为民解忧，辖区群众的幸福感、安全感和满意度不断上升。

四　云岩区乡镇经济社会发展存在的问题

（一）村集体经济发展缓慢，百姓收入单一

1. 村集体经济受到控规限制

黔灵镇由于地理位置的特殊性，作为被城区包围的乡镇，其土地早期被政府征收，村集体经济发展又受到多种限制。如YZ1所说：“作为村集体这一块，这个村里面有国有企业，没有被征拨的企业依然存在，但是发展的前景不是很好。为什么这么说呢，因为受地域、区域的限制，很多东西不能做，养殖业和种植业不能做、有污染的不能做。村集体经济的发展受限，因为全部都是在大控规的范围内。”

2. 百姓收入渠道单一

黔灵镇居民收入的主要来源为房屋租赁，少数居民依靠运输和养殖维持生活，收入渠道较为单一。特别是在东线片区“未来方舟”商圈、北线片区开发的过程中，黔灵镇大部分村民土地被征收，农民失去土地后需要考虑其就业和收入，解决后续发展问题。如YZ1所说：“因为现在除雅关、偏坡是纯农村以外，其他的村或多或少都已经被征拨了，征拨以后虽然没有做农转非，但是基本上没有土地可种了，他们就全靠在外面搞点副业……现在唯一能够做的副业就是城里的运输类，村民就是在盐沙路改造的时候得到一些补偿款，或者就是自己做点事，还有一部分村民靠养殖业。”

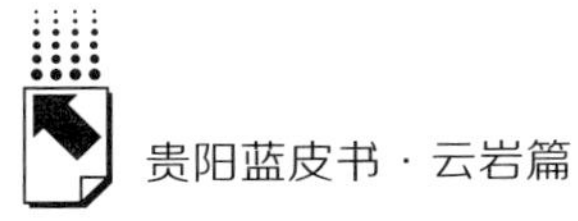

（二）云岩区乡镇城市化速度缓慢

1. 乡镇居民生活环境与城市环境存在差距

黔灵镇处在城乡接合部，其环境介于农村与现代化城市之间，具体表现为以下两方面：一方面，基础设施不足，黔灵镇公共服务设施、交通基础设施落后，人口密度大而产生大量垃圾，建筑设施落后导致垃圾处理难度大；另一方面，居住环境脏乱差，黔灵镇地处城乡两界，其土地和房屋属于集体所有，聚集大量外来务工人员，房屋租赁成为生活来源，种种原因导致其环境治理难以推进。

2. 乡镇居民意识与城市居民存在差距

居民的参与意识往往决定着城镇化的进程。居民对居住环境的保护、对管理者的信任、对邻里关系的重视等因素能够影响乡镇城市化的建设和持续发展。在黔灵镇调研的过程中，课题组了解到，黔灵镇居民在环境保护意识、参与意识等方面略欠于城市居民，同时对乡镇政府存在强烈的依赖感，主动意识不强。

（三）云岩区乡镇基层治理面临的挑战

1. 主城区里的乡镇：发展、服务和管理难平衡

作为基层政府，乡镇本身与社区存在诸多差异。但因位于主城区，许多村落与社区交界，黔灵镇与周边社区的差异愈发凸显。在城市的基层组织聚焦服务与管理功能时，基层政府如何在发展、服务和管理上做好平衡，成为黔灵镇的一大难题。如 YZ1 所说："因为黔灵镇面积太大，硬件设施太少，主要是跟社区不一样。作为乡镇不享受政府给社区的待遇，如防盗门、防盗锁、设施不完善要修围墙之类的，这所有的都享受不了。但是我们乡镇的面积又大，所处的环境又糟糕。"

2. 城乡接合的乡镇：流动人口多，形势复杂难应对

截至 2015 年，黔灵镇的流动人口占常住人口的 56.7%，具体情况如图 1 所示。其中一部分是来自彭家湾的拆迁户，全部入住黔灵镇范围。由于黔灵镇的城郊接合部租金相较于市区更为便宜，不少人选择在黔灵镇租房，导致辖区流动人口较多，由此带来诸多管理难题。加之虽有黔灵镇流管办、黔灵派出所、渝安派出所和候宝派出所负责辖区的社会治安管理，但因为辖区面积较大，基础设施薄弱，着实难以应对黔灵镇的发展需要。如 YZ1 所说：“黔灵镇的范围内现在有三个派出所，负责这 40 多平方公里的社会治安管理，其他社区当时提出的是 15 分钟工作时间，但是我要把黔灵镇走完，15 个小时都走不完。”

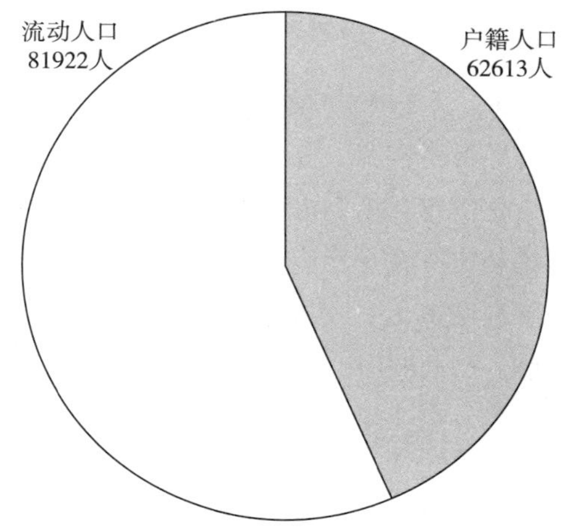

图 1　黔灵镇户籍人口与流动人口基本情况

资料来源：黔灵镇政府，《黔灵镇基本情况一览表》，2016。

五　云岩区乡镇经济社会发展的对策及建议

（一）规划先行，统筹推进云岩区乡镇城市化发展

乡镇的发展应契合城市规划，做好统筹规划、规划先行，乡镇发展规划先行有三个层次：第一个层次要构建“全城合理布局、区（市、县）功能互补”的城镇体系结构；第二个层次依据现实发展需求和总体需求，制定详细规划；第三个层次是抓好重点问题，制定修建性详细规划，组织完成基础设施相关专项规划。

黔灵镇在规划建设中应具体做到：一是根据“城市发展主战场、经济发展增长极、都市功能新中心”这个定位，确保规划具有可操作性；二是统筹

考虑近期与远期的关系，使规划跟上发展节奏；三是系统规划好与乌当、南明、白云的衔接；四是积极做好长昆线、渝黔线等铁路项目及中环路云岩段在黔灵镇的征地、拆迁、建设工作；五是突出生态性，加强与市生态文明委、黔灵公园管理处等相关部门的协调，积极做好小关湖沿线的水资源保护工作，确保水清岸美。

（二）以大数据为引领，推动产业转型升级

1. 引入市场运行机制，转变政府职能

市场化机制能够有效配备资源，提高经济效益，市场化有助于推动乡镇城市化。黔灵镇加快城市化进程，需要市场做媒介，加大乡镇资金投入，利用土地置换资金。用市场机制统筹城乡发展，引导社会资源和民间资本进入新型城镇化领域，真正解决新型城镇化中钱从哪里来、地从哪里出、人到哪里去、利益如何分配等焦点问题。与此同时，黔灵镇政府需要转变职能，将精力集中到社会事务的管理和为居民、企业提供服务上来，以良好的服务和管理推动当地经济发展。

2. 把握大数据发展机遇，优化产业结构

积极寻找经济增长的突破点，摆脱以房屋租赁为主的生产生活方式，结合云岩区全省大数据综合应用核心区建设，推动“大数据+”与金融、旅游、商贸、家政服务等行业紧密融合，进而推进产业结构的升级。黔灵镇优化乡镇产业结构，一是要推动大数据与物流结合，贵阳大数据产业发展，需要物流作支撑；二是建设“数字城镇”，加快乡镇信息化基础建设，运用网络化、数字化、信息化加快传统产业升级转型；三是大力发展旅游产业和休闲产业。

（三）坚持保护生态，提升居民意识

1. 严守生态红线，保护乡镇生态环境

“十三五”期间，云岩区要建成生态文明示范城区，城市绿化覆盖率达46%，空气质量优良天数占95%以上，生活污水处理率和集中饮用水源地达标率100%。[①] 因此，黔灵镇推进城乡融合的过程中要严守生态红线，以生态

① 云岩区委办公室：《中共云岩区委　云岩区人民政府关于云岩区工作情况的报告》，2016。

文明理念为指导，探索有利于生态文明建设的城市化方式。要根据黔灵镇生态环境，划分不同的功能区域，考虑村和居委会的资源环境承载能力和发展潜力。同时，坚持和强化城市核心能力，发展旅游、服务经济从而调整优化产业结构，提升高端商业商务功能，避免对生态环境的过度影响。

2. 城乡接合部环境问题需要综合治理

城乡接合部环境卫生情况较为复杂，建议黔灵镇走综合治理的路径，积极与周边社区，以及规划、市政、住建、城管、环保等区级部门协调联动，明确责任，共同治理乡镇。同时，加强管理，引导居民自我管理，设置环境维护管理人员，成立居民卫生互助小组等协调和议事组织，加强居民的行为自律。此外，建议云岩区加快改造黔灵镇的旧房屋、道路，拆除乱搭乱建，增加绿化，配套公共厕所、垃圾房等环卫设施。

（四）加大民生保障力度，推动城乡融合

1. 加快制度改革与村落改造搬迁，积极推进“农转非”

在制度方面，建议云岩区合理放开城市落户限制，形成以合法稳定住所或稳定职业为户口迁移基本条件、以经常居住地为户口登记基本形式的城乡统一的户籍管理制度，放宽周边区域，控制中心区域，逐步让已长期在城镇就业和生活的农业转移人口在城镇落户，在户籍身份上成为完全的城镇居民。在村落改造搬迁方面，建议云岩区依托片区开发建设，结合行政区划调整，按照“一村一策”的思路，进一步完善包括规划、征拆、安置、配套在内的系统方案，切实加快“城中村”改造和整村搬迁工作。就地消化失地农业人口转移工作，大力倡导城市文明习惯和现代生活方式，让农村转移人口更好地融入城市。

2. 强化公共服务保障，加速吸纳农业转移人口

建议云岩区稳步推进城镇基本公共服务常住人口全覆盖，把进城落户农民逐步纳入社会保障体系。重点抓好农村转移人口的就业创业培训，切实解决好住房、社保、卫生医疗、子女教育等方面的问题。对吸纳农业转移人口较多社区、镇的公共服务能力建设予以支持，增强城镇公共产品供给能力和吸纳农业转移人口能力。其中，在就业方面，建议云岩区针对失地农民特性在准入、贷款、行政收费、办证等方面提供促进就业的优惠政策。鼓励农民自主创业，制定农民创业优惠政策，促进农民向第二、第三产业转移。

参考文献

黔灵镇政府：《黔灵镇乡镇工作调查表》，2015。

黔灵镇政府：《黔灵镇基本情况一览表》，2016。

云岩区人民政府：《关于深化社区体制改革的调研报告》，2015。

云岩区委办公室：《中共云岩区委　云岩区人民政府关于云岩区工作情况的报告》，2016。

云岩区发展和改革局、贵州省社会科学院区域经济研究所：《〈云岩区国民经济和社会发展第十二个五年规划纲要〉中期评估报告》，2014。

陈刚：《以大数据为引领推进产业升级突破增强都市服务功能，加快率先实现基本现代化——在市委常委会听取云岩区工作汇报时的讲话》，2016。

何辉：《固基石　谋大势　严规矩　快发展　为全面推进“五彩黔灵·活力之镇”而努力奋斗——在中共云岩区黔灵镇第四次代表大会上的工作报告》，2016。

江滨：《城市化过程中城中村改造的模式研究——以昆明市为例》，硕士学位论文，浙江大学，2007。

柳高峰：《农村乡镇教育民生发展的基本问题》，《邢台学院学报》2015 年第 1 期。

包双叶：《论新型城镇化与生态文明建设的协同发展》，《求实》2014 年第 8 期。

颜锋：《市场化改革与城市化进程的关系研究——基于华东六省一市面板数据的实证分析》，《河南商业高等专科学校学报》2012 年第 6 期。

印子、樊思琪、冯清清、娄伟：《农村土地流转与农民阶层分化调研报告——以湖北龚湾村为例》，《中国市场》2009 年第 4 期。

B.8
云岩区行政村调研报告

摘　要：十八大以来，习近平总书记多次就“三农”问题做出重要指示，中国要强农业必须强，中国要美农村必须美，中国要富农民必须富。贵州省面对贫困人口最多、贫困面积最大、贫困程度最深的严峻挑战，连续13年以“一号文件”形式聚焦“三农”，始终坚持把解决好“三农”问题作为全省各级党组织工作的重中之重不动摇，坚持强农惠农富农政策不减弱，全面深化农村改革不懈怠，推进农村全面小康建设不松劲，不断巩固和发展农业农村好形势，努力实现农业强、农村美、农民富。在此背景下，为深入了解当前贵阳市农村发展情况，贵阳市委政研室、北京国际城市发展研究院和贵阳创新驱动发展战略研究院联合组成课题组，对云岩区的相关行政村进行了深入调研。本文通过实地调研，对目前云岩区行政村发展的现实情况以及存在的问题进行梳理与分析，并提出相关建议，以期为云岩区乃至贵阳市下一步更好地解决“三农”问题提供决策参考。

关键词：云岩区　行政村　“三农”问题　经济社会

一　调研背景

（一）调查目的与意义

为深入了解云岩区农村“十二五”期间的社会经济发展状况、取得的成就，以及存在的问题，课题组通过深入实际、深入农村、深入农民的调查研究，把云岩区行政村大量和零碎的材料去粗取精、由表及里加以综合分析，透过现象抓住本质，找到事物的内在规律，在调查研究的基础上提出切实可行的政策建议。

习近平总书记指出，党的实事求是的思想路线，党的从群众中来、到群众中去的根本工作路线，要求我们必须始终坚持和不断加强调查研究。在对云岩区行政村进行调研时，课题组因地制宜，一切从实际出发，深入了解分析农村的发展情况。目前，云岩区农业经营方式、农村经济结构、乡村治理机制、农民思想观念正在发生深刻变化，只有不断深入调查研究，才能了解到最根本的问题。

（二）调查时间与过程

课题组于 2015 年 11 月 23 日至 29 日在云岩区展开了关于云岩区农村社会经济发展情况的调研活动。调研期间，课题组在云岩区区委、区政府召开了系列座谈会，出席座谈会的主要有云岩区发改委、政研室、生态委、规划委、社区社会组织代表、志愿者代表、乡镇及农民代表等，通过召开座谈会，课题组基本摸清了云岩区社会经济发展情况，同时也为选择下一步进村调研选点工作做好了前期准备。根据前期召开座谈会获得的资料和信息，课题组通过反复讨论，最终选择云岩区具有代表性和典型性的 2 个行政村对村干部进行访谈。通过实地调研，课题组对云岩区农村社会经济在“十二五”期间的发展状况以及关于“十三五”发展思路等有了深入的了解。通过调研，课题组收集了丰富的云岩区农村情况一手资料，为本文奠定了坚实的基础。

（三）调查方法与对象

本次对云岩区行政村调研的方法主要采取两种调查方法：文献研究法、访谈法。以个案访谈调查为主，文献研究为辅。文献研究法基于一定调研目的，采取查阅相关文献综述的方式和手段，收集第一手研究资料，把所要研究的农村客观实际情况了解清楚。

个案访谈调查法是从总体中选取一个或几个调查对象进行深入、细致调查。在云岩区行政村调查研究的过程中，对行政村的村干部进行具体、深入的访谈，不仅关注个体的差异，也关注整体共性，全方位了解云岩区行政村的现状。

表 1 是本次对云岩区行政村进行个案访谈调查的调查对象，为保护访谈人的个人隐私，课题组采用编码方式，其中 Y 表示“云岩”，C 表示“行政村”。

表 1　云岩区行政村调研对象基本情况

编码	性别	所在村庄	职务
YC01	男	沙河村	村党支部书记
YC02	男	西瓜村	村委会主任

注：文中访谈对象姓名处均采用表 1 编码标示。

二　云岩区农村整体概况与19个行政村的基本情况

（一）云岩区农村整体概况

云岩区现共有 27 个社区，19 个行政村（见表 2），其中有 5 个涉农社区、168 个村民组和 1 个镇（黔灵镇），土地总面积 93.57 平方公里，常住人口近百万，农业人口 4.65 万人，耕地面积 6793 亩。人多地少的矛盾非常突出，城镇化水平达到 97%。目前，云岩区城市化进程加快，耕地面积日益减少，农业萎缩，这决定了云岩区农业农村工作的开展有很大的局限性，并呈弱化态势。

表 2　云岩区 19 个行政村概况

所属乡镇（社区）	行政村	总人口（人）	总面积（平方公里）	地理位置	年份
普天社区	茶园村	4056	2.5	茶园村位于贵阳市 321 国道 9 公里处，金鸭街道办事处所在地	2015
金惠社区	大凹村	2872	0.7	大凹村坐落在贵阳市西郊，距贵阳市中心区（紫林庵）约 9 公里	2015
	杨惠村	3020	5.9	杨惠村位于贵阳老城区 10 公里，在观山湖区南面	2015

续表

所属乡镇（社区）	行政村	总人口（人）	总面积（平方公里）	地理位置	年份
蔡关社区	蔡家关村	1668	3.0	蔡家关村地处贵阳市西郊	2015
水东社区	安井村	3525	—	安井村位于南明河下游,距贵阳市中心约7公里	—
	渔安村	3407	—	渔安村位于贵阳东面,东与安井村接壤,南隔南明河与贵阳市南明区云关乡相望,西与中东十五段王家桥社区、黔灵镇西瓜村相连,北接顺海林场	—
金关社区	金关村	4160	4.2	金关村位于贵阳市西郊4公里处	2015
金鸭社区	金鸭村	4287	11.4	金鸭村地处贵阳市老城区与观山湖区的咽喉要道	2015
黔灵镇	茶店村	5500	7.0	茶店村位于贵阳市城郊接合部,新添大道南段	2015
	东山村	2485	2.5	东山村位于黔灵镇之南	2015
	偏坡村	2278	14.0	偏坡村地处贵阳市北郊盐沙路中段,东邻乌当区奶牛场和培度交界,南抵黔灵镇雅关村,西与白云区都拉布依族乡都溪村交界,北与白云区都拉布依族乡毗邻	2015
	黔灵村	1720	5.5	—	2015
	三桥村	3305	3.0	—	2015
	沙河村	4237	8.0	沙河村委会位于黔灵镇西南面	2015
	西瓜村	3289	4.0	西瓜村地处贵阳市东郊	2015
	雅关村	2325	9.0	雅关村位于贵阳市北郊,距市区7.5公里	2015
	云岩村	1972	5.5	云岩村地处贵阳市云岩区城郊西北接合部	2015
	宅吉村	3017	2.0	宅吉村位于贵阳市城北	2015
	改茶村	3579	6.8	改茶村位于黔灵镇西面	2015

（二）19个行政村的基本情况

茶园村位于贵阳市321国道9公里处，驻野鸭街200号，成立于1990年10月，2007年划归云岩区管辖。四面群山环绕，中间地势平坦，交通便利，土地肥沃，农业以种植蔬菜为主，村民居住较集中。

大凹村因所在地四周都是山，村民居住在山脚“凹”的地方，因此而得名。大凹村位于贵阳市西郊，东接金关，西去花溪，南通小河金竹，北与乌当区金华镇接壤。

杨惠村位于金惠社区服务中心南部，东侧与大凹村相邻，西侧与乌当区金华镇相邻，南接花溪区，北接观山湖区二铺村。

蔡家关村地处贵阳市西郊，属典型的城乡接合部。

渔安村位于贵阳市东面，东与安井村接壤，南隔南明河与云关乡相望，西与中东王家桥社区居委会相邻，北接顺海林场。渔安村产业一直以农业和养殖业为主，集体经济一直较为薄弱。

安井村因老地名叫安（贵阳口语读吖）猫井，因不雅改为“安井”。东依乌当区的阿栗村，南邻南明区的红岩村，西面与黔灵镇的渔安村、西瓜村、沙河村、茶店村相连，北面与乌当区的顺海村、新添村接壤。主要经济产业为蔬菜种植和养殖。

金关村位于贵阳市西郊 4 公里处，金阳大道和贵黄公路贯穿村境，经济发展主要以工业和第三产业为主，辅之以农业经济。

金鸭村地处贵阳市老城区与金阳新区的咽喉要道，与三桥毗邻。

茶店村因老地名叫茶店而得名。茶店村位于贵阳市北郊，东与安井村相邻，南与沙河居委会相接，西与沙河村、雅关村接壤，北与乌当区奶牛场交界。茶店村以轻工业为主，在茶店村 7 平方公里的土地上，有省、市、区、镇级单位 23 家，其他企事业单位、经营户 600 余家。村（居）民以从事商业、运输业、饮食服务业、小加工业、花卉栽培及房屋出租为主要经济来源。

东山村因地处贵阳东山脚下而得名。东山村位于黔灵镇之南，东临西瓜村；南与中东办事处相接；西与黔东办事处、贵州师范大学相连；北与贵乌街道办事处、普陀办事处、沙河村相连。2011 年末有制药厂 1 家。

偏坡村因所在地四周都是偏斜的山坡而得名。位于贵阳市北郊，东接乌当区，西与白云区都拉布依族乡都溪村交界，南抵黔灵镇雅关村，北与白云区都拉布依族乡毗邻。工业基础薄弱，有企业 6 家，主要以生产、销售、加工、服务为主。

黔灵村因黔灵山而得名。位于贵阳市北面城郊接合部。主要以制药、印刷、花卉苗木、根雕为主。

三桥村因原贵阳城西出城必须要经过三座桥才能到达通往川滇道路，所经的三座桥依次为头桥、二桥、三桥，三桥刚好位于村辖区内，因此而得名。三桥村位于贵阳市西出城口，东接云岩，南与改茶村接壤，西、北接乌当区。2011 年年末，有企业宝莲印务公司、贵阳刚玉厂、三桥综合批发市场等几家挂靠企业，但无村办企业。

沙河村位于黔灵镇西南面，东面与茶店村顺海林场紧临，西面与宅吉村、贵乌街道办事处紧临，新添大道自西向东穿村而过，将辖区平均一分为二，是一个典型的城郊接合村。

西瓜村因老地名叫西瓜地而得名。位于贵阳市东郊，与中东街道办事处、西湖街道办事处、黔东街道办事处及黔灵镇的东山村、渔安村、安井村、沙河村接壤，是典型的城中村。面积约 4 平方公里，有耕地面积约 300 亩（其中包括红线范围内的 160 亩）。

雅关村因当地有一座雅关山而得名。雅关村东接乌当，西邻白云，南通贵阳城区，北与偏坡村毗邻。雅关村工业基础薄弱，主要以生产、销售、加工、服务为主。

云岩村因附近有名胜麒麟洞，原名“云崖洞”，贵阳口语“崖”和“岩”同音而得名。东与云岩区北京路办事处接壤，西接头桥办事处，现已基本无耕地。

宅吉村因明代当时安氏实行则溪制度（则溪为彝语，即粮仓），在贵阳城北设十三则溪，即十三粮仓，相沿下来，则溪—择溪—宅吉之名即演变而出现，又当地有水为择溪水故得名。东与贵乌办事处连接，南与宅吉办事处相连，西接黔灵村，北与贵州大学科技学院、世纪园小区连接。1999 年村土地已被征用完毕，村民现在的生活来源主要靠房屋出租、运输、经商、服务等来维持，人均年收入在 6000 元左右。

改茶村原名摆茶寨，经常有马帮经过，在此饮茶，“摆茶”因此而得名为“改茶”。改茶村位于黔灵镇西面，北临三桥村，东临云岩村，是一个典型的城郊接合村。共有工业企业 7 家，停车场 2 个，农资市场 1 个，集贸市场 1 个，汽车配件市场 1 个。

三　云岩区农村社会经济发展现状

（一）农村社会经济发展成效显著

“十二五”期间，云岩区农村社会经济发展取得了显著成效，农民人均纯收入达13250元，同比增长15%。完成培育农村集体经济组织19个。基地主要农产品检测合格率达98%。蔬菜基地达2000亩，2014年全年完成蔬菜播种面积1.7万亩次，超额完成目标任务数1万亩次；2014年全年完成蔬菜上市量2.2万吨，超额完成目标任务数1万吨；2014年全年蔬菜产值达7820万元（平均单价3.54元/公斤）。完成出栏生猪2.064万头，占全年任务的413%；猪肉产量0.17544万吨，占全年任务的117%；出栏肉鸡59743只，占全年任务的199%。脱贫成果得到巩固。

（二）农业基础设施建设逐步完善

因三马片区开发建设，原杨惠村小路井提水站被万科城项目征占，杨惠村长期停水，云岩区农水局投入151万余元解决了700余户2000余名该村村民及2000余名外来务工人员的饮水难问题。截至2015年，贵阳市下达6500人饮水的云岩区农田水利基本建设（即小康水行动）计划任务，总投资为304.14万元（贵阳市补助资金210万元，云岩区投入资金94.14万元），项目安排为：金关村改水（纳入市政管网）150万元，“十二五”期间顺利完工，解决了16000人的饮水安全问题；黔灵镇打渔寨电灌站水厂改造89.14万元，对泵房进行整体改造，维修相宝山调节水池一座，已完成100%；茶园村高位水池封闭加盖改造投资65万元，已完成100%。

（三）农业生产安全管理力度加大

为确保农业生产和农产品质量安全，确保无重大安全事故发生，云岩区在“十二五”期间主要开展了以下工作。

开展农机化推广，在黔灵镇及各涉农社区举办农机维修及操作技术培训4期，培训180人次，制作学习资料1000份，2014年云岩区农机总动力

4019.3千瓦。

加强农机安全监理工作，积极开展农机安全宣传、培训工作，组织农机驾驶员学习120多人次，开展农机安全宣传活动6次，涉及800多人次，发放各种交通安全宣传资料1500余份，悬挂安全宣传标语18幅，制作宣传展板6块，培训180人。落实责任制，云岩区农水局与黔灵镇及各涉农社区签订农机安全生产工作责任书6份，督促各村委会与各村农机手签订安全责任书100份，签订率100%。

开展农机安全大检查。2015年，分别在元旦、春节、春耕、五一、国庆及“六打六治”工作期间开展农机安全大检查6次，对发现的问题及时进行了整改和查处。

排查治理农村道路交通安全隐患。开展了4次农村道路交通安全隐患排查治理工作。治理内容为急弯、陡坡、临崖等路段的安全设施等，对排查出的3处安全隐患进行了积极治理，整改率100%。

（四）严守生态和发展两条底线

空气质量治理及节能减排工作力度加大。首先，进行广泛宣传，通过悬挂横幅、标语以及发放宣传资料进行生态保护方面的宣传，增强民众的生态保护意识。其次，定期对云岩区水产品进行抽样检测，2015年全年对云岩区各农贸市场销售的水产品进行了21次抽样，共抽取290个样，抽样结果全为阴性，符合水产品质量安全标准。

（五）农资市场监管机制逐步完善

截至2014年，云岩区根据贵阳市农委《关于组织排查2014年第一季度假劣兽药的通知》及《关于下达2014年第一季度全市兽药质量监督抽检计划的通知》、省农委《贵州省农委关于组织查处河南鑫汇来生物科技有限公司和河南昭阳畜牧科技有限公司销售假兽药的通知》（黔农发〔2014〕45号）等文件要求，开展查处涉嫌非法兽药、禁用兽药和假兽药的专项整治行动7次，共检查经营户63户（次），2次对5户经营户的兽药进行了抽样，共抽取5个样，举办兽药经营户培训班2期62人，发放相关资料128份。指导经营户搞好兽药经营质量管理规范（GSP）工作，有4家兽药经营户提交了兽药经营许可证申报材料，目前有 1 家经营户通过市农委验收，同时，云岩区进一步净化兽药市场，有效改善市场环境，确保了兽药产品质量安全。

加大对辖区饲料市场的监督管理力度，对辖区内饲料经营户、养殖户检查 6 次，其中开展饲料抽样检查 3 次，累计抽样 13 个，主要检测饲料产品中水分、粗蛋白、铅、镉、黄曲霉素 B1、沙门氏菌、铜、锌、砷、维生素和氨基酸以及是否含有违禁添加剂“瘦肉精”“三聚氰胺”等违禁药物及非法添加物。为保障农产品质量安全，与饲料经营户签订了农资经营承诺书，公开承诺自觉遵守国家法律法规及有关农资生产经营的规定。对不合格产品进行了严处，有效控制了伪劣农药在市场的流通，从源头上杜绝了坑农害农现象的发生。

四　云岩区农村社会经济发展存在的主要问题

（一）产业结构单一

经过调查发现，云岩区农村产业结构单一，绝大部分农民的主要经济来源均为固定资产（房屋土地）出租。“因为村民的土地绝大部分已经征拨完了，他们就靠第三产业为生。村民的第三产业主要就是房租。因为他们有企业的征地，得到的费用，他们就把他们的院子扩大，修好。修好以后他们就增加和壮大他们自己的固定资产。固定资产增大以后，就租住给流动人口。从村民的生活来源来讲，房租占 85%，其他的就是很少的，占到 10% 左右。”访谈对象 YC02 说。

YC01 对课题组说：“我们这个村，基本上全部都是失地农民，也就是说，很多土地都是由于国家建设的需要，被征用了。现在村民主要生活来源，经济收入就靠的是一个房屋出租，有一部分从事运输业、商业，从事运输业和商业这一块不到 20%，80% 是靠房屋出租来维持生计。”

云岩区农村经济结构单一的原因主要表现在两方面，一方面，受制于客观条件，难以发展其他产业。“农业是第一产业，第二产业工业在这里是不能落户的，为什么不能落户，是一个环保的影响。”YC01 在访谈中说。另一方面，随着城镇化、城乡一体化进程的逐渐加快，越来越多的农村土地被征收用以进行城市建设，产生了大量的失地农民。“年轻人打工不愿从事体力活，但是他的文化技能又跟不上，虽然我们办了很多的培训班，但是这种培训的话，有点杯水车薪的感觉。为什么这样说呢？比如有一个村民他说，我不管怎么说还是百万富翁，你叫我去做这个苦力工有失体面，用我们贵阳话来说就是拉不下架子。要他去搞好的工作又没有这种能力。所以说这样下来，他们唯一的方式就是‘短、平、快’，就是房租。”访谈对象 YC02 说。

通过上述访谈调查资料可知，固定资产出租是目前云岩区农村，特别是城乡接合部农村的主要经济支柱，一定程度上也为村民、村集体带来了经济效益，但是这样单一的经济结构，面对未来可能出现的市场风险的抵御能力明显不足。

（二）精准扶贫力度有待加强

虽然云岩区在“十二五”期间的扶贫工作取得了卓越成效，但贫困人口仍然存在，精准扶贫力度还需加强。“我们村的贫困人口，主要有三种情况，一是家里面房屋出租收入经营少，二是丧失劳动力，就是年纪大一点的，三是残疾人，还有智障，精神病患者。”访谈对象 YC02 说。

YC01 则在访谈中对课题组说到：“精准扶贫（的对象和方法）应该有个定位和模式。但是话又说回来，光是说政府来定位，主要还是要解决资金的筹措和来源问题。怎样去做，在符合规划的前提下，都还是会去办，但是在资金上，又难以提供实际上的帮助。”

由此可见，云岩区农村的扶贫工作目前主要存在资金方面的困难，相关政府部门和单位应进一步健全贫困人口定位和帮扶工作机制。

（三）民生基础设施建设不完善

基础设施问题一向是困扰农村地区发展的主要问题之一，在云岩区亦是如此。以自来水管网安装为例，“自来水管网的一户一表这个还没有实现。这也是制约村委会经济发展的最大问题。因为我们农村，一家离一家有点距离，这家到那家有 100 ~200 米挺正常的，那么自来水公司他就不给村民解决一户一表，因为战线太长了。说不好听的话，就是说他做这个东西他就在亏本，所以他不愿意做。如果要做以后，他给我们村安十块水表，我们就把这十块水表的水分给一万多人用，几百上千的分表，村民的小表收起来和大表肯定是不能吻合的，而且悬殊就挺大，每年村委会都要亏上50万~60万元。还有由于村委会的经济有限，管道的'跑冒漏'的问题，也是不可估量的。没办法呀，所以就相当于村委会到自来水公司买水来卖给村民饮用，这样村民用水没问题，但是用的方便程度还是受到制约。"YC02说。

"基础设施建设，推进城镇化建设是最实实在在的问题，如果再不推进，这个村就要爆满了。因为农民停车停不了，做什么也做不了，停车就是见缝插针，凡是有一个位置能停上的，都全部停上。"YC02说。

（四）生态环境保护待加强

云岩区农村地区，经济发展滞后，基础设施建设跟不上村民物质生活提升的要求，从而导致了一系列的生态环境问题。"环境方面是个问题。垃圾的处置，以及本身地处的位置偏远的，这个村道路进去300米位置就没人管，乌烟瘴气、污水横流。因为没办法排，它没有排污的设施，没有排洪沟，没有排污沟，长期都这样。现在越搞环境越恶劣，配套设施跟不上，基础设施跟不上以后，那么村民环境就恶劣了，乱倒乱放，管不了。"访谈对象YC02说。

YC01说："老百姓最迫切想解决的，关键就是环境卫生，农村的环境卫生整治，是非常关键的问题，是老百姓最迫切、最关心的一个事。这个就希望村、镇、区各块投入。"从访谈的内容中可以看出，环境的改善也是广大村民的心愿。

五　关于云岩区农村社会经济未来发展的思考和建议

（一）大力发展精品农业，加快推进"互联网+农业"公共服务平台建设

以大数据、互联网应用为重点，加快构建农业大数据中心、农业物联网应用系统、农业监管与指挥调度系统、农业综合服务系统，提升农业生产智能化水平。加快推进农产品电子商务融合发展，扶持农业龙头企业、农民专业合作

社等开展农产品电子商务应用示范，打造集物联网应用、农产品质量安全监管、农业电子商务、休闲观光农业于一体的“互联网+农业”示范区。

充分发挥云岩中心城区的资金、技术、人才等多方资源优势，坚持走高端品种、高端品质、高端品牌三位一体的高端发展之路，积极发展创意农业、立体农业，培育健康养生、休闲观光、绿色有机农产品、高档花木等特色都市精品农业。推进集种植、加工、观光、休闲、研发为一体的云岩现代都市农业示范区建设。抢抓对台合作契机，大力引进台湾现代农业知名企业落户云岩，打造以贵州贵阳绿溢农博园为龙头的一批国际化高端农业产业基地，建成具有示范带动效应的农业产业综合体，以及台湾农业在贵州省的总部基地。支持企业通过标准化生产和原产地保护认证，生产高品质、高科技含量、高附加值的农产品，形成品牌。加强与周边市县合作，鼓励企业到其他区（县、市）开办农场、农庄，发展“飞地”农业。

（二）加强生态资源保护，完善农业水利基础设施

云岩区要对全区水资源进行统一管理、统一规划和保护工作，拟订云岩区水中长期供求计划、水量分配方案并监督实施。实施取水许可制度，负责征收水资源费。对水功能区排污进行严格控制，监测河流、湖、库区的水量、水质，严厉查处向水域超标排污事件。查处无证取水和不按规定取水以及拒交水资源费等案件。依法对水事活动进行监督检查，调解水事纠纷，查处水事违法案件，维护正常的水事秩序。持续开展水土流失预防监督和执法工作，贯彻执行国家水土保持法律、法规。实施水土保持方案许可制度，负责征收水土保持补偿费。监督开发建设和生产过程中水土流失的预防与治理。依法对涉及水土保持事项的有关部门、厂矿、企事业单位及个人进行监督检查，查处水土保持方面的违法案件。

做好将城市规划管网覆盖区农村饮水纳入市政自来水管网供水项目科学策划，突出依法行政、强化管理、推进水利制度和体制创新；促进云岩区水利从传统水利向现代水利和可持续发展水利转变，工作重点转移到水行政管理和水土流失预防监督执法上来。在水利工程设施管理上，重点改造维护好现有的打渔寨提灌站，确保5万名居民正常用水。实施中小河流治理及重点水源地水土流失治理，加强应急备用水源地和水资源管理信息化系统建设，

初步达到防洪安全和水生态环境的目标，为全面建成小康社会提供有力的水利支撑和保障。

（三）进一步加强农产品市场安全监管力度

加强农产品质量安全监管。以质量为突破口，加强无公害蔬菜生产，加强上市蔬菜农药残留监控，严格控制农业投入品的使用。制定云岩区蔬菜质量安全监管工作方案，让市民吃上安全、放心的蔬菜，除加强田间管理、技术指导、田间巡查外，组织农业科技队伍下村开展普训、科技下乡、农业咨询服务活动、基地农残检测工作。

加强肥料质量安全监管，按照贵阳市农委的要求，积极制定云岩区肥料质量安全监管工作方案，加大对肥料市场监管，尤其在春耕、秋种肥料需求旺季之前组织开展肥料市场综合检查。加强蔬菜种子质量安全监管，对种子市场的检查做到有检查、有记录，加大执法监管力度，对经营户进行法律法规、农产品质量安全等的宣传和培训，坚决杜绝坑农、害农事件的发生。加强植物检疫监管，加强农业有害生物监测，为农业有害生物防治工作提供科学预警；依法开展农业有害生物植物检疫工作，防范农业有害生物的传入和输出；通过农业有害生物预防和防控体系基础设施建设，积极探索和应对防治工作中的新情况新问题；加大农业植物检疫法律法规的宣传、执行力度；加强农药质量安全监管，农药监管工作是关系农业发展、农民持续增收和人民群众身体健康的大问题。为加强农药监管工作，要做到日常监管与专项整治相结合，打假与扶优相结合，着力抓好以下几个方面。

坚持倡导规范经营，开展宣传教育、业务培训活动，提升农药经营水平和服务质量；坚持农药经营台账制度，实现农药产品经营可追溯管理；坚持对违禁农药保持高压态度，严打“五种”高毒农药的经营和使用；加大对农药质量、标签抽检力度，严厉打击农药生产、经销、使用的违法行为，确保农业生产安全。

此外，强化市场监管，规范经营行为。对辖区内农药生产、经营企业开展清理整顿，坚决依法取缔无证生产经营农药的单位和个人。开展培训活动，对农药经营者加强培训，引导其规范经营，建立健全经营档案和农药进销台账，完善质量管理制度。

（四）强化扶贫帮困政策和措施，明确扶贫工作范围和责任

对低收入群体实施精准化扶贫帮困工作，将各类城市低收入群体纳入扶贫帮困的工作范围，确保扶贫帮困工作不漏盲区、不留死角。深入推进云岩区领导干部遍访低收入家庭工作，继续强化各级各部门以及党员干部在直接对口帮扶困难群众工作中的积极作用，做到不脱贫不脱钩。在云岩区构建“领导联系、单位包村（居）、干部包户”定点帮扶制度，形成“党委主责、政府主抓、干部主帮、社会共扶”的扶贫帮困格局，层层分解目标、落实责任。进一步强化考核问责，加大对扶贫帮困工作的考核力度，建立年度扶贫开发工作精准化督查考核机制，建立中心社区和涉农社区（镇）执行扶贫帮困分类考核标准，加大跟踪督查，严肃处理不作为行为。

全面落实贵阳市大扶贫战略“十项行动计划”，大力实施“一提两扶三强化”工程，深入推进云岩区“精准扶贫、科学治贫、有效脱贫”大扶贫战略行动各项工作。抓好社会保障扶贫，进一步提高贫困补助标准，“十三五”期间确保低收入群体人均可支配收入超过1万元。抓好产业扶贫和项目扶贫，大力实施“能人当家”工程，选强配强基层党组织班子，积极发展壮大农村集体经济。抓好教育扶贫，落实“六大教育帮扶工程”，实施“六大教育专项计划”，进一步加大对学龄贫困学生补贴补助力度，不让一个贫困孩子辍学失学，不让一户农户因学返贫。

抓好医疗保障扶贫，提高低收入群体医疗健康保障水平。进一步统筹卫生计生、民政等部门相关救助资金和社会捐助资金，建立完善“一站式”精准帮扶机制。抓好就业和创业扶贫服务，提供免费公共就业服务，实行推荐就业、就业援助和托底安置“三优先”，开展上门“送岗位、送政策、送服务”活动；加大贫困人员就业技能培训力度，开展多样化技能培训，指导贫困人员就业与择业；鼓励并扶持贫困人员自主创业，符合创业条件的，可享受贷款和财政贴息优惠政策。抓好对口扶贫工作，强化与被帮扶地的沟通联系与合作交流，积极实施“8个100”工程，确保对口扶贫成效。

（五）建立健全失地农民转移、落户政策，加快推动城乡一体化进程

合理放开云岩区城市落户限制，形成以合法稳定住所或稳定职业为户口迁

移的基本条件、以经常居住地为户口登记基本形式的城乡统一的户籍管理制度，放宽周边区域，控制中心区域，逐步让已长期在城镇就业和生活的农业转移人口在城镇落户，在户籍身份上成为完全的城镇居民。稳步推进城镇基本公共服务常住人口全覆盖，把进城落户农民逐步纳入社会保障体系。

重点抓好农村转移人口的就业创业培训，切实解决好住房、社保、卫生医疗、子女教育等方面的问题。对吸纳农业转移人口较多社区、镇的公共服务能力建设予以支持，增强城镇公共产品供给能力和吸纳农业转移人口能力。依托片区开发建设，结合行政区划调整，按照“一村一策”的思路，进一步完善包括规划、征拆、安置、配套在内的系统方案，切实加快“城中村”改造和整村搬迁工作、就地消化失地农业人口转移工作，大力倡导城市文明习惯和现代生活方式，让农村转移人口更好地融入城市。

参考文献

王建忠：《在加强和创新社会治理大会暨区委农村工作会议上的讲话》，2016。

中共贵州省委、贵州省人民政府：《贵州省——加强农村小型基础设施建设努力改善生产生活条件》，《农村工作通讯》2003 年第 2 期。

赵雨、刘艳丽、张丽娟、赵妍：《加强农村基础设施建设，推进新农村稳步发展——关于加强农村基础设施建设的调研报告》，中国招生考试网，http：//www.chinazhaokao. com/wendang/baogao/555156. html，2016 年 8 月 12 日。

楼文毅：《整治农村环境卫生　提高农民生活质量》，浦江新闻网，http：//pjnews.zjol. com. cn/pjnews/system/2013/05/30/016489661. shtml，2013 年 5 月 30 日。

李辉：《实施“村改居”加快推进城乡一体化的基本要求与路径》，《青岛农业大学学报》（社会科学版）2012 年第 1 期。

案 例 篇

Case Studies

B.9
大力提升综合服务能力 建设城市服务型社区

——云岩区中华社区“十三五”发展思路研究

摘 要: 城市商业的繁荣带动了经济的发展，同时也对城市管理和服务提出新的需求。为此，大力提升综合服务能力、建设服务型社区是当前城市发展的重要方向。本文以案例研究为主，通过对云岩区中华社区的分析，总结社区在提升综合服务能力的过程中，收获的主要经验以及面临的困难和挑战，并提出相关建议和参考。

关键词: 综合服务能力 服务型社区 中华社区

服务型社区是我国当前社区建设和发展的重要模式，建设服务型社区能够提升居民幸福感和满意度，维护社会稳定，促进社区和谐发展，是社区建设和发展的必然趋势。

一　中华社区建设服务型社区的需求所在与发展基础

（一）从服务需求看中华社区的基本情况

1. 人口情况复杂，需求多样性突出

中华社区下设圆通、正新、富水、贵山 4 个居委会。辖区内重点单位较多，主要有：省府路小学分校、十九中、贵阳市规划设计院、省社科联、贵阳市地税局、贵阳幼儿师范学校等。

从表 1 可知，辖区内户籍人口 16232 人，流动人口 3309 人，低保人员 290 人，贫困家庭 182 户。另有企业 1127 家，学校 4 所，娱乐场所 36 家，人口情况复杂，需求多样性突出，对社区的服务工作提出了挑战。

表 1　中华社区基本情况

<table>
<tr><td rowspan="3">社区概况</td><td>辖区面积</td><td>0.5 平方公里</td><td colspan="7">辖区人口</td></tr>
<tr><td rowspan="2">辖区范围</td><td rowspan="2">4 个居委会</td><td colspan="3">户籍人口</td><td>16232 人</td><td>流动人口</td><td colspan="2">3309 人</td></tr>
<tr><td>18 岁以下</td><td>3212 人</td><td>失学儿童</td><td>—</td><td>留守儿童</td><td colspan="2">1 人</td></tr>
<tr><td rowspan="3">科技和教育资源</td><td colspan="2" rowspan="2">科研院所</td><td colspan="2">幼儿园</td><td colspan="2">小　学</td><td colspan="3">初中高中</td></tr>
<tr><td>公办</td><td>民办</td><td>公办</td><td>民办</td><td>公办</td><td colspan="2">民办</td></tr>
<tr><td colspan="2">1 个</td><td>0</td><td>2 个</td><td>1 个</td><td>0</td><td>1 个</td><td colspan="2">0</td></tr>
<tr><td rowspan="3">社会资源</td><td colspan="4">辖区内单位</td><td colspan="5">辖区内社会组织</td></tr>
<tr><td>行政单位</td><td>事业单位</td><td colspan="2">企业（国有）</td><td colspan="2">孵化型（枢纽型）社会组织</td><td>专业型社会组织</td><td colspan="2">自发型（草根型）社会组织</td></tr>
<tr><td>—</td><td>—</td><td colspan="2">13 个</td><td colspan="2">8 个</td><td>8 个</td><td colspan="2">8 个</td></tr>
<tr><td rowspan="2">体育文化休闲餐饮住宿设施</td><td>体育场（馆）</td><td>影剧院</td><td>广场</td><td>公园</td><td>图书市场、书店</td><td>50 平方米以上饭店、餐馆</td><td>旅店、招待所</td><td colspan="2">写字楼</td></tr>
<tr><td>2 个</td><td>2 个</td><td>2 个</td><td>0</td><td>3 个</td><td>1 个</td><td>1 个</td><td colspan="2">1 个</td></tr>
<tr><td rowspan="3">医疗卫生资源</td><td rowspan="2">综合医院</td><td rowspan="2">专科医院（诊所）</td><td rowspan="2">妇幼保健院</td><td rowspan="2">急救中心</td><td rowspan="2">疾控中心</td><td rowspan="2">社区卫生服务站</td><td rowspan="2">辖区药店</td><td colspan="2">养老机构</td></tr>
<tr><td>公办</td><td>民办</td></tr>
<tr><td>1 个</td><td>7 个</td><td>—</td><td>—</td><td>0</td><td>—</td><td>—</td><td>—</td><td>—</td></tr>
</table>

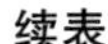

续表

困难群体与特殊人群	失业人员数	退休人数	60岁以上老人	残疾人	低保人员	刑释解教人员	吸毒人员
	200人	1400人	3000人	310人	290人	—	241人

资料来源：表格数据由中华社区提供。

2. 第三产业繁华，经济服务需求强烈

中华社区是一个第三产业繁华的商业型社区，辖区内商户众多，共计800余户，主要集中在中华中路、正新街、富水北路、省府路等路段，商业构成主要是饮食、服装、酒店、电子产品四大类，较多的商户带来了巨大的人流量，也产生了强烈的经济服务需求。此外，社区里新建的大型商务楼宇与部分不规范住宅小区、散居户混杂，加剧了治安状况的复杂性。

（二）中华社区建设服务型社区的基础

1. 强化民生保障，打造幸福社区

保障民生是打造幸福社区的根本，中华社区致力于提高医疗卫生和计划生育服务，同时积极深化社区养老服务。协助和督促卫生服务站开展健康教育、老弱病残人员保健、慢性疾病管理、传染病防治宣传等。提供计划生育宣传教育、技术服务、优生优育指导、生殖保健、人员服务等培训。深化拓展社区养老服务，积极应对人口结构老龄化。扩展安全守护、医疗保健、心理慰藉等服务项目，鼓励养老服务从业人员接受技能培训，为老年人提供更高水平的服务。

2. 改善卫生环境，打造宜居社区

中华社区着力改善辖区卫生环境，积极打造宜居社区。社区积极加强沿街建筑物的美化工作，对辖区沿街建筑物、商户门头广告进行整治；通过统筹房地产开发、物业等单位，对居民小区道路、地砖、绿化、消防、安全设施等进行检查维护；此外，及时清运路面及背街小巷垃圾，保证干净整洁的卫生环境；在占道经营管控方面，社区积极清除路段上占用人行道停放的机动车，劝退占道经营的流动摊贩。

3. 提升治安水平，打造安全社区

为构建安全社区，保障居民生活，中华社区积极致力于提升辖区治安水平。在人流密集及治安重点区域，社区积极推行电子监控等技防措施，在辖区内逐步建成覆盖主要街道、重点路口、重点地段的综合科技防范网络；借助平安E家、摄像头、防盗门等手段，实现治安防范无死角，大大提升了辖区治安水平，为居民创造了安全的生活环境。此外，中华社区还设置24小时巡逻队，保证辖区商户及顾客财产安全；推行徒步巡逻和车巡相结合，增加巡逻时间和密度；充分发挥义务巡逻队、社区保安等群防群治队伍的作用，与路面监控系统、专职巡逻队形成点面相结合的防范体系，预防和减少犯罪（见图1）。

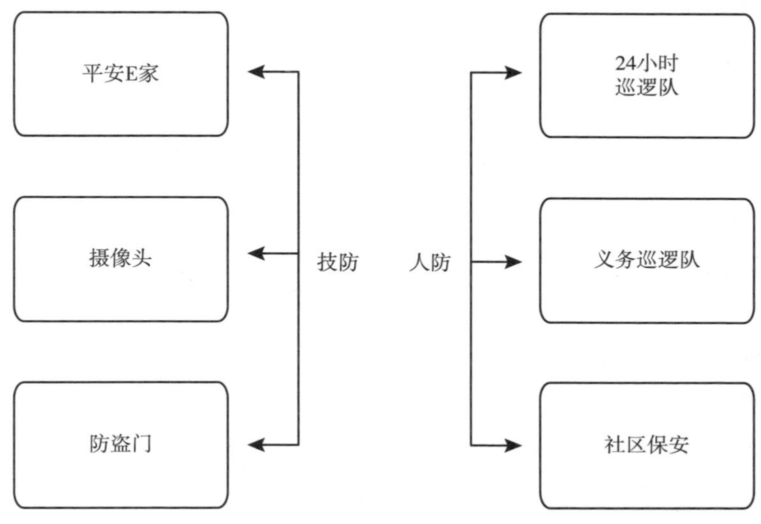

图1　中华社区治安防范结构

4.完善服务功能，打造和谐社区

为了完善社区服务功能，建设和谐社区，中华社区积极开展商户服务工作。如经常性走访入户，了解商户需求，展开对口帮扶；积极为小微企业争取扶持，推动小微企业的发展；同时不断加强与大型企业的联系，及时为它们提供各项服务以及法律援助，解答企业难题，助推社区经济发展。

二　中华社区建设服务型社区面临的机遇和挑战

随着我国经济的不断增长，人民物质文化和生活需求日益增长，社区服务亦逐渐呈现复杂化和多样化趋势，这对中华社区建设服务型社区提出了更为严峻的挑战。

（一）服务资源有限

中华社区目前大致有四类重要群体：流动人口、老年人口、商户企业以及学龄儿童。群体多样性导致群体需求的复杂化。为此，社区应根据不同需求为居民提供有针对性的服务。

1. 居住人口流动大、管理难

随着旧区改造的持续推进，社区出现了“人走户不走”“人进户不进”的现象，对如今主要依据户籍进行管理的社会管理模式构成较大的挑战，尤其是占据了社区的教育资源，造成了不公平现象。目前，社区公共服务资源如教育、医疗等，均按户籍人口予以分配。以教育资源为例，每年各学校教育经费的申领以政府匹配的招生名额为准，服务于社区半径。但实际上，招生名额中的很多学生已经迁到贵阳市其他地区，导致社区要全部承担非本辖区学生的教育经费申领，造成了资源浪费。

2. 养老服务场所不足

中华社区 60 岁以上老人约为 3000 人，对社区居家养老服务工作提出了巨大的挑战，而社区目前仍面临场地缺乏的困境。没有房屋、没有土地、没有产权、没有空间、没有资金，导致社区居家养老服务中心建设难以开展，居家养老服务工作也难以推进，严重影响了社区综合服务能力的提升。

3. 商户密集，治安、消防管理形势严峻

中华社区是典型的第三产业繁华、经济活动集聚的商业型社区。目前社区内有个体工商户 3000 户以上，大型单位 100 多家，商户密集、人流量大，给治安工作带来很大的安全隐患，同时也增加了火灾风险系数，社区治安、消防管理形势严峻，威胁社会公共安全和社区和谐稳定。

4. 学前教育资源匮乏

中华社区集中了省府路小学分校、十九中等小学和初中，具有比较丰富的优质教育资源，但是在学前教育方面，社区缺乏公办幼儿园，学前教育资源相对比较匮乏，公办学前教育投入力度仍需加大。此外，社区对民办幼儿园的办学也缺乏有效管理，民办幼儿园质量有待提升，师资力量仍需充实，学前教育管理体制亟待完善。

（二）服务模式滞后

在提升综合服务能力方面，中华社区仍然面临服务模式滞后的问题，比较突出地表现在社区资源共享服务平台的缺乏及社区服务人才的匮乏。

1. 社区信息采集效率不高

社区各数据系统相互分离，尚未形成统一的数据平台。社区的数据仍然以片断式存在，低保、公租房、社区等系统分离，居民若同时享受多项优惠政策，只能依次调取系统资料查阅，给社区服务工作带来不便。比如，居委会网格员负责采集居民信息，目前采集方法仍然是比较原始和传统的，即纸质表格入户填写，由于系统繁杂，各部门均有信息采取需求，如住建、老年、残疾等，导致网格员工作量大、信息采集重复率高，制约了社区综合服务能力的提高。

2. 缺乏社区服务人才

社区工作任务繁重且待遇较低，严重挫伤了社区人员的工作积极性，造成人员流动性增大；此外，社区工作人员普遍趋向老龄，年龄结构亟待优化。人员流动性和年龄结构等问题制约了社区工作水平和服务素质的提高，也与服务型社区建设的新形势、人民群众的新期待、社区承担的新任务不相匹配。

社会组织、志愿者匮乏。除了来自自身的困扰，中华社区还面临社会组织及志愿者匮乏的问题。社区只有2～3家登记备案的社会服务组织，且均隶属民政系统；另外，社区志愿者服务没有形成机制，无法激发志愿者活力，导致志愿者工作积极性不高、主动性不强，影响了社区服务水平的提升。

三　“十三五”时期中华社区建设服务型社区的思路探索

立足中华社区实际情况，“十三五”期间，社区应大力提升综合服务能力，建设城市服务型社区，主要是抓好“三个关键”，即夯实服务基础、丰富社区服务内容、创优服务方式。

（一）夯实服务基础

1. 建立健全社区公共服务体系

为民服务是社区建设的本质，而服务型社区则要求中华社区进一步深化为民服务的思想，完善服务体系，延伸服务领域，提升服务水平。完善教育、医疗、养老等基本公共服务体系，同时将社区服务延伸至法律、劳动保障、家政、社区环境等领域；建立服务保障机制，积极促进社区服务的规范化、常态化，从社区实际出发，推进社区服务水平提升。

2. 注重扩充社区人才队伍

为保障服务质量，提升服务水平，中华社区应着力扩充社区人才，加大服务队伍建设。

积极改善社区工作队伍年龄结构，引入大学生，实施国家大学生服务社区计划，在社区安排大学生工作人员，促进服务队伍年轻化；加强对社区服务人员的教育与培训，每年每名社区服务人员至少进入高等院校等各类培训机构培训一次；建立社区服务人才职业化、专业化标准体系和评估制度，促进社区服务人员服务能力和素质的提升。

加强辖区志愿者队伍建设，引导社会力量参与志愿服务。以社区志愿者服务队为基础，发挥社区党委、社区服务中心的组织引导作用，发挥社区辖区机关事业单位密集、党委数量多的优势，引导社区企事业单位员工参与社区志愿服务活动；在社区现有环境保护、治安巡逻、弱势群体帮扶等志愿服务门类的基础上，整合资源、吸引人才，拓展心理咨询、法律服务等专业性较强的志愿服务门类，积极开展邻里互助服务活动，服务好老年人群、留守儿童等困难弱势群体；依托专业机构或专业院校进行培养、引进社工队伍，扩充社区服务人才储备。

3. 加强资源保障，强化养老服务

针对社区老年人口较多的状况，着力加强资源保障，深化拓展养老服务，积极应对人口结构老龄化。扩展安全守护、医疗保健、文化体育教育、心理慰藉等服务项目，鼓励养老服务从业人员接受技能培训，提升服务水平；积极争取场地、资金等资源，建设居家养老服务中心，确保社区有场所办事，推进社区居家养老服务工作的规范化；积极依靠社会力量，如社会组织、志愿者等团体，为老年人提供更加完善、更加到位、更加贴心的服务。

（二）丰富社区服务内容

1. 提供法律咨询服务

社区居民，尤其是辖区商户法律意识较为缺失，针对此现象，社区应注重提供法律咨询服务。让社区居民懂法、用法，是推进法制社区建设的重要途径。以信访为例，社区可在司法局、法院之外，设立民事调解小法庭，或者微型法庭，在基层用法律程序和手段协调解决老百姓的问题，避免一些信访案件，也为社区减少信访维稳压力。另外，诚信纳税是企业和市民必须遵守的义务。但是，目前居民收入不透明，部分居民存在骗取低保、公租房及其他更多优惠的现象，加大了社区的审核及工作难度，这就需要加强居民的法律意识，让居民自觉守法，维护社区和谐。

2. 加大对企业的服务力度

为提升综合服务能力，拓宽服务范围，中华社区应立足社区经济服务需求强烈的实际情况，加大对企业的服务力度。通过落实培训、场租补贴、小额担保贷款等创业补贴政策鼓励和支持各类组织、企业和个人兴办服务业；积极开展招商引资工作，加强对企业的支持、帮扶力度，尤其是对小微企业的扶持；积极发展楼宇经济，将企业集中起来，成立综合服务机构，加强服务经济工作，以及对商户的支持协调；加速孵化社会组织，帮助商户建立党组织、工会、妇联等，加强社会组织管理。

3. 延伸社区服务领域

针对中华社区居民需求复杂化的现实情况，社区应大力提升服务能力，以满足居民除基本需求以外的精神、文化等多样化、多层次需求。为此，社区应积极延伸扩展服务领域，在养老服务、法律咨询服务、企业服务之外，做好社区环境、卫生健康、劳动保障、家政、教育等方面服务工作。

（三）创优服务方式

1. 以数据共享提高社区工作效率

针对社区数据系统分离、工作效率低下的情况，社区应推动建立统一的数据平台，形成数据资源共享。平台下分设不同子平台，如低保、老龄、计生、流动人口等，一旦输入居民身份证号码，就可以实现个人信息的全部共享。此外，还可以加速推进城管网、公安网等网络相结合，在监控大平台上进行高效社区治理，如处置占道经营问题等，以此减轻社区工作量，创优社区服务方式。

2. 加强社区文化建设，提升居民归属感

中华社区致力于服务好特殊群体，应创优服务方式，积极开展各类活动，把社区成员紧密联合在一起，开展空巢老人关爱帮扶活动，推动社区党员与空巢老人、农民工子弟结成帮扶对子。同时，结合居民实际需求，通过自编自演文娱节目，做游戏，讲故事，赠送衣物、书籍，上门慰问等多种形式，开展服务活动，帮助老人和小孩解决各类难题，让他们感到有家可依、有爱相伴。

3. 用市场化手段提升公共服务水平

加快建立服务购买机制，推动公共服务市场化，通过竞争手段，提升社区综合服务水平。如依托社会养老机构，开展居家养老，也可扩大到医疗卫生、教育、计划生育、就业培训和社区服务等多领域；或者聘请专业社会机构开展市政设施养护、污水处理、路灯设施维护、环卫清扫保洁、水资源监测、城区绿化养护等公共事业。公共服务市场化有助于破解政府包办公共服务的弊端，有利于提高社区综合服务效率，增加公共服务供给，实现“民有所呼、我有所应”。

参考文献

颜美珠：《服务型社区建设探究》，《合作经济与科技》2015 年第 21 期。

卜佳慧：《创建服务型社区治理模式的实践与思考——以宝山区顾村镇馨佳园社区为例》，《产业与科技论坛》2015 年第 24 期。

中华社区：《“十三五”时期中华社区发展规划基本思路》，2015。

中华社区：《“十三五”时期贵阳市基层社区发展规划思路编制手册》，2015。

B.10

强化多元共治　提高中心城区社区治理能力

——云岩区中环社区“十三五”发展思路研究

摘　要：　当前，社会治理多元主体治理意识逐步觉醒，对政府治理能力提出了新的要求。为此，强化多元共治，提高中心城区社区治理能力，是当前社区面临的重任。本文按照实证调研的方法，通过对云岩区中环社区的分析，总结社区在提高社区治理能力方面的主要经验，梳理在此过程中面临的困难，并提出建议和参考。作为对多元共治模式的一种探索，中环社区的做法对于贵阳市中心城区提高社区治理能力具有重要的理论和现实意义。

关键词：　中心城区　社区治理　多元共治　中环社区

李克强总理在2014年《政府工作报告》中首次提出要“推进社会治理创新。注重运用法治方式，实行多元主体共同治理”。多元共治是我国社会治理实践经验的总结，为新形势下如何提高社会治理能力指明了方向。

一　从区位角度看中环社区的发展基础

（一）中环社区是典型的中心城区社区

1. 商业繁华，社区经济发展较好

中环社区地处中心城区，商业较为繁华，经济发展状况较好。从2014年中环社区财政数据看，社区财政总收入任务额5.1741亿元，地方财政收入任务额9331万元，实际完成财政总收入5.2亿元，为任务额的101%，地方财政收入实际完成1.0115亿元，为任务额的108%（见图1）。中环社区财政收入占全区27个社区财政总收入的25%，占地方财政收入的15%。此外，社区引进省外资金共计2.025亿元，固定资产投资2.2848亿元，圆满完成了云岩区委、区政府下达的经济目标任务。①

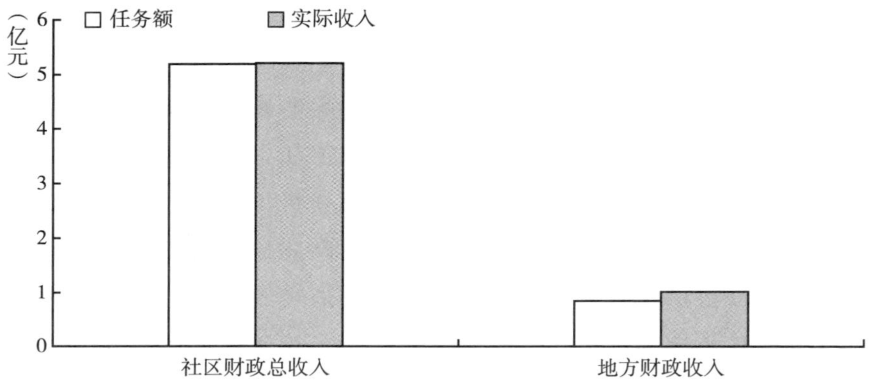

图1 2014年中环社区财政收入情况

中华北路还拥有多家写字楼及银行，美嘉大厦、晶硅大厦、中国银行、中国工商银行、中国农业银行、交通银行、中国邮储等，堪称金融一条街。大型购物商场国贸广场也位于中华北路，带动了该地区商业的繁荣发展。

2. 辖区单位较多，共驻共建资源丰富

中环社区辖区内单位众多，共驻共建资源较为丰富。辖区内共有党、政机关14个，其中包括：国家统计局贵州调查总队、贵州金元电力公司、贵阳市国土局、贵阳五中、云岩区公安分局、云岩区地税局、江西村小学、云岩区教师进修学校、贵阳市城市管理局、云岩区城市管理局、云岩区检察院、云岩区贵阳七中、云岩区毓秀小学等。企事业单位有黄果树大酒店、贵橡大厦、利美康整形整容医院、贵州人民出版社、铭都酒店、国贸集团、华城酒店等。社区有干部职工100余人，辖区企业500余家，规模以上企业4家。

① 中环社区：《“十三五”时期云岩区中环社区发展规划》，2015。

（二）中环社区服务管理实践与成效

1. 社区服务水平得到提高

中环社区自成立以来，始终按照“服务群众、凝聚人心、优化管理、维护稳定、促进和谐”的功能定位，积极探索新形势下社区服务新路径，社区服务水平得到了显著提高。以打造“创新服务、温暖如家”服务品牌为中心，以7个居委会为基本单元，依托辖区各类服务设施及志愿者力量，积极服务好社区居民及驻区单位，着力提升社区服务水平，深化便民利民程度，构建了服务便捷、群众满意的公共服务体系。

2. 卫生环境得到改善

在卫生环境整治方面，中环社区积极做好“整脏治乱”工作，改善了辖区环境，提升了辖区形象。检查辖区内楼群院落，对影响居住环境的墙面进行了粉刷或者改造，特别是将主次干道的街面进行立面粉刷，改善辖区环境卫生；与辖区内各经营户签订“门前三包”责任书，签订率95%以上，知晓率100%，落实率95%，督促商户履行“门前三包”责任，做好各自范围内的工作；针对辖区内城市管理中的重点难点问题，如占道经营等，社区党委进行了实地查看，研究制定出有针对性的解决办法。

3. 提高了居民生活品质

为改善社区人居环境，提高居民的生活品质，中环社区以创建“新型社区·温馨家园”为机遇，以“三创一强一提升”为目标，投入250万元，积极开展温馨家园治理活动，为辖区居民安装500个超级锁芯，并投入200万元安装辖区高清监控，保证了安全的生活环境。组建志愿者服务队伍为居民提供服务，如开展文艺演出进小区、尊老爱老等各项志愿服务活动，提高了居民的生活品质，逐步得到各级部门及广大群众的认可。

二　中环社区在中心城区治理中存在的问题和挑战

（一）人口情况复杂，治理问题多

1. 特殊群体多，管控难度大

中环社区特殊群体较多，管控难度较大。从表1可知，社区人员结构复杂，包括残疾人 586 人，失业人员 110 人，低保人员 1218 人，社区矫正人员 7 人，刑释解教人员 65 人，吸毒人员 790 人，艾滋病危险人群 5 人，“法轮功”练习者 12 人，缠访、集访带头人 2 人，退休人员 3700 人，60 岁以上老人共 2100 人，其中包括 80 岁以上老人 190 人，“三无”老人 1 人，生活不能自理老人 360 人，空巢老人 700 人，失独老人 57 人。

表1　中环社区基本情况

社区概况	辖区面积	0.93 平方公里	辖区人口						
	辖区范围	—	户籍人口			24300 人	流动人口	3599 人	
			18 岁以下	—	失学儿童	0	留守儿童	0	
科技和教育资源	科研院所		幼儿园		小　学		初中高中		
			公办	民办	公办	民办	公办	民办	
	0		0	0	1 个	0	1 个	0	
社会资源	辖区内单位			辖区内社会组织					
	行政单位	事业单位	企业（国有）	孵化型（枢纽型）社会组织	专业型社会组织	自发型（草根型）社会组织			
	20 个	61 个	—	—	1 个	0			
体育文化休闲餐饮住宿设施	体育场（馆）	影剧院	广场	公园	图书市场、书店	50 平方米以上饭店、餐馆	旅店、招待所	写字楼	
	1 个	0	1 个	0	2 个	20 个	18 个	14 个	
医疗卫生资源	综合医院	专科医院（诊所）	妇幼保健院	急救中心	疾控中心	社区卫生服务站	辖区药店	养老机构	
								公办	民办
	0	4 个	0	0	0	1 个	16 个	0	0
困难群体与特殊人群	失业人员数	退休人数	60 岁以上老人	残疾人	低保人员	刑释解教人员	吸毒人员		
	110 人	3700 人	2100 人	586 人	1218 人	65 人	790 人		

资料来源：表格数据由中环社区提供。

2. 城市开发中社会矛盾凸显

城市开发过程中产生的社会矛盾已成为中环社区的治理难题。目前，贵阳市正在全力建设轻轨项目，为保证轻轨建设的顺利推进，无可避免要对城区进行部分拆迁，中环社区划定二号、三号棚户区进行改造，老环北又是其中的重中之重。在拆迁改造赔偿的过程中，如何和居民进行有效沟通，减少矛盾纠纷，是社区面临的难点工作，如社区老人不愿意搬走、安置房基础设施（水电气等）是否完善、相关协调机制是否健全等问题，都将成为社区工作的考验。

3. 网格化管理难到位

目前，中环社区的网格化管理仍然难以到位。网格员需要对网格内 200 ~ 400 位居民进行动态管理，掌握计生、城管、社保、医保、禁毒、综治等多项指标，这就要求每个网格至少要有 1 ~2 名网格员。但是，由于社区工作人员任务重、待遇低，难以留住人才，网格员流动性大，网格化管理也难以落实。

（二）协同治理机制不健全，公众参与程度低

1. 社区与职能部门协同机制不健全

社区与职能部门协同机制的不健全是目前社区治理中存在的一大难题。中环社区辖区内占道经营现象较为严重，社区在对摊点进行取缔时，与市民常有矛盾发生，其中最大的原因是社区执法权的缺失。社区只有服务功能，没有执法权，在开展执法时，仍然需要与城管等部门进行协同配合。协同机制的不健全导致社区在取缔摊点、解决占道经营问题上的话语权缺失，因而产生矛盾。

2. 居民参与意识不强

目前，社区居民的共治意识较为薄弱，影响了社区多元共治的开展，也制约了社区治理能力的提升。居民公共参与意识尚未完全调动起来，同时，也缺少参与共治的机制和平台，如共治议事会、居民自治委员会等，导致居民直接参与社区管理的路径缺失。

三　对中环社区改进和完善多元共治模式的建议

（一）厘清多元主体，整合社区力量

1. 社区：明确基本职能

为整合多方力量，改进和完善社区多元共治模式，首先需要社区明确自身基本职能。社区改制之前称街道办事处，属于政府派出机构，拥有各项执法

权，但是目前，社区已经由政府的派出机构转换为服务机构，只具有服务功能而没有执法权，社区需要转变老旧的思想，不能被框定在街道办事处的工作模式中，积极创新工作方法，服务好社区居民。

2. 单位：共驻共建，协同治理

中环社区辖区内共有大小单位500余家，涵盖教育、经济、卫生等方面，共驻共建资源十分丰富。各单位应积极将活动设施等资源向社会及居民开放，实现资源共享与充分利用，推动社区共驻共建。此外，社区还可以协同驻区单位开展治理，如实行联合执法、维护社会治安等，共同营造良好的社会氛围。

3. 社会：大力培育发展社会组织

多元共治要求社会大力培育和发展社会组织。首先，应简化登记流程，使更多符合条件的社会组织纳入登记范围；其次，建立激励机制，激发社会组织工作活力。同时，应鼓励社会组织加大对区域性、公益性及非营利性等社会服务项目的申报力度，促进社会组织参与到社区建设中来，与社区共建和谐社会。

4. 居民：深化发展居民自治委员会

为加强居民自治水平，提高居民对社区公共事务的关注度和参与度，建议社区深化发展居民自治委员会，使社区居民形成主人翁心态，树立牢固的社区认同感和归属感，将自治融入居民的生活之中，并通过居民自治委员会逐步培育自治氛围。

（二）建立平台，确立机制，强化综合治理

1. 加强部门协同

为强化社区综合治理，社区应建立共治平台，加强各部门间协同合作。整合社区资源，统筹社区工作，加强各部门之间的协同性，形成在活动上联动、在队伍上联管、在工作上联抓的局面，不断提升社区的领导力、协同力和服务力，激发各单位积极性，更好地配合社区工作。

2. 建立多方联动治理机制

建立多方联动治理机制，以多方联动的方式，共同开展社区治理工作。整合辖区内资源，动员驻区单位、企业、社会等各界力量，明确要求、划分职责，共同参与社区环境整治、治安巡防等重点难点问题整治，协调配合、主动作为、多方联动，确保社区建设有序进行。

（三）构建服务体系，提升生活品质

1. 服务好重点群体

基于社区特殊人群结构复杂的情况，中环社区应做好重点群体服务工作。深入开展禁毒斗争。在“十三五”期间，将禁毒工作纳入重要议事日程，并在人、财、物方面给予保证；深入开展禁毒宣传，加大整治力度，震慑毒品犯罪；定期召开禁毒工作例会，完善吸毒人员建档工作；与辖区单位签订禁毒工作责任书，每月全面完成各项禁毒指标任务。加强对流动人口的管理与服务。积极与公安、城建等部门联动，做好人口登记，与公安联网，在服务窗口安装流动人口居住证制证机，为辖区流动人口现场制证；以“以房管人”等制度为措施，认真做好流动人口管理工作。做好老年人群服务工作。主动了解老年人的需求，也可经个人申请，由社区核实后对老年人群提供上门或代办服务；以居委会为单位建立大型广场、老年活动中心、社区图书馆、医疗服务点和康体运动设施等；以点带面完善养老助残服务体系。开展无业人群就业指导工作。联合高校开设就业指导培训班，帮助失业、无业者就业；积极宣传相关政策，对创业人员进行补贴。

2. 引入公益服务：志愿者、社工

中环社区目前有志愿者 3600 人，① 社区应充分利用志愿者资源，同时引入义工、社工等队伍，开展社区公益服务。依托志愿者力量，动员社区居民，在社区内开展养老、教育、扶贫等各项弱势群体帮扶工作，促进社区和谐发展；引入专业社工机构，为社区提供心理服务、应急救援等专项服务；积极筹建社区红十字会，设立社区服务中心红十字志愿救护站和红十字无偿献血基地，大力发展社区公益事业，发扬人道主义精神。

3. 创新服务方式

通过创新服务方式等手段，提升居民生活品质。社区应充分利用贵阳建设大数据中心的优势，转变社区工作思路，更新工作手段，强化信息平台应用。

进一步完善社区网格化信息管理系统，加强信息收集、分析、处理、运用能力，利用“社会和云”大数据云平台，打通与公安、交通、民政等部门的

① 中环社区：《贵阳市基层社区工作调查表》，2015。

数据通道，促进社会治理信息“块上”聚集。推动智慧社区管理体系协同化建设，全面提升社会治理能力。

微信推送社区信息。为方便居民办事，社区可把微信推送消息和微信办理服务纳入工作之中，即在手机微信上既可以收到辖区相关信息，又可以办理相关业务，大大提升了生活便捷度。

参考文献

彭彬：《城市社区治理模式探析：理论反思与实践探索——基于长沙市岳麓区社区多元共治个案观察》，《天水行政学院学报》2016 年第 1 期。

王名、蔡志鸿、王春婷：《社会共治：多元主体共同治理的实践探索与制度创新》，《中国行政管理》2014 年第 12 期。

余智晟：《构建多元共治的社区治理结构》，《特区实践与理论》2012 年第 3 期。

中环社区：《“十三五”时期云岩区中环社区发展规划》，2015。

中环社区：《贵阳市基层社区工作调查表》，2015。

B.11

以服务楼宇经济为重点推动社区服务机制创新

——云岩区延中社区“十三五”发展思路研究

摘　要：楼宇经济是城市经济发展到一定阶段的必然产物。目前，楼宇经济作为一种空间集约型经济发展模式，为我国城市经济的可持续发展注入了新动力。而楼宇经济的发展对社区服务能力提出了更高的要求，也对社区服务机制创新提出了挑战。延中社区的区位优势明显、资源集中程度高，但其辖区面积小，面临土地资源紧缺问题。而楼宇经济将为延中社区带来新的经济发展活力。本文就延中社区如何服务好楼宇经济发展、推动社区服务机制创新进行了讨论和思考。

关键词：延中社区　楼宇经济　服务　创新

楼宇经济是经济学界提出的一种复合概念，其提法始于20世纪90年代。楼宇经济最先在深圳和上海被提出并实践，随后在宁波、大连、天津等经济较发达的城市得到实践，楼宇经济的概念日益被其他一些城市所接受，并成为积极推动城市可持续发展的一种重要途径。延中社区地处贵阳市中心城区，与大多数城市的中心城区一样，社会经济发展和土地资源紧缺的矛盾日渐凸显，对社区服务能力提升和服务机制创新提出了挑战。

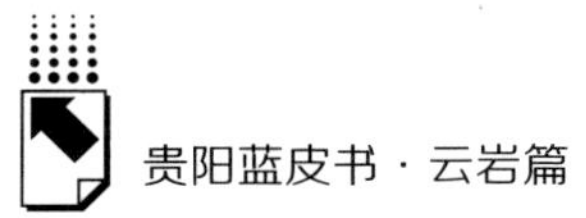

一　延中社区：寸土寸金的中心城区社区

（一）区位优势明显，产业高度集中

延中社区服务中心位于云岩区下合群路9号，地处贵阳市中心城区，地理位置东至中华中路、中华北路，西至瑞金南路、瑞金北路，南至中山西路，北至黔灵西路，交通四通八达，区位优势十分显著。2015年，在延中社区0.94平方公里的辖区范围内汇集了写字楼10栋，大小商家220余家（见表1）。

表1　延中社区基本情况

概况	辖区面积	0.94平方公里	辖区常住人口					
	辖区范围	—	总数	42746人	户籍人口	32303人	流动人口	8316人
			18岁以下	6037人	失学儿童	—	留守儿童	—
科技和教育资源	科研院所		幼儿园		小学		初中高中	
			公办	民办	公办	民办	公办	民办
	—		3个	2个	2个	—	1个	—
社会资源	辖区内单位			辖区内社会组织				
	行政单位	事业单位	企业（国有）	孵化型（枢纽型）社会组织	专业型社会组织	自发型（草根型）社会组织		
	15个	19个	18个	—	9个	—		
体育文化休闲餐饮住宿设施	体育场（馆）	影剧院	广场	公园	图书市场、书店	50平方米以上饭店、餐馆	旅店、招待所	写字楼
	3个	1个	2个	—	1个	50个	30个	11个
医疗卫生资源	综合医院	专科医院（诊所）	妇幼保健院	急救中心	疾控中心	社区卫生服务站	辖区药店	养老机构（公办 / 民办）
	2个	12个	—	—	—	2个	19个	— / —
困难群体与特殊人群	失业人员数	退休人数	60岁以上老人	残疾人	低保人员	刑释解教人员	吸毒人员	
	230人	5574人	8598人	1448人	1271人	215人	1038人	

资料来源：表格数据由延中社区提供。

（二）土地空间资源紧张

从辖区面积来看，延中社区辖区面积仅有0.94平方公里，在如此有限的土地空间里汇聚了200多家注册在案的企业和商家，密度之大，充分体现出中心城区土地的“寸土寸金”。加之，近年来城区的开发和改造以及轻轨项目的实施等，都使得延中社区有限的土地空间资源变得越发紧张。

二　延中社区推动服务机制创新的实践

（一）以党建为核心，夯实基层组织建设

延中社区以党建为核心，夯实基层组织建设。在思想教育方面，延中社区以社区党委为平台，举办各种学习班、培训班26期，对党员和基层干部进行轮训。在工作开展方面，延中社区积极发挥党组织战斗堡垒作用，形成具有战斗力的核心力量，重点抓管理、抓共建、抓服务，把思想政治工作和为群众服务有机地结合起来，使基层党组织成为领导一方、凝聚一方、服务一方的核心力量。在非公党建方面，在延中社区党委牵头下，成立非公党支部5家。在党员发展方面，延中社区实行发展和信息化建档相结合，截至2015年，共发展党员35人；同时，还推行党员档案和党组织信息化，完成党员信息系统的录入工作。

（二）提升城市形象，为社区经济发展创造良好环境

为了不断提升城市品位，增强发展后劲，延中社区加强市容市貌整治和绿化工作。在占道经营和环境卫生整治方面，延中社区清退辖区内各类占道经营及延伸占道1280余起，取缔夜间洗车点25处。在楼群院落卫生环境整治方面，延中社区对楼群院落的积存垃圾、楼道杂物进行清运，清除卫生死角139处，清运各类建筑废料、垃圾1000余吨，疏通下水道及化粪池累计170余处。在违法建筑查处方面，延中社区配合延中城管执法中队对辖区内10余处违章建筑进行拆除。在环境绿化方面，购置树苗8000株，组织社区干部、职工100余人到辖区院落绿化带内开展义务植树活动。

在社会维稳方面，延中社区处理群众来信、来访共计 35 件，回复率达 100%；同时注重安全生产工作检查，为确保辖区无重特大安全生产事故发生，营造辖区良好的生产、生活环境，对辖区 83 家生产经营服务单位进行检查。①

（三）“群防”与“技防”相结合，打造平安和谐社区

为确保延中社区社会治安综合治理工作顺利开展，延中社区坚持每月与派出所召开警务联席会、治安形势分析研判会，针对社区治安情况制定有效的打击防范措施。重视挖掘社会潜力，广泛动员社会各方面的力量共同参与，强化治安防范网格建设，共组建 4 支巡逻队，另外由群工部联系对接单位，每周抽调 5 名工作人员参加义务巡逻。除了加强“人防”，延中社区还积极推进“技防”，不断完善防范力量，营造“技防到位”的平安建设环境。率先在全区建立以散居户、开放式院落为主的“平安 E 家”报警平台，自报警平台建立以来，已协助派出所抓获入室盗窃犯罪嫌疑人 56 名。2015 年已为辖区居民安装了“平安 E 家”报警电话 1000 余部，配备专职工作人员日夜值班，免费为辖区居民安装超 B 级锁芯 1000 余个，积极开展“天眼工程”，为安全防范和侦察破案提供支撑。

三　延中社区服务机制创新的困境

（一）社区服务体制机制不健全，群众参与度低

1. 群众参与意识不高

群众参与意识不高、参与程度低为延中社区工作带来了挑战。由于社区基层待遇低，工作难度大，人员流动频繁，基层工作人员培养难，延中社区现有服务队伍不能很好地满足社区服务需求。社区治理和社区建设需要群众的大力参与，而辖区群众普遍缺乏参与意识，将社会治理和社会建设看作“政府”的事，或因怕麻烦，将参与社区工作看作“费力不讨好”的事，因而消极参

① 资料来源：《延中社区“十二五”规划完成情况汇报》，2015。

与、不愿意参与社区活动。

2. 社区业主委员会与物业管理不完善

由于规划设计等原因，延中社区一些楼宇、院落没有物业管理，需要动员群众进行自我管理。由于群众参与意识和参与程度不高，社区在动员居民组建业主委员会方面遇到极大阻力。虽然贵阳市政府、云岩区政府近年来通过开展“温馨家园”和“三年千院”活动，辖区内一些老旧院落和楼宇环境得到显著改善，在延中社区居委会的帮助下成立了业主委员会。然而运行成效却不尽如人意，业主委员会成员碍于楼宇、院落住户都是邻居，怕“得罪人”，在管理上采取消极应对的态度，导致业主委员会运行不力。

3. 流动人口管理机制不健全

延中社区在流动人口管理上，还未形成有效机制。与住建局、公安局等职能部门缺乏协同机制，以证管人、以房管人、以业管人实施不顺畅。流动人口的管理是社会治安管理中的重要内容，流动人口的流动性大，若没有职能部门之间的协同合作，社区作为服务主体，难以对流动人口进行有效管理，这也给社会治安综合管理带来了隐患。

（二）社区服务经济工作压力大

1. 城市交通道路改造改变空间格局，社区经济亟待转型

贵阳市轻轨 1 号线、2 号线贯穿延中社区辖区，包括延安中路、合群路、公园路，都是延中社区的主次干道。三条道路都因轻轨施工而封路，变成单行道，对周边经济发展产生了一定影响。此外，轻轨的收益归市级和区级所有，延中社区无法直接从中获益，但是大量服务工作仍需社区承担，在建设过程当中很多工作仍需要通过社区来服务来推动，给社区工作带来了不小的压力。轻轨工程的实施，给延中社区经济发展环境带来了巨大改变，经济亟待转型。

2. 土地空间资源有限，传统招商引资受限

从辖区面积来看，延中社区辖区面积很小，企业商家密度很大。所以，在土地空间资源高度紧缺的情况下，社区难以为新的商家和企业提供发展建设用地。因此，传统的招商引资和产业发展模式已经无法适应延中社区的未来发展需要。

3. 偷税、漏税现象频发，制约社区服务经济能力提升

由于稽查力量薄弱与职能部门协同程度不高，偷税漏税现象屡禁不止。一方面，基层稽查力量薄弱，面对大量工作有心无力。虽然贵阳市稽查队查处偷税漏税拥有完整的法定程序，但因为人手有限，也无法面面俱到。另一方面，职能部门与延中社区的协同程度不够。延中社区查实以后需要上报职能部门处理，但是因多方面原因，大部分仍难以落实。例如，在2015年，延中社区进行楼宇清查活动，清理出辖区内123家商户，利用经营地和注册地不同进行偷税漏税。延中社区清查后，将相关资料移交给工商，按照相关法律规定，这些商家必须15天之内进行注册地或经营地的变更，否则将面临处罚，但处罚的实际落实情况仍不尽如人意。

（三）社区服务人才队伍有待完善

1. 社区服务人员年龄结构有待优化

延中社区基层服务人员年龄偏大，大多处于40岁以上年龄段，且50岁以上占多数，缺乏互联网意识，接受新兴事物的能力较差。同时，由于缺乏年轻力量注入，延中社区现有服务队伍素质已经难以与当今社会经济发展的要求相适应，制约了社区服务能力的提升。

2. 缺乏专业人才

社区经济服务部、统计工作站现有工作人员多为非专业统计人员，没有接受过专业培训，对辖区的企业固定资产、投资项目了解不多，但原来熟悉情况的专业统计人员在社区整合时已分流到中华经济发展中心，因此社区应逐步建立一支专业的统计队伍。

四 以服务楼宇经济模式创新社区服务机制的探索

（一）探索建立“楼宇党委”，扩大群众参与程度

1. 整合楼宇资源，探索建立“楼宇党委”

针对延中社区辖区商务楼宇众多，非公有制经济发达的特点，延中社区可以通过职能部门及人民团体进入平台，推动商务楼宇党务、政务、社务工作的

有机结合，在商务楼宇内探索建立“楼宇党委”，由延中社区党委牵头，楼宇内的非公企业党组织组成。通过党员的先锋带头作用，以业主委员会为平台，充分发动群众参与到楼宇的服务与管理中来。“楼宇党建”的开展，将较好地整合楼宇资源，增强党组织在商务楼宇中的影响力、凝聚力和战斗力，党员的归属感将显著增强。

2. 运用“上榜”机制，提高群众参与度

延中社区应加强宣传教育，通过“上榜”机制激发群众参与热情，提升群众参与意识。加强辖区志愿者队伍建设，引导社会力量参与志愿服务。以社区“绿丝带”志愿者服务队为基础，发挥社区服务中心、社区团委的组织引导作用，发挥社区辖区内机关事业单位密集、党员数量多的优势，引导驻区单位员工参与社区服务。开展先进典型人物推荐评选和学习宣传，通过道德模范、“好人榜”身边好人和“贵州好人”等模范评选活动，形成多层次、各行业选树典型、学习先进、见贤思齐的良好社会氛围。

（二）升级改造基础设施，提升公共服务质量

1. 落实办公服务用房

通过改建、扩建、置换、租赁以及整合辖区内公共资源等方式多渠道帮助所辖 10 个居委会解决办公服务用房面积均少于 200 平方米的问题。

2. 完善楼宇基础设施

为辖区居民单元楼更换老旧电线。延中社区属于老城区，电线老化现象严重，尤其在冬季群众的用电量会大大增加，为了防止因电路短路而发生火灾，亟待为辖区居民单元楼更换老旧电线。

对辖区楼宇单元防盗门门禁系统进行升级改造。针对院落并不是封闭性的小区、出口较多的问题，仅通过建立值班室负责小区安全的难度较大，即使在每个单元楼都安装了防盗门，但没有电子系统，进出不方便，因此要对辖区防盗门进行升级改造，配备电子系统，保障居民的人身和财产安全。

3. 提高民生服务水平

探索建立社区居家养老服务站，在社区服务中心办公地建立延中社区居家养老服务站（内设文化娱乐室、书报阅览室、多功能室、食堂等），为社区老人提供“老有所养、老有所学、老有所为、老有所乐”的养老服务，并打造

社区“居家养老服务品牌”。开展扶贫帮困“送温暖，献爱心”活动，每年投入资金 20 万元，着力解决困难家庭子女就学，贫困党员和群众的生产、生活问题。关爱困难群体人员健康，每两年与“爱心联盟单位”（辖区医院）免费为社区所辖 60 岁以上老人、低保户、残疾人及失独家庭等群体人员体检。做好就业创业服务工作，通过宣传、教育、活动、服务四个载体，为困难群体就业服务提供保障，为他们送资金、送岗位、送门路，帮助其致富增收。健全社区文化、教育、体育服务，广泛开展社区文化活动、建立以居委会为中心的文化活动区域。广泛开展社区教育，把居委会打造成为普及科学文化知识的新课堂。社区继续向上级争取体育场地体育设施建设的资金。

（三）协调服务企业入驻，提供良好发展环境

切实做好已落户企业的协调服务工作，社区将在社区服务大厅增设经济服务窗口，无偿为企业办理工商执照、组织机构代码和税证，在力所能及的范围内为企业解决城管、卫生、环保、就业、职工入托、入学等问题，为企业建立信息档案，定期走访企业，为企业排忧解难，为企业开辟“一站式”服务和“保姆式”服务，为企业健康发展保驾护航，真正使投资者“进得来、留得住、发展好”，促其充分发挥“以资引资”的示范作用。

参考文献

赵东升：《楼宇经济与社区建设发展》，《上海统计》2003 年第 7 期。

杨全社：《楼宇经济与城市可持续发展》，《中国社会科学院研究生院学报》2010 年第 4 期。

吴金群：《楼宇经济发展过程中的政府管理模式转型——以杭州市下城区为例》，《中共浙江省委党校学报》2011 年第 3 期。

马晓勤：《楼宇经济在城市发展中的地位与作用》，《探索与争鸣》2015 年第 12 期。

李耀东、李耀平、李毅：《方兴未艾的楼宇经济》，《经济问题探索》2004 年第 8 期。

B.12

以精神文明建设为引领
全面提升社区服务管理水平

——云岩区威清社区“十三五”发展思路研究

摘　要：威清社区处于贵阳市相对繁华地段，是贵阳市老城区中心城区之一，辖区人口密集、商业网点多、企事业单位集中。“十二五”期间，威清社区经济社会的发展和建设得到大幅提升。在“十三五”时期，社区应当将重点聚焦于社区服务管理水平能力的提升，以精神文明建设为引领，解决老城区的基础设施建设问题，提升社区文化建设水平。

关键词：老城区　精神文明　文化活动　社区服务管理

我国现阶段的主要矛盾是人民日益增长的物质文化需要同落后的生产力之间的矛盾，随着中国现代化建设的进程加快，居民的生活逐渐富裕，已基本满足物质方面的需求。在这样的背景下，加强精神文明建设显得尤为必要。

云岩区威清社区作为贵阳市相对繁华的老城区，有良好的群众凝聚力作为基础，下一步工作中，需要重点加强对居民的精神文明建设。以精神文明建设为引领，完善社区基础设施建设，尤其是文化活动设施，开展丰富的社区文化活动教育，加强居民的思想道德建设和教育科学文化建设，从而推动社区全面提升服务管理水平。

一　威清社区：繁华老城区的服务管理水平提升探索

（一）威清社区拥有坚实稳固的提升基础

1. 服务设施健全，城市功能完善

威清社区位于贵阳市西北区域，北起北新区路，南至延安西路，东起瑞金北路，西至枣山路，属于贵阳市的中心城区之一（见表1）。辖区现有居民12261户，户籍人口24727人，共有驻区单位40多家，是人口密集、商业网点集中分布、企事业单位相对较多的地区，作为老城区，威清社区属于较为繁华的地段。

表1　威清社区基本情况

<table>
<tr><td rowspan="3">社区概况</td><td>辖区面积</td><td>0.98 平方公里</td><td colspan="6">辖区人口</td></tr>
<tr><td rowspan="2">辖区范围</td><td rowspan="2">威清社区地处贵阳市西北面，北起北新区路，南至延安西路，东起瑞金北路，西至枣山路</td><td colspan="3">户籍人口</td><td>24727 人</td><td>流动人口</td><td>5661 人</td></tr>
<tr><td>18 岁以下</td><td>3304 人</td><td>失学儿童</td><td>0</td><td>留守儿童</td><td>0</td></tr>
<tr><td rowspan="3">科技和教育资源</td><td colspan="2" rowspan="2">科研院所</td><td colspan="2">幼儿园</td><td colspan="2">小　学</td><td colspan="2">初中高中</td></tr>
<tr><td>公办</td><td>民办</td><td>公办</td><td>民办</td><td>公办</td><td>民办</td></tr>
<tr><td colspan="2">0</td><td>0</td><td>3 个</td><td>2 个</td><td>0</td><td>1 个</td><td>0</td></tr>
<tr><td rowspan="3">社会资源</td><td colspan="4">辖区内单位</td><td colspan="4">辖区内社会组织</td></tr>
<tr><td>行政单位</td><td colspan="2">事业单位</td><td>企业（国有）</td><td>孵化型（枢纽型）社会组织</td><td>专业型社会组织</td><td colspan="2">自发型（草根型）社会组织</td></tr>
<tr><td>7 个</td><td colspan="2">4 个</td><td>5 个</td><td>0</td><td>0</td><td colspan="2">2 个</td></tr>
<tr><td rowspan="2">体育文化休闲餐饮住宿设施</td><td>体育场（馆）</td><td>影剧院</td><td>广场</td><td>公园</td><td>图书市场、书店</td><td>50 平方米以上饭店、餐馆</td><td>旅店、招待所</td><td>写字楼</td></tr>
<tr><td>0</td><td>0</td><td>0</td><td>0</td><td>1 个</td><td>27 个</td><td>56 个</td><td>6 个</td></tr>
</table>

续表

医疗卫生资源	综合医院	专科医院（诊所）	妇幼保健院	急救中心	疾控中心	社区卫生服务站	辖区药店	养老机构	
								公办	民办
	2 个	4 个	0	0	0	1 个	11 个	0	0

困难群体与特殊人群	失业人员数	退休人数	60 岁以上老人	残疾人	低保人员	刑释解教人员	吸毒人员
	17 人	877 人	5267 人	434 人	743 人	91 人	486 人

资料来源：表格数据由威清社区提供。

威清社区所辖范围内建有商务楼宇、商户、银行、学校、星级酒店、卫生服务中心、大型超市、农贸市场等基本生活服务设施，并且楼宇相对集中，社区建设布局合理有序，居民享有方便快捷的生活环境。

2. 优化党建工作，加强基层组织建设

在社区党委领导下，威清社区服务中心设置了 4 部 1 厅，分别为党政工作部、社会事务部、城市管理部、群众工作部、政务服务大厅。服务中心下辖 6 个居委会，在大党委的领导下，建立了 12 个网格党支部，共有在册党员 398 名。

社区党委开创了区域化的新型党建工作模式，建立了长效工作机制。按照“区域统筹、突出特色、共促和谐”的思路，强化党委的领导、整合各类资源，以社区党委为核心，下级各党组织为基础，党员为主体，使辖区单位党组织参与到社区建设中，形成了资源共享、优势互补的共驻共建区域化党建格局。

同时，社区党建联席制度使社区、居委会两级党组织共同发挥各自职责，通过定期召开例会、领导班子到对口居委会进行调研指导等方式，共同探讨和研究社区党建工作中的重点、难点问题，为辖区党建工作共谋发展。

3. 建立服务平台，创新服务方法

威清社区创新服务模式，通过实地走访、座谈、调研等方式，落实便民服务措施，在社区建立了“群众服务小站”，将社区服务工作深入院落街道，缩短了社区服务中心与群众间的距离，节约了时间，大大提高了服务效率。

"群众服务小站"已基本实现预约登记服务、问题意见收集、群众诉求反映三大服务功能，社区主要负责人定期深入"群众服务小站"指导工作，帮助群众解决实际困难和问题，让社区群众以最便捷的方式与社区党委实现最有效的沟通。

此外，威清社区还不断探索创新服务群众的新方法，设立了"农民工充电驿站""老年之家""学生之家""农民工之家""老年学校"等服务平台，为社区各类群众提供有针对性的服务，在提升社区服务质量的同时，大大提高了群众的满意度。

（二）威清社区具备成熟适宜的提升条件

1. 社会治理工作形势总体向好

"十二五"期间，威清社区通过各项社会治理工作的高效开展，社会治理工作形势总体向好，为社区营造了良好的服务管理氛围。

在维护社会稳定工作方面，建立健全了各项工作制度，将社会稳定工作作为重点工作，实行领导责任制。同时完善矛盾纠纷排查调处机制，通过上下联合动员、共同管理的方式，明确各部门、各领导班子的职责，定期进行宣传、走访，了解群众的需求和生活困难，对不稳定因素进行预估和防范，从源头上减少矛盾纠纷的产生，保障了社区的和谐稳定。

在禁毒工作方面，社区大力加强宣传工作。通过与威清派出所、辖区中小学及幼儿园的合作，对学校师生进行禁毒宣传和预防教育工作，使禁毒工作深入校园，形成常态性、系统性、持续性的教育形式，从源头杜绝毒品。同时，社区积极组织干部职工开展禁毒相关知识竞赛，并通过社区"小喇叭"的形式广泛宣传，使社区干部职工及群众进一步了解和掌握禁毒知识，提高对禁毒工作的知晓率。

2. 居民主动参与意识逐步提高

一方面，通过社区居民议事会组织辖区居民召开会议的方式，共同讨论有关社区发展的重大问题，采纳优秀合适的居民建议，将广大群众的智慧力量融入社区的工作中。另一方面，通过对居民议事会成员和居民代表意见的收集，广泛了解辖区居民对社区工作的看法，发挥群众的监督作用。

社区还通过举办"社区小舞台 · 百姓大圆梦"群众文艺汇演的方式，让辖区群众广泛参与到社区的文化活动中，从而加强社区与群众之间的联系，加深政府与百姓的沟通，让居民能够积极主动地参与、配合社区的有关工作，有效推动了社区的建设发展。

二　威清社区提升服务管理水平存在不可避免的瓶颈

（一）在城市化过程中面临的问题

1. 面临复杂的人口变化问题

威清社区作为贵阳市的中心老城区，经历了企业单位的兴衰。在20世纪七八十年代，辖区居住的大多是单位职工，受到单位体制的管理。在企业改制之后，管理模式逐渐从“单位人”转变为“社区人”，但是由于长期以来养成的路径依赖，即“单位人”对老企业管理制度的依赖，无法适应新型社会管理模式，容易形成不满情绪。

此外，随着城市的发展，社区内的流动人口逐渐增多，人口结构变得更加复杂，特别是出租房屋情况容易改变，无法时时掌控变化情况，加大了社区的管理难度。

2. 面临群众需求变化的问题

在城市化进程中，威清社区的城乡充分就业目标已基本实现，城镇登记年均失业率极低，辖区内在岗职工的劳动技能也在不断提高，群众的就业问题已得到基本保障。但是，群众的需求开始转变，社区中诸如社区文化培育、精神文明宣传等软性建设滞后，无法满足群众对精神建设方面的需求，这对下一步居民群众积极参与社区治理、社区建设是一大挑战。

（二）面临房屋老旧、基础设施老化的安全隐患问题

1. 基础设施薄弱

威清社区地处贵阳市的老旧城区，房屋大多数为企业改制之前单位统一建造，经历了企业单位的改革、街道向社区服务中心的转型，中间的过渡阶段造成小区物业管理缺失、各单位职能不明确，无人对老旧房屋的治理和改造负

责，从而间接导致居民对社区服务工作存在不满和抵触情绪。

此外，房屋老旧、排水通道堵塞等历史遗留问题给居民的日常生活带来不便，个别地区还存在消防设施不完善、危险房屋等设施安全问题，为辖区居民日常居住环境带来重大安全隐患。

2. 文化活动场所等文化资源少

威清社区范围内仅拥有1个文化馆，除此之外，没有任何文化广场、社区公园等公共文体场所，也没有体育场（馆），文化资源较为稀少。文化资源的缺少影响了辖区居民正常开展各类文体活动，影响了文化阵地和文体队伍作用的发挥。长期缺少文体活动，不仅使辖区居民的生活变得单调乏味，也会影响群众与社区的紧密联系，使群众的凝聚力降低，不能够与社区形成有效的良性互动，无法推进社区的精神文明建设工作，从而降低了社区的服务管理能力。

3. 棚户区改造难度大

威清社区棚户区改造项目地段位于贵阳市城区内，处中心城区地段，地块南侧紧邻威清路，东侧临近瑞金北路，北侧临近北京路，地块周边主要有云岩区中心幼儿园，以及其他大型企业单位。地块周边交通便利，配套服务设施齐备，地理条件较好。由此来看，在棚户区改造过程中必定会对周边交通情况产生影响，同时，社区在发展过程中已拥有较为完整的设施配置，规划布局也较为合理，在这样的条件下进行棚户区改造，会打乱原有稳定的社会秩序，也会影响社区服务管理质量和辖区居民便捷的生活状态。

（三）社区自身瓶颈

1. 行政工作多，占据大量精力

威清社区现有在职工作人员103名，网格员45人，在日常工作中，要完成党建、纪检、精神文明、社会保障、城市管理、社会治安综合治理、维护社会稳定、禁毒等诸多行政工作。由于单位编制少，人员晋升空间不足，临聘人员待遇过低，社区的工作人员流动快，加之大量行政工作占据了工作人员的绝大多数时间，社区工作人员无法投入足够精力创新社区服务和加强社区管理，社区的服务管理工作无法做到精细和完善，提升社区服务管理水平的工作面临挑战。

2. 缺乏执法权，管理难度大

在城市管理和社会综合治理工作中，社区工作人员缺乏执法权力，对于环境卫生、市容秩序、市政设施管理、安全生产等工作，只能通过与相关部门协调，建立工作沟通机制，以及各职能部门和辖区群众自觉配合的方式进行监督管理，无权采取实质性的法律措施。从而造成社区投入了大量的人力、物力和财力，但治理效果不明显，甚至没有效果。

3. 党组织吸引力不足，社会动员力度有限

社区党组织虽然不断加强自身的党组织建设能力，开创了区域化的新型党建工作模式，建立了社区、居委会两级党组织的联席制度，形成了基层党建工作的新格局。但是社区党组织对于社区党员和辖区居民群众的吸引力还有待提高，主要表现在：党员活动中心场所较少，使社区在开展党员活动的过程中受到基础条件的限制，无法积极动员社区党员参与到社区党建工作中；对党员，特别是流动党员的相关管理制度不完善，使党员的教育管理工作不能有效开展；党员的组织生活过于松散，部分党员长期不参加组织活动，不能充分发挥党员的先锋示范作用；社区党委与辖区范围内的企业党组织联系不够紧密，无法很好动员企业党员参与到社区工作中来，共驻共建的推进工作受限。

三　以精神文明建设为引领，提升社区服务管理水平

（一）巩固基础设施建设，为提升社区服务管理水平打基石

1. 解决老城区房屋老旧、排水通道堵塞等安全隐患

社区要时时做好平时的安全监督工作，加大力度对社区的危险房屋开展排查检查专项行动，对排查后的结果进行分析，采取相应措施进行改造和修缮，并做好相关住户的安顿工作，彻底解决危险老旧房屋的安全隐患问题。此外，社区要与辖区的企事业单位签订相关安全责任书，组织相关企业单位共同为老旧院落整治工作建言献策。

提高小区的物业管理能力，对居民房屋的排水通道堵塞、房屋积水等日常生活问题进行排查和彻底解决，为辖区居民提供良好的居住环境，提高居民生

活的舒适度、满意度。

针对老旧小区或无单位管理的小区，积极实施“新型社区·温馨家园”工程，改善居民的居住条件。在工程实施过程中，加强对其项目的监督，通过实地查看等方式，确保项目按时保质地完成。

2. 强化社会保障工作，提高居民生活质量

提高帮扶创业就业工作水平。严格按照上级有关创业就业的规定，合理利用专项资金补助，进一步完善创业相关政策和扶持力度，全面落实各项就业扶持政策。

加快社会保险工作全覆盖。加大对《中华人民共和国社会保险法》的宣传力度，真正让用人单位和劳动者均能做到知法、守法、依法办事，形成良好的生产经营模式和用工秩序，充分保障劳动者的合法权益。

健全完善社会救助体系。准确掌握老年人、残疾人、困难户等需要帮扶群体的信息，从而加大对这类群体的帮扶力度，保障辖区群众的基本生活。

与此同时，对辖区的企事业离退休人员、复员退伍军人、高校毕业生等开展社会化服务，落实各项相关社会保障制度，并组织社区工作人员、志愿者对其进行针对性帮助、培训、指导等工作，努力提高辖区居民的生活质量。

3. 凝聚驻区单位，为社区建设出谋划策

强化社区党委的共驻共建工作模式，通过社区党建联席会组织辖区内的企事业单位党组织共同开展社会性、地区性、公益性活动。倡导并组织辖区的各单位开展社会捐赠、互帮互助等活动，帮助辖区困难群众解决生活困难和经济来源问题。动员辖区内的企事业单位共同参与帮扶创业就业工作，争取市、区就业部门及驻区单位的积极帮助，通过社会各方的支持，共同营造公平良好的就业氛围，提高辖区群众的就业率。

（二）加强社区文化建设，为提升社区服务管理水平添砖瓦

1. 建立社区服务之家，健全服务体系

社区党委应深入辖区各地，进行走访、座谈、调研工作，根据构建一体化服务体系的要求，打破传统的服务模式，从提升群众满意度的角度进行思考，将社区党组织打造成服务型党组织。切实落实便民服务政策，完善“群众服务小站”建设制度，将社区的各项便民服务延伸至各院落楼栋中，加强社区

服务中心与辖区居民之间的联系。

将社区现有的文化活动室打造成党员之家、群众之家、社区服务之家等服务场所，根据社区居民的需要增设公共服务设施，增强服务功能，健全社区服务体系，提升社区服务中心的服务能力。

2. 增加文化活动场所，改善文化活动氛围

加强社区文体队伍的建设。以社区为引导，通过宣传和动员，调动有特长、有特色的群众加入社区的文体队伍中，形成内容多样的文体队伍，为社区的精神文明建设发挥重要作用。

增设文化活动场所，开展形式多样的业余文化活动。一方面，利用双休日，充分发挥文化阵地和文化队伍的作用，开展内容多样、形式丰富的文化体育活动；利用传统节日等特殊时间段开展主题文艺演出，并邀请辖区居民参加，改善社区的文化活动氛围。另一方面，动员辖区居民志愿参与医疗服务进社区、道德讲堂、未成年人讲文明树新风等教育活动，设立书画班、老年大学等相关文化场所，丰富辖区居民的文化生活。

3. 加强社区志愿者队伍建设

根据社区居民构成情况，联合驻区企事业单位、辖区学校、社区基层党组织，设立不同类型、不同层次的社区志愿服务组织。动员机关到社区报到的党员、团员参与社区的志愿服务。组织和带动不同行业的人员，发挥自身专业优势，投入志愿者服务建设中来，为辖区的困难群体提供服务。力争在“十三五”期间，社区内的注册志愿者达到本辖区居民总数的十分之一，每个居委会能拥有三支以上的志愿者服务队伍。

保证志愿者服务队伍的有效性。通过开展形式多样的志愿者服务活动，保持志愿服务工作常态化、持续化，实现志愿者服务队伍与辖区群众的良性互动，提高社区的志愿服务水平。

（三）开展生态文明建设，为提升社区服务管理水平盖高楼

1. 调动群众积极性，参与生态文明建设

为使群众积极参与到社区的生态文明建设中，威清社区应将社会治理体系建设得更加系统化，加强城市管理能力。加大社区生态文明、绿色社区的建设力度，利用趣味多样的活动形式，如通过举办“最美阳台”等各类生态评选

活动的方式，提高群众的积极性，让居民主动参与到生态文明建设工作中，形成良好的健康生活方式，营造轻松自然的生态文明宣传和建设氛围。

2. 注重协作引导，强化社区环境卫生治理工作

为全面改善辖区内的环境卫生，一方面，社区要加大与区属相关部门的对接协调，对常驻社区的区属相关工作人员建立双向考核机制，并且以社区考评的意见为主，督促其尽心尽力开展相关工作。另一方面，社区要积极调动辖区居民参与环境卫生的治理，形成卫生监督员、环境劝导员，扶助社区进一步管理好街面，尤其是背街小巷、居住小区的环境卫生。

参考文献

威清社区：《“十三五”时期云岩区威清社区发展规划》，2015。

威清社区：《威清社区“十二五”规划工作总结》，2015。

威清社区：《“十三五”时期贵阳市基层社区发展规划思路编制手册》，2015。

B.13

依托业态升级　推动社区服务模式转型发展

——云岩区市西社区“十三五”发展思路研究

摘　要：随着我国城市化进程的不断推进，调整城市产业布局已成为城市疏解功能的重要内容之一。根据贵阳市“完善老城区功能，提升新城承载力”的要求，云岩区市西社区对辖区内的批发业态进行了转移和商圈升级改造。本文通过对市西社区转型发展背景与历程的分析，总结了市西社区在“十二五”期间转型发展的实践与经验，梳理了市西社区在业态转移过程中面临的困难，并在此基础上，充分借鉴其他城市在业态转移过程中的经验，针对市西社区服务模式转型提出了相关建议与参考。依托业态升级、推动社区服务模式转型是对我国社区转型发展的一种探索，对于社区转型发展具有重要的参考和借鉴意义。

关键词：业态升级　社区转型　批发市场　市西社区

随着经济和社会的不断发展，城市人口快速膨胀，资源和环境不堪重负，交通拥堵、空气污染等“城市病”日益凸显。调整产业布局、疏解城市功能是目前解决“城市病”的有效方式之一。贵阳市在“完善老城区功能，提升新城承载力”的理念指导下，对老城区内分散着的不同类型市场进行调查评估后，决定逐步对交通、环境影响大、规划不合理的市场进行搬迁、取缔，同时也进行城市业态的调整。自2014年3月以来，云岩区开展了市西路批发业态转移及市西商圈升级改造工程。作为完善老城区功能的重点项目，市西社区将以此次业态转移及商圈改造升级为契机，转型社区服务模式。

一　市西社区：从传统服务模式向现代服务模式转型

作为贵阳市的经济发展先锋社区，市西社区以往的成绩显著，而如今，随着贵阳市城市功能的不断优化，市西社区已站在由传统服务模式向现代服务模式转型发展的路口。

市西社区基本情况见表 1。

表 1　市西社区基本情况

<table>
<tr><td rowspan="3">社区概况</td><td>辖区面积</td><td>1.5 平方公里</td><td colspan="7">辖区人口</td></tr>
<tr><td rowspan="2">辖区范围</td><td rowspan="2">—</td><td colspan="3">户籍人口</td><td>27210 人</td><td>流动人口</td><td colspan="2">9323 人</td></tr>
<tr><td>18 岁以下</td><td>3663 人</td><td>失学儿童</td><td>0</td><td>留守儿童</td><td colspan="2">0</td></tr>
<tr><td rowspan="3">科技和教育资源</td><td colspan="2" rowspan="2">科研院所</td><td colspan="2">幼儿园</td><td colspan="2">小　学</td><td colspan="3">初中高中</td></tr>
<tr><td>公办</td><td>民办</td><td>公办</td><td>民办</td><td>公办</td><td colspan="2">民办</td></tr>
<tr><td colspan="2">0</td><td>0</td><td>3 个</td><td>3 个</td><td>0</td><td>1 个</td><td colspan="2">1 个</td></tr>
<tr><td rowspan="3">社会资源</td><td colspan="4">辖区内单位</td><td colspan="5">辖区内社会组织</td></tr>
<tr><td>行政单位</td><td>事业单位</td><td colspan="2">企业(国有)</td><td>孵化型(枢纽型)社会组织</td><td>专业型社会组织</td><td colspan="3">自发型(草根型)社会组织</td></tr>
<tr><td>5 个</td><td>8 个</td><td colspan="2">12 个</td><td>0</td><td>0</td><td colspan="3">0</td></tr>
<tr><td rowspan="2">体育文化休闲餐饮住宿设施</td><td>体育场(馆)</td><td>影剧院</td><td>广场</td><td>公园</td><td>图书市场、书店</td><td>50 平方米以上饭店、餐馆</td><td>旅店、招待所</td><td colspan="2">写字楼</td></tr>
<tr><td>0</td><td>1 个</td><td>0</td><td>0</td><td>1 个</td><td>23 个</td><td>17 个</td><td colspan="2">1 个</td></tr>
<tr><td rowspan="3">医疗卫生资源</td><td rowspan="2">综合医院</td><td rowspan="2">专科医院(诊所)</td><td rowspan="2">妇幼保健院</td><td rowspan="2">急救中心</td><td rowspan="2">疾控中心</td><td rowspan="2">社区卫生服务站</td><td rowspan="2">辖区药店</td><td colspan="2">养老机构</td></tr>
<tr><td>公办</td><td>民办</td></tr>
<tr><td>1 个</td><td>0</td><td>0</td><td>0</td><td>1 个</td><td>1 个</td><td>5 个</td><td>0</td><td>0</td></tr>
<tr><td rowspan="2">困难群体与特殊人群</td><td>失业人员数</td><td>退休人数</td><td>60 岁以上老人</td><td>残疾人</td><td>低保人员</td><td>刑释解教人员</td><td colspan="3">吸毒人员</td></tr>
<tr><td>384 人</td><td>2910 人</td><td>4771 人</td><td>645 人</td><td>702 人</td><td>164 人</td><td colspan="3">740 人</td></tr>
</table>

资料来源：表格数据由市西社区提供。

（一）市西社区转型发展的背景与历程

1. 市西社区服务模式转型升级

为加快建设全国生态文明示范城市，优化城市空间布局，缓解城市交通压力，消除市西路长期存在的火灾消防隐患，按照贵阳市“完善老城区功能，提升新城承载力”的要求，自 2014 年 3 月以来，云岩区开展了市西路批发业态转移及市西商圈升级改造工程。2015 年 11 月，中国共产党贵州省第十一届委员会第六次全体会议提出“加快推动市西产业发展壮大，将老市西路的传统产业向现代服务业转型升级，提升市西现代服务业发展水平，推动市西产业发展迈向中高端水平”的要求。

2. 市西社区辖区业态转型升级的发展历程

市西社区辖区的市西路批发市场经历了多次业态转型升级。市西路批发市场是贵阳市最早的批发市场，这得益于改革开放的利好政策和得天独厚的地理位置优势。1982 年，政府顺势而为，引导和扶持了二十几户小摊贩入驻市西路。1986 年，市西办事处筹集资金，对摊位进行了升级改造，引导个体户向百货经营方向发展。到 1993 年，以服装和小百货批发为主的市场已经具备了一定规模，商品辐射全省 87 个县市，其经营效益相当于当时最大的百货商场——贵阳市百货大楼的效益。1996 年，“马路市场”① 逐渐向商业步行街、大商城转化。1997 年，隆福公司修建了“市西商业街项目”，并结合市西高架桥的建设，修建了 1500 个商铺。2001 年以后，市西大商城、龙祥百货等一批大商场相继建立，进一步拓展了空间。近年来，随着城市快速发展，市西路批发市场暴露出布局混乱、安全隐患突出、基础设施不完善、“脏乱差”等突出问题，与省会城市中心区的发展水平和城市形象极不符合。因此，市西路商圈整体面临转型升级发展。

（二）“十二五”时期市西社区转型发展的实践与亮点

1. 创新“网格式”区域化党建，筑牢“两新”组织党建

市西社区基于自身特点，提出了“以地域为单位划分党建网格责任区”

---

① 当时贵阳本地老百姓对市西路市场的称呼。

的思路，创建了“社区党委－党建网格责任区－责任区内党组织”的特色“网格式”区域化党建管理模式。市西社区以“五心服务·建五星社区·创五好党组织”活动为载体，构建了“以社区党委为核心，多元集约利用模式为基础，政社协同管理体系为架构”的“一核多元协同”区域化党建格局。“网格式”区域化党建管理模式使党组织、党员及其他各类社会组织在区域化党建平台上形成合力（见图1）。

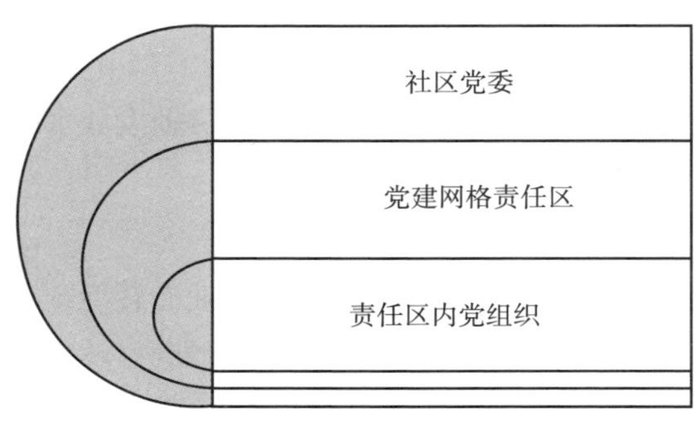

图1　“网格式”区域化党建

市西社区筑牢了非公企业和社会组织的“两新”组织党建。结合非公企业和个体工商户云集的情况，创建了云岩区市西商会、黔商市西投资担保股份有限公司两个非公和社会组织党建示范点。在建设非公企业和社会组织党建中，社区提出了“筑牢非公企业和社会组织党建堡垒，构建和谐市西”的党建工作思路，组建了以贵阳市西商会为龙头，浙江绍兴商会、添汇物业管理有限责任公司、五湖商场等社会组织和非公企业多方参与的“爱心驿站”；搭建了以“践行宗旨”为目标的“非公”党建教育管理平台；创新了党员教育管理，丰富了教育内涵。其中，社区指导创建了市西商会党委“党员三带头，致富三不忘”活动，全国党建研究网主办的《企业党建论坛》对其进行了报道。北京市朝阳区工商联数十名企业家到市西商会党委考察后表示，“市西模式”值得推广借鉴。

2．“三所”联动促和谐，“四方”联动促诚信

市西社区与“三所”联动，促进辖区和谐稳定。社区与市西所、普陀所、宅吉所开展治安巡逻“三所”联动工作，建立各类巡逻队，进入院落值班，进行走访排查，加强了对辖区的分析研判与人防技防，有效促进了辖区的平安、稳定与和谐。

市西社区与“四方”联动，建立了诚信经营评价机制。为提升服务促稳定，社区党委与国税、地税、工商创建了四方联动的非公和社会组织诚信经营评价机制，机制推行诚信经营一票否决制。同时，社区还将诚信经营与服务群众的成效作为非公企业和社会组织发展党员的重要考察依据。

3. 畅通民意诉求渠道，提供针对性指导服务

市西社区积极征求辖区各类意见，并为居民提供针对性指导服务。组织召开“社情民意、平安建设”小板凳征求意见会，深入听取代表、委员和群众的意见建议，实现了走访全覆盖、宣传全覆盖、服务全覆盖，给企业“省心”、与群众“贴心”、为发展“尽心”，践行为人民服务宗旨，让群众看得见、有感受、得实惠。

市西社区积极服务辖区个体工商和民营企业。按照“围绕发展抓服务，抓好服务促发展”的工作思路，邀请辖区内的黔商市西担保公司党支部党员，为弱小个体户转型介绍致富经验，帮助他们加快转变经营观念，加快转型发展。市西社区担保融资额从2010年到2015年，由7亿元增长到了82亿元，[①]担保业绩翻了几番。

二　市西社区服务模式转型发展面临的问题与挑战

（一）社区基础设施薄弱，历史欠账多

市西社区辖区“三无小区”多，基础设施缺乏管理维护。社区地处贵阳市老城区，辖区住房大多建于20世纪60～70年代，无主管单位、无物业管理、无人防设施的“三无小区”较多，同时，背街小巷也较多，楼群院落人防物防技防较为薄弱。辖区小区因建设年代久远，普遍存在基础设施老化、下水道经常堵塞等问题，成为“12319”平台反映较多区域。为帮助居民解决问题，社区因此承担了大量维修经费。因市西商圈改造升级施工的需要，部分路

① 《云岩区市西社区“十三五”发展思路》，2015。

段封闭施工，造成垃圾清运困难、不能及时清运等问题，给治理带来不小难度。

（二）业态转移过程中出现的新问题

市西社区在业态转移升级的过程中，税收比例不明晰。社区辖区内的税收没有清晰、合理地明确区级和属地收入比例。同时，地税分局的税收任务也没有同社区服务经济的任务一致。税收比例的不明晰，对社区经济服务造成了一定的阻碍，不利于业态转移与升级改造工作的推进。

市西社区在就业安置、小额贷款、社会保险扩面方面任务重。由于市西路批发市场进行业态转移，经营户的搬迁在一定程度上影响了市西社区新增就业、小额贷款和社会保险扩面工作。历年来，市西社区的社会保险扩面的目标主要以辖区经营户为主，外来人口占较大比例，特别是在城镇职工养老保险和城镇职工医疗保险的购买比例中，辖区的经营户所占比例较大。由于市西路的业态转移直接导致这类人员大量减少，因此，市西社区在完成相关目标时，仍存在任务重、压力大的问题。

三　关于市西社区服务模式转型发展的探讨

“十三五”期间，市西社区将迎来崭新的发展局面，其中确保商业街改造顺利完成成为关键。为此，市西社区努力打造“四个第一”，并探索企业资源的深度挖掘，打造服务模式的“市西样板”。

（一）在改造升级中保驾护航

1. 做好商场商户劝导工作

在改造升级中对商场商户进行劝导，做好信访维稳。市西社区在市西大市场批发业态转移工作中，应对商场商户进行积极宣传，及时了解经营户动态与实际需求，协调相关职能部门、物管单位做好日常管理。收集、整理相关信息和资料，进行矛盾纠纷风险调查研判，并采取排查、走访、座谈、引导等手段，稳定经营户的正常经营，促进市西商圈的持续稳定发展。

2. 落实安全监管责任，加强环境综合整治

认真落实安全监管责任，组织相关单位开展巡查工作，确保市西路各商场消防安全。与辖区内的生产经营单位共同签订消防安全责任书，举办消防安全知识及使用灭火器等培训班，联合组织举办消防灭火救援演练，对商场的物管人员和居委会的安全检查人员进行培训。

加强环境综合整治，积极采取“五个一”举措，努力提升市容环境管控水平；继续推进贵阳市“154”整治行动，开展“一诺两带三到位”主题实践活动，确保辖区安全程度提升，市容秩序良好，环境卫生整洁。

（二）努力打造“四个第一”

为实现市西社区“管理更有序、服务群众更有效、维护稳定更有力、基层社会更和谐”的社会管理目标，市西社区应积极打造“四个第一”，即服务群众“第一窗口”，管理城市“第一阵地”，维护城市“第一防线”，展示党委政府形象“第一平台”（见图2）。

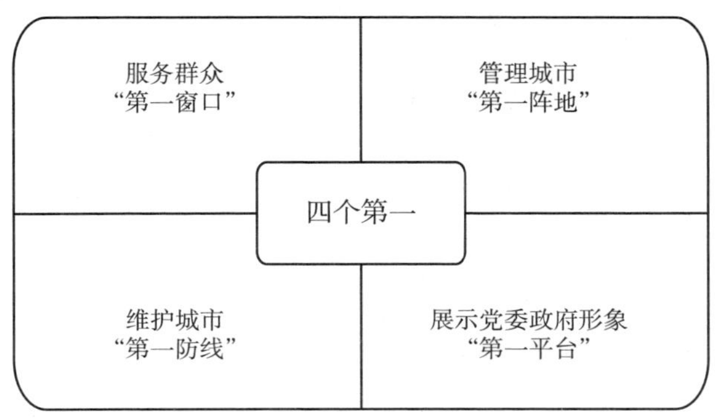

图2　市西社区打造“四个第一”

1. 服务群众“第一窗口”

在社区服务中心建立“满意度测评”机制，把群众对窗口的“不满意”评价，第一时间反馈给社区党委书记和中心主任，从而实现科学有效的监督和管理，及时帮助社区服务中心工作人员不断改进和完善服务工作，为群众提供更加便捷、高效、优质的服务。

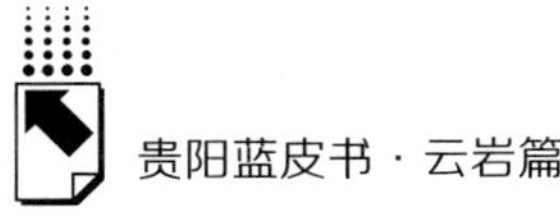

2. 管理城市“第一阵地”

提升市容环境管控水平，对门面延伸占道经营、流动摊贩、货物占道堆放等现象进行重点整治；与联合综合执法大队市西直属队共同拆除新建违章建筑，开展集中整治地锁专项行动；坚持日常垃圾日产日清，清运建筑装修废料，疏通排污管道、下水道；巩固社会综合治理及整脏治乱“154”行动成果，确保辖区安全程度提升，市容秩序良好，环境卫生整洁。

3. 维护城市“第一防线”

市西社区信访维稳工作情况复杂，社区应继续完善《重点人员责任包保责任分解表》《市西社区重点人员失控失踪查找工作应急预案》；对于不能立即解决和无法在短时间内解决的矛盾纠纷，主动配合相关单位或部门做好矛盾化解、分化处理工作；全面推广“出门一把抓、进门再分家”的管理模式，强化基础信息采集、巡逻防控、开展禁毒等工作。

做好安装路灯、防盗门、超 B 级锁芯、平安 E 家报警电话等技防措施；社区民警、辅警进家入户，让专职巡防队员、派出所“小虎队”不间断巡查、盘查巡逻；制作和发放“两严一降”、禁毒人民战争宣传品，切实开展平安建设工作，确保市西辖区总体平安、稳定与和谐。

4. 展示党委政府形象“第一平台”

积极发挥社区党委党建工作的统领作用，强化制度建设，推动人心凝聚。本着“制度管人、客观公正、奖惩分明”的原则，用《日常管理规定》等规章制度管人管事，让干部职工牢记讲纪律、讲规矩、讲支持的具体要求，不松散、不观望、不懈怠；明确要求领导干部对分管和联系工作督促指导、尽职负责、分工协作、齐心协力、层层抓落实；强化走访座谈，推动工作有序运行，开展谈心谈话，了解居民情况，收集意见建议，研究解决存在的困难和问题，发挥好相关负责人的“领头羊作用”。

（三）社区服务企业，企业反哺社区

1. 梳理摸清辖区企业底数，服务辖区经济发展

牢记“服务经济是发展要务”，发挥经济小分队作用，梳理摸清辖区企业底数和清理辖区可供招商引资闲置资源，并对辖区内固定资产投入进行全面统计。按照贵阳市、云岩区对市西商圈建设要求，推进市西商业步行街产业升

级、沿街沿河立面整治、门面收储改造、地下人行通道建设等工作，为持续打造业态高端、管理规范、环境优美的市西路升级版培育好经济增量。

2. 发挥辖区企业优势，借助爱心平台帮扶辖区困难群众

发挥辖区企业多、人心齐的优势，借助“爱心驿站”、市西和谐促进会平台，充分发挥社会各界力量，配合党委、政府解决社会问题、化解矛盾纠纷、帮扶困难群众、激发社会活力、增加和谐因素、减少不和谐因素，引导、组织企业参与社会矛盾化解，促进社会和谐，提升市西社区居民群众的幸福指数。

参考文献

张荣齐、崔石麟、张寻：《城市化过程中社区商业平台转型发展研究——以北京朝阳区为例》，《中国市场》2014 年第 15 期。

巢小丽、段谟法：《商圈党建：城市社区党建的突破与创新》，《宁波经济（三江论坛）》2012 年第 12 期。

刘刚：《上海批发零售商业结构演进、发展及效应研究》，博士学位论文，复旦大学，2008。

云岩区市西社区：《市西社区“十三五”规划工作报告》，2015。

B.14

以共驻共建为抓手 推动社区服务管理全面升级

——云岩区北京路社区“十三五”发展思路研究

摘 要： 随着社会的不断发展，居民需求多样化、社区管理复杂化程度逐渐加深，这就要求城市社区进一步发挥好服务和管理的功能。本文以实证调研为主，通过对云岩区北京路社区的分析，总结社区在推动服务管理全面升级过程中的主要做法，在此基础上，充分利用北京路社区辖区单位资源丰富的特点，提出相关建议和参考。

关键词： 共驻共建 服务管理升级 北京路社区

共驻共建是通过整合辖区内各类资源，如机关、团体、部队、企业事业单位等，形成多方参与、资源共享的工作合力，共同推动区域发展。云岩区北京路社区辖区单位众多，共驻共建的社区建设格局符合社区发展的实际情况，能够推动社区管理服务全面升级，最终促进社区发展。

一 北京路社区共驻共建的现实基础和需求导向

（一）北京路社区共驻共建的现实基础

1. 社区整体发展良好

北京路社区服务中心地处贵阳市城区北端，于2012年4月28日正式挂牌成立，现辖8个居委会，辖区内有贵州省人大、省政府、省政协、省工商局、省国税局、省招商局等省直机关单位60余家，大、中、小学，幼儿园及特色学校等教育单位10余家。北京路社区基本情况见表1。

表1　北京路社区基本情况

<table>
<tr><td rowspan="3">社区概况</td><td>辖区面积</td><td>1.2平方公里</td><td colspan="6">辖区人口</td></tr>
<tr><td rowspan="2">辖区范围</td><td rowspan="2">—</td><td colspan="3">户籍人口</td><td>50743人</td><td>流动人口</td><td>4960人</td></tr>
<tr><td>18岁以下</td><td>5040人</td><td>失学儿童</td><td>0</td><td>留守儿童</td><td>0</td></tr>
<tr><td rowspan="3">科技和教育资源</td><td colspan="2" rowspan="2">科研院所</td><td colspan="2">幼儿园</td><td colspan="2">小　学</td><td colspan="2">初中高中</td></tr>
<tr><td>公办</td><td>民办</td><td>公办</td><td>民办</td><td>公办</td><td>民办</td></tr>
<tr><td colspan="2">2个</td><td>3个</td><td>1个</td><td>2个</td><td>0</td><td>2个</td><td>0</td></tr>
<tr><td rowspan="3">社会资源</td><td colspan="4">辖区内单位</td><td colspan="4">辖区内社会组织</td></tr>
<tr><td>行政单位</td><td>事业单位</td><td colspan="2">企业（国有）</td><td colspan="2">孵化型（枢纽型）社会组织</td><td>专业型社会组织</td><td>自发型（草根型）社会组织</td></tr>
<tr><td>22个</td><td>28个</td><td colspan="2">8个</td><td colspan="2">0</td><td>3个</td><td>1个</td></tr>
<tr><td rowspan="2">体育文化休闲餐饮住宿设施</td><td>体育场（馆）</td><td>影剧院</td><td>广场</td><td>公园</td><td>图书市场、书店</td><td>50平方米以上饭店、餐馆</td><td>旅店、招待所</td><td>写字楼</td></tr>
<tr><td>3个</td><td>1个</td><td>1个</td><td>1个</td><td>1个</td><td>19个</td><td>18个</td><td>3个</td></tr>
<tr><td rowspan="3">医疗卫生资源</td><td rowspan="2">综合医院</td><td rowspan="2">专科医院（诊所）</td><td rowspan="2">妇幼保健院</td><td rowspan="2">急救中心</td><td rowspan="2">疾控中心</td><td rowspan="2">社区卫生服务站</td><td rowspan="2">辖区药店</td><td colspan="2">养老机构</td></tr>
<tr><td>公办</td><td>民办</td></tr>
<tr><td>—</td><td>3个</td><td>—</td><td>—</td><td>1个</td><td>4个</td><td>16个</td><td>—</td><td>1个</td></tr>
<tr><td rowspan="2">困难群体与特殊人群</td><td>失业人员数</td><td>退休人数</td><td>60岁以上老人</td><td>残疾人</td><td>低保人员</td><td>刑释解教人员</td><td colspan="2">吸毒人员</td></tr>
<tr><td>121人</td><td>9856人</td><td>11468人</td><td>697人</td><td>614人</td><td>205人</td><td colspan="2">573人</td></tr>
</table>

资料来源：表格数据由北京路社区提供。

在管理体制方面，北京路社区积极履行“服务群众、凝聚人心、优化管理、维护稳定”四大功能，通过“公推一选”和“两推一选”的方式，建立起以社区党委、社区居民议事会、社区服务中心为基础的“一委一会一中心”组织构架，努力探索新形势下更适应社会发展、更善于解决社会矛盾、更专注于为群众谋利益的崭新社会管理体制。

在服务理念方面，北京路社区秉承“把小事做好，把难事办成”的理念，建立完善“一站办结制”“分户包片制”“首问责任制”“特约上门服务制”

等便民机制，不断提升服务效能；通过推行区域化党建“网格化”管理、建立“绿丝带志愿者联盟”、设置党员先锋示范岗、建立群众满意度测评体系、实行分管领导带班制度、创新社会保障服务措施等一系列举措，逐步构建起反应迅速、服务高效的“十分钟服务圈”。

从整体上来看，北京路社区发展状况良好。目前，社区已逐步构建成为以贵州省博物馆、贵州省图书馆、贵州饭店等为主导的群众运动、文化及娱乐的密集区域，成为贵阳市办公机构集中、体育设施完善、文化教育资源丰富、饮食娱乐发达的国家级文化先进社区。

2. 社区党建基础稳固

在基层党建工作方面，北京路社区积极落实党委主体责任，开展各项党建活动，切实加强党风廉政建设，取得了良好成效。以开展党的群众路线教育实践活动、“两学一做”学习教育为契机，加强基层党的建设，抓好领导班子、党员干部的学习、培训，为完成好各项工作任务提供了坚实的政治保证。充分利用“三会一课”“党委书记课堂”“道德讲堂”等业余党校培训方式，提高广大党员干部的服务意识。落实党风廉政建设，加强领导干部廉洁自律工作，遏制腐败现象滋生。

3. 社会治安综合治理有序开展

北京路社区大力推行辖区技防工具，保障居民生活安全。推行“超B级锁芯”“平安E家”报警电话入户工程，提升辖区技防工作的整体水平，安装“平安E家”电话440部、“超B级锁芯”793套。针对辖区治安情况，北京路社区结合平安建设工程的开展，以社区为基础，以防范管理为重心，积极开展“星级居住小区”“星级居委会”创建工作。各社区居委会根据实际情况，认真做好楼群院落治安值班防范工作，积点成面，以小区的平安支撑起大环境的平安，并在此基础上开展创建“零发案小区”，确保了省政府及周边环境的井然有序。

4. 社区市容环境整洁

北京路社区积极开展市容环境整治工作，提升了社区整体形象。针对北新区路马路市场占道经营和垃圾乱堆乱放现象，社区服务中心联合云岩区城管大队、北京路派出所、保安公司等单位，出动500余人对北新区路马路市场进行取缔整治，并对巷内进行管理，规范整治硬件、软件、门头牌匾、绿化等，进行 24 小时长效巡查监管，确保无门面延伸现象。同时，全面规范亮化黔灵巷。为进一步开展黔灵巷街景整治工作，北京路社区组织拆除巷内违规的广告标牌，对于在沿街建筑物、构筑物等各类设施之上设置布幅广告、标语的现象，进行督促整改。此外，社区还对北京路、中华北路、市北路、安云路沿线居民房屋、商铺门头集中统一更换门头牌匾，粉饰外墙体，进一步提升了辖区整体市容环境形象。

（二）共驻共建是北京路社区服务管理升级的必然要求

1. 开展共驻共建能够满足居民生活需求

随着社会的发展，居民生活水平不断提高，物质、文化需求也日益增长，这就要求社区为居民提供更加匹配的服务，社区的服务管理升级工作势在必行。从现状来看，北京路社区许多单位与社区处于割裂状态，出现资源开发利用不充分、服务设施闲置等问题，造成人力、物力、财力、场地的极大浪费，使资源闲置与供不应求的矛盾突出。例如，社区内很多单位都有自己的文体设施和活动场所，但因不对外开放而冷冷清清，利用率不高，资源没有全部激活而造成浪费；另外，社区居民群众又找不到文化娱乐场所，需求得不到满足。因此，需要充分调动社区驻区单位等一切资源，积极广泛参与社区建设，尽力满足社区居民的生活需求。

2. 开展共驻共建有助于提升社区服务水平

开展共驻共建有助于拓宽社区服务内容，提升社区服务水平。社区改制后，失去经济职能，使得部分资源流失，大量工作无法支撑。北京路社区积极为老百姓解决民生问题，如老百姓最关心的医疗、教育、入学等，却受制于自身资源，无法提供更好的服务。以教育工作为例，北京路社区辖区内有 3 所重点学校，但是依然满足不了小区居民和贵阳市民的需求，教育资源压力无法缓解。北京路社区亟须开展共驻共建，整合社区各方资源，增加教育资源，缓解各方压力，提升社区服务水平。

3. 开展共驻共建是加强综合治理的必然要求

北京路社区背街小巷较多，导致流动摊点占道经营、乱停乱放现象严重，加之社区没有执法权，给社区综合治理工作带来一定难度。为了加强社区综合治理，必须开展共驻共建，依靠公安、城管，实行多部门联合执法，彻底解决占道经营等问题。

4. 开展共驻共建是团结和凝聚党员的必然要求

北京路社区居委会党支部力量较为薄弱，大部分党员都是“挂账党员”，即只是将组织关系挂靠在社区，本人却不参加社区党建活动。此外，由于社区缺少发展党员的名额，组织队伍难以壮大。这就要求社区开展共驻共建，团结和凝聚辖区非公企业党员，增强他们的组织感、荣誉感、自豪感，发展壮大社区党组织。

二 北京路社区共驻共建面临的问题和挑战

（一）机制缺失，意识不够

北京路社区共驻共建工作机制和意识的缺失，是其面临的首要问题。北京路社区曾与辖区单位签订责任书，共同进行社会治安综合治理，各单位积极参与，每月、每季度定期召开辖区社会治安综合治理工作推进会，共驻共建工作开展得有声有色。后来由于各方面条件限制，辖区单位积极性降低，社区与单位之间的合作动力逐步淡化。共驻共建机制的缺乏，致使单位参与社区活动的随意性较大，并且热情度不高，共驻共建工作逐步放缓。

（二）经费有限，活动载体较少

共驻共建的开展需要以活动为载体，但有限的经费仍然成为开展各项活动的限制。近年来，北京路社区积极开展各项共驻共建活动，较大地增强了社区单位和社区群众的参与意识，丰富了居民的文化生活，提升了精神层次，但活动的举办仍然存在许多困难。活动经费不足、场地缺乏、物业管理服务不到位等问题，成为北京路社区开展共驻共建活动的掣肘。同时，由于活动载体较少，社区、单位和居民在社区卫生、文化和社会救助等方面缺乏互动，这也制约着社区共驻共建的展开。

（三）工作任务重，积极性不足

近年来，北京路社区在工作队伍建设方面取得了初步成效，但在基层社会治理发展日新月异、城市居民服务需求水准日趋提高的时代背景下，社区工作队伍总体基础仍比较薄弱，较为突出地存在一些问题和挑战。如工作任务重、社会认知度和职业认同感较低、队伍年龄结构老化、工资和福利待遇过低、职业晋升空间有限等，这都严重挫伤了社区工作人员的工作积极性，影响了社区共驻共建的开展。

三　关于北京路社区以共驻共建推动服务管理升级的探讨

（一）深化共驻共建思想，全面升级服务理念与意识

1. 社区要强化服务意识

从社区来看，首先需要奠定共驻共建的思想基础，强化为民服务意识。明确社区服务机构的性质定位及职责任务，充分发挥服务职能，拓展社区服务内涵。着眼于居民群众多样化的需求，不断拓宽服务领域，以社区居民广泛关注的热点问题为导向，从群众诉求入手，增强为民服务的能力。以便民利民的服务作为共驻共建的根本，坚定服务信念，改进服务模式，提升服务水平。

2. 单位要强化共建意识

加大宣传力度，进一步提高驻区单位对社区建设的认识，不断强化驻区单位的参与意识、公共服务意识、共建共享意识，努力形成共建共享的良好社会氛围。鼓励支持驻区单位参与社区群众性文体活动，组织驻区单位与社区居民共同开展形式多样、内容丰富的文体活动，加强单位与居民的联系，形成文明健康、积极向上的社区文化环境。

3. 居民要提升参与意识

首先，加强培养公共意识。通过多种途径，如展板、微信推送等提供信息，使居民从思想上提升对公共事务的关心度；积极举办各类社区活动，使居民在实践中加强与社区和邻里的互动，培养社区意识，增强凝聚力。其次，提高居民的自主性，通过居民议事会吸引居民加入，使居民积极参与到社区事务之中。开展社区与居民的互助合作，使居民实现社区管理从规划、执行到决

策、监督的全方位参与。最后，应培育居民的自组织能力，加大对社区民间组织（如业主委员会、法律援助中心、文艺表演队、居家养老中心、便民服务中心等）的培育力度（见图1）。

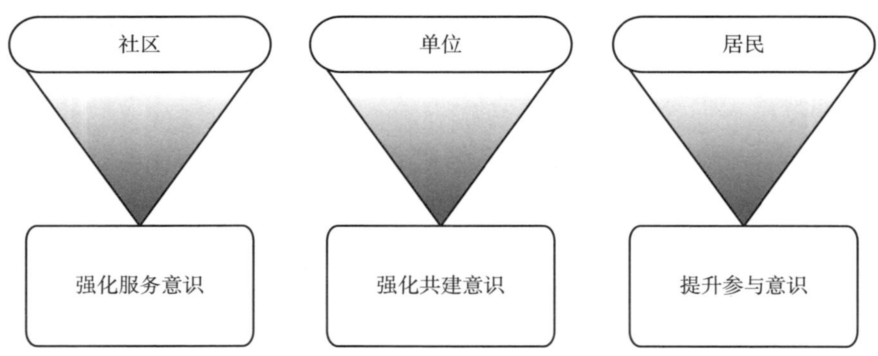

图1　社区、单位、居民同步深化共驻共建意识

（二）积极推进共驻共建机制创新，全面升级服务管理能力

1. 健全工作机制，明确权利义务

建立和完善社区工作责任制度，签订工作目标管理责任书，保证各项工作落到实处。通过与辖区单位签订责任书，明确单位参与共驻共建的职责和义务；深化辖区大党委建设，整合辖区单位资源，共同为社区共驻共建贡献力量。联合各部门探索便民服务机制，开展“医疗服务进社区”等各项活动，服务好社区居民。积极探索科学化的激励、保障、考核等各项制度，保障社区共驻共建工作的顺利开展。

2. 完善资源共享机制，服务社区居民

完善资源共享，就是要充分利用社区资源和各种社区力量，不断丰富社区居民的业余文体活动，繁荣社区文化生活。与各单位协商，开放职工活动中心、健身房等设施，丰富居民业余生活；组织辖区单位通过联案讲法、以事释法、上门送法等活动提高居民的法律意识；动员各部门加强社区治安综合治理工作，成立治安巡逻队，保证辖区安全稳定。

3. 形成联动机制，规范评价考核

强化沟通协调机制。与辖区单位加强沟通联系，建立例会制度、情况反馈制度，定期定向了解各自的工作任务、工作部署，畅通信息渠道，进而整合资源、综合统筹、整体联动，共同促进社区发展。

规范考核评价机制。完善共驻共建考核评价制度，需要将居民群众满意度作为重要依据，综合社区、单位、居民三方面意见，建立共驻共建联考联评制度，并使之规范化、常态化，敦促社区共驻共建的有效开展。

（三）以活动为载体，推动社区服务形式升级

1. 加强精神文明宣传活动

在社区内建立文化橱窗、公共阅报栏等窗口，宣传爱国主义、社会道德理念等重要内容；通过开展“送温暖献爱心”“学雷锋”等实践活动，弘扬助人为乐、见义勇为的精神，形成友爱互助的社区关系；倡导科学、文明、健康的生活方式，形成崇尚科学、破除迷信的良好思想意识。

2. 开展各项主题活动

结合“两学一做”学习教育活动，开展“党员团员志愿服务先锋”“敬业奉献争标兵”等活动，发挥党员先锋模范作用，为社区居民办实事、做好事。开展文明院落、文明家庭、文明街道、文明单位等精神文明创建活动，吸纳居民群众共同参与。

3. 开展丰富多彩的文体活动

组织开展“读书月”活动，满足居民群众日益增长的文化需求。开展文体联谊活动和社区文化艺术活动等，为建设和谐新型社区营造良好的文化氛围。

参考文献

郭爱萍、白新华：《共驻共建共繁荣——南京市玄武区玄武湖办事处社区工作独具特色》，《中国经济快讯》2001 年第 25 期。

吴继波、熊崧麟：《坚持共驻共建，促进和谐发展》，《当代江西》2009 年第 10 期。

北京路社区委员会：《北京路社区“十二五”发展规划总结暨“十三五”发展规划基本思路》，2015。

北京路社区委员会：《“十三五”时期贵阳市基层社区发展规划思路编制手册》，2015。

B.15

强化民生服务　推动社区新发展

——云岩区黔东社区“十三五”发展思路研究

摘　要：本文通过对黔东社区立足民生服务优势发展的分析，总结“十二五”期间，黔东社区在创新党建、居家养老服务、科技治理三个方面建设的实践与亮点，尤其是在为老服务方面的经验做法，梳理了黔东社区在民生服务方面面临的困难与挑战。并在此基础上，针对黔东社区自身特点和面临的形势与挑战，提出了立足养老服务优势，强化社区民生服务并推动社区发展的建议。

关键词：民生服务　为老服务　社区发展　黔东社区

黔东社区围绕贵阳市委实施“六大工程”、打造六大升级版的战略决策，以及贵阳市《关于进一步加强和改进社区工作的十条具体意见》的相关要求，探索建立城市社区统一管理、综合协调的机制，提高社区综合管理和协调服务能力，提升黔东社区服务中心为民办实事和服务群众水平，以适应城市化发展和居民群众的新要求。黔东社区基本情况见表1。

表1　黔东社区基本情况

<table>
<tr><td rowspan="3">社区概况</td><td>辖区面积</td><td>0.22平方公里</td><td colspan="6">辖区人口</td></tr>
<tr><td rowspan="2">辖区范围</td><td rowspan="2">黔灵东路、友谊路、延安东路、文昌北路、三民北巷、三民东路、三民巷、宝山北路</td><td colspan="3">户籍人口</td><td>16741人</td><td>流动人口</td><td>4734人</td></tr>
<tr><td>18岁以下</td><td>2610人</td><td>失学儿童</td><td>—</td><td>留守儿童</td><td>—</td></tr>
</table>

续表

科技和教育资源	科研院所	幼儿园		小　学		初中高中	
		公办	民办	公办	民办	公办	民办
	1 个	1 个	1 个	2 个	—	1 个	—

社会资源	辖区内单位			辖区内社会组织		
	行政单位	事业单位	企业（国有）	孵化型（枢纽型）社会组织	专业型社会组织	自发型（草根型）社会组织
	3 个	9 个	13 个	—	—	—

体育文化休闲餐饮住宿设施	体育场（馆）	影剧院	广场	公园	图书市场、书店	50 平方米以上饭店、餐馆	旅店、招待所	写字楼
	—	—	—	1 个	2 个	13 个	16 个	5 个

医疗卫生资源	综合医院	专科医院（诊所）	妇幼保健院	急救中心	疾控中心	社区卫生服务站	辖区药店	养老机构	
								公办	民办
	—	5 个	—	—	—	1 个	6 个	—	—

困难群体与特殊人群	失业人员数	退休人数	60 岁以上老人	残疾人	低保人员	刑释解教人员	吸毒人员
	210 人	423 人	2211 人	358 人	668 人	71 人	227 人

资料来源：表格数据由黔东社区提供。

一　黔东社区推动社区新发展的基础分析

（一）黔东社区立足民生服务发展凸显“两大优势”

1. 为老服务成效突出

“十二五”期间，黔东社区养老服务由于存在设施不足，服务新增项目场所难以落实，养老服务设施后续运行资金没有保障，养老服务组织发育相对缓慢、种类较少，服务功能明显不足等问题，尚不能满足老人们多方面的需求。对此，社区在贵州省贵阳市云岩区老龄委的大力帮助和支持下，在辖区翠屏巷 55 号打造了建筑面积 350 平方米、使用面积 330 平方米的居家养老服务中心——“乐龄之家”托老中心。并以此为平台积极为辖区老人开展以家政服务、日托照料、文体娱乐、医疗卫生、信息咨询、精神慰藉等为服务内容的为老服务，惠及辖

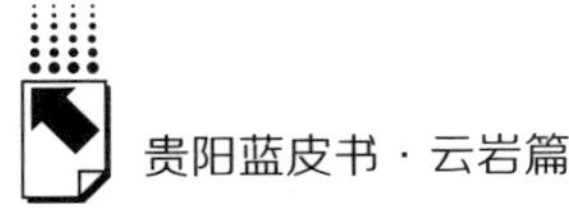

区近千名老人，并获得省、市、区级“敬老文明号”的荣誉称号。

2. 单位集聚成为保障

黔东社区辖区单位数量多，类型多样，为民生服务提供了保障支持。其中，教育机构重点单位包括贵州师范大学附属中学、贵阳市第八幼儿园、贵阳市市东小学、贵阳市黔灵小学；驻社区金融单位包括贵州银行、贵阳银行汇通支行、贵阳银行聚兴支行、工商银行金桥支行、建设银行陕西路支行、邮政储蓄银行；卫生事业重点单位包括贵阳市乳腺疾病医院、黔东社区卫生服务站；服务类重点单位有贵州省电信局、贵阳柏顿酒店、和舍酒店、贵阳市邮政宾馆、中国移动贵阳分公司。

（二）黔东社区支撑“十三五”发展的“两大基础”

1. 积极创新社区党建工作

“十二五”期间，黔东社区积极开展党建“三包三联帮”活动，积极创新社区党建工作，为发展提供了保障。社区通过党员干部包单位的模式，创建了共驻共建联帮机制；通过党员干部包网格的方式，建立了组团服务联帮模式；通过党员干部包困难群众的方法，深化弱势群体联帮举措，为社区困难群众解决了一批实际困难。

同时，社区着力打造“社区在职党员报到服务站”，为创新社区党建工作提供了载体。“十二五”期间，社区党委投入经费 4 万元，在一楼一门式服务大厅打造了面积 30 平方米的“社区在职党员报到服务站”。报到服务站配置了专用电脑、沙发、文件柜等硬件设施，将各种岗位职责、活动开展计划、党员分配情况制作展板上墙，方便报到党员选择合适岗位参与社区建设、社区服务，黔东社区明确专人负责党员报到工作，根据党员报到认领岗位的类别建立党员报到分类管理台账，同时建立在职党员报到服务 QQ 群，实现了活动内容在网上发布、交流讨论在网上开展。黔东社区还制作了在职党员报到服务联系卡，为报到党员提供法律咨询、理财、社区事务等 10 余项服务。[①]

2. 搭建动态科技治理平台

黔东社区通过与云岩区科技工信委联动搭建科技平台，在背街小巷、楼群

① 黔东社区：《“十三五”时期云岩区黔东社区发展规划》，2015。

院落和主要通道出入口安装了视频监控防控系统，大力加强技防建设，向科技要警力，改变了在“两严一降”中的人海战术。截至2015年年末，社区共计安装了50个视频监控、3个大屏幕视频监控，其中社区1个、派出所2个，共投入经费21万余元。社区动态科技治理平台的搭建，形成人防、技防相结合的治安管控模式，大大提高了辖区的动态治安防控能力。①

（三）黔东社区“十三五”发展面临的困难与挑战

1. 人才流动性大

黔东社区人才流动性大，人才支撑能力不足是社区“十三五”发展的一大挑战。2015年年末，黔东社区服务中心工作人员有49名，其中，行政编制5人、事业编制5人、公司编制17人、临聘22人。黔东社区服务中心的工作人员除行政、事业、公司编制外，其他人员均为网格员身份。网格工作人员待遇低，扣除缴纳的社保等费用后人均拿到手里的工资仅1130元。收入较低，工作任务繁重，造成人员流动大、岗位缺少人才等问题。②

2. 综治维稳难度较大

老旧城区居住人口众多，人员复杂，一直是社区综治维稳的重点和难点。黔东社区地处贵阳市中心城区，辖区大部分属于老旧城区，基础设施差，管理难度大；辖区地形复杂，部分重点区域的综治工作时有反弹；辖区流动人口多，人流量大，居民自我防范意识欠缺，流动人口犯罪率为42%；③ 单位场所治安防范手段较为缺乏，居民没有形成整体防范意识，带来一定治安隐患，加大了社区综治维稳的压力。

二　黔东社区强化民生服务助推发展升级的思路探讨

（一）明确社区主体民生服务需求

1. 分析社区居民需求

“十三五”时期，黔东社区应积极对辖区居民的需求进行分析，特别是老

---

① 黔东社区：《“十三五”时期云岩区黔东社区发展规划》，2015。

② 同上。

③ 同上。

年人、残疾人、优抚对象、青少年儿童和下岗人员等特殊人群的实际需求，从而推动服务的精准化、精细化、精致化。建议社区干部与特殊家庭结成“一对一”的帮扶机制，定期到群众家中进行走访、节日慰问等，了解辖区居民的诉求和需求，并及时为其排忧解难。

2. 分析辖区企事业单位需求

立足“十三五”发展规划，社区应对辖区企事业单位的需求进行分析。黔东社区辖区内有省、市、区各级企事业单位，涵盖教育、金融、卫生、服务各个领域，单位数量多、类型广，需求各不相同。黔东社区需要针对不同类型的单位，采取不同的服务方式，以满足各类单位的实际需要。

（二）强化社区民生服务转型升级

1. 拓宽服务领域

社区服务的内容是否全面和精准，关系着社区服务能力的转型升级。“十三五”时期，黔东社区应围绕民生服务转型升级，着力拓宽为民服务领域。从单纯的生活服务扩大至咨询、教育、康复等更高层次的服务。设立法律咨询室，为辖区居民提供法律咨询服务；设立文化讲堂，为群众讲解文化知识；设立康复训练中心，为辖区内有需要的群众提供方便。

2. 创新服务方式

建立健全社区服务大厅工作的各项机制，积极创新为民服务方式。通过采取督查、评分等措施，规范和提升大厅工作人员的服务质量。依托社区“乐龄之家”，积极打造老年人娱乐、读书、购物、上网、用餐方面的“十分钟生活圈”，为黔东社区老年人开启一种新的“养老就在家门口”养老模式。

三　黔东社区立足养老服务强化民生改善的路径探究

（一）探索居家养老服务资金社会化

由于社区服务中福利性、公益性（非营利性）服务主要是靠政府财政拨款，存在社会福利资源不足的情况，适当引入民间非营利性组织和商业性的便民服务项目是黔东社区推进民生改善的有效路径。黔东社区应基于社区为老服务的实际情况，探索社区居家养老资金来源的社会化，使居家养老资金来源多元化。鼓励民间非营利性居家养老组织参与社区为老服务；适当引入一些营利性的为老服务机构，为辖区老年人提供健康咨询、心理咨询和日间照料等为老服务，推动黔东社区居家养老服务的新发展。

（二）强化居家养老服务队伍专业化建设

1. 着力提高服务人员专业能力

黔东社区应不断提高养老服务人员的专业化水平。吸纳更多具有社会工作专业背景的人才进入社区工作；同时吸纳更多热心于社区居家养老服务的一般人员，并对其进行专业的社区居家养老培训，加强专业化的指导，以提升他们的专业水平。

2. 积极培育社会组织携手服务

黔东社区部分社会组织主要从事的是与民生紧密相关的养老照护与慈善性服务工作，社区应充分发挥辖区社会组织的作用，在为老服务领域，积极与社区社会组织建立合作关系，共同为辖区老年人提供养老服务。

3. 充分发挥志愿者的辅助作用

通过组织各类型的为老服务志愿小分队，为辖区老年人提供多样化的服务，如送餐服务、日间照料等。社区也可以鼓励辖区低龄段老年人组建属于他们自己的志愿者队伍，为高龄段老年人和其他有需要帮助的老年人提供志愿服务，同时还能加强老年人彼此的交流，增进他们之间的感情。①

参考文献

郑琦：《上海“十三五”社区养老扶持政策的思路和建议》，《上海经济》2016 年第 4 期。

郭安：《关于社区服务的含义、功能和现有问题及对策》，《中国劳动关系学院学报》

---

① 李川瑜：《我国城市居家养老服务社区服务研究》，硕士学位论文，浙江大学，2007。

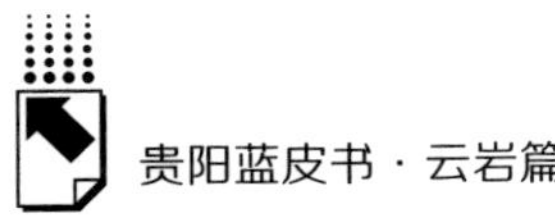

2011 年第 2 期。

江澍潇:《合肥市蜀山区老年人社区养老服务需求调查报告》，硕士学位论文，安徽大学，2014。

李川瑜:《我国城市居家养老服务社区服务研究》，硕士学位论文，浙江大学，2007。

云岩区黔东社区:《黔东社区“十三五”规划工作报告》，2015。

B.16

依托精神文明建设　带动社区转型发展

——云岩区栖霞社区“十三五”发展思路研究

摘　要：　随着城市的不断发展，居民生活水平及生活需求也不断提高，原有的老旧居住社区已经很难满足居民生活需求。因此，老旧社区转型成为必然趋势。本文以实证调研为主，通过对云岩区栖霞社区的分析，总结在社区转型发展过程中的主要做法，在此基础上，提出相关建议和参考。

关键词：　精神文明建设　阳明文化街区　社区转型　栖霞社区

随着我国城市建设脚步的不断加快，老旧社区逐渐成为改造焦点。老旧社区基础设施不完善，人居环境较差，其转型发展是加快建设和谐社会的必然要求，也是当下面临的迫切的社会问题。

一　栖霞社区的现状及发展形势

（一）地处城郊接合部，发展收获新机遇

1. 旧城边缘，人口密度大

栖霞社区位于贵阳城东，与贵阳著名景点阳明祠相邻，设栖霞、师大、旭东、大吉、扶风 5 个居民委员会。辖区内有贵州师范大学、旭东路农贸市场、宝山师大加油站等重点单位。

栖霞社区面积不足 1 平方公里，户籍人口却为 22483 人，人口密度之大更甚于许多发达城市，给社区带来很大压力（见表 1）。此外，栖霞社区地处城

郊接合部，地形复杂，居民楼与村民房交错分布，流动人口多，人流量大，给城市管理、社会治理及公共安全工作带来了很大难度。

表 1　栖霞社区基本情况

社区概况	辖区面积	0.72 平方公里	辖区人口						
	辖区范围	—	户籍人口			22483 人	流动人口	7946 人	
			18 岁以下	1617 人	失学儿童	—	留守儿童	3 人	
科技和教育资源	科研院所		幼儿园		小　学		初中高中		
			公办	民办	公办	民办	公办	民办	
	—		—	2 个	—	—	—	—	
社会资源	辖区内单位			辖区内社会组织					
	行政单位	事业单位	企业（国有）	孵化型（枢纽型）社会组织	专业型社会组织	自发型（草根型）社会组织			
	—	1 个	2 个	—	—	1 个			
体育文化休闲餐饮住宿设施	体育场（馆）	影剧院	广场	公园	图书市场、书店	50 平方米以上饭店、餐馆	旅店、招待所	写字楼	
	1 个	0	1 个	0	0	1 个	0	0	
医疗卫生资源	综合医院	专科医院（诊所）	妇幼保健院	急救中心	疾控中心	社区卫生服务站	辖区药店	养老机构	
								公办	民办
	1 个	12 个	—	—	—	1 个	7 个	0	0
困难群体与特殊人群	失业人员数	退休人数	60 岁以上老人	残疾人	低保人员	刑释解教人员	吸毒人员		
	64 人	—	1178 人	326 人	1214 人	60 人	273 人		

资料来源：表格数据由栖霞社区提供。

2. 阳明文化街区建设带来发展新机遇

作为国家级文物保护单位，阳明祠是贵阳历史文化保护的核心内容，具有重要的历史文化价值。为做好其保护和文化传承工作，贵阳于 2014 年提出“构建以贵阳孔学堂、阳明洞、阳明祠三足鼎筑的贵阳精神大厦”。2015 年，云岩区以阳明祠为核心打造阳明文化街区，积极推进阳明文化公园项目建设，并于 2016 年启动项目建设。阳明文化街区北靠贵州师范大学，南至南明河红岩路段，东临中天世纪城，西抵君子亭，毗邻栖霞社区。建成后，街区的非物质文化展示中心、民俗文化美食街、贵州名特优工艺品购物街、现代文化创意街等业态板块将为邻近的栖霞社区带来全新的发展机遇。

（二）栖霞社区的发展基础

1. 狠抓基层党建，深入联系群众

栖霞社区积极开展党建工作，深入联系群众，着重打好群众基础。积极举办党的群众路线教育实践活动，抓好“自选动作”，以主题鲜明、内容丰富的“八个一”活动（见图1），即每月一次“群众路线教育活动通报会”、每月一次“居民民情会议”、每月一次“治安工作评估会”、每周一次居民区卫生大扫除、每月一次居民文化体育活动、每月一次道德讲堂、每月一次志愿者主题活动、每月一次辖区环境整治行动为载体，积极推进落实党的群众路线教育实践活动，深化干部联系群众工作。

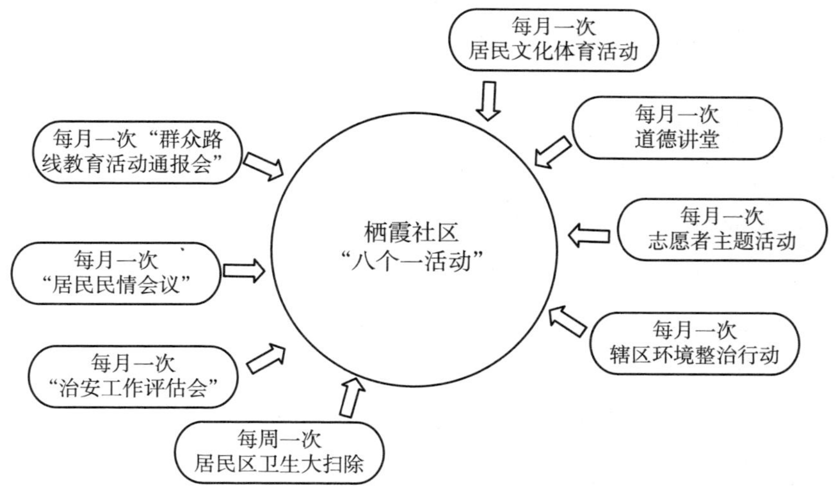

图1　栖霞社区“八个一”活动

落实“一把手”主体责任，抓党性教育和警示教育，落实谈心谈话制度；明确“一岗双责”，各部门每月组织一次“一岗双责”履职工作会议，组织民主评议。起用年轻党员骨干，实施党员骨干下派居委会挂职锻炼。从2015年6月起，栖霞社区每季度从社区服务中心党员骨干中选派1人到所辖居委会挂

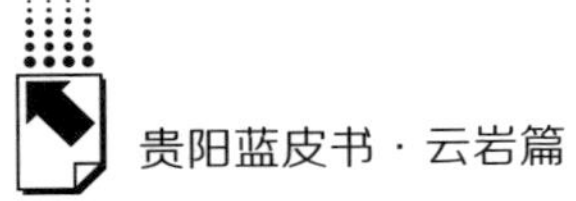

职锻炼，锻炼时间一般为3个月，出任“居委会党支部书记助理”“居委会党支部副书记”“居委会副主任”等职务，激发了年轻党员骨干工作活力。

2.实施惠民工程，提升居民满意度

“十二五”期间，栖霞社区积极实施各项惠民工程，提升了居民满意度。

加强社会治安综合治理，解决“治安差”问题。落实“两严一降”长效管理机制，实行“两严一降”工作“包保”责任奖惩制度；加强流动人口服务管理，形成治安防控联动机制，全面提升居民群众安全感和满意度。

大力改善居民生活环境。实施“新型社区·温馨家园”公益事业项目建设，改善居民老旧小区环境卫生差、基础设施落后、文体场所缺乏等问题；按照“三会一评”工作程序，积极争取“新型社区·温馨家园”公益事业项目经费，2015年完成大吉巷48号，旭东路21栋、22栋，栖霞小区等老旧小区整体改造及15处居民区化粪池改造项目；围绕修建小区休闲场地、绿化美化、环境整治、修缮单元防盗门、道路硬化、增设路灯等方面进行的改造建设，得到居民群众广泛支持和认可。

解决栖霞小区停水和居民用水困难问题。2015年，贵阳市东郊水厂水管爆裂，贵阳市自来水公司需对栖霞小区二次供水设备进行抢修，造成大量居民住户长期停水。为解决居民用水难题，社区党委及时成立专班人员做好社区维稳工作，并安排城管车辆每天为小区居民送水，得到了居民称赞。

二　栖霞社区转型发展面临的问题和挑战

（一）经济发展的局限性

栖霞社区服务中心成立时间短、底子薄、税源少，无大型企事业单位支撑，存在固定资产投资缺乏、社会消费品零售额偏少、财政收入总量偏低等问题。辖区内无已建成和在建的高、中档写字楼，无后续发展的拓展空间和资源，缺乏新的财税增长点，工商部门对“住改商”问题未明确，部分税源流失，小微企业无法落户，经济发展上具有很大的局限性。

（二）城市管理的严峻性

1. 房屋建设久远，道路基础设施薄弱

作为典型的老旧小区，栖霞社区房屋建设年代久远且规划混乱，部分楼房甚至建于 20 世纪 80 年代，而黔灵镇村民在巫峰山周边无规划修建房屋，造成巫峰山周边道路、环境、治安的巨大压力。栖霞社区道路基础十分薄弱。以旭东路为例，旭东路两旁属栖霞社区管辖范围，但黔灵镇东山村、西瓜村在此交错，导致村民、居民混合居住，给社区管理带来困难。附近只有小路和山路，道路等级不高，造成居民出行难问题。

2. 煤矿村租赁房多，流动人口管理困难

栖霞社区地处城郊接合部，村民、居民混居，且流动人口较多，给社区带来治安压力。尤其是煤矿村一带，农民在此无规划修建房屋，造成该区域布局十分混乱。煤矿村房屋老旧，最老的房子建于 1988 ~ 1989 年，基础设施相对老化，消防设备不完善，且房屋在极端天气时可能出现裂缝甚至倒塌，也成为危害居民安全的隐患。

（三）社会治安综合治理力量薄弱

栖霞社区社会治安综合治理力量较为薄弱，导致治安防控体系建设及动态管理难度增大。由于新建立的栖霞派出所存在责任区面积大、警力不足、警种配置参差不齐、装备较差等问题，社区在防控工作上难免存在死角和疏漏；加之巡逻队员素质参差不齐，工资待遇较低等，巡逻队员工作积极性差，造成社区社会治安防控体系建设相对滞后。

三　栖霞社区转型发展的路径探索

（一）民生改善实现新提升

1. 强化基础设施改造，促进硬件环境全面升级

继续实施“三年千院”公益项目，争取在五年内逐步对辖区老旧院落实施整体改造，全面升级改造社区整体环境，改善辖区居民的居住环境。对旭东路进行棚户区整体连片建设改造，解决城郊接合部基础设施差的问题；将旭东路纳入东山阳明文化园建设的设计范围，因势利导，解决老城区交通环境差、人文环境落后的问题；将所辖旭东路尽头打通，修建隧道或者道路，实现交通循环，解决城郊接合部人流量大导致的人车混杂、整治难度大的问题。

2. 加大环境整治力度，促进社区生活环境全面提质

为改善居民生活环境，栖霞社区应以网格为单位，建立完善绿地管护及保洁责任制；实施绿化美化工程，扩大绿地空间。对社区生活环境进行治理，实施垃圾分类摆放，定点投放废旧电池、建筑垃圾、餐饮垃圾等；社区内的企业在有排污许可证的情况下方可进驻，饮食服务业所产生的油烟经过处理并达标后方可排放；社区内车辆有序停放；新建建筑达到绿色建筑标准的比例不低于80%，新建、改扩建项目须严格遵循“三同时”，环保手续完善，并实行一票否决制。同时，社区应推进“多彩贵州·文明行动”环境整治工程，加强生态环境保护，优化人居环境，提升社区生活品质。

3. 开展“六助”活动，促进社会保障项目全面覆盖

为促进社会保障项目的全面覆盖，栖霞社区应把改善民生作为社会建设的重点。广泛开展“六助”活动（见图2），建立帮扶机制，对特殊困难群体给予医疗、教育、养老等方面救助；在就业保障方面，大力实施富民增收工程，促进创业带动就业；扩大社会保障覆盖范围，完善社会保障体系，夯实社会稳定基础。

图2　栖霞社区“六助”活动

（二）以惠民、乐民为出发点，打造“文化栖霞”

随着社区居民的需求由基础物质型向文化型转变，栖霞社区应顺应需求，打造“文化栖霞”。

1. 以“惠民”为根本，突出文化内涵

以“惠民”为根本，着力打造依托社区资源、突出文化内涵、具有社区特色的社区宣传文化活动。创新宣传手段，在栖霞小区沿路选址打造社区文化墙，使之成为传播精神文明、倡导文明新风的一个新阵地；同时，借助“新型社区·温馨家园”公益项目的推进，加快打造社区文化小广场，完善相关设施，让市民有一个健身、娱乐的好去处。

2. 以“乐民”为目的，丰富群众生活

开展形式多样、群众喜闻乐见的文化活动、民俗活动，把传统经典送到人们心里，在人们心里刻上民族印记，把“我们的节日”等活动过成文化节、爱国节，进一步弘扬中华传统美德。通过举办“最美阳台”、“文明楼院”、“文明家庭”和“教子有方”等评选活动，进一步增进邻里关系，不断提升居民群众对社区的认同感和归属感。同时，积极组织居民利用文化小广场开展体育比赛、歌舞表演等各种文化娱乐活动，逐步营造健康向上的社区文化氛围。

（三）以践行社会主义核心价值观为重点，打造“道德栖霞”

为加强精神文明建设，社区应以践行社会主义核心价值观为重点，打造“道德栖霞”。通过开展“和谐邻里”温情活动，引导社区居民进行邻里互助，建立和谐人际关系。

1. 营造未成年人健康成长环境

加大未成年人活动组织力度，以“祖国好·家乡美”“诵中华经典，唱优秀童谣”“做一个有道德的人”“文明小博客”等系列主题活动，关爱外来务工人员子女生活及学习；挖掘、整合社区资源，探索成立“社区实践指导站”；加强未成年人心理健康辅导站建设。

2. 依托“道德讲堂”，开展传播活动

认真组织学习宣传贵阳市的全国、全省、全市道德模范先进事迹，大力营造“讲道德、做好人”的浓厚氛围。充分发挥社区“道德讲堂”的作用，每月组织社区干部、居委会委员及辖区居民开展相应的道德主题活动，让道德真正从讲堂走向居民群众生活中，使社区道德讲堂发挥更加突出的作用。同时，发挥远程教育点传播面广的优势，开设“网络道德讲堂”，让更多的党员、干

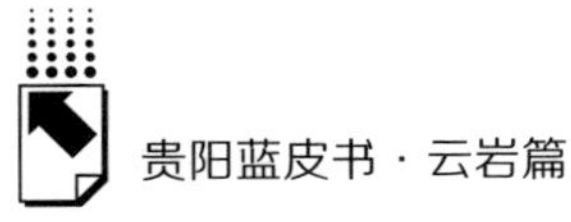

部、群众感受到社会主义核心价值观的精髓。

3. 以道德领域治理为重点，加快诚信建设步伐

开展道德领域突出问题专项教育和治理，以开展“崇德向善，明礼知耻”活动为载体，开展“文明餐桌”活动，开展“道德模范”“身边好人”“最美云岩人”推荐评选，着力解决诚信缺失、公德失范问题，推动形成讲道德、遵道德、守道德的良好道德风尚。

（四）“三大举措”服务企业，实现社区转型升级

聚集各方资源，达到“推动发展、服务群众、凝聚人心、促进和谐”的目的，坚持以共驻共建为基础，不断深化服务意识，创新服务举措，以服务挖潜力，以服务促发展，实现区域经济良性发展。建立驻街单位联席会议制度，加强联系，增进街企感情，在区域经济增长与企业发展上形成多方合力、资源共享的局面；形成社区经济工作主要负责人定期走访制度，由社区党政“一把手”分别带队轮流到驻区单位走访，直接与单位负责人沟通，了解企业困难，随时掌握企业运行动向，为其办实事、解难事，优化企业发展环境；送政策、送信息进企业，经济服务小分队及时将新的政策信息传送到相关的单位，积极为其牵线搭桥，引进人才、项目、技术，在引导驻区单位发展壮大的同时实现社区转型升级。

参考文献

《阳明文化街区演绎现代传承　打造独特的人文风景》，贵阳网，http://www.gywb.cn/content/2016－10/21/content_5350553.htm，2016年10月21日。

栖霞社区：《“十三五”时期云岩区栖霞社区发展规划》，2015。

栖霞社区：《贵阳市基层社区工作调查表》，2015。

B.17

立足历史文化　建设文化型社区

——云岩区中东社区“十三五”发展思路研究

摘　要：党的十八大以来，党中央高度重视精神文明建设，贵阳市在此基础上提出了要建设有文化厚度、文化温度的现代文明城市。本文通过对云岩区中东社区发展文化型社区资源优势的分析，总结了“十二五”期间中东社区在区域特色文化建设、转变作风建设、民生改善方面的创新实践，梳理了中东社区在建设文化型社区中面临的基础设施薄弱等问题与挑战，并在此基础上，充分借鉴其他地区建设文化型社区的经验，结合中东社区自身特点与发展优势，对中东社区在“十三五”期间建设文化型社区的路径进行思考并提出针对性建议。建设文化型社区是对我国社区转型发展的一种探索和创新，中东社区的探索对于社区转型发展具有重要的参考和借鉴意义。

关键词：历史文化　文化型社区　社区建设　中东社区

“十三五”时期，贵阳市将培育和践行社会主义核心价值观，加强社会主义精神文明建设，满足市民日益增长的精神文化需求，努力构建孔学堂、阳明洞、阳明祠“三足鼎筑”的贵阳精神大厦，把贵阳建设成为一座有文化厚度、文化温度的现代文明城市。云岩区在此基础上提出了“实施文化提升战略，提升城市文化内涵”的文化建设思路，将围绕阳明文化、时尚文化、生态文化、民族文化、红色文化等，深入挖掘具有云岩特色的文化资源。云岩区将通过品牌发展、市场运作、协同推进、特色引领，着力将云岩打造成为老贵阳文化的承载地和弘扬新贵阳文化的时尚都市中心。

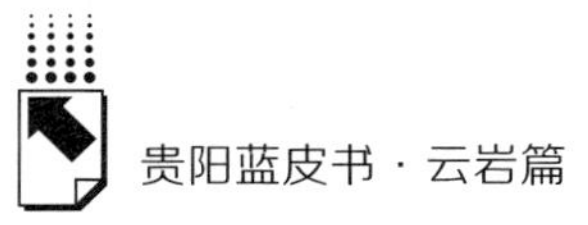

一 从“两大资源”看中东社区发展方向

中东社区拥有丰富的历史人文资源和社会文化资源，并且在“十二五”期间打造了“三大品牌”，为中东社区建设文化型社区打下了坚实的基础，创造了良好的条件。可以说，中东社区建设文化型社区符合自身在云岩区的定位，是发展的需要，更是大势所趋。中东社区基本情况见表1。

表1　中东社区基本情况

<table>
<tr><td rowspan="3">社区概况</td><td>辖区面积</td><td>1.4平方公里</td><td colspan="7">辖区人口</td></tr>
<tr><td rowspan="2">辖区范围</td><td rowspan="2">南：南明区大南社区
北：中华、黔东社区
西：中华社区
东：东山社区</td><td colspan="3">户籍人口</td><td>34832人</td><td>流动人口</td><td colspan="2">19580人</td></tr>
<tr><td>18岁以下</td><td>3656人</td><td>失学儿童</td><td>0</td><td>留守儿童</td><td colspan="2">0</td></tr>
<tr><td rowspan="3">科技和教育资源</td><td colspan="3" rowspan="2">科研院所</td><td colspan="2">幼儿园</td><td colspan="2">小　学</td><td colspan="2">初中高中</td></tr>
<tr><td>公办</td><td>民办</td><td>公办</td><td>民办</td><td>公办</td><td>民办</td></tr>
<tr><td colspan="3">1个</td><td>1个</td><td>1个</td><td>2个</td><td>1个</td><td>2个</td><td>0</td></tr>
<tr><td rowspan="3">社会资源</td><td colspan="4">辖区内单位</td><td colspan="5">辖区内社会组织</td></tr>
<tr><td>行政单位</td><td>事业单位</td><td colspan="2">企业（国有）</td><td colspan="2">孵化型（枢纽型）社会组织</td><td>专业型社会组织</td><td colspan="2">自发型（草根型）社会组织</td></tr>
<tr><td>2个</td><td>14个</td><td colspan="2">—</td><td colspan="2">1个</td><td>1个</td><td colspan="2">—</td></tr>
<tr><td rowspan="2">体育文化休闲餐饮住宿设施</td><td>体育场（馆）</td><td>影剧院</td><td>广场</td><td>公园</td><td>图书市场、书店</td><td>50平方米以上饭店、餐馆</td><td>旅店、招待所</td><td colspan="2">写字楼</td></tr>
<tr><td>—</td><td>2个</td><td>1个</td><td>—</td><td>—</td><td>38个</td><td>34个</td><td colspan="2">2个</td></tr>
<tr><td rowspan="3">医疗卫生资源</td><td rowspan="2">综合医院</td><td rowspan="2">专科医院（诊所）</td><td rowspan="2">妇幼保健院</td><td rowspan="2">急救中心</td><td rowspan="2">疾控中心</td><td rowspan="2">社区卫生服务站</td><td rowspan="2">辖区药店</td><td colspan="2">养老机构</td></tr>
<tr><td>公办</td><td>民办</td></tr>
<tr><td>2个</td><td>—</td><td>—</td><td>—</td><td>—</td><td>1个</td><td>—</td><td>—</td><td>1个</td></tr>
<tr><td rowspan="2">困难群体与特殊人群</td><td>失业人员数</td><td>退休人数</td><td>60岁以上老人</td><td>残疾人</td><td>低保人员</td><td colspan="2">刑释解教人员</td><td colspan="2">吸毒人员</td></tr>
<tr><td>—</td><td>—</td><td>8499人</td><td>—</td><td>1141人</td><td colspan="2">82人</td><td colspan="2">579人</td></tr>
</table>

资料来源：表格数据由中东社区提供。

（一）“两大资源”凸显发展优势与导向

1. 丰富的历史人文资源

中东社区辖区内文化底蕴深厚，风景名胜和文物古迹集中。辖区内不仅有文昌阁、虎峰别墅等文物保护点，还有文昌街、贵山街等7条文化老街；君子巷、莲花巷等11条富有人文气息的老巷子（见表2）。中东社区独有的历史人文资源，是发展文化型社区的基础与优势所在。

表2　中东社区文化资源

文物保护点	文昌阁、虎峰别墅、华家阁楼、中共地下党贵州省工委旧址、八路军驻贵阳办事处
文化老街	文昌街、贵山街、蔡家街、电台街、弯弓街、竹筒街、文笔街
文化巷子	君子巷、莲花巷、鸿雁巷、东山巷、洙泗巷、慈庵巷、荷叶巷、金融巷、传书巷、东临巷、芙蓉巷

2. 丰富的社会文化资源

中东社区辖区集聚各类科教文体事业单位，社会资源丰富，有贵州省游泳学校、贵阳日报社、贵阳市教研所、贵阳二中、贵阳十中、省府路小学、东山小学、贵阳市中心幼儿园等省级和市级科教文体事业单位。这些单位是建设文化型社区的重要资源之一，也是发展文化型社区的一大优势和有力保障。

（二）“十二五”时期中东社区创新实践与亮点

1. 突出区域特色，打造多彩文化品牌

中东社区利用辖区历史文化资源，积极打造文化品牌（见图1）。为突出区域差异性、唯一性和功能性，中东社区充分利用辖区文昌阁等历史文化古迹，根据地域特色与群众需求，积极挖掘辖区文化内涵，找准服务重心，确立高定位，制定个性化规划，成功创建了“文化社区”品牌。

中东社区经常举办各类文化活动。定期开展“社区小舞台”活动，丰富群众文化生活；从2013年起，中东社区连续举办“美化中东·社区正能量”墙绘大赛，在倡导文明健康新风尚的同时，也营造了社区文化氛围；依托社区文化站，组建各具特色的合唱队、舞蹈队、健身队等老年文体队伍10支，参

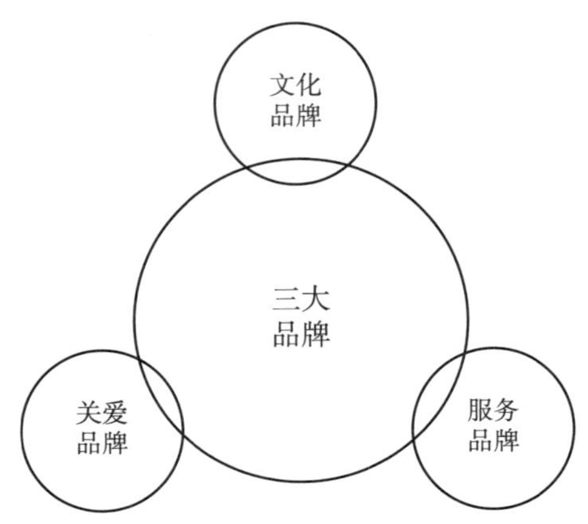

图1　中东社区打造“三大”品牌

与人员有200余人，多次在市、区文艺演出、体育竞赛中获奖；定期开展群众喜闻乐见、便于参与的社区文化艺术活动；2013年，中东社区在文昌阁广场推广“无声广场舞”，解决了群众反映强烈的广场舞噪音问题，受到了中央电视台和贵州电视台、贵阳日报等多家媒体的关注与报道。①

2. 转变作风建设，打造服务品牌

落实党员领导干部“一岗双责”，加强自身建设和干部“八小时之外”管理，进一步提高党员自身党性修养；扎实开展教育实践活动“回头看”，针对查找出的“四风”问题抓好整改落实；充分运用楼群院落座谈会、党员群众交心会，听取群众意见，将党员干部服务群众“最后一公里”变成“零距离”。

通过整合辖区工作队伍、单位职工、志愿者等多方力量，协同辖区网格管理员，做好党建指导员、政策宣传员、矛盾调解员、民意信息员、警务巡查员等的各项工作，进一步优化了社区服务的资源，提高了党员志愿服务品牌知晓率，使群众满意度得到大幅提升。

3. 关注民生问题，打造社区关爱品牌

中东社区根据不同群众的各类需求，确定了不同的惠民项目。打造了“社区爱心帮帮帮”品牌，帮助辖区群众办实事，解决民生、治安等问题70

① 云岩区中东社区：《云岩区中东社区“十三五”规划》，2015。

余项，投入自筹资金 23 万余元，得到群众的一致好评；组织辖区企业开展爱心帮扶活动，积极筹建社区“爱心认购室”互助平台，通过发动社会各界人士捐赠、认购书画等工艺品的形式，积极组织辖区单位、党员进行爱心认购；建立“社区爱心基金”，积极帮扶辖区困难群众，在物质上给予他们帮助。中东社区还通过“在职党员到社区报到服务”活动，促使贵阳市、云岩区在职党员分别认领政策咨询、困难帮扶等岗位，通过义务巡逻、捐款捐书、扶残助老、志愿帮扶等形式，广泛开展志愿活动。

二　中东社区建设文化型社区面临的问题与挑战

虽然中东社区在“十二五”期间已经为建设文化型社区打下了良好基础，各项优势也愈加突出，但不可否认的是，中东社区仍然面临基础设施薄弱、管理难度升级等问题，这些都是中东社区进一步扩大发展成果的瓶颈。

（一）基础设施薄弱：老旧院落多，棚户区范围广

中东社区地处贵阳老城区，辖区内房屋多为 20 世纪 70 年代、20 世纪 80 年代的老旧房屋。随着贵阳城市的发展，辖区内老旧小区下水道老化问题尤为突出。由于下水管道狭窄，下水道堵塞现象经常发生，临时性的清掏、疏通并不能根治，问题反复出现，辖区内老旧的城市管网已不能适应城市发展的需要。中东社区棚户区范围广、改造难度大。辖区老旧小区 2/3 的面积都是棚户区，改造进度缓慢。

（二）管理难度大：物业脱管，治安、卫生、占道经营问题突出

中东社区辖区内有独立物业管理的小区只有 3 个，其余的全是分散的院落，其中没有值班室的院落就有 17 个。社区因此专门从经费中拿出一笔资金作为补贴，为没有值班室的院落聘请附近居民进行看守。① 此外，中东社区在治安、卫生、占道经营方面问题突出。中东社区辖区背街小巷、旧房旧楼较

① 《云岩区中东社区“十三五”发展思路》，2015。

多，人口流动性大，因此发案率较高，导致治安管理难度大；辖区卫生虽然一直在不断整治，但由于辖区内流动人口较多，乱丢乱扔现象十分普遍，给卫生治理带来较大难度；辖区内的流动小商小贩多，占道经营问题十分突出。

（三）社区职能转变不到位：机制不健全，职能不完善

由于新型社区体制机制尚未理顺，各项工作进入社区的准入制度还不健全，工作任务没有经过严格把关，各个职能部门分派到中东社区的任务多。一方面，一些职能部门仍然延续过去“街居制”的工作模式，把原本只需要中东社区协助的工作任务当成“硬指标”，给中东社区下达的任务各式各样，过多地占用了社区工作资源。另一方面，由于现在邻近的东山社区是由以前的中东社区分离出去的，虽然原来的社区已经一分为二，但实际上两个社区派出所的工作还没有实现完全分离。中东社区派出所主要负责对两个社区进行违法打击，而东山社区则主要负责户籍管理和行政事项，两个派出所各自职能的不完善，降低了整体服务效率。

三　立足历史文化资源，建设文化型社区发展思路的探讨

“十三五”期间，中东社区应抢抓贵阳市作为第二批国家公共文化服务体系示范区中西部地区省会整体创建城市的重要发展机遇，发挥自身资源禀赋，突破瓶颈，在建设文化型社区的道路上探索出独具特色的模式。

（一）正确理解文化型社区建设的内涵

1. 以文化为导向，树立社区新风貌

抓住建设文化型社区的机遇，对老旧小区和旧街区进行改造提升。在改造提升的同时，主动融入与中东社区文化相符合的主题元素，充分利用特色文化，建成历史文化街区，打造美丽新社区。

以生态文明建设为契机，树立社区新风貌。深入开展生态文明建设，通过“最美阳台”“最美花园”等评选活动的开展，提升居民群众参与生态文明建

设的积极性，推广健康生活方式，营造良好的生态文明宣传氛围。对辖区内的5个居委会、3条主干道、9条次干道和10余条背街小巷进行全方位治理，落实沿街经营户“门前三包”工作；对条件成熟的小区，封闭垃圾通道，实行袋装化垃圾转运，让社区风貌焕然一新。①

2. 以文化为内核，提升居民素质

通过社区居民微信群、板报、简报、宣传栏等形式，向辖区居民积极广泛宣传文化建设的目的、意义，调动广大居民参与创建文化型社区的积极性，做到中东社区建文化型品牌社区家喻户晓，人人皆知。同时，利用文化型社区的创建来丰富中东社区居民的精神生活，以文化品牌的创建熏陶辖区广大居民，使他们的日常行为更加规范。

（二）中东社区建设文化型社区的路径

1. 强化基础设施建设，尤其是公共文化型基础设施

加强辖区基础设施建设，场地上应达到一定的规模，功能上应具备综合性。重点加强公共文化型基础设施的建设，其中包括中东社区阅读室、健身场所、文化娱乐场所等公共文化设施的建设。建立标志性文化设施，在建筑风格上体现中东社区的特色文化。

2. 健全人才基础保障，提升文化服务水平

加强文化服务人才队伍的建设，一只手抓专业文化型社区工作人才队伍建设，另一只手抓业余文化型社区工作人才队伍建设（见图2）。

在专业文化型社区队伍建设方面，不断提高社区文化管理队伍的素质，可以向社会招聘有志于从事社区文化事业的青年人，也可安排高校相关专业学生到中东社区实习；在业余文化型社区队伍建设方面，以社区内文化工作积极分子为重点，建立一支社区文化志愿者队伍，通过有效管理，制定相关激励机制，充分发挥志愿者的特长，使社区文化各领域的建设更具有生机和活力。

3. 强化经济服务职能，有效推动文化创意产业发展

针对辖区内历史文化街区所拥有的独特文化资源，结合我国文化产业的具

---

① 尹栾玉、王红英：《创新社区公共服务体系的贵阳实践》，《社会治理》2015年第1期。

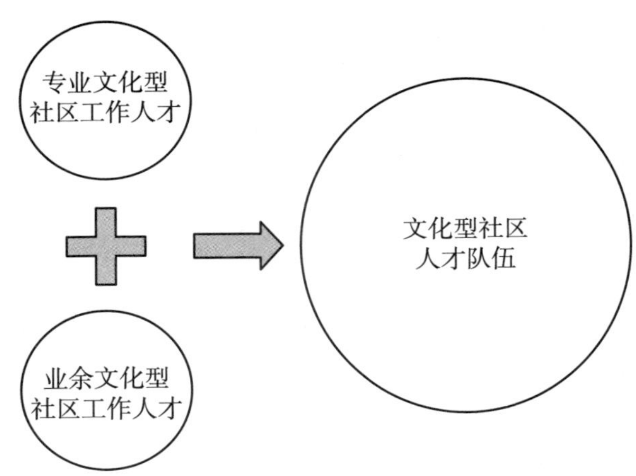

图2　文化型社区人才队伍构成

体分类，选择与文化相关的业态，将文化艺术服务业，文化休闲娱乐服务业，文化用品及相关文化产品的生产、销售作为辖区历史街区的支柱型文化产业进行培育与扶持。①

4. 建立健全社区文化管理机制

为营造“文化共建”氛围，中东社区应注重完善四个机制。完善组织领导机制，建立文化建设领导机构；完善工作运行机制，在政府引导下由社区热心居民自发组织并进行探索；完善资源共享机制，动员驻区单位共同承担发展文化型社区的责任，鼓励各辖区单位将本单位文化设施向辖区居民开放；完善文化传播机制，充分利用并发挥社区阅报栏、科普画廊、文化中心等媒介的宣传功能。

参考文献

白晰：《城市文化型社区建设研究——以北京市朝阳区文化型社区建设为例》，硕士

① 白晰：《城市文化型社区建设研究——以北京市朝阳区文化型社区建设为例》，硕士学位论文，中国地质大学（北京），2007。

学位论文，中国地质大学（北京），2007。

沈丽：《历史街区之文化型社区建设的“3W”模式》，《法制与社会》2007 年第 11 期。

顾荣刚：《贵阳市新型社区治理的问题、原因及对策》，《中共贵州省委党校学报》2015 年第 2 期。

尹栾玉、王红英：《创新社区公共服务体系的贵阳实践》，《社会治理》2015 年第 1 期。

云岩区中东社区：《中东社区“十三五”规划工作报告》，2015。

B.18

立足文化优势 建设“知行合一”文明社区

——云岩区东山社区“十三五”发展思路研究

摘　要：　阳明文化是东山社区的精神文化象征，东山社区在“十二五”期间的贵阳城市基层管理体制改革中，坚持“知行合一”的精神，创建温馨家园，重视社会治理，做好为民服务。本文从东山社区成立以来取得的成绩入手，在分析了社区在管理运行中面临的工作权限与服务内容、队伍建设与服务需求、经费保障与发展需求等矛盾的基础上，探讨了东山社区“十三五”期间建设“知行合一”文明社区的发展路径，以期提供借鉴与参考。

关键词：　东山社区　阳明文化　民主管理　文明　宜居

一　东山社区建设阳明文化社区的发展基础

（一）组织机构渐完善

东山社区隶属贵阳市云岩区，成立于2012年4月。社区组织按照“一委一会一中心”格局搭建，其中党委班子成员为4人，包括党委书记、中心主任、党委副书记、中心副主任，下设党政工作部、城管管理服务部、群众工作部、社会事务工作部、“一站式”服务大厅5个服务机构。自社区挂牌以来，先后被授予云岩区“五好”基层党组织、云岩区“五好”关工委、云岩区先进基层人民武装部等荣誉称号，2014年社区完成贵阳市、云岩区两级“三创一强一提升”温馨家园创建活动并成功通过验收。

（二）生活服务设施齐全

东山社区环境优美，宜游宜居。辖区内有贵州省公安厅、贵阳市二十八中、黔阳明文化产业有限公司等机关企事业单位，旅游景点2个（阳明祠、仙人洞），个体经营户452家。银行、学校、酒店、卫生服务中心、超市、农贸市场等生活服务设施一应俱全，规划布局合理，生活方便快捷。东山社区基本情况见表1。

表1　东山社区基本情况

<table>
<tr><td rowspan="3">社区概况</td><td>辖区面积</td><td>3.4平方公里</td><td colspan="7">辖区人口</td></tr>
<tr><td rowspan="2">辖区范围</td><td rowspan="2">北抵仙鹤路，南达月亮岩路，西邻宝山北路，东至东山路1号</td><td colspan="3">户籍人口</td><td>14291人</td><td>流动人口</td><td colspan="2">4018人</td></tr>
<tr><td>18岁以下</td><td>1455人</td><td>失学儿童</td><td>—</td><td>留守儿童</td><td colspan="2">—</td></tr>
<tr><td rowspan="3">科技和教育资源</td><td colspan="2" rowspan="2">科研院所</td><td colspan="2">幼儿园</td><td colspan="2">小　学</td><td colspan="3">初中高中</td></tr>
<tr><td>公办</td><td>民办</td><td>公办</td><td>民办</td><td>公办</td><td colspan="2">民办</td></tr>
<tr><td colspan="2">0</td><td>0</td><td>1个</td><td>0</td><td>0</td><td>1个</td><td colspan="2">0</td></tr>
<tr><td rowspan="3">社会资源</td><td colspan="4">辖区内单位</td><td colspan="5">辖区内社会组织</td></tr>
<tr><td colspan="2">行政单位</td><td>事业单位</td><td>企业（国有）</td><td colspan="2">孵化型（枢纽型）社会组织</td><td>专业型社会组织</td><td colspan="2">自发型（草根型）社会组织</td></tr>
<tr><td colspan="2">1个</td><td>1个</td><td>0</td><td colspan="2">0</td><td>0</td><td colspan="2">0</td></tr>
<tr><td rowspan="2">体育文化休闲餐饮住宿设施</td><td>体育场（馆）</td><td>影剧院</td><td>广场</td><td>公园</td><td>图书市场、书店</td><td>50平方米以上饭店、餐馆</td><td>旅店、招待所</td><td colspan="2">写字楼</td></tr>
<tr><td>0</td><td>0</td><td>1个</td><td>1个</td><td>0</td><td>6个</td><td>7个</td><td colspan="2">0</td></tr>
<tr><td rowspan="3">医疗卫生资源</td><td rowspan="2">综合医院</td><td rowspan="2">专科医院（诊所）</td><td rowspan="2">妇幼保健院</td><td rowspan="2">急救中心</td><td rowspan="2">疾控中心</td><td rowspan="2">社区卫生服务站</td><td rowspan="2">辖区药店</td><td colspan="2">养老机构</td></tr>
<tr><td>公办</td><td>民办</td></tr>
<tr><td>0</td><td>0</td><td>0</td><td>0</td><td>0</td><td>1个</td><td>5个</td><td>0</td><td>0</td></tr>
<tr><td rowspan="2">困难群体与特殊人群</td><td colspan="2">失业人员数</td><td>退休人数</td><td>60岁以上老人</td><td>残疾人</td><td>低保人员</td><td>刑释解教人员</td><td colspan="2">吸毒人员</td></tr>
<tr><td colspan="2">651人</td><td>—</td><td>3176人</td><td>288人</td><td>1479人</td><td>2人</td><td colspan="2">202人</td></tr>
</table>

资料来源：表格数据由东山社区提供。

（三）单位资源强集聚

近年来，东山社区以阳明祠为驻区单位活动阵地，整合辖区单位资源，举行驻区单位联盟活动，先后举办了“元宵灯谜”“京剧进社区”“庆七一，心连心”等大型活动40余次，增加了辖区企事业单位之间的交流和沟通，促进了社区和谐发展。以党员奉献社区活动为主题，壮大爱心志愿者服务队伍，传递正能量。目前东山社区注册志愿者为1977人，志愿者家庭为802户，开展志愿服务活动80余次，平均服务时长为30小时。①

以阳明祠道德讲堂总堂为基地，建设社区“道德讲堂”，结合总堂主题内容宣讲活动，每月开展一次“礼、义、孝、廉、自强”宣传教育活动，活动以社会主义、爱国主义、集体主义、理想信念、民主法治、社会主义核心价值观及十八届三中全会、十八届四中全会、十八届五中全会依法治国为主要内容，有效增强党性观念，进一步树立社区以人为本、民生为重的理念，牢固确立以爱岗敬业、诚实守信、办事公道、服务群众、奉献社会为主要内容的职业道德。

（四）居住条件有改善

在“温馨家园”项目中，东山社区修建了达兴小花园及综合文化小广场，对达兴花园小区200米下水道、6000平方米路面投入120余万元进行修复改造，在达兴小区、怡景苑小区、东山小区、警苑小区增设文体设施7套，投入了40多万元资金，规范了达兴小区停车线，修建了停车场，投入3000余元改造警苑小区外环境墙面，增设170个环保垃圾桶，投入12万元资金修葺和增设居民小区垃圾池，根据贵阳市群工委的“三年千院”计划投资80余万元修建武警3号院。结合“社会综合治理及整脏治乱长效管理‘154’行动计划”，以宣传引导、市容秩序整治、绿化、环境卫生整治、食品安全整治、重点场所卫生整治、农贸市场的整治、健康教育宣传、病媒生物防制等为重点展开攻坚，有效整治辖区“脏乱差”问题。②

---

① 东山社区：《“十三五”时期东山社区发展思路》，2015。

② 同上。

（五）治理水平稳提升

东山小区在重点地段设置值班室1个、警灯装备3个、门禁系统1个、照明灯20盏，在达兴小区及豪力新村小区投入21万元增设物防设施监控探头38个，在达兴小区内修建了值班室，新安装了两扇防盗门，共计6000余元，投资了2万余元重新修建了围墙，大大改善了小区物防设施，增加了群众的安全感。深入开展“两严一降”“大宣传”“大走访”活动，社区社会治安综合治理水平得到了大幅提升，居民群众安全感和满意度均为96%以上，社区无重大安全事故发生。①

（六）服务范围广覆盖

东山社区以百姓福祉为奋斗目标，充分发挥社区“托底”功能，成立“一站式”服务大厅，打造“15分钟生活服务圈”服务平台，开设“互邻之家”“小学生四点半课堂”“残疾人康复之家”“少年之家”等服务群众新方式，发放21部特殊老人手持终端专用手机以及特殊设备，解决了辖区特殊老人的出行后联络问题，大力面向老弱病残等困难群体提供社会救助服务，在节假日期间走访辖区空巢老人、困难老人，利用社区劳动保障平台，大力为下岗失业人员提供再就业服务，营造了温馨和谐社区氛围。②

二　东山社区管理与服务面临的三大矛盾

（一）工作权限与服务内容矛盾

贵阳市《关于进一步加强和改进社区工作的十条具体意见》规定“社区服务管理机构即社区服务中心，是区（市、县）人民政府在社区设立的从事公共服务和社会管理的机构，直接受区（市、县）人民政府领导”。在新的体制下，社区服务中心并无行政执法权，在工作中只是接受各职能部门的委托或

---

① 东山社区：《“十三五”时期东山社区发展思路》，2015。

② 同上。

是充当行政职能“传递者”的角色。

社区工作重点转到社保就业、计划生育、社会治安综合治理、信访工作、城市管理、安全生产等方面之后，工作难度不断增大，需要社区服务中心承担的工作远超过179项。例如，在城市管理中，社区服务中心“既要当裁判员也要当运动员”，社区服务中心引导困难群体自主创业、自力更生，但是困难群体占道经营时也要去批评、处理。

（二）队伍建设与服务需求矛盾

社区人才队伍不稳定，服务群众的水平有待提高。目前社区在编人员有23人（含事业编制人员12人），其中45岁以上的干部有14人，占比达61%，除在编人员外社区临聘人员有30人。随着工作难度的不断增大，在依法行政的大环境下，多数干部年龄偏大、文化水平偏低，综合能力跟不上时代发展的要求，还是采取“老办法”的工作模式，工作效率低。

聘用人员流动性大。社区聘用人员工资基本上是按照网格员的标准发放，相对目前的生活水平和企业工资标准偏少，面对社区繁重的事务，聘用人员时常加班加点，他们不仅牺牲了休息时间而且往往还没有加班费。此外，队伍动力不足。目前事业编制人员占在编人员50%，因特殊的身份，职业发展受到限制，部分人员工作存在“做一天和尚，撞一天钟”的现象，工作积极性不高，另外，在聘用人员中，部分人员只是把社区当成实习点和跳板，心思一直放在公务员或事业单位招考上。

（三）经费保障与发展需求矛盾

由街道办事处变更为社区服务中心之后，社区不再具有经济职能，每月的经费大致为12万元。由于经济基础较差，东山社区开展各项工作时经费比较紧张，这成为影响社区建设快速发展的瓶颈之一。例如，社区服务中心在开展“平安建设”时，打算将辖区分为若干小型院落以方便管理，但由于经费不足，无法开展。

此外，社区干部的薪资水平普遍比较低，而且经费的缺口较大。但同时社区担负着计划生育、综合治理、民政低保、社会就业、公共卫生等职责及政府各职能部门临时安排的各种行政事务，工作压力大、难度高。而社区经费投入少，也导致社区服务设施不全，硬件设施跟不上，开展服务的效果也相对较差。

三　东山社区建设“知行合一”文明社区的路径探讨

（一）夯实党建基础，发挥基层组织作用

以党组织为核心、党建工作为引领，完善社区党建“四三三”工程，不断夯实社区党建基础，扩大社区“大党委”、轮值主席制影响力，充分发挥基层党组织的凝聚力和战斗堡垒作用。围绕“三个服务”，推动党建科学发展。以加强基层服务型党组织建设为主线，党委服务支部、支部服务党员、党员服务群众，全面深化党的建设，加强党的组织建设，不断提升党建工作水平。坚持“围绕党建抓服务，提升服务促和谐”的工作思路，创新工作方法，提高服务群众能力。

以“三个服务”“三个起来”为活动载体，创新党建工作机制，积极打造阳明祠党支部非公党建先锋带，依托阳明公园整体规划和城市设计，建立图书小站，开设“道德讲堂”“大学生实践基地”，建立“非公党员之家”，让企业党员找到归属感，增加企业的凝聚力，提升企业的竞争力，使其具有品牌效应。组建党员志愿者爱心服务队，通过健全党员志愿服务网络、丰富党员志愿服务内容、拓展党员志愿服务形式、规范党员志愿服务运行管理，扎实开展党员志愿服务活动，打造一批影响广泛、群众欢迎的党员志愿服务品牌，构建一套特色鲜明、社会认可的党员志愿服务体系。

深入推进建设“党员家庭亮户”的亮点工作，使党员身份“亮”出来，服务群众“干”起来，关键时刻“站”出来，先锋形象“树”起来，从而把创先争优活动落到实处，充分发挥广大共产党员在“守底线、走新路、打造升级版”中的先锋模范作用，扎实推进“新型社区·温馨家园”建设，促进东山社区健康和谐发展。

（二）建强民主管理，建立多元管理体系

积极探索创新，搭建多样的民主管理机构，以友邻之家、社区和谐促进

会、小微组织联合会等各类社会组织为平台，将社会治理触角延伸，弥补行政服务管理的短板，整合辖区各类资源，致力于维护社会和谐。在辖区3个居委会完善居民委员会监督委员会建设，充分发挥监督、协助作用，让民主管理真正落到实处。指导和监督辖区业主委员会开展好各项工作，将民主管理贯彻到居民小区这一更基础的社会管理单元中。

以居委会为单位，搭建物业管理联合会、驻区单位联合会、综合治理联合会等民主管理机构，实现民主管理形式的多元化。不断完善居民议事会、“三述一评”等民主制度，探索发展以“引导群众参与、整合辖区资源、充分发挥社区引领作用”为核心的民主管理形式，努力实现建设民主管理型宜居社区的目标。加强居委会的信息化建设，实现政务管理、事务办理、服务受理运作方式网络化，选派毕业大学生到居委会实习，发挥其积极作用。

（三）着力改善民生，促进和谐社区建设

抓好政策落实，以“四民工程”为载体，深入开展惠民工程服务，改善民生，逐步建立完善、有力的社区服务保障体系。利用社区劳动保障平台，对下岗失业职工就业和生活状况进行调查摸底、建档立案，始终保持零就业家庭动态目标为零。通过提供再就业岗位的咨询、培训、信息服务，为就业困难人员提供针对性的服务和援助。

完善以城乡低保临时困难救助、医疗救助为基础的社会救助保障体系，做到“救助”有保障。建立和完善老年人管理与服务体制，切实提高老年人的精神文化水平，做到“养老”有保障。加大残疾人合法权益保障力度，形成全社会关心、尊重和帮助残疾人、低保户、优抚对象等特殊人群的社会风尚，帮助有劳动能力的特殊人群就业，开展社会救助工作，使特殊人群享受社会发展成果，做到“特殊人群”有保障。

广泛宣传城镇职工基本养老、医疗、生育、工伤、失业保险、城乡居民基本养老、医疗保险等社保政策，积极推进社保扩面征缴，做好退休人员社会化管理，做到“保险”有保障；深入宣传经济适用房、公共租赁住房等各项住房保障政策，严格执行住房保障准入制度，优化审核流程，全力扩大政策覆盖面，做到“住房”有保障。

（四）实施安民工程，深化平安社区建设

以创建“无毒、无传、无邪”社区为目标，以安民工程为抓手，打造平安温馨型社区，提升群众满意度。深化“两严一降”专项工作，以创建“平安社区”为载体，筑牢平安基础，以法制化、制度化、常态化助推“以房管人”。实现案件明显下降、社会治安明显好转、人民群众安全感稳步上升的目标。

实行社区戒毒、社区康复人员逐步完成生理脱毒、身心康复、就业安置、融入社会的“四位一体”机制。把“无毒害”创建活动与“两严一降”、精神文明创建、生态文明创建等活动有机结合，在巩固已有“无毒居委会”“无毒学校”“无毒单位”“无毒家庭”的基础上，努力完成“无毒居委会”创建工作，实现吸毒人员查处率、强制隔离戒毒执行率、出所管控率、社区戒毒社区康复执行率、戒断三年未复吸率等稳步提升。

完善数据信息研判机制，加大流动人口信息的采集、录入工作力度，落实流动人口 24 小时比对机制，完善流动人口重点人员管理机制，五年内实现流动人口、房屋登记备案、居住证办理登记率达到98%，实现“零传销”社区创建。扎实推进“无邪教创建”活动，五年内达到“无邪社区”目标。

（五）落实综合治理，推动宜居社区建设

进一步完善城市管理体制机制建设，更加重视制度创新，全方位、系统性建设社区城市管理体系，推进社区城市管理不断完善。深入开展社区生态文明建设，通过“最美阳台”“最美花园”等评选活动的开展，提升居民群众参与生态文明建设的积极性，推广健康生活方式，通过开展“国际家庭日宣传”“文明交通宣传”“无烟日义诊”活动，营造良好的生态文明宣传氛围。

进一步建立和完善城市管理绩效评估机制。提升社会和居民群众对城市管理工作的评价，提高企业、商户、居民、媒体等对社区城市管理的信任度和满意度。与相关部门做好沟通协作，加强社区城市管理执法队伍建设，通过社区微信群，及时通报信息，实现第一时间处理问题，加快城管问题的处置，促进管理程序的高速快捷。

进一步发挥社区党员志愿者义务巡逻队的作用，加强引导，做好社区环境

卫生、市容秩序、市政设施管理及安全生产等工作，建立长效管理机制。进行持续治理，全面提升城市形象，全面巩固、提升、扩大“创卫”成果，使城市面貌迈上新台阶，通过完善管理标准、全面落实网格化管理，实现数字化、精细化、制度化、信息化的城市管理新常态，建立生态优美的社区环境，为居民提供美好的环境卫生，提升居民生活舒适度、满意度。

（六）推行数字管理，探索高效社区建设

以人为本，通过大数据、电子商务平台的引进，让社区管理更加高效，居民的生活更加便捷、人性化。抢抓贵阳市大力发展“互联网+”和电子商务的机遇，积极探索“电子商务+社区”模式的建立。用好政策，以远程教育平台助推社区电商服务中心店，以社区网站、微信公众号、社区微博公众号为基础，营造好社区环境，大力培育扶持社区电子商务业态发展。

结合网格化数字管理平台，创新网格化服务管理运行模式，运用于社会治理的方方面面，实现服务精细化。变被动管理为主动服务。打造社区“党建云”，建立社区网上党校，开辟党员学习数字化终端，实时掌握党员学习数据，运用数据评估考核学习效果，逐步提高党建工作效率。

参考文献

景洪胜、赵娜：《浅谈社区基础设施建设对社区环境的意义》，《中国科技博览》2012年第24期。

石正义、邓朴、彭文龙：《公共服务市场化进程中的多元主体模式分析》，中国行政管理学会年会暨“政府行政能力建设与构建和谐社会”研讨会会议论文，兰州，2005。

B.19

以提升服务管理能力为本推动旧城社区转型发展

——云岩区普陀社区“十三五”发展思路研究

摘　要：随着新型城镇化建设的不断推进，城市的形态正在发生变化，城市社会治理的对象愈发复杂化多元化。作为贵阳市的老城区之一，云岩区正在经历“疏老建新”，多种治理问题凸显。在这一背景下，本文对普陀社区的“十三五”思路进行调查研究，总结该社区的主要特点与发展基础，以及当前运行过程中面临的问题与挑战。在此基础上，对该社区“十三五”的发展思路进行探讨。

关键词：旧城改造　社区转型　基层服务管理　普陀社区

一　从“疏老城、建新城”认识普陀社区的特点与发展基础

（一）普陀社区是典型的旧城社区

1. 区位地段繁华

普陀社区服务中心位于贵阳市中心繁华地段，东临延安西路，西到宝山北路，南至中华北路，北抵大营路。由和平路、普陀路、友谊路、沙河街、宝山北路、金波路、虎门巷、敦临巷、照壁巷、相宝巷等主要街巷组成，是一个小商贸、小餐饮较繁荣的商业区（见表1）。

表 1 普陀社区基本情况

<table>
<tr><td rowspan="3">社区概况</td><td>辖区面积</td><td>2.2 平方公里</td><td colspan="7">辖区人口</td></tr>
<tr><td rowspan="2">辖区范围</td><td rowspan="2">东临延安西路，西到宝山北路，南至中华北路，北抵大营路</td><td colspan="3">户籍人口</td><td>25137 人</td><td>流动人口</td><td colspan="2">6778 人</td></tr>
<tr><td>18 岁以下</td><td>4127 人</td><td>失学儿童</td><td>0</td><td>留守儿童</td><td colspan="2">10 人</td></tr>
<tr><td rowspan="3">科技和教育资源</td><td colspan="3" rowspan="2">科研院所</td><td colspan="2">幼儿园</td><td colspan="2">小　学</td><td colspan="2">初中高中</td></tr>
<tr><td>公办</td><td>民办</td><td>公办</td><td>民办</td><td>公办</td><td>民办</td></tr>
<tr><td colspan="3">—</td><td>2 个</td><td>1 个</td><td>1 个</td><td>—</td><td>—</td><td>—</td></tr>
<tr><td rowspan="3">社会资源</td><td colspan="4">辖区内单位</td><td colspan="5">辖区内社会组织</td></tr>
<tr><td>行政单位</td><td>事业单位</td><td colspan="2">企业(国有)</td><td colspan="2">孵化型(枢纽型)社会组织</td><td>专业型社会组织</td><td colspan="2">自发型(草根型)社会组织</td></tr>
<tr><td>—</td><td>—</td><td colspan="2">2 个</td><td colspan="2">—</td><td>—</td><td colspan="2">—</td></tr>
<tr><td rowspan="2">体育文化休闲餐饮住宿设施</td><td>体育场(馆)</td><td>影剧院</td><td>广场</td><td>公园</td><td>图书市场、书店</td><td>50 平方米以上饭店、餐馆</td><td>旅店、招待所</td><td colspan="2">写字楼</td></tr>
<tr><td>—</td><td>—</td><td>1 个</td><td>—</td><td>—</td><td>50 个</td><td>15 个</td><td colspan="2">5 个</td></tr>
<tr><td rowspan="3">医疗卫生资源</td><td rowspan="2">综合医院</td><td rowspan="2">专科医院(诊所)</td><td rowspan="2">妇幼保健院</td><td rowspan="2">急救中心</td><td rowspan="2">疾控中心</td><td rowspan="2">社区卫生服务站</td><td rowspan="2">辖区药店</td><td colspan="2">养老机构</td></tr>
<tr><td>公办</td><td>民办</td></tr>
<tr><td>—</td><td>6 个</td><td>—</td><td>—</td><td>—</td><td>1 个</td><td>15 个</td><td>—</td><td>—</td></tr>
<tr><td rowspan="2">困难群体与特殊人群</td><td>失业人员数</td><td>退休人数</td><td>60 岁以上老人</td><td>残疾人</td><td>低保人员</td><td colspan="2">刑释解教人员</td><td colspan="2">吸毒人员</td></tr>
<tr><td>447 人</td><td>2720 人</td><td>1343 人</td><td>470 人</td><td>1782 人</td><td colspan="2">146 人</td><td colspan="2">616 人</td></tr>
</table>

资料来源：表格数据由普陀社区提供。

2. 人口密度大，辖区单位多

普陀社区下辖和平、普陀、友谊、相宝、金波、贵州日报 6 个居委会。辖区面积约为 2.2 平方公里，现有居民 14373 户，户籍人口为 25137 人，流动人口为 6778 人，人口密度近 15000 人/平方公里。[①] 从辖区单位来看，驻普陀社

① 普陀社区：《基层社区工作调查表》，2015。

区的省、市、区行政事业单位有 18 个（其中省级 6 个、市级 4 个、区级 8 个），特种行业有 40 个。

（二）“疏老建新”阶段普陀社区的主要实践

1. 打造“五合一”社区服务平台

根据服务对象需求，普陀社区在辖区服务内容、服务主体、服务方式上探索创新，打造了由社区、居委会、物业公司、辖区单位、社区志愿者五个主体参与的“五合一”社区服务平台。其中，社区志愿者队伍由辖区党员和居民构成，定期为辖区居民提供各种服务。通过将多方主体纳入服务主体领域、设立便民服务点、开通便民服务热线、积极发放便民服务卡的形式，普陀社区极大拓宽了服务面，提升了服务能力，丰富了服务内容。

2. 强化社会保障

根据辖区困难群体与特殊人群基本情况（见图 1），普陀社区通过建立健全扶贫助困的动态救助机制，收集辖区内低保人员、失业人员、残疾人等困难群体的生活、工作有关信息，对其保持动态关注，并进行救助。针对困难家庭，每逢节假日社区居委会定期进行问候和帮扶。

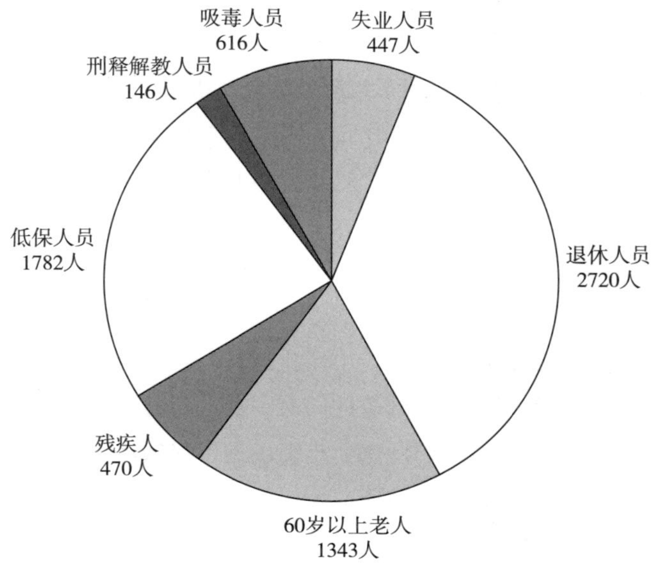

图 1　普陀社区困难群体与特殊人群基本情况

3. 着力改善社区卫生环境

面对旧城区卫生环境较差的问题，依托贵阳市开展的多次环境卫生整治活动，普陀社区通过清扫垃圾、粉刷树木、修葺粉刷墙壁、冲洗街道等方式，大力改善社区卫生环境，保障辖区主要街巷、绿化树木等干净整洁。并在此基础上对 120 大院、余家巷等院落街巷进行精品化打造，形成示范引领。

4. 强化社区管理

针对辖区红边门市场周边、沙河街近期以来占道摊点反弹、回潮的具体现象，按照贵阳市、云岩区对城市管理工作的相关要求，彻底清理整顿红边门市场周边占道经营状况，维持正常经营秩序，确保红边门市场周边环境整洁有序。妥善安置在红边门农贸市场门口摆摊的辖区 20 余户低保户和两劳人员，解决这些人的生活问题。

5. 征收拆迁有序开展

作为旧城社区，普陀社区有不少老旧房屋面临棚户区改造。针对征地拆迁工作，普陀社区从两方面入手：第一阶段，在征收决定下达前，重点围绕房屋情况、家庭情况等，以填写民意调查表、征收方案意见反馈表、确定评估公司选定表、公示相关表格结果等形式，做好入户调查工作；第二阶段，征收决定下达后，就征收拆迁工作有关的政策、法律、方案等，针对面临征收的家庭展开动员工作，并与其进行有效沟通，以获得反馈。

6. 创新环卫市场化运作与社区后续服务结合模式

街道改社区后，社区的环卫工作统一进行市场化改革，社区不再具备环卫职能，该职能转而由环卫公司承担，这使得社区的环卫工作专业性得到提升。但由于环卫公司通常负责好几个社区，一旦社区存在环境卫生问题，社区就需要反馈到环卫公司，环卫公司再派遣环卫工人前来清扫处理。相比过去社区直接负责环卫工作，现在环卫工作环节增多，效率有所下降。

面对此难题，普陀社区创新环卫市场化运作与社区后续服务结合模式。在确保环卫公司主干道的保洁工作到位的同时，社区每月支出一定办公经费，派遣专人定时督查，着力针对老旧院落、小街巷进行保洁后续工作，确保垃圾清运及时。此外，普陀社区建立了与环卫公司的联络反馈机制，社区一旦督查环卫发现问题，即刻以图片等形式做好记录，反馈给环卫公司，从而有效提升了社区的环卫工作效率和质量。

二　普陀社区转型发展面临的问题和挑战

（一）旧城社区转型难度大

1. 基础设施老旧

普陀辖区在区位上属于老城区，贵阳市原来的“九门四阁”中的红边门到六广门，就在普陀社区内。辖区内多为老旧平房，大部分房屋兴建于20世纪八九十年代，基础设施老旧，尤其是管网普遍老化。而且由于处在老城区，人口密度和流量大，对管网使用消耗较大，现在街道的下水道管网已经难以承受如此大量的人口。加之老城区本身城市规划滞后，房屋建设、市政设施布局不合理，现在普陀社区背街小巷及社区院落内的下水道、化粪池时常出现满溢现象。而社区本身办公经费有限，难以有效解决此类问题。

2. 管理难度大

普陀社区内流动人口较多，约有7000余人，摊贩占道经营现象较多。这其中有两大类群体，一类群体是因为有生活需要进行摆摊，许多人每天到辖区来做生意，做完生意就回到自己辖区居住，不包括在这7000余人之内。另一类群体是在普陀社区临时居住的大量外来务工人员，他们经常更换住址。这给普陀社区造成了极大的管理难题。一方面，在普陀社区，尤其是红边门、虎门巷、沙河街一带，交通长期拥堵，主要原因就是占道经营严重。另一方面，由于流动人员缺乏环境保护和卫生意识，经常随地乱扔乱倒垃圾，普陀社区的环境卫生也因此受到很大影响。

如此种种问题，都需要普陀社区进行执法管理，但是街道办改革成为社区后，社区不再具有执法权，城市管理的难度更是加大。

3. 征地、拆迁矛盾突出

正处在“疏老建新”阶段的普陀社区，面临不少旧城改造的问题，征地拆迁矛盾较多，棚户区改造推进较慢。社区方面认为征地难度较大，主要是居民的素质有待提升。不少居民将拆迁视为赚钱的机会，随意喊价，影响了征收拆迁的公正，也耽误了项目开工的时间。对居民来说，主要是由于征收拆迁的地块地理位置、房屋建设时间、房屋性质与结构不同，评估房屋单价过低，装修补偿款过少，以及历史遗留问题过于复杂而没有达成拆迁协议。

（二）社区建设跟不上发展需要

社区建设跟不上发展需要主要体现在三个方面，即社区权限与功能跟不上发展需要、社区人才建设跟不上发展需要、社区社会组织推进跟不上发展需要。

首先是改革后社区的服务功能得到强化，但在管理权限上备受限制。普陀社区改革前城管有二三十人，但改革后社区城管仅有五六人，而且由于行政执法权被剥夺，社区只能采取劝说的方式，收效甚微。与此同时，由于待遇较低，社区人才流失严重，许多好的技术人员培养出来，很快跳槽。据调查，普陀社区的临聘人员收入仅1600元左右，严重影响社区工作队伍稳定性。此外，社区社会组织建设还不到位。普陀社区有关负责人表示，目前社会组织建设缺乏专项经费支持。

（三）社区服务经济能力弱化

2015年8月，贵阳市委办公厅、市政府办公厅下发了《关于进一步加强和改进社区工作的十条具体意见》（以下简称《意见》），按照《意见》相关规定，经济服务职能是社区的职能之一。但目前普陀社区受自身片区经济发展以及制度改革的影响，服务经济的能力较弱。

从片区经济发展来看，普陀社区从20世纪90年代开始改造拆迁，道路拓宽完成较早，缺少成型的大楼盘或建成的商区中心。从2012年起，辖区内阿一鲍鱼、老铺烤鸭、雅园红海湾、贵州土菜馆等未成片的餐饮业，以及水邸国际、三禾浴业及部分酒吧娱乐业受经济下行的大环境影响，销售和税收均下行。辖区内的贵州嘉黔房地产、贵阳林恒房地产、贵州亨特房开三家房开企业楼盘已完成销售或未开盘，从2012起区域经济总体呈下滑趋势。与此同时，2012年贵阳市城市基层管理体制改革全面铺开，剥离原街道经济职能，导致新型社区服务中心未能将原有体制下经济工作政策落实到位，导致2012～2013年社区经济服务工作断档脱节。[①]

---

① 普陀社区：《普陀社区区域经济现状及存在的问题》，2015。

三　关于普陀社区服务管理模式创新的探讨

（一）提升服务经济能力，为社区发展奠定基础

“十三五”期间，随着普陀社区内的施格综合体、文化产业园等相继建成，普陀社区应为企业的发展提供好的服务环境，以非公党建为抓手，以“保姆式”服务为载体，充分对接职能部门，切实满足企业发展过程中的维稳、劳资、计生、入学、融资等需求，使企业安心谋发展。完善经济服务的机制，为入驻企业提供良好的投资环境，推动企业发展，为本社区发展奠定良好的经济基础。同时，加强与企业的共驻共建，共同推进社区的全面发展。

（二）全面提升服务能力，满足旧城改造发展需求

1. 以精准服务为导向，升级“五合一”服务平台

梳理当前在转型发展过程中的居民需求，实行需求分析和精准分析，展现社区特色，积极有序推进精准服务的发展路径，将“五合一”服务平台升级为以精准服务为导向的社区服务平台。在日益多元化、专业化的社区需求面前，积极转变思路、转移职能，为居民提供多层次、个性化的社区服务。同时，健全社区服务体制机制，持续推进“五合一”服务平台建设，丰富社区服务内容，拓展社区服务领域，聚合社会服务资源，激发社会组织活力，形成社会多方齐参与的社区建设协同机制，实现社区服务高效化。

2. 充分利用数据化手段，创新服务方式

注重加强对信息技术和专业化服务的运用，提升社区网格化管理系统覆盖的精准性，完善网格化管理系统中汇聚的居民信息，结合相关部门共享的数据，精准分析居民的服务需求，整合公共服务事项，优化公共服务流程。与此同时，在推动社区经济发展，增加社区经费的基础上，以专项资金推动社会组织产生和发展。此外，探索智能配送体系、智能服务体系，探索指尖社区服务技术，以技术挖掘体系成立的突破口，形成高效便民的社区服务体系。

3. 强化人才支撑，提升服务管理能力

面对社区人才因待遇较低而流失严重的现状，完善社区人才培养、激励机制及考核监督机制。完善社区人才待遇正常增长机制，强化奖优罚劣的薪酬改

革导向。同时，强化社区经济功能，完善公共财政对社区人才建设的投入。倡导探索建立“专业技术资格与岗位挂钩、岗位与薪酬挂钩、待遇与业绩挂钩”的社区社会工作人才待遇保障制度。

（三）多方共谋社区发展，建设和谐融合社区

1. 完善社区治理架构，强化多元共治

抓好社区“社会建设党委”组建工作，完善以社区党委为核心，社区服务中心、居民议事会、居委会、驻社区企事业单位、社会组织等多元主体共同参与的社区治理体系，形成“党委全力、政府主力、社会协力、群众得力、制度给力”的多元共治格局。

2. 创新文化活动，加快社区融合发展

普陀社区作为旧城社区，过去服务的对象主要是居住区百姓和餐饮业、娱乐场所等第三产业，随着棚户区改造的不断推进，新的城市综合体和企业项目建成，社区服务对象的范围将进一步拓宽，加之辖区内流动人口较多，如何推动社区居民融合发展，成为普陀社区的重要课题。在此背景下，社区应着眼于满足人民群众不断增长的精神文化需求，以推动社区融合发展为目标，创新社区文化活动。加强辖区企业共驻共建。同时，积极挖掘辖区自身的历史文化资源，结合节庆、民俗、体育、饮食、时尚等要素，积极开展文化活动，增强社区居民文化认同感，促进社区和谐融合发展。

参考文献

普陀社区：《基层社区工作调查表》，2015。

普陀社区：《普陀社区2015第一季度调研汇报》，2015。

普陀社区：《普陀社区区域经济现状及存在的问题》，2015。

B.20

坚持可持续发展　探索老旧社区社会治理新模式

——云岩区宅吉社区“十三五”发展思路研究

摘　要：　近年来，贵阳市在中心城区老旧社区改造的过程中，取得了一定的成效。本文以实证调研为主，通过对云岩区宅吉社区的分析，总结宅吉社区在探索老旧社区社会治理新模式进程中累积的经验及存在的问题，并提出相关建议和参考。宅吉社区的经验对于贵阳市中心城区老旧社区新型治理模式探索具有重要的理论和现实意义。

关键词：　宅吉社区　可持续发展　老旧社区转型　社会治理新模式

城市老旧社区目前仍保留着较为成熟的生态系统和稳定的社会氛围，成为一个时期内城市住房发展水平的见证。为了避免资源过度消耗，改善城市老旧社区基础设施差、内部结构老化、环境脏乱等问题，必须以可持续发展为导向，探索老旧社区社会治理新模式。

一　宅吉社区在社会治理中坚持可持续发展的基础和举措

（一）以社区情况为起点，确立可持续发展的方向

宅吉社区地处云岩区东北角，下设吉祥、金仓、永安、半边4个居委会，区域内党政机关、企事业单位有10个，教育机构有4个。辖区教育资源丰富，是典型的老旧居民小区的代表（见表1）。

表 1　宅吉社区基本情况

<table>
<tr><td rowspan="3">社区概况</td><td>辖区面积</td><td>约 3.82 平方公里</td><td colspan="7">辖区人口</td></tr>
<tr><td rowspan="2">辖区范围</td><td rowspan="2">北抵麻冲路，南达金仓路，东至宅吉路，西邻半边街</td><td colspan="3">户籍人口</td><td>21435 人</td><td>流动人口</td><td colspan="2">9394 人</td></tr>
<tr><td>18 岁以下</td><td>4223 人</td><td>失学儿童</td><td>0</td><td>留守儿童</td><td colspan="2">1 人</td></tr>
<tr><td rowspan="3">科技和教育资源</td><td colspan="2" rowspan="2">科研院所</td><td colspan="2">幼儿园</td><td colspan="2">小　学</td><td colspan="3">初中高中</td></tr>
<tr><td>公办</td><td>民办</td><td>公办</td><td>民办</td><td>公办</td><td colspan="2">民办</td></tr>
<tr><td colspan="2">0</td><td>1 个</td><td>1 个</td><td>1 个</td><td>0</td><td>1 个</td><td colspan="2">0</td></tr>
<tr><td rowspan="3">社会资源</td><td colspan="4">辖区内单位</td><td colspan="5">辖区内社会组织</td></tr>
<tr><td>行政单位</td><td colspan="2">事业单位</td><td>企业（国有）</td><td colspan="2">孵化型（枢纽型）社会组织</td><td>专业型社会组织</td><td colspan="2">自发型（草根型）社会组织</td></tr>
<tr><td>3 个</td><td colspan="2">7 个</td><td>0</td><td colspan="2">0</td><td>0</td><td colspan="2">0</td></tr>
<tr><td rowspan="2">体育文化休闲餐饮住宿设施</td><td>体育场（馆）</td><td>影剧院</td><td>广场</td><td>公园</td><td>图书市场、书店</td><td>50 平方米以上饭店、餐馆</td><td>旅店、招待所</td><td colspan="2">写字楼</td></tr>
<tr><td>0</td><td>0</td><td>0</td><td>1 个</td><td>1 个</td><td>6 个</td><td>4 个</td><td colspan="2">0</td></tr>
<tr><td rowspan="3">医疗卫生资源</td><td rowspan="2">综合医院</td><td rowspan="2">专科医院（诊所）</td><td rowspan="2">妇幼保健院</td><td rowspan="2">急救中心</td><td rowspan="2">疾控中心</td><td rowspan="2">社区卫生服务站</td><td rowspan="2">辖区药店</td><td colspan="2">养老机构</td></tr>
<tr><td>公办</td><td>民办</td></tr>
<tr><td>1 个</td><td>0</td><td>0</td><td>0</td><td>1 个</td><td>0</td><td>4 个</td><td>0</td><td>1 个</td></tr>
<tr><td rowspan="2">困难群体与特殊人群</td><td>失业人员数</td><td>退休人数</td><td>60 岁以上老人</td><td>残疾人</td><td>低保人员</td><td>刑释解教人员</td><td colspan="3">吸毒人员</td></tr>
<tr><td>183 人</td><td>3105 人</td><td>2674 人</td><td>129 人</td><td>266 人</td><td>85 人</td><td colspan="3">291 人</td></tr>
</table>

资料来源：表格数据由宅吉社区提供。

从宅吉社区的基本情况来看，社区重建工作必然会产生新资源的消耗，而对宅吉社区进行可持续性更新及内部结构的优化则有效避免了这一问题，延长了住宅建筑的生命周期，最大限度地保留了原有的生态系统，减少了对现有资源的浪费。从发展方向来看，宅吉社区的可持续性更新符合社区当前实际情况，是城市发展的必然选择。

（二）以“幸福院落”为试点，探索社会治理新模式

宅吉社区主要楼栋院落建成于20世纪80年代。作为典型的住宅型老旧社区，宅吉社区面临环境差、治安差、管理差、基础设施不完善等一系列问题，影响了居民群众的生活品质，更让社区迫切思变。为此，社区以建设白腊井“幸福院落”为试点，拉开了探索社会治理模式的序幕。

1.“幸福院落”启动过程

聚民愿，争取支持。为提高居民群众对于院落升级改造事宜的积极性，宅吉社区建立起入户专项工作组，进家入户宣传“幸福院落”，并邀请居民代表参加“中秋节社区－群众共话院落建设座谈会”，于平时召开社区居民“坝坝会”，对院落内居民开展再动员，使居民认识到院落改造有利于改善人居环境和促进平安建设。

聚民智，广纳良策。调动居民群众的积极性后，社区开始着手制定具体实施方案。结合工作组实地勘察情况与居民期许，制定了《宅吉社区“幸福院落”实施方案（初稿）》。该方案形成后，社区党委对其可行性进行了反复论证，并再次提交院落居民群众审议。大到整体功能区域的划分、下水道改造后的布局，小到院落绿化带的分布、休闲座椅的设置，事无巨细，一一和居民群众再次展开充分讨论。并以收集到的意见、建议为依据，经过二次系统调整，最终正式定稿，出台《宅吉社区“幸福院落”实施方案》。

聚民心，达民所愿。宅吉社区“幸福院落”整体改造提升项目启动后，得到了院落群众的积极支持，院落道路、绿化带、路灯等基础设施得到了全面提升改造。宅吉社区改造质量高、效果好、规划明确、布局合理，促进院落内集体利益和个人利益的交汇与融合。

2.“幸福院落”取得的成效

实现院落零案发率。宅吉社区设立“院落治安形势研判室”，制定实施及时性、针对性、有效性的治安举措，努力在社区院落实现零发案；深入推进社会治安综合治理攻坚战，积极推进平安建设，提升群众安全感；深入开展“两严一降”专项行动、校园周边治安整治行动、超B级锁芯推广行动、重点区域整治行动等，通过一系列的治安治理手段，实现了社区月发案率均较2014年同比下降10个百分点，群众安全感和满意率均实现了较大幅度的提升，群众满意率达

到97%，为打造“平安宅吉”、构建和谐社会提供了良好的治安环境。宅吉社区、宅吉社区白腊井院落2012～2015年10月立案情况对比见图1、图2。

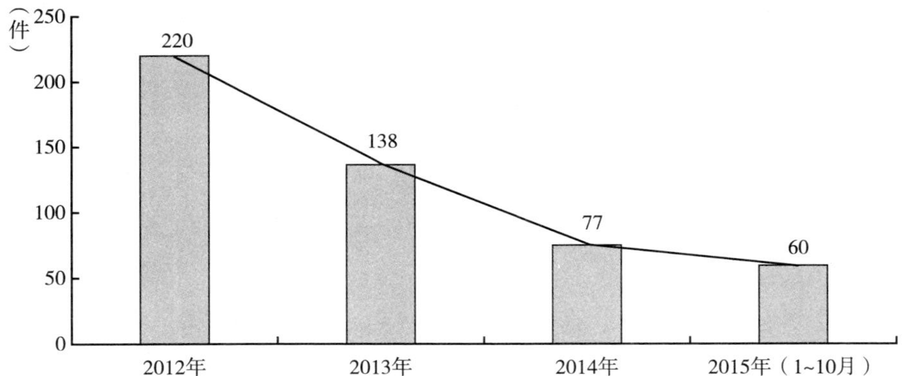

图1　宅吉社区2012～2015年10月立案情况对比

资料来源：《“十三五”时期云岩区宅吉社区发展规划》，2015。

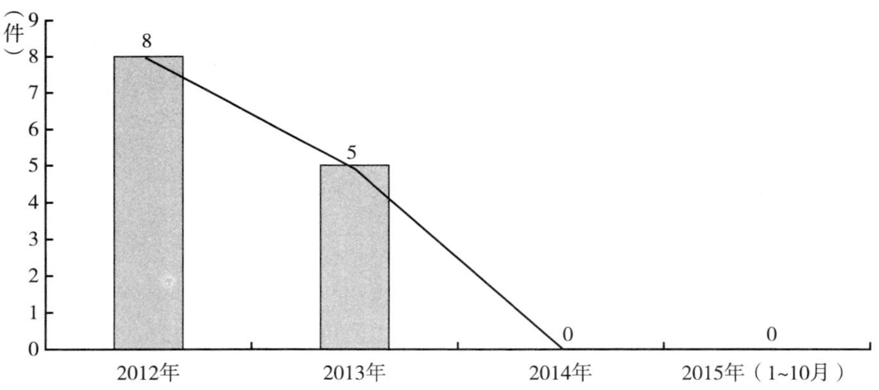

图2　宅吉社区白腊井院落2012～2015年10月立案情况对比

资料来源：《“十三五”时期云岩区宅吉社区发展规划》，2015。

加强社区服务。为筑牢“幸福院落”物质基础，宅吉社区设立“12319”公共服务平台联络站，积极加强常规性服务；同时利用社会力量，推进民生救助，加强对弱势困难群体的帮扶，强化了社区公益服务；在就业、创业帮扶方面，社区展开“电子商务进社区、打造就业新渠道”等模式，扩展了居民就业渠道，增加了就业机会，提高了居民幸福感；在维护社区环境方面，宅吉社区加强维护辖区内绿化带及公共照明设备等基础设施，为社区居民营造了良好的生活环境。

（三）以精神文明建设为支点，展现宅吉社区新面貌

为构筑精神文明高地，宅吉社区定期开展院落精神文明主题活动，通过设立院落道德爱心展示长廊、评选“最美院落人”等方式，为居民树立精神文明道德标杆，引导居民行为规范。

开展传统文化主题活动。2014 年元宵节，宅吉社区以“党旗招展、党徽熠熠、风采宅吉人”为主题，在北大街开展元宵节活动。由居民代表自发组织合唱团、小品表演团、舞蹈队等，社区班子也出节目，与居民一起来开展活动，从精神层面凝聚群众。

设立积德榜。通过平台为居民群众展示好人好事，让他们学习身边的经验和做法，该举措取得了良好的成效。此外，宅吉社区还开设“曝光台”，公示城管工作情况，约束城管行为；同时通过拍照曝光环境脏乱差等方式，提高社区居民保护环境的自觉性。

二　宅吉社区实现可持续发展面临的挑战

（一）工作人员队伍建设问题

1. 社区人员缺乏工作热情

队伍建设是社区工作中需要首先完成的任务。目前，宅吉社区的服务队伍建设还存在一定困难。在思想上，工作人员尚未完成把服务意识放在首位的转变；在人员组成方面，社区中层人员缺乏，宅吉社区共有工作人员 50 人左右，其中 40% 为临聘人员；另外，社区工作人员工资待遇较低，无法激发工作活力，并且造成较大的人员流动，不利于社区长远、稳定发展。

2. 网格员素质参差不齐

网格员素质参差不齐是社区工作队伍建设的另一难题。目前在实际工作中，网格员任务繁重，身兼数项职责，网格工作已经由原来的“单人单

岗”模式向“一人多岗”模式转变，这就对网格员的素质和能力提出了更高的要求。宅吉社区一部分网格员的工作素质和专业知识稍有欠缺，仍有待加强。

（二）工作的重点难点

1. 老旧小区多，改造任务重

宅吉社区是典型的住宅型老旧社区的代表，辖区内老旧小区多，改造任务艰巨。社区主要楼栋院落都建于20世纪80年代，随着时间的推移，老旧社区环境差、治安差、管理差、基础设施不完善等一系列问题逐渐暴露出来。为了改善社区状况，提升整体面貌，宅吉社区需进行老旧小区全面改造，目前上报改造的有10个院落，基本覆盖整个辖区，任务十分艰巨。

2. 信息平台多，缺乏统筹管理

宅吉社区信息管理平台繁多，但是缺乏统筹管理，加重了社区工作任务。目前的信息平台有云岩区网格化管理信息平台、贵阳市“四项制度”信息系统、贵阳市全员人口管理服务信息平台、贵阳市孕前优生信息管理服务平台、贵州省人口计生信息系统、贵州省流动人口信息交换系统、贵阳市利益导向系统、贵州省跨省流动人口信息核查系统等，各平台数据割裂，无法实现信息互通、资源共享，同时也导致基层工作量增大，甚至可能会造成数据重合、重复劳动的现象。

三　坚持可持续发展，实现“四个提升”

（一）改善社区环境，提升居民满意度

社区发展离不开环境的美化。在卫生环境方面，加强建设后的管理，营造良好的生活和工作环境。宣传和落实“门前三包”责任制，改善街道卫生状况；深入开展以“整脏治乱，满意在贵州”为重点的多彩贵州文明行动工作，着力整治公厕、小区院落、占道经营、城郊接合部、集贸市场的脏、乱现象。此外，积极推进老旧社区的改造，从根本上为居民创造良好的生活环境，提高居民的满意度。“十三五”期间，在原有“幸福院落”的基础上，通过“三年

千院”等工程的实施，大力争取上级各类资金和项目的支持，对辖区金仓路—庆丰路—吉祥路沿线老旧院落进行进一步改造。

（二）加强平安建设，提升居民安全感

在平安建设方面，继续实行“打、防、控、管、建”一体化的治安防范管理新模式（见图3）。“打”，即有效合理调配公安专业队伍力量，实现有效打击、精准打击；“防”，即加强技防、人防，首先针对技防、物防的缺失协调各方资源进行投入，其次在人防上实现广泛发动，把一切有效资源动员起来，构建人人参与、户户出力的群防群治大网络；“控”，即通过对治安形势的经常性研判，适时掌握治安动态，及时制定有针对性的打击、防控举措，实现精准打击和有效防范；“管”，即建立健全制度，构筑网底，实现兜底功能，如“网警合一”制度、院落居民自治制度、居民住户的信息台账制度等，通

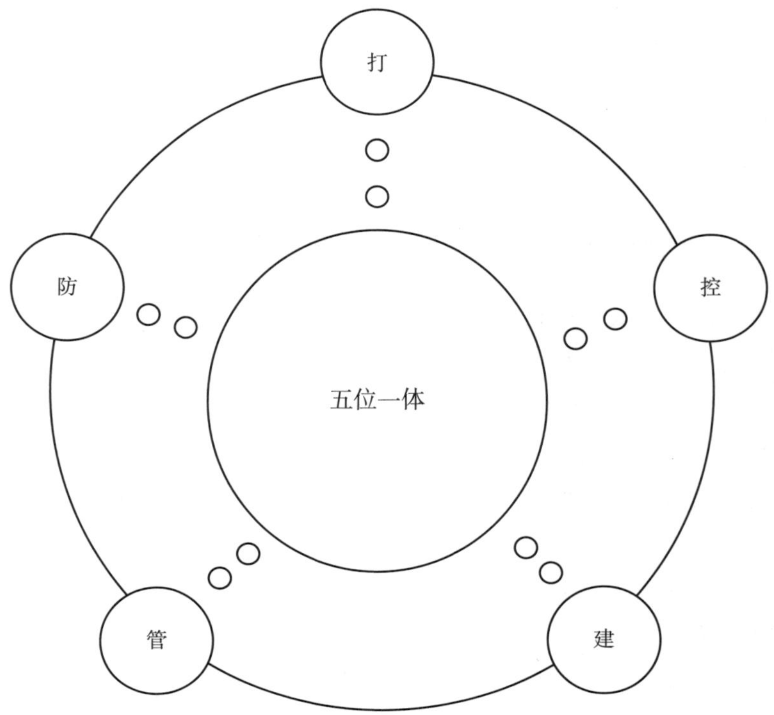

图3　宅吉社区治安防范管理新模式

过以上机制的建立和完善，使管理有依据、治理能到位；“建”，就是建好平台、队伍，以院落警务室为平台，指挥、指导各院落的治安防控工作，同时建立各类打击和防范队伍，如快速打击街巷作案的摩托车巡逻队、中小学周边治安维护的“大学生保护小学生”志愿者守护队、保护商户和顾客生命财产安全的商户联盟义务巡逻队等。

通过“打、防、控、管、建”一体化的治安防范管理新模式，宅吉社区可以初步建立起社区、派出所、居委会、院落居民、大学生志愿者、商户六位联动的工作机制，形成科学管理、信息健全、干群结合、网警合一的工作格局，实现老旧院落“由乱到治、由治到顺、由顺促安”的目标。

（三）加强社会动员，提升居民参与度

共同建设美好家园需要全体社区成员的广泛参与，这就要求宅吉社区必须加强社会动员，提升社区居民参与度，增强他们对社区的归属感、认同感。加强社会动员首先应强化宣传教育，培养居民参与社区建设的意识，对不同的参与主体要实施不同的、有针对性的宣传教育；其次，应注意宣传教育的广泛性和多样性，以形成“社区是我家、联系你我他”“社区是我家，建设靠大家”的良好氛围。

（四）加强公共服务，提升居民幸福感

针对辖区老年人众多的情况，开展好为老服务工作。宅吉社区服务中心目前60岁以上老年人共2674人，80岁以上老年人共400人，其中有“三无老人”6人、生活不能自理的老人13人、空巢老人208人、失独老人2人、已进入机构养老的老人2人。[①] 社区应主动了解老年人的需求并开设上门服务、代办服务等项目；帮助老年人办理老年优待证；定期邀请医院专家到社区开展心脑血管、眼疾等疾病的健康知识宣传讲座。

开展“环卫工人之家——商户爱心联盟”公益活动，呼吁和发动辖区社会各界爱心人士、爱心企业、爱心商户共献爱心，解决环卫工人用餐、饮水、饭菜加热等方面的实际困难。

---

① 宅吉社区：《贵阳市基层社区工作调查表》，2015。

在教育服务方面，针对辖区学校多、学生多的实际情况，大力丰富精品教育基地服务内容。在义务教育的基础上，引导校外商家开展课外教育，拓宽学生知识面；同时，将实验二中、实验二小、实验二幼三个公众认可度较高的优质教育资源进行共享，以力驻点、连点成线，打造“学子街”，推进社区精品教育基地建设。

在便民服务方面，加强“互联网络 + 幸福社区”的打造。在“社会和云”大数据云平台的基础上，按照“互联网 + 社区”的思路，根据社区职能和群众需求，开创“社区牵头、企业投入，区域内群众、企业、机构多方参与、受益的智能化优质服务生态模式”，搭建以便民服务为主要内容的电子政务系统、公共管理系统、社区服务系统等平台，提升社区服务管理水平。

参考文献

娄本辉：《西安老旧社区有机更新与可持续发展对策》，硕士学位论文，西北大学，2011。

江畅：《长沙市旧居住区可持续性更新设计研究》，硕士学位论文，湖南大学，2013。

宅吉社区：《“十三五”时期云岩区宅吉社区发展规划》，2015。

宅吉社区：《贵阳市基层社区工作调查表》，2015 年 11 月。

B.21

以党建为引领　服务为导向 推动社区新发展

——云岩区省府社区“十三五”发展思路研究

摘　要：　本文通过对省府社区依托党建助推社区服务发展模式进行分析，总结了省府社区在“十二五”期间，在服务群众、戒毒帮扶、综合治理方面的经验做法，并在此基础上，针对省府社区自身特点，从构建多元民主管理体系、全方位服务、社会治安维护、环境全面治理、依靠科技创新五个方面对省府社区新发展进行了思考，提出了以党建为抓手促进社区新发展的建议和参考。

关键词：　党建工作　社区服务　多元民主管理体系　省府社区

省府社区围绕贵阳市委实施“六大工程”、打造六个升级版的战略决策和贵阳市《关于进一步加强和改进社区工作的十条具体意见》，深化城市基层管理体制改革，提高社区综合管理和协调服务能力，适应城市发展和居民群众的新要求，以服务实现凝聚，以凝聚实现稳定，为云岩区生态文明先行区和全面小康建设做出了积极贡献。省府社区基本情况见表1。

表1　省府社区基本情况

<table>
<tr><td rowspan="3">社区概况</td><td>辖区面积</td><td>3.42平方公里</td><td colspan="6">辖区人口</td></tr>
<tr><td rowspan="2">辖区范围</td><td rowspan="2">东至银通山庄，西至省政府后门，南至盐务街路口，北至贵州大学科技学院</td><td colspan="3">户籍人口</td><td>14969人</td><td>流动人口</td><td>5782人</td></tr>
<tr><td>18岁以下</td><td>4445人</td><td>失学儿童</td><td>0</td><td>留守儿童</td><td>1人</td></tr>
</table>

续表

科技和教育资源	科研院所	幼儿园		小　学		初中高中	
		公办	民办	公办	民办	公办	民办
	0	0	3 个	1 个	0	0	0

社会资源	辖区内单位			辖区内社会组织		
	行政单位	事业单位	企业（国有）	孵化型（枢纽型）社会组织	专业型社会组织	自发型（草根型）社会组织
	1 个	4 个	4 个	0	0	0

体育文化休闲餐饮住宿设施	体育场（馆）	影剧院	广场	公园	图书市场、书店	50 平方米以上饭店、餐馆	旅店、招待所	写字楼
	3 个	0	1 个	1 个	0	3 个	4 个	0

医疗卫生资源	综合医院	专科医院（诊所）	妇幼保健院	急救中心	疾控中心	社区卫生服务站	辖区药店	养老机构	
								公办	民办
	0	0	0	0	0	0	5 个	0	0

困难群体与特殊人群	失业人员数	退休人数	60 岁以上老人	残疾人	低保人员	刑释解教人员	吸毒人员
	423 人	1270 人	4288 人	327 人	182 人	65 人	279 人

资料来源：表格数据由省府社区提供。

一　省府社区依托党建助推社区创新服务的基础

（一）省府社区的发展基础

1. “1 改 2”成立的新型社区

省府社区是由原宅吉街道“1 改 2”成立的新型社区。2012 年 4 月 25 日，省府社区通过公推直选和两推一选产生了“一委（社区党委）一会（社区居民议事会）一中心（社区服务中心）”，并于同年 4 月 28 日挂牌运行。省府社区辖区面积为 3.42 平方公里，户籍人口为 14969 人，流动人口为 5782 人。现有党支部 24 个，其中，非公经济组织党支部有 18 个，直管党员 251 名。[①]

省府社区辖区范围东至银通山庄，西至省政府后门，南至盐务街路口，北至贵州大学科技学院。省府社区具有省直机关单位多、省直机关宿舍集中、学校多的特点。辖区单位类型及单位名称见表 2。

表 2　省府社区辖区单位类型及单位名称

辖区单位类型	辖区单位名称
省直机关	贵州省国安厅、贵州省审计厅、贵州省药监所、贵州省外事办、贵州省老干活动中心、贵州省老龄大学、贵州省老干所
大专院校	贵州大学科技学院、贵州商业专科学院
中专院校	贵阳财经学校
小　　学	贵阳市第四实验小学

2. 双重服务对象：机关单位与居民群众

省府社区的服务对象主要为省直机关单位和辖区居民群众。省府社区辖区内有 7 个省直机关，同时，省直机关宿舍也集中在辖区内。此外，辖区内还有 2 所大专院校和 1 所小学。

（二）省府社区建设新型社区的实践与亮点

1. 服务群众有热心

省府社区以“打造省心温馨社区，提供俯首热情服务”为着力点，树立了“低头不见抬头见，握手言和邻里亲”“居家贵和睦，近邻胜远亲”的“邻里亲”服务品牌。立足“服务群众、凝聚人心、优化管理、维护稳定”四大职能，以“当贴心人、聊真心话、办暖心事”的“三心”群众工作法贯穿社区工作的方方面面，通过整合资源、创新载体，强化了社区特色。

2. 戒毒帮扶搭平台

省府社区以“一办、两会、三中心”的架构搭建起了“一公里小站”，搭建起了多方参与的社区戒毒康复平台；对戒毒康复人员进行了全面帮扶，实现了戒毒康复站与戒毒所的全面对接，解决了吸毒人员强制戒毒后融入社会和融

① 省府社区：《贵阳基层社区工作调查表》，2015。

入家庭的“最后一公里”问题。

省府社区还邀请贵阳市惠馨康复中心、云岩区阳光社会工作站、贵州悦心教育咨询有限公司三家社会组织进驻社区，从就业、心理康复、法律援助等方面对辖区吸毒人员进行帮扶。

3. 综合治理感温馨

省府社区以“三创一强一提升”活动为抓手，以“新型社区·温馨家园”社区公益事业项目建设和“三年千院”行动计划为契机，以创建“新型社区·温馨家园”为目标，对社区老旧院落进行环境整治，修建了文化书屋、居民议事亭，打造了6个“幸福院落”、1条“和谐道”,① 完成了路灯安装、宣传栏更新、休闲椅升级改造等，成立了业主委员会，并制定居规民约，聘请值班人员，实行居民的自我管理和自我服务。

二　以党建为抓手引领社区新发展

（一）深化“三个亮点”创新党建工作机制

1. 深化“党员志愿服务站”建设

充分发挥广大共产党员在“守底线、走新路、打造升级版”中的先锋模范作用，通过健全党员志愿服务网络、丰富党员志愿服务内容、拓宽党员志愿服务形式、规范党员志愿服务运行管理，扎实开展党员志愿服务活动，让广大共产党员成为良好社会风尚的倡导者、社会文明的传播者、升级发展的践行者，打造一批影响广泛、群众欢迎的党员志愿服务品牌，构建一套特色鲜明、社会认可的党员志愿服务体系。

2. 深化“府苑学习型驿站”建设

通过在“驿站”设立党员议事亭、党建文化墙、院落图书小站，种植“党群连心树”，开设“四点半小课堂”，建立“院落党员责任田”等文化阵地，组织开展院落党员“五诺”、党代表进院落、党建文化进院落、文体活动进院落等一系列宣传活动，让党建文化融入党员群众的学习娱乐休闲中，使广

① 《“十三五”时期云岩区省府社区发展规划》。

大人民群众在浓厚的党建文化氛围中深刻感受到党建工作传递的人文关怀、价值理念、思维模式和行为方式，有效增强社区党组织的凝聚力、战斗力及广大党员的荣誉感、使命感和责任感。

3. 深化“社会建设党委”机制建设

按照“大事共议、实事共办、要事共决、急事共商”议事原则，建立健全“社会建设党委”机制。构建以社区党委为核心，驻区单位、非公企业和社会组织，以及居民群众共同参与的“一核多元”治理体系（见图1），使社区党建工作实现条块结合、优势互补、共驻共建；抓好辖区非公企业和社会组织党员、零散党员和流动党员的社会组织管理、社会治理、社区文化、社区公益事业等工作，加强党在社区社会建设中的战斗堡垒作用。

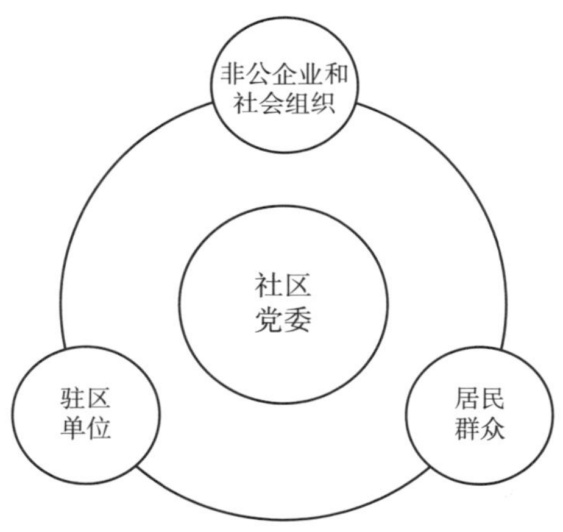

图1 “一核多元”治理体系

（二）抓好“三项工作”强化党建基础保障

1. 抓好“五好基层党组织”党建示范点工作

坚持“从宽选点，从高设标、从严管理”的原则，精心打造党建工作示范点，力争“十三五”期间，辖区全部居委会党支部达到“五好”标准；继续深化“一个党员一面旗，构建和谐新社区”的工作理念，充分发挥党支部的领导核心作用和党组织的战斗堡垒作用。

2. 抓好非公企业、社会组织“两新”组织的党建作用

进一步推进非公有制企业党建工作区域化，着力在建立组织、发挥作用上下功夫；进一步贯彻落实贵州省“双万双助”活动，全力开展贵阳市“干部联企、企业联居”活动，深化打造“双百示范”提升工程，推动非公企业联居助小康真正落实到位。力争在扩大“两新”党组织覆盖上有新突破，“两新”党组织覆盖率达到80%，其中规模以上“两新”组织建立党组织达100%，消除党建工作的空白点，争取在发挥重点行业示范带动作用上有新进展，在发挥党组织和党员作用上有新提升。①

3. 抓好发展党员质量及党员培训教育工作

保质保量做好每年发展党员工作，坚持标准，严格把关，确保发展党员工作规范化，在党员培养、发展过程中注重党员素质，重视在青年骨干中发展党员。以提高党员素质为重点，开展多层次、多形式、全方位的党员教育培训工作，力争做到全体党员的集中培训次数平均不低于5次/年，着力提升党员干部综合素质和服务能力，全力推动学习型党组织建设，为服务大局、推动跨越、打造发展“升级版”提供坚强的政治保障。

三　省府社区建设新型社区的思考

（一）构建多元民主管理体系

省府社区应坚持完善已有民主管理形式。在辖区5个居委会中，完善居民委员会监督委员会建设，充分发挥其监督、协助作用，让民主管理真正落到实处；完善“居民议事会”“三述一评”等民主制度，探索发展以“引导群众参与，整合辖区资源，充分发挥社区引领作用”为核心的民主管理形式，努力实现民主管理型社区的目标。

在辖区8个居民小区全面成立业主委员会，并指导和监督业主委员会开展好各项工作，将民主管理贯彻到居民小区这一更加基础的社会管理单元。

---

① 《“十三五”时期云岩区省府社区发展规划》。

（二）全方位服务强化保障

1. 充分利用政策促保障

用足用好促进就业的有关政策，挖掘资源，为辖区闲置劳动力与用人单位提供全面信息服务，争取将失业率控制在4.5%①以下，做到“就业”有保障。

完善以城乡低保临时困难救助、医疗救助为基础的社会救助保障体系，做到“救助”有保障。建立和完善老年人社区管理和服务体系，不断提高老年人的精神文化水平，做到“养老”有保障。

加大残疾人合法权益保障力度，形成全社会共同关心、尊重、帮助残疾人、低保户、优抚对象等特殊人群的社会风尚，帮助有劳动能力的特殊人群就业，开展社会救助工作，使特殊人群享受社会发展成果，做到“特殊人群”有保障。

广泛宣传城镇职工基本养老、医疗、生育、工伤、失业保险及城镇居民基本养老、医疗保险等社会政策，积极推进社保扩面征缴，做好退休人员社会管理，做到“保险”有保障。深入宣传经济适用房、公共租赁住房等各项住房保障政策，严格执行住房保障准入制度，优化审核流程，全力扩大政策覆盖面，做到“住房”有保障。

2. 充分发挥志愿者力量促保障

大力发展社区志愿互助服务，加强志愿服务管理，建立健全激励保障机制，培育不同类型、不同层次的社区志愿服务组织，带动不同行业人员加入志愿服务队伍，为空巢老人、留守儿童、农民工子女、残疾人及其他困难群众提供服务；建立社区“爱心银行”分行，对志愿者进行“自我管理”，开展形式丰富多样的志愿服务活动，实现服务活动的常态化开展和良性互助，做到“志愿服务队伍”有保障。

（三）社会治安综合维护

1. 深化“两严一降”专项工作，深入开展禁毒工作

以创建“平安院落”为载体，激活“平安细胞”，筑牢平安基础，积小安为大安；配齐社区“一格一警二辅二员”网格管理队伍，织牢网底，以“三

---

① 《“十三五”时期云岩区省府社区发展规划》。

化同步"[①] 助推"以房管人"，为打造贵阳发展升级版和建设平安云岩营造良好有序的社会环境。

广泛动员社会各界积极主动支持、参与禁毒工作。充分利用各种宣传手段，全面组织开展禁毒宣传进社区、进学校、进单位、进家庭、进场所、进院落、进影院、进网络"八大主题"活动，对党员干部群众、师生群体、企事业群体、流动人口群体、居民百姓、吸毒及刑释群体进行禁毒宣传，实现"宣传区域、宣传群体、宣传内容"全覆盖，拓展"八大主题"活动禁毒宣传覆盖面。通过控、防、管三种方式，普及毒品有关知识。

2. "三管"促进流动人口管理

"三管"即"以房管人、以证管人、以业管人"，借此形成流动人口信息采集、登记、收集、运用的常态工作机制（见图2）。对流动人口管理工作以"抓住牛鼻子、盯住重点对象、治理重点区域"为指导，分集中清理、动态管理和长效治理三阶段推进，通过充分发挥流动人口管理办公室主导协调、督促推动作用，大力抓好重点人口登记管理和重点区域治理工作，全面加强流动人口管理。定期开展流动人口大清查行动，重点登记出租房屋和流动人口的基本信息，做到"底数清、情况明"，并向流动人口宣传法律法规及计划生育、消防安全、"两严一降"等方面的知识；对在清查中发现的无证人员、可疑人员及时做好与流出地的信息沟通，对流出地提供的信息反馈认真核实和比对，实现流动人口的动态管控，进一步加强流动人口服务管理工作，规范房屋出租管理，确保辖区安定和谐。

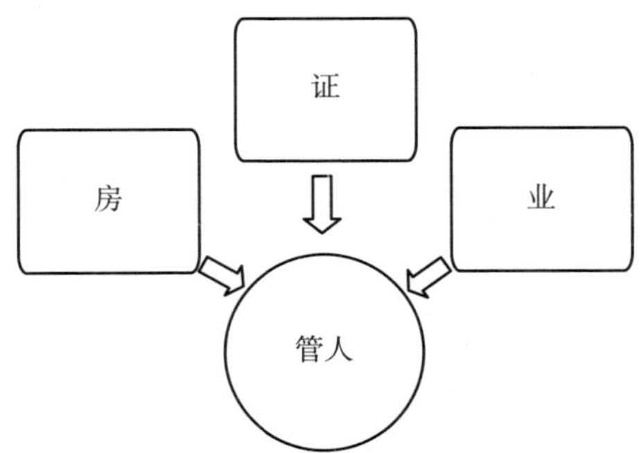

图2　"三管"促进流动人口管理

① "三化同步"指的是"法制化、制度化、常态化"同步。

（四）环境卫生全面治理

1. 创新环境治理网络平台，整治工作常态化

扎实推进“154”行动计划，建立“‘154’微信公共平台”，动员社区工作人员、网格员、居委会委员、辖区单位、经营户、居民群众关注并参与互动。社区工作人员和居民都可以对身边的矛盾纠纷、治安隐患、环境卫生等问题进行投诉、上报和监督。社区应在第一时间进行处理并反馈，让居民及时了解处理意见和结果，真正实现“社区环境人人参与、社区工作人人参议、社区服务人人监督”的创新型工作模式。

着力开展占道经营集中整治行动，使整治工作常态化。对辖区占道经营重点区域——盐务街农贸市场周边、贵州省政府后门、扁井巷开展集中整治行动。同时，定人定时定岗开展长效管控，以便车辆和路人进出，畅通消防通道，进一步提升居民的满意度，巩固和提升国家环境卫生城市的成果。

2. 老旧小区整体改造

针对居民反映强烈的扁井巷区域自建房使用年限较长，建筑密度大，房屋质量普遍较差，基础设施不完善，人均居住面积小，交通不便利，治安、消防和防汛隐患大，环境卫生脏乱差等情况，以开展“新型社区 · 温馨家园”社区公益事业项目建设为契机，对该区域采取只拆不建，或只建公共绿地、其他公益设施等方式进行改造，并将该地域打造成社区公园、文化小广场，丰富辖区居民的休闲娱乐生活；实行封闭管理，实现监控全覆盖。针对扁井巷无停车场、居民停车难问题，以第四实验小学操场为突破口，建设地下停车场，彻底解决居民停车难问题。

（五）依靠科技创新发展

1. 利用大数据促进工作提升

利用贵阳大数据优势，积极打造社区“党建云”平台，完善社区网上党校，督促党员学习数字化终端，实时掌握党员学习数据，运用数据评估考核效果，逐步提高党建工作效率；将“网格化管理信息平台”建成人口、房屋、法人单位、城市重要部门有效关联的大数据平台，并运用于社会治理的方方面面；依托网格化管理信息系统，逐步构建“信息全收集、事态全掌控、服务全覆盖”的社会治理模式，实现服务精细化，变被动管理为主动服务。

2. 利用互联网促电子商务发展

抢抓大力发展“互联网＋”和电子商务的机遇，充分发挥省府社区商圈成熟、人口密集等优势，建立社区商务中心店。以社区网站、微信公众号、“社区1＋1”APP为基础，开辟电商平台，吸引商家参与社区电子商务建设，做好社区互联网环境营造，大力培育扶持社区电子商务产业发展，推动大众创业、万众创新。

参考文献

张强：《社区党建推动城市社会管理创新研究——基于上海市枫林社区党建的实践》，硕士学位论文，东华大学，2013。

云岩区省府社区：《省府社区“十三五”规划工作报告》，2015。

B.22

加大公众参与力度
提高社区综合治理能力

——云岩区贵乌社区“十三五”发展思路研究

摘　要：近年来，我国社区层面的社会综合治理水平有了显著提升，由于公众参与是社会治理的基础之一，公众参与治理模式逐渐崭露头角，成为提高公众参与基层治理积极性、提升社区综合治理能力水平、推动社区社会建设现代化的重要途径。本文采用理论和实践调研相结合的方法，通过对贵乌社区“十二五”时期工作成效的分析，总结其成功经验，梳理其存在的问题，并就“十三五”期间贵乌社区的发展思路进行了研究，针对贵乌社区如何加大公众参与力度，提高社区综合治理能力提出了建议，以期为贵阳市其他社区发展提供借鉴。

关键词：贵乌社区　综合治理　公众参与

随着我国经济的快速发展，人民物质生活水平、文化水平不断提高，民众的政治参与意识也越来越强烈。公众参与成为现代社区建设基层民主、提升社区服务能力最有效的途径。有序的社区公众参与不仅能更好地体现人民群众的切身利益，而且有利于提升社会建设和社会治理效能。贵乌社区在“十二五”期间，在提高社区综合治理能力、推进社区社会建设、提升居民满意度等方面做了积极的探索和实践，并取得了显著成效，但在引导公众参与、引入社会力量共治共建方面还有待改进和提升。贵乌社区基本情况见表1。

表 1　贵乌社区基本情况

社区概况	辖区面积	6.2 平方公里	辖区人口						
	辖区范围	东临万东花园，西到省外贸餐厅，南至贵州日报社，北抵春雷路	户籍人口		69802 人	流动人口	15806 人		
			18 岁以下	5394 人	失学儿童	0	留守儿童	5 人	
科技和教育资源	科研院所		幼儿园		小　学		初中高中		
			公办	民办	公办	民办	公办	民办	
	1 个		0	5 个	1 个	0	2 个	0	
社会资源	辖区内单位			辖区内社会组织					
	行政单位	事业单位	企业（国有）	孵化型（枢纽型）社会组织	专业型社会组织	自发型（草根型）社会组织			
	32 个	16 个	5 个	—	—	—			
体育文化休闲餐饮住宿设施	体育场（馆）	影剧院	广场	公园	图书市场、书店	50 平方米以上饭店、餐馆	旅店、招待所	写字楼	
	0	1 个	1 个	0	0	15 个	16 个	4 个	
医疗卫生资源	综合医院	专科医院（诊所）	妇幼保健院	急救中心	疾控中心	社区卫生服务站	辖区药店	养老机构	
								公办	民办
	3 个	0	0	1 个	1 个	1 个	8 个	1 个	—
困难群体与特殊人群	失业人员数	退休人数	60 岁以上老人	残疾人	低保人员	刑释解教人员	吸毒人员		
	164 人	4033 人	10287 人	707 人	1617 人	97 人	731 人		

资料来源：表格数据由贵乌社区提供。

一　贵乌社区：以基层党建为引领提升综合治理能力

（一）贵乌社区社会治理结构概况

1. 人口结构较复杂

贵乌社区辖区内居民总数为 85608 人，其中户籍人口为 69802 人，流动人口为15806人，少数民族人口为4197人，18岁以下未成年人为5394人，60岁以上老人为10287人。社区内低保人员为1617人，残疾人为707人，矫正、刑释解教、吸毒人员共857人，还有少量“法轮功”练习者、缠访集访带头人。

2. 基础配套较完善

贵乌社区的基础设施建设较完善。在居住方面，有物业居民住宅22个、门面商铺595个、散居楼栋26个、整体院落57个、规模以上超市2个。在科教文化设施建设方面，辖区内有教育机构12家，其中幼儿园5所、小学1所、中学2所、大学1所、科研院所1所，以及文化广场1个。在医疗卫生方面，有三级医院2家、社区卫生服务站1个。在其他方面，包括娱乐餐饮企业90家，其中歌舞厅1家、网吧6家、餐厅32家、旅店19家、洗浴4家和美发美容28家。[①] 贵乌社区基础设施建设在科、教、文、卫和休闲娱乐各方面均有涉及，功能配备较为完善。

（二）贵乌社区提升综合治理能力的实践

1. 创新社区党员教育管理方式，提升基层党组织服务能力

针对辖区部分党员年龄大、行走不便，逐渐呈现出集中参与组织生活难的问题，贵乌社区在党员教育和管理方式创新方面进行了积极探索。为有效解决辖区外出流动党员参加组织生活较为困难的问题，建立了“网络组织生活会”。依托网络平台建立了“贵乌社区党员交流群”，以视频、语音等形式定期组织流动党员召开“网络组织生活会”，督促他们认真履行党员义务，参与党组织生活和学习。此外，贵乌社区党委抓培训基地基础建设，花费15万元以五星级社区为标准打造了贵乌社区“党员短期培训基地”。截至“十二五”期末，培训基地已开展培训40余期，参训人员有5000余人，党员教育实践基地得到了建设，党员的培训得到了强化。[②]

2. “心愿树”：社区党组织践行群众路线的实践

贵乌社区组织辖区困难群众将需要解决的问题或居民个人心愿写进“心愿卡”并挂在“心愿树”上。社区定期组织辖区驻区单位、非公有制经济组

---

① 贵乌社区：《贵阳市基层社区工作调查表》，2015。

② 《“十三五”时期云岩区贵乌社区发展规划》。

织和社会组织、居委会党组织，以及社区党员干部、志愿者、爱心人士等对群众“心愿”进行认领，并以“一对一”的方式帮助群众解决最急、最盼的实际问题。自活动开展以来，已有100余名党员对群众“心愿”进行了认领，帮助群众完成“心愿”68个，得到群众的一致好评和赞誉。

3. 轮值主席制度促基层共建

为充分调动贵乌社区区直部门、驻区单位、社区“大党委”成员单位、辖区非公企业和社会组织参与社区建设的积极性，贵乌社区党委着力推行“共驻共建轮值主席工作制”，使社区突出问题得到有效解决，推动社区各项工作健康有序开展。通过执行“轮值主席”制度，云岩区棚改办已协调资金帮助贵乌社区完成“家庭党校”的开办，并参与了“家庭党校”党课辅导活动。贵阳典石外教学校为贵乌社区的党员志愿者队伍增加了20名党员骨干，帮扶了辖区2名困难儿童。

4. 突出特色服务理念，提升群众满意度

贵乌社区充分利用大数据技术，把大数据运用到了民族工作中，形成了“云岩区民宗事务局—贵乌社区服务中心—贵乌社区居委会”三级平台资源整合模式（见图1）。

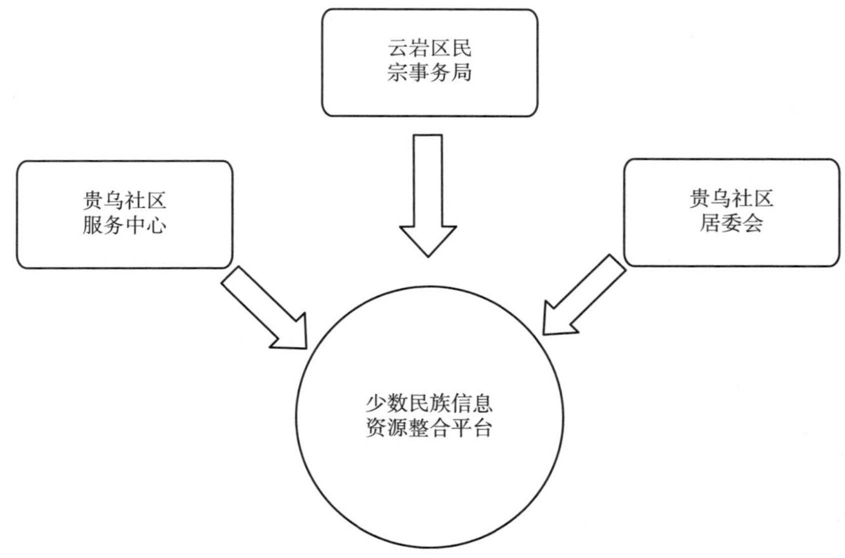

图1　贵乌社区少数民族三级平台资源整合模式

贵乌社区建立了贵阳市首家少数民族服务窗口，通过大数据技术为辖区内的少数民族同胞提供服务。少数民族服务窗口包括少数民族双语志愿者工作站、少数民族同胞“九站一家”①、少数民族同胞微信平台、少数民族电子阅览室等，让少数民族群众享受更具特色的优质服务。此外，少数民族双语志愿者工作站为辖区少数民族同胞义务提供彝族、回族、维吾尔族、布依族以及苗族五种少数民族语言服务。贵乌社区还建立了预约服务机制，在社区工作时间前、后1小时内及双休日，群众可以通过电话、QQ和微信进行预约，社区服务中心就会尽快办理相关事项。目前提供预约服务的项目包括计生、社保、就业、居住证、双拥等。

二　贵乌社区综合治理能力提升面临的挑战

（一）治理主体单一

1. 社区服务队伍人数较少

贵乌社区服务队伍人员总数共339人，其中社区服务中心以及辖区居委会工作人员为239人，社区志愿者为100人。而贵乌社区拥有85608居民，从社区服务队伍人均服务人数和人均服务面积来看，社区服务工作面临着不小的挑战（见表2）。

表2　贵乌社区服务队伍人均服务工作量

单位：人，平方米

社区服务队伍人均服务人数	253
社区服务队伍人均服务面积	18289

通过表2可以看出，社区服务面积大，服务人群多，服务任务繁重，目前的服务队伍难以满足社区综合治理需要和居民日益增长的服务需求。

① 贵乌社区在其辖区的9个居委会建立了“少数民族同胞情感联络服务站”，以更好地服务辖区内的少数民族同胞。

2. 社会组织培育力度不够

社会组织能够促进社区社会资源的整合，是参与社区治理的重要主体之一，是推动社区社会建设现代化，提升社区综合治理能力的重要推动力。从贵乌社区“十二五”期间的实践来看，社区在社会组织培育方面的力度不足，缺乏社会组织培育机制和具体措施，无论是资源整合程度还是实际服务效能均处于较低水平。

（二）思想观念有待转变

1. 公众参与意识有待提升

辖区居民对自身参与社区治理的作用认知不足，参与意识薄弱，缺乏参与热情和主动性。从贵乌社区目前的社区治理模式来看，社区治理的各项内容几乎都是以社区党组织为载体，基于党建开展活动，依托基层党组织对社区进行治理，公众参与程度十分有限。这样的治理模式导致社区居民对社区基层党组织过度依赖，将服务需求的满足全部寄托于社区党委以及基层党组织。

2. 社区治理理念有待转变

贵乌社区各级党组织在社区治理中扮演着多重角色，承担了社区治理中的绝大部分功能，除了扮演好领导者和引导者，还是社区综合治理的具体实践者。在社区治理中，社区对社会治理参与主体的培育过于偏重基层党组织，忽视了公众参与的必要性和重要性，对社区社会组织、社区居民参与主体所能发挥的作用认识不足，而社区各级党组织承担了社区治理的绝大部分任务。随着社区居民服务需求的增长，社区压力越来越大。这样的治理模式虽然在贵乌社区社会建设中取得了诸多成效，但从长远来看，这样的模式局限性明显，不利于社区综合治理能力的提升。

（三）公众参与配套机制不健全

1. 公众缺乏参与途径

贵乌社区居民参与社区治理的路径单一，公众参与途径的缺乏，导致公众不能有效参与到社区治理中。贵乌社区过度依靠政府、社区、居委会等职能部门进行治理，而这种方式在人力、资金、覆盖面等方面都存在诸多局限。贵乌社区虽然开通了社区服务热线，为公众参与提供了一条便捷途径，但这样的方式使公众只能通过单方面的意见表达参与，效率不高、参与过程较被动，不能充分发挥社会组织和社区居民的能动性，影响了公众的参与热情。

2. 社区共驻共建平台不完善

贵乌社区共驻共建平台还不完善。社区通过“轮值主席”制度推进社区各单位、组织参与社区共治共建，取得了一定成效，但这一制度的参与主体主要还是以区直单位、社区党委等职能部门为主，虽然社会组织也被纳入到参与主体之中，但目前贵乌社区还没有为社会组织和社区居民提供专门的空间，并不能很好地发挥其功能和作用。

三　关于提升贵乌社区社会综合治理能力的建议

（一）深入推进“三融三强”，巩固基层党建成果

1. 领导融入基层强示范

贵乌社区应将领导干部深入基层、服务群众的工作常态化，深入社区群众家中，广泛听取意见建议，向群众讲解政策法规，用真心换取真情，赢得群众积极支持，为和谐社区建设奠定扎实基础。包保领导针对社区工作实际，每季度在社区上一堂党课，让党员干部思想得到教育、精神受到洗礼，坚定跟党走的信心，维护社会发展大局。此外，应及时梳理群众反映的各种民生问题，着实解决群众生活困难，让群众共享小康建设成果。

2. 党员融入群众强服务

通过党员干部下基层活动，引领党员主动融入社区，强化党员进社区服务力度、拓展在职党员进社区服务内容，促使党员积极参与社区工作，提升服务群众的实践能力。按照部门帮社区的职责和要求，机关党员主动帮助社区解决群众在社会保障、社会救助、医疗卫生等方面的问题，将党和国家的政策变为群众“看得见、摸得着”的实惠。

3. 活动融入载体强引领

探索通过党建载体引领基层党组织服务能力提升，助推社区各项事业健康发展。加大创建工作的宣传力度，通过多方努力，建立优秀榜样激励机制，培

育出一批在社会上具有较大影响力的先进典型，在社区党员中树立起崇尚先进、学习先进、争当先进的时代新风。

（二）筑牢治安防控体系，巩固“法治社区”成果

强化治安维稳“底线”意识，深入推进“平安细胞”创建，充分发挥群防群治效能，大力推行“两严一降”专项行动，筑牢治安防控体系，推动社会治安形势持续向好。加强矛盾纠纷排查调处力度，全面推进“六五”普法工作，巩固劳动争议调解和“法治社区”成果，确保社会和谐稳定。深入推行安全生产“一岗双责”，有序推进社区隐患重点地区整治，加强对社区的专（兼）职消防队伍、义务消防队、消防志愿者等的消防大演练，加大力度推广安全监督管理信息系统，继续做好企业监察和标准化建设工作，把安全风险降至最低。深入开展优生健康惠民工程，强化人口计生社会管理和公共服务体系建设，促进人口长期均衡发展。继续推进食品安全社区创建工作。

（三）推进城市功能完善，巩固服务经济成果

1. 继续加快推进城市功能完善

重点推进合群路和贵乌南路的棚户区改造工程，继续做好“三年千院”打造工作，为辖区居民营造温馨家园，积极做好国家卫生城市的复检，全面推进城市精细化管理，不断提升市容环境水平。

2. 整合资源服务地区经济发展

整合组织资源增效率。积极构建纵横协调、信息畅通、运转高效的工作机制，建立经济工作团队化的新模式，成立经济产业谋划、招商引智、综合治税、基础信息四个工作小组，让各小组各司其职，简化办事程序，提高办事效率，确保责任落实更到位，为加快区域经济发展创造优良环境。

整合信息资源增效益。将楼宇数据平台和统计数据平台进行有机融合，实行资源共享和数据共享，确保社区迅速准确掌握各方面经济信息（如载体资源空置、企业日常变动等），确保社区在最短时间内能够做出有效的决策。

（四）构建服务平台，巩固公众参与成果

拓宽服务渠道，积极转变服务方式，构建起服务基层群众、促进社区经济

社会发展的新平台，争取在运行方式、服务方式、内容形式上得到更大程度的创新。

制定社区社会组织培育相关政策、机制，为社会组织的培育营造良好的环境，结合社区自身发展定位、社区社会治理需求、社会建设需求以及社区资源优势等，有针对性地开展社会组织培育。

加强社会志愿者队伍建设，通过党员深入群众开展宣传和动员活动，扩大社区志愿者规模，扩大社区公共服务、社会综合治理的覆盖面，提升综合治理水平。建立社区志愿者培训、管理、激励机制，规范志愿者服务工作，激励更多党员干部和群众积极参与，以“关爱他人、奉献社会”的理念构建社区服务平台，凝聚社会发展的正能量。

建立健全社区共治共建机制，不仅要赋予公众参与社会治理的权利，而且要加强对其参与行为的指导和规范，引导公众有序参与，减少公众参与的盲目性和随意性。

参考文献

郎友兴、葛俊：《让基层治理有效地运行起来：基于社区的治理良》，《浙江社会科学》2014 年第 7 期。

孙启贵、徐润雅：《社区综合管理改革与创新研究：基于新公共治理视角》，《电子科技大学学报》2014 年第 5 期。

鲁露、金艾裙：《社区治理主体视角下的社区能力建设对策研究》，《河北北方学院学报》（社会科学版）2015 年第 4 期。

倪赤丹：《基层社区治理体系与治理能力现代化的路径选择》，《特区实践与理论》2015 年第 3 期。

B.23
加强社会组织培育 推动社区服务转型升级
——云岩区中天社区"十三五"发展思路研究

摘 要： 随着政府职能的转变，社区社会组织逐渐成为推进社区社会建设现代化的重要载体，在社区公共服务中扮演着重要的角色。云岩区中天社区在探索社区社会组织培育的实践过程中取得了一定成果，但也面临着挑战。本文以中天社区"十三五"发展思路为主线，对社区社会组织培育面临的挑战进行分析，并提出具有针对性的思考建议。

关键词： 中天社区 社会组织 服务 转型升级

社区社会组织是参与社区治理的重要主体之一，作为具有较强独立性的公益性组织，在社区治理中发挥着重要的作用。社区社会组织以民众为基础，可以对社区基层民众的需要进行及时的了解，社区社会组织将社区和公众连接在一起，促使公众参与到社区建设和社区治理中，有助于社区发掘问题、解决问题。培育社区社会组织有利于解决社区基层治理的一系列问题，社会组织的参与能够加快推进社区服务转型升级，推动社区适应社会发展的需要，有效提升社区的服务效能。

一 社会参与：中天社区服务转型升级的基础

（一）中天社区基本概况

1. 人口结构较复杂

中天社区户籍人口为 13388 人，人户分离有 7076 人，少数民族人口有

3596 人，18 岁以下未成年人有 5046 人，60 岁以上老人有 4876 人。中天社区困难群体与特殊人群共 6050 人，占社区总人口比例为 28%，其中失业人员为 62 人，低保人员为 554 人，需要社会力量救助和关爱的老人为 203 人，残疾人为 183 人，吸毒人员、刑释解教人员等特殊人群为 141 人（见表 1）。从人口结构上来看，中天社区人口结构较复杂，为该社区的人口管理和服务带来了一定的挑战。

表 1　中天社区基本情况

<table>
<tr><td rowspan="3">社区概况</td><td>辖区面积</td><td>2.26 平方公里</td><td colspan="7">辖区人口</td></tr>
<tr><td rowspan="2">辖区范围</td><td rowspan="2">6 个居委会</td><td colspan="3">户籍人口</td><td>13388 人</td><td>流动人口</td><td colspan="2">3448 人</td></tr>
<tr><td>18 岁以下</td><td>5046 人</td><td>失学儿童</td><td>0</td><td>留守儿童</td><td colspan="2">0</td></tr>
<tr><td rowspan="3">科技和教育资源</td><td colspan="2" rowspan="2">科研院所</td><td colspan="2">幼儿园</td><td colspan="2">小　学</td><td colspan="3">初中高中</td></tr>
<tr><td>公办</td><td>民办</td><td>公办</td><td>民办</td><td>公办</td><td colspan="2">民办</td></tr>
<tr><td colspan="2">0</td><td>0</td><td>3 个</td><td>0</td><td>1 个</td><td>0</td><td colspan="2">1 个</td></tr>
<tr><td rowspan="3">社会资源</td><td colspan="4">辖区内单位</td><td colspan="5">辖区内社会组织</td></tr>
<tr><td>行政单位</td><td colspan="2">事业单位</td><td>企业（国有）</td><td>孵化型（枢纽型）社会组织</td><td>专业型社会组织</td><td colspan="3">自发型（草根型）社会组织</td></tr>
<tr><td>1 个</td><td colspan="2">1 个</td><td>0</td><td>1 个</td><td>1 个</td><td colspan="3">5 个</td></tr>
<tr><td rowspan="2">体育文化休闲餐饮住宿设施</td><td>体育场（馆）</td><td>影剧院</td><td>广场</td><td>公园</td><td>图书市场、书店</td><td>50 平方米以上饭店、餐馆</td><td>旅店、招待所</td><td colspan="2">写字楼</td></tr>
<tr><td>1 个</td><td>0</td><td>5 个</td><td>11 个</td><td>3 个</td><td>5 个</td><td>0</td><td colspan="2">0</td></tr>
<tr><td rowspan="3">医疗卫生资源</td><td rowspan="2">综合医院</td><td rowspan="2">专科医院（诊所）</td><td rowspan="2">妇幼保健院</td><td rowspan="2">急救中心</td><td rowspan="2">疾控中心</td><td rowspan="2">社区卫生服务站</td><td rowspan="2">辖区药店</td><td colspan="2">养老机构</td></tr>
<tr><td>公办</td><td>民办</td></tr>
<tr><td>0</td><td>1 个</td><td>0</td><td>0</td><td>0</td><td>1 个</td><td>6 个</td><td>0</td><td>1 个</td></tr>
<tr><td rowspan="2">困难群体与特殊人群</td><td>失业人员数</td><td>退休人数</td><td>60 岁以上老人</td><td>残疾人</td><td>低保人员</td><td>刑释解教人员</td><td colspan="3">吸毒人员</td></tr>
<tr><td>62 人</td><td>234 人</td><td>4876 人</td><td>183 人</td><td>554 人</td><td>15 人</td><td colspan="3">126 人</td></tr>
</table>

资料来源：表格数据由中天社区提供。

2. 基础设施较完善

配套基础设施涵盖教育、文化、医疗、健身、休闲等多方面，基础设施建设较完善。在文化教育设施方面，有幼儿园 3 所、小学 1 所、中学 1 所；从文化休闲和食宿方面来看，社区有体育场（馆）1 个，其中包括恒温游泳馆、羽毛球馆和网球馆，有文化广场 2 个，食宿服务类设施共 21 个；在医疗卫生服务设施方面，有民营专科医院（诊所）1 个、社区卫生服务站 1 个、药店 6 个（见图 1）。除此之外，小区内设有供居民休息的椅子，社区有露天健身器材、森林广场、山体公园。

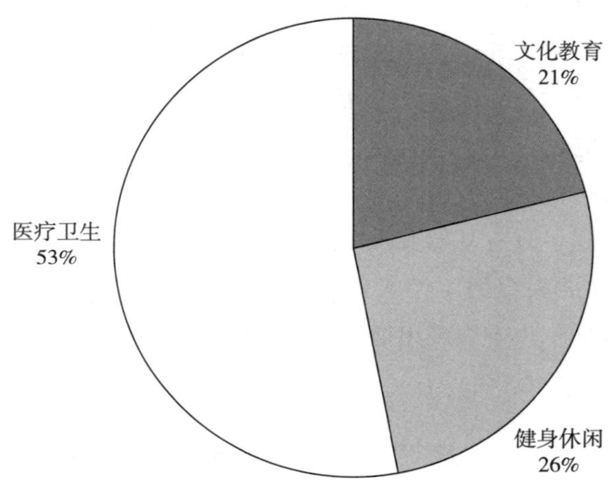

图 1　中天社区服务类基础设施概况

资料来源：《中天社区调查表》，2015。

3. 社区组织多元化

辖区内多元化的组织，在加强社会参与、引领社会共建、推动社区服务转型升级过程中发挥了重要作用。中天社区服务中心内设党政工作部、社会事务部、城市管理部、群众工作部 4 个服务机构；辖区内有黄山冲、中天花园、御翠岭、顺海、乌江怡苑 5 个居委会。中天社区注重引入社会力量参与社区服务，重视对社会组织的培育，现有“阳光就业中心”以及社区民间舞蹈队、票友会、书画院等社会组织，建立了社区社会组织联合会——中天“幸福社”，并在此基础上创立了自己的服务品牌“幸福响当当”。

（二）中天社区推动社区服务转型的实践

1. 以群众路线为契机加强基层党建工作

中天社区以党的群众路线教育实践活动为契机，加强了基层党组织自身的建设。辖区党员深入群众中，以群众需求为导向开展服务，以实现党员自身的价值。中天社区开通了方便居民的爱心服务热线，建立了社区网站，采用网格化服务，秉承“事事有结果、件件有回音”的服务宗旨，全方位服务居民，帮助居民解决实实在在的难题、问题。

2. 与高校搭桥，建立基层人才引进机制

中天社区在基层人才引进机制上进行了创新。推进社区工作人员年轻化、提升服务队伍综合素质、保障人手充足，以满足社区居民的服务需求。与贵州大学公管学院建立的人才引进机制，不断为中天社区输送相关专业人才，不断为社区基层服务力量注入新鲜血液，这不仅为社区居委会缓解了“人才”难题，也为社会输送了具有基层实践经验的高校人才，形成了一条基层人才培养链（见图2）。在居委会的工作人员中，80%以上是拥有本科学历的大学生。这些大学生在社区工作中表现出适应能力和接受能力强、综合素质相对高、与群众沟通能力强的特点。

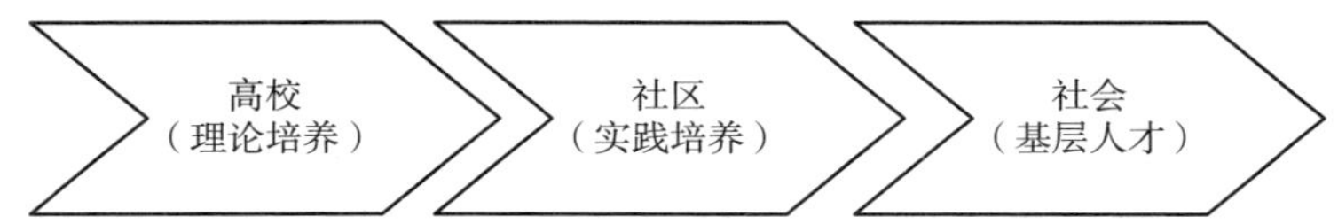

图2　中天社区高校—社区人才培养链

3. 以“幸福社”为载体加快推进社区社会组织培育

“幸福社”是由中天社区党委引领建立的社区社会组织联合会，但它有别于一般的社会组织，它更像是“社区草根社会组织”或“小微社会组织”。“幸福社”为社区不同居住群体、不同社会组织找到一个结合点，构建了一个互动、互助、共建、共赢、共享的平台（见图3）。“幸福社”将舞蹈队、腰鼓队、票友会、书画院等民间队伍组织、统筹起来，在社区党委的指导下统一开展活动，以此丰富居民的精神文化生活。同时，在此过程中有意识地培育和发展社区社会组织，引导其参与到社区社会建设中。

4. 建立社区民间服务机制——“幸福响当当”

“幸福响当当”是中天社区探索社区服务转型的实践。“幸福响当当”不仅是中天社区的服务品牌，而且是社区文化的体现，自创立以来得到了很好的延续。“幸福响当当”主要通过组织社区居民和社会组织开展活动，促进居民互助、共建共享，丰富居民的精神文化生活，增强社区、居民、社会组织在社会建设中的互动，推动社区服务转型升级。

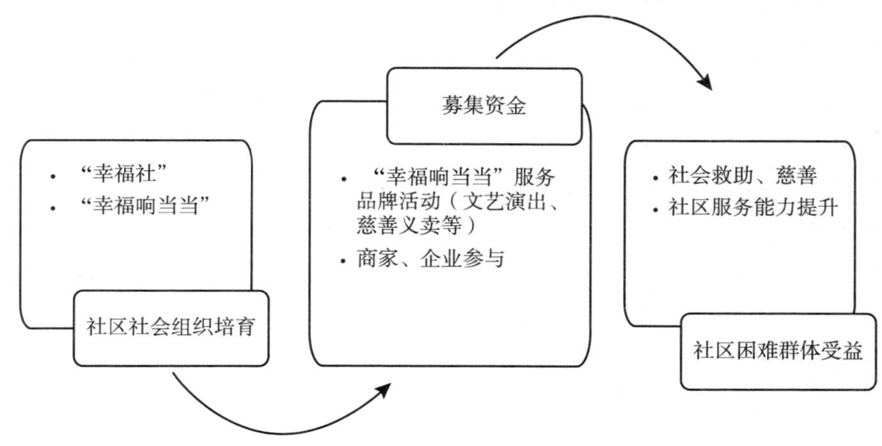

图 3　中天社区“幸福社”培育与运作

“幸福响当当”在中天社区党委的指导下，发动辖区居民开展活动，例如组织书画院开展书画义卖活动，动员社区内的商家参与义卖，此过程对商家也产生了宣传效应，使得商家乐于参与类似社区活动。其通过义卖获得的收入，一方面用于维持社区社会组织的正常运转，另一方面用于帮助社区内的困难人群。“幸福响当当”促使辖区社会组织、居民以及不同群体互帮互助，提升居民自豪感和幸福感，推进社区社会建设与社会组织联动，同时也使社区工作压力和资金压力得到一定程度的缓解。

二　中天社区培育和发展社会组织面临的挑战

（一）培育和发展机制不健全

1. 缺乏系统性的培育机制

在社会组织培育过程中，缺乏科学、系统的培育机制。“幸福社”作为中天社区社会组织培育的成果，虽然其衍生产品——“幸福响当当”，已然成为社区的服务品牌和文化品牌，但在培育过程中，缺乏具体系统的规划，只是将社区居民、社区民间队伍作为组织的构成单元，进行机械地整合，“幸福响当当”仅仅发挥了“幸福社”的部分功能，没有充分发挥社区社会组织的功能。

2. 社区基层服务购买机制不健全

社区社会组织参与社区服务的前提条件是其具备合法性，这也是社区社会组织获得社会和政府资金的重要基础和重要前提。出售服务是社区社会组织获取资金的主要途径，但由于中天社区的社会组织培育机制不健全，相应的社会服务购买机制也不完善，对社区社会组织服务的购买资金也没有被纳入社区专门的财政预算，社区向社会组织购买服务具有较大的不确定性和临时性。相关机制不完善导致社区社会组织缺乏发展动力和参与积极性，限制了社区社会组织自身的正常发展，在一定程度上也制约了社区服务的转型升级。

（二）获取资源能力不足

1. 活动资金不足

中天社区社会组织多以组内成员筹款、参与演出、社区组织义卖活动等方式获得资金，资金来源渠道少，没有专门的经费来源。其活动资金有限，获得的资金基本都用于社会救济和慈善事业，这限制了社区社会组织的发展，导致社区社会组织提供的公共服务类型和覆盖范围十分局限。虽然社会组织产生了一定的社会效益，但从长远来看，社会组织无法持续发展，贡献能力也十分有限。

2. 发展空间受限

中天社区的社区组织发展空间受限，导致社区社会组织的发展和作用发挥受到限制。社区内没有建立一个供社区社会组织工作的平台，对社区社会组织发展扶持力度还不够。由于缺乏活动的空间和场地，社区社会组织难以持续稳定地开展活动，社会组织的发展和社区服务效能的提升也受到了限制。

（三）人才队伍不稳定

虽然中天社区与贵州大学公共管理学院合作，建立了人才引进和培育机制，高校不断地为社区输送人才，社区也在不断地为之努力，但待遇、发展前景、学生毕业等因素，造成人才流动性大、人才队伍不稳定，无法形成社会组织创新人才培育长效机制，继而使社会组织难以开展卓有成效的活动，影响着社区公共服务的效率提升。社区内社会组织的成员以社区居民中的离退休人员为主，这些群体的优点是时间充裕、群众基础好、工作经验和社会经验较丰富。但是，这样的社会组织成员结构，导致组织队伍老龄化，具有创新思维和能力的人才不足。社会组织开展活动时往往心有余而力不足，这也使得社会组织人才队伍建设得不到保障，社会组织自身能力不强，社会影响力较弱。

三　加快推进社区社会组织培育，推动社区服务转型的思考

（一）加强基层党建，创新党建工作机制

1. 抓好党建基础工作

以党组织为核心，以党建工作为引领，以改善民生为落脚点，加强社区“大党委”的建设，不断夯实基层党建基础，充分发挥基层党组织的战斗堡垒作用。以加强基层服务型党组织建设为主线，全面推进、加强党组织建设工作，不断提升工作水平，提高服务群众能力。在党员发展方面，坚持标准、严格把关，确保发展党员工作的规范化，在培育、发展过程中注重党员素质，重视在青年骨干中发展党员，提高发展党员质量。在党员素质提升方面，应深入开展形式丰富的党员教育培训工作，着力提升党员干部综合素质和服务能力，全力推进学习型党组织建设，为服务大局、推动跨越、打造发展“增强版”，提供坚强的政治保障。

2. 创新党建工作机制

积极创新党建工作机制，推进非公党建工作区域化。充分发挥广大党员先锋模范带头作用，通过辖区“爱心银行”“连心树”等慈善公益平台，丰富党员志愿者活动内容、拓展服务形式、规范运行模式，扎实开展党员志愿者服务活动，打造中天社区特色党员志愿者服务品牌，构建特色鲜明、群众认可的党员志愿者服务体系。以“互联网＋”为手段，推动党建发展，以“大数据”理念引领党建工作，依托热线电话平台、微信平台、“社区1＋1”服务云平台等多媒体数字化平台，提升党建工作效率。

（二）培育发展社区社会组织，提升社区服务水平

1. 健全培育发展机制

首先，结合社区治理和居民生活的实际需求，制订科学合理的社会组织培育发展计划，有针对性地开展社会组织培育工作。其次，建立科学的社区社会组织资格认证制度、管理制度和考核评估机制，完善社区社会组织的管理和运营制度，督促其以章程为依据开展活动，规范社会组织行为，促使成员自觉维护组织的社会信誉和地位。再次，在推动社区社会组织参与社会建设的过程中，应在其取得业务收入、社会资助和捐赠、土地使用权、活动场地，以及政府向其购买服务等方面给予适当的政策扶持，在建设资金方面适当向社区社会组织倾斜，加快推进社区社会组织的培育工作。

2. 健全与高等院校人才合作机制，提升社区服务队伍素质

人才专业化是社区服务提升的必然要求，社区社会组织的科学运营、长足发展需要专门的人才队伍保障。要在现已建立的高校人才引进合作机制的基础上，健全合作机制，探索建立社会组织人才培养和人才队伍建设的长效机制。继续通过健全人才引进和培养机制，为社区社会组织的培育和发展提供强有力的人力资源保障。一方面，通过委托培训和实习交流等形式，提高社区社会组织负责人的组织和管理能力；另一方面，出台配套政策，实现引进的人才能留下来、留得住，并鼓励其加入到社区社会组织中来，提升其专业化程度和服务质量。

（三）推进社区服务多元参与，提升社区服务效能

1. 拓宽服务参与渠道，建立公共服务平台

多元参与、共建共享、合作共赢是现代社会建设的发展趋势，要提升社会建设水平、增强服务效能，就必须搭建以政府、社会组织、企事业单位、公民为主体的互动合作平台，实现社会资源配置优化与高效利用。要探索建立多元化民主参与渠道，通过搭建多种服务载体，将社会治理触角延伸，整合辖区各类资源，弥补行政服务管理的短板。要由居委会党支部牵头，集合物业管理、驻社区单位、社会组织等力量，实现民主管理形式多元化。通过完善社区民主协商制度，充分发挥监督、协助作用，让民主管理真正落到实处。同时，还要

发挥辖区各个居民小区业主委员会的作用，由其指导和监督各项工作开展。

2. 引导社会组织参与社区服务，疏解社区压力

社会组织为公众参与社会建设提供了一个正当、合理、合法的有效参与途径，中天社区应引导社会组织参与社区服务以疏解社区压力。要充分引导和调动社会组织的力量，使其参与到社区建设之中，增强社区为居民提供服务的能力，推进社区与社会力量多元共建，实现社区社会组织的价值。要加强引导，促进社区社会组织充分参与到社区服务和社会建设当中，整合社区资源、优化资源配置、提升社区发展与创新能力，提高服务效能，以获取政府与公众的认可和支持。

参考文献

刘春、湘邱、松伟等：《社会组织参与社区公共服务的现实困境与策略选择》，《中州学刊》2011 年第 182 期。

何灿、李静：《社会多元治理视角：社区社会组织参与公共服务效能分析》，《创新》2011 年第 3 期。

夏建中、张菊枝：《我国城市社区社会组织的主要类型与特点》，《城市观察》2012 年第 2 期。

吴素雄、郑卫荣、杨华：《社区社会组织的培育主体选择：基于公共服务供给二次分工中居委会的局限性视角》，《管理世界》2016 年第 2 期。

B.24

以推动社区融合发展为重点建设和谐金狮

——云岩区金狮社区“十三五”发展思路研究

摘　要：　随着我国城市化进程的不断推进，城市中流动人口与本地居民之间的交流也越来越多。城市中流动人口与本地居民之间的融合发展，能够促进城市的和谐与稳定。本文对金狮社区的特点与发展基础进行了分析，总结了金狮社区在“十二五”期间推动社区发展的主要做法，梳理了当前的发展难点与面临的困难，在此基础上，充分借鉴其他地区发展的经验，针对金狮社区的特点与面临的问题，提出推动社区融合发展思路的建议和参考。

关键词：　金狮社区　社区治理　融合发展　城乡接合部

改革开放以来，我国城市化进程明显加快，进入到加速发展的新时期。经济的快速发展使得社会高度二元化、城市融合度低。城市融合事关我国经济社会转型发展，对城乡统筹发展、社会和谐稳定具有重要作用。城市融合发展给基础相对薄弱的金狮社区的社区建设工作提出了严峻挑战。金狮社区人口组成多元化，坚持以“创新工作思路，拓展品牌特色，完善服务体系”为工作目标，以党建工作为龙头，以居民文化为亮点，以特色服务为品牌，以和谐创建为契机，以解决居民群众关心的热点和难点问题为落脚点，推动社区融合发展。金狮社区基本情况见表1。

表1　金狮社区基本情况

社区概况	辖区面积	1.94平方公里	辖区人口						
	辖区范围	东起登高路，西至大营路，南起巫峰路，北至新添大道南段	户籍人口			14926人	流动人口	5047人	
			18岁以下	3779人	失学儿童	—	留守儿童	1人	
科技和教育资源	科研院所		幼儿园		小　学		初中高中		
			公办	民办	公办	民办	公办	民办	
	—		—	4个	1个	2个	—	2个	
社会资源	辖区内单位			辖区内社会组织					
	行政单位	事业单位	企业（国有）	孵化型（枢纽型）社会组织	专业型社会组织	自发型（草根型）社会组织			
	6个	9个	4个	1个	—	—			
体育文化休闲餐饮住宿设施	体育场（馆）	影剧院	广场	公园	图书市场、书店	50平方米以上饭店、餐馆	旅店、招待所	写字楼	
	—	—	4个	1个	—	12个	4个	—	
医疗卫生资源	综合医院	专科医院（诊所）	妇幼保健院	急救中心	疾控中心	社区卫生服务站	辖区药店	养老机构	
								公办	民办
	4个	—	—	—	—	2个	11个	—	—
困难群体与特殊人群	失业人员数	退休人数	60岁以上老人	残疾人	低保人员	刑释解教人员	吸毒人员		
	123人	1168人	998人	409人	768人	72人	383人		

资料来源：表格数据由金狮社区提供。

一　从云岩区的城市发展看金狮社区的特点与发展基础

（一）金狮社区是典型的城乡接合部社区

1. 区位特征明显

金狮社区位于贵阳市东北面，东起登高路，西至大营路，南起巫峰路，北至新添大道南段，与黔灵镇沙坡村接壤，总面积约为1.94平方公里。辖区内有金狮居委会、石洞坡居委会、登高居委会、巫峰居委会和百花山居委会5个居委会，共35个网格。辖区户籍人口总数为14926人，流动人口为5047人。金狮社区是典型的交通便利、人口众多、治安状况复杂的城乡接合部社区。

2. 人群结构复杂

金狮社区辖区内的人员组成较为复杂。一部分居民是在20世纪80年代因贵阳市旧城改造而搬迁过来的安置户。这些安置户大多是从六广门、大南门和头桥等地方搬迁过来的下岗工人，以及民政系统里一些需要帮扶的弱势群体，这些群众目前大部分都居住在辖区的石洞和桂华山。第二部分是通过购买商品房入住辖区的居民。由于金狮社区与黔灵镇沙坡村接壤，因此在辖区租住的流动人口较多，第三部分则是流动的租住户（见图1）。

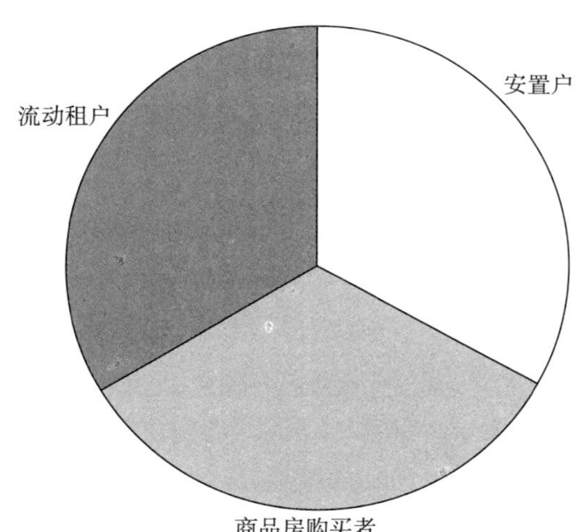

图1　金狮社区人员结构

（二）金狮社区发展基础

1. 基础设施逐渐改善

“十二五”期间，金狮社区基础设施建设步伐加快，基础设施建设水平得到全面提升。辖区内筑兴苑小区，借助“温馨家园”改造契机，对社区供水系统进行改造，确保了居民正常用水。社区还对安防设施进行全面提升，提高了社区安全防范能力。同时，社区与小区物业管理和业主委员会一起，为小区安装摄像头，维修改善电子门禁系统。

2. 共驻共建初有成效

金狮社区辖区内的刑拘所、看守所、戒毒所、派出所和救助站五家单位积极支持社区工作，与社区一起开展帮扶社区困难群众活动。与此同时，看守所的干警每年都会自己出资，给贫困学生送书包，为贫困家庭送米油。辖区单位的共驻共建工作初见成效。

3. 微信平台建设有序推进

金狮社区的微信公共服务平台是社区自主研发的便民服务载体，是金狮社区的一大亮点与特色。社区微信平台主要包括社区信息公开、各项业务办理流程、居民留言板等内容。社区微信平台将大数据思维与社区基层社会管理结合起来，旨在打通服务群众的“最后一公里”，切实为群众服务。微信平台从开设党建、民政、群工等工作板块到公布办事流程，再到增加居民留言板，不断方便居民在线沟通。从增设综治板块普及安全防范知识，到考虑居民业务需求将金融服务链接到平台，满足了居民基本的缴费需要。随着居民实际需求的增加，微信平台功能也在不断地更新。

二　当前金狮社区的发展难点与问题

（一）城乡接合部治理难题多

1. 老弱病残多，帮扶困难

金狮社区辖区内的老年人、残疾人、困难群体和特殊人群数量庞大，其中60岁以上的老人有998人，残疾人有409人，困难群体与特殊人群有3921人。例如，辖区登高居委会的居民多为20世纪80年代从贵阳老城区内河西路、六广门、大南门、头桥等地区搬迁过来的，老弱病残较多，就业十分困难。此外，吸毒人员和刑事解教人员政审难以过关，给社区帮扶工作带来了一定阻力，造成社区对他们的帮扶面临不小的困难。

2. 配套基础设施薄弱，升级改造难度大

金狮社区地处城乡接合部，公共基础配套设施极不完善。辖区内小区多为20世纪80年代、20世纪90年代修建的老旧小区，房屋多为砖砌房且狭窄老旧。基础设施老化严重，经常造成道路破损、下水道堵塞等问题。辖区内的“敞风小区”较多，很多小区都没有安装大门和防盗门，并且缺乏专业物业公司管理。辖区内的停车场地规划不合理，车辆乱停乱放现象严重。

3. 部分房屋产权复杂，管理难度大

辖区内部分房屋是拆迁安置的公房，房屋的产权涉及云岩区房管科、中西房管所和立新房管所等多家单位，由于历史遗留问题，还存在房屋产权不清晰的情况。同时，由于存在部分居民拖欠房租的情况，社区管理难度加大，导致房屋基本处于脱管状态，缺乏对房屋的基本维护。

（二）社区资源有限，难以满足居民发展需求

1. 硬件设施不完善

金狮社区在文化学习、居家养老服务方面的硬件设施仍不够完善，图书阅览、文艺活动、休闲娱乐、体育锻炼、医疗服务、卫生保健、社区教育等服务设施仍有较大缺口。社区各党支部基础设施薄弱，居委会活动场所建设还很滞后，各居委会的办公场所平均只有30平方米，办公设施简陋，居委会仅有一处租赁的活动场所。这些问题导致居委会难以开展活动、楼院党小组组建率低。

2. 人才队伍建设较弱

社区人员结构不合理。金狮社区有事业编制的人员数量较少，社区仍有空缺事业编制职位。其余工作人员均为公司编制或临聘人员，这两部分人员占了整个工作队伍的绝大部分。其中，由于部分体制内人员工作积极性不高，工作任务主要落在了临聘人员身上。这样的人员结构情况限制了社区的发展，难以满足社区实际需求。社区有大学学历的工作人员的流动性大，主要基于工资不高、工作任务重等原因，社区很难留住人才。同时，由于人员数量有限，社区很多居委会委员还要兼任网格员，工作任务繁重。

（三）社区改革带来的弊端

社区改革要求要将原有行政职能和经济职能完全剥离，社区仅承担服务职

能。但在实际工作中社区仍需处理包括安全生产、维稳、综治、信访、禁毒等在内的工作，且各个部门分派给社区的工作任务量巨大，各类行政事务不减反增，社区承担着各职能部门分配的繁重任务。例如，有的部门要求社区干部进行消防检查、食品卫生检查，而在开展工作的过程中，社区干部既无执法权又无相应的专业知识，号召力和响应力明显不足，局面十分尴尬，工作难以正常开展，工作推进举步维艰。

三　推动社区融合发展的思路探讨

（一）推动社区融合发展是建设和谐金狮的必然要求

1. 融合发展促和谐

金狮社区地处城乡接合部，社区内部多为老拆迁户，老弱病残、特殊人群数量多，困难群体较为庞大，其生活水平不高，而外部是住在商品房内的居民，其物质基础较好，生活水平较高。这种差异以及一边紧邻城市中心地带另一边背靠乡镇的客观环境，促使社区树立融合发展的理念，对内促进不同生活水平层次的居民和谐共处，对外实现与周围不同水平地区的融合发展，通过内部与外部的融合促进社区新发展。

2. 融合发展增情感

社区中的流动人员社区归属感普遍不强，“候鸟心态”明显，很难真正融入社区生活。流动人口觉得受到了本地人的“歧视”，而城市本地人觉得日常生活受到外来人的打扰，这使得双方都感到异样和压抑。因此，应树立融合发展的理念，让流动人口与本地居民共同享受公共的社区服务，增进流动人口的社区归属感。

3. 融合发展消隔离

在社区内，人与人之间的沟通与交流较少，社区内部人们交流的缺乏容易造成社区群体的隔离。社区内平时只有老年人之间的交流相对较多，外来流动人口与社区本地居民之间、本地居民与购房户之间、购房户与流动人口之间的交流十分缺乏，居民更多地把社区当成单纯的物理居住空间，在自己的房屋内居住和生活，即使是同层楼隔壁的邻居，可能都不知道对方的姓名，社区实际

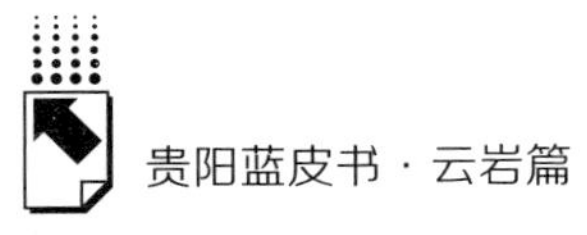

就变成了概念意义上的社区。因此，需要树立融合发展的理念，增进社区居民之间的沟通与交往，通过融合消除居民与居民之间的隔阂。

（二）推动社区融合发展的路径

1. 搭建多层次服务平台，探索流动人员与社区生活的融合

创建类型多样的服务平台，增强社区的亲和力和吸引力。本着“群众利益无小事”的宗旨，集中力量解决好流动人员关心的热点、难点问题。通过建立综合服务平台、社区居民议事平台、社区矛盾纠纷调解平台、学习培训平台等促进流动人员与其他居民之间融合相处，让流动人员在社区中感受到与家一样的归属感，拥有一样的“发言权”。

2. 深入推进原居民城市化，探索原居民与现代城市文明的融合

加强精神文明建设。全面实施社区文明行动，把培育新市民作为精神文明建设的中心任务，把倡导新风尚作为精神文明建设的重要途径，把建设新环境作为精神文明建设的基础工作，切实提升社区文明程度。

繁荣居民文化生活。加强公共文化服务建设，着力提升文化惠民软实力。全面推进文化“进社区、进家庭”，实现文化惠民全覆盖。继续扩大文体活动队伍，提高各类骨干文化素质，不断发掘、吸收、培养、发展各类文体爱好者，提升文化品质，发掘文化资源，激发文化活力。

推进并完善社区活动中心建设。统筹做好社区资源配置利用，把活动中心建设成集文化、教育、卫生、娱乐、健身于一体的多功能型活动中心。开展各类与社区居民生活密切相关的教育培训，如“青少年保护法”、“安全用电，用气知识讲座”、“消防安全讲座”、文明礼仪、家庭教育等，以贴近群众实际生活的内容，使居民一学就懂，提高他们的学习兴趣，提高他们对生活常识的掌握水平。

深入开展志愿服务。挖掘资源，壮大队伍，提高服务质量，建立党员志愿者、青年志愿者队伍等，为群众提供法律咨询、扶弱助残、慈善关爱、文明劝导等志愿服务，充分发挥社区大家庭各成员优势，形成能力互补、资源互用的“人人为我、我为人人”良好氛围。

3. 引导外来业主自治，探索商品房小区居民之间的融合

注重社会管理创新，积极推动社区网格化管理，做到人员到网格、力量到网格、投入到网格、服务到网格、考核到网格、成果运用到网格，实现网格全覆盖。针对商品房小区的特点，要以居民实际需求为着眼点，整合各类资源，建设服务完善、管理有序的社区共同体。

参考文献

范晓光、金卉：《隔离与整合：城乡结合部的社区建设——以杭州上城区 X 社区为例》，《浙江学刊》2009 年第 2 期。

彭科幻：《城郊结合部社区建设问题研究——以贵阳市云岩区为例》，硕士学位论文，贵州大学，2009。

B.25
以提升综合治理能力为重点推动社区和谐稳定发展

——云岩区头桥社区"十三五"发展思路研究

摘　要： 随着我国城市化进程的不断推进，大量农村居民涌入城市，为城市注入新鲜血液，但同时也带来了问题和矛盾。本文以案例研究为主，通过对云岩区头桥社区基本情况的分析，总结社区在工作中的实际问题，提出头桥社区需要提升综合治理能力并以其推动社区和谐稳定发展，为社区化解城市化进程中出现的各类矛盾提供参考和借鉴。

关键词： 头桥社区　综合治理能力　和谐发展　平安建设

近年来，在我国城市社会建设中，社会治安综合治理工作有效维护了社会和谐、极大地促进了城市发展。但是，当前的社会治安综合治理仍然存在治理理念有偏差、机制制度不完善等问题，极大地影响了和谐社会的建设。因此，必须革新治理理念、改革治理体制、创新治理模式、加强队伍建设，促进社区综合治理能力提升，进一步维护社会和谐稳定。

一　头桥社区加强社会治安综合治理的实践与探索

（一）地处城郊接合部，治理形势严峻

1. 头桥社区是一个典型的村居混合型社区

头桥社区位于贵阳市西出口，地处城郊接合部，社区现辖 8 个居委会。头

桥社区处在城市化建设的过渡阶段，社区既有村民形成的“城中村”的特点，又有居民构成的“居民区”的特点，属于典型的村居混合型社区。因此，村民、居民混杂居住给社区管理带来了很大的难度，如部分人群卫生、公共意识的缺失，导致社区出现随处乱扔垃圾、占用公共用地等现象，对社区的综合治理能力提出了较大挑战。

2. 多类群体聚集，治理形势复杂

头桥社区有户籍人口30685人，流动人口为12541人，少数民族为3995人，占年末总人数的9.24%，主要包含侗、苗、布依等10余个少数民族。此外，头桥社区聚集了大量特殊人群，其中包括60岁以上老人8480人、80岁以上老人1330人、空巢老人49人、失独老人32人、残疾人532人、低保人员2040人、刑释解教人员160人、吸毒人员665人（见表1）。目前主要人群构成为回迁户、流动人口和租赁户，均为低收入人群。多类群体的聚集加剧了头桥社区社会治理形势的严峻性。

表1　头桥社区基本情况

<table>
<tr><td rowspan="3">社区概况</td><td>辖区面积</td><td>5.73平方公里</td><td colspan="6">辖区人口</td></tr>
<tr><td rowspan="2">辖区范围</td><td rowspan="2">东边以枣山路与威清社区相接,西面与三桥相连,南面与金龙社区及南明区后巢乡相邻,北面以黔灵公园边界为线与黔灵镇、北京路社区接壤</td><td colspan="3">户籍人口</td><td>30685人</td><td>流动人口</td><td>12541人</td></tr>
<tr><td>18岁以下</td><td>4294人</td><td>失学儿童</td><td>—</td><td>留守儿童</td><td>1人</td></tr>
<tr><td rowspan="3">科技和教育资源</td><td colspan="2" rowspan="2">科研院所</td><td colspan="2">幼儿园</td><td colspan="2">小　学</td><td colspan="2">初中高中</td></tr>
<tr><td>公办</td><td>民办</td><td>公办</td><td>民办</td><td>公办</td><td>民办</td></tr>
<tr><td colspan="2">1个</td><td>1个</td><td>4个</td><td>2个</td><td>—</td><td>1个</td><td>—</td></tr>
<tr><td rowspan="3">社会资源</td><td colspan="4">辖区内单位</td><td colspan="4">辖区内社会组织</td></tr>
<tr><td>行政单位</td><td>事业单位</td><td colspan="2">企业(国有)</td><td>孵化型(枢纽型)社会组织</td><td colspan="2">专业型社会组织</td><td>自发型(草根型)社会组织</td></tr>
<tr><td>3个</td><td>8个</td><td colspan="2">11个</td><td>—</td><td colspan="2">—</td><td>—</td></tr>
</table>

续表

体育文化休闲餐饮住宿设施	体育场（馆）	影剧院	广场	公园	图书市场、书店	50 平方米以上饭店、餐馆	旅店、招待所	写字楼	
	—	—	1 个	4 个	—	10 个	32 个	1 个	
医疗卫生资源	综合医院	专科医院（诊所）	妇幼保健院	急救中心	疾控中心	社区卫生服务站	辖区药店	养老机构	
								公办	民办
	2 个	6 个	—	—	—	2 个	17 个	—	—
困难群体与特殊人群	失业人员数	退休人数	60 岁以上老人	残疾人	低保人员	刑释解教人员	吸毒人员		
	210 人	—	8480 人	532 人	2040 人	160 人	665 人		

资料来源：表格数据由头桥社区提供。

（二）头桥社区推动社区综合治理能力提升的实践与探索

1. 推进“三创一强一提升”，助推社区治理上台阶

在社会治理的实践与探索中，头桥社区积极推进“三创一强一提升”，助推社区治理再上新台阶（见图 1）。编写完善《头桥社区开展“三创一强一提升”活动实施方案》，成立活动领导小组，明确各工作组任务及职责；以社区各党组织及社区广大党员为基础，为“三创一强一提升”工作提供组织保障；在辖区管理中，头桥社区将辖区合理划分为 68 个网格，并印发《云岩区头桥社区服务中心网格化管理工作实施方案》，明确网格化管理的各项工作任务和工作要求，并广泛宣传发动，统一社区工作人员的思想，积极开展网格化管理，切实加强社会管理各项工作。

2. 深入推进平安建设，社会局面和谐稳定

头桥社区深入推进平安建设工作，维护了和谐稳定的社会局面。在安全防患宣传方面，社区累计投入 20 余万元用于制作禁毒、平安建设等宣传品，积极号召辖区居民齐心协力参与平安社区创建，真正做到了群防群治。同时，结合辖区实际，在易发案小区、路段共安装监控探头 45 个，并为居民新建、维修防盗门，修建不锈钢围墙，继续推进“平安 E 家”、超 B 级锁安装工程，2015 年共安装超 B 级锁 600 余个。在禁毒工作方面，辖区将吸毒人员全部录入计算机系统，并逐步建立工作档案；社区与辖区 22 个企事业单位、8 个居

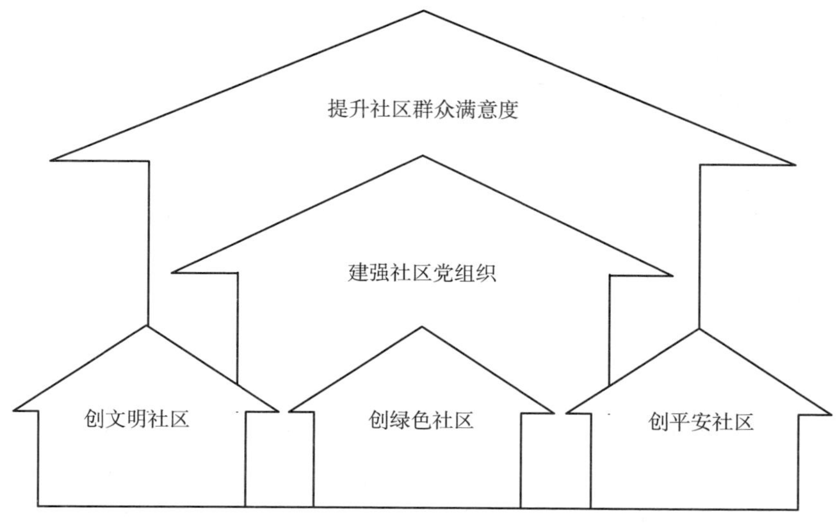

图1　头桥社区"三创一强一提升"

委会、4个社区内设科室签订了禁毒目标责任书，与大中专学校、中学、小学、吸毒人员层层签订禁毒责任书360余份，签订率达85.25%；充分利用"6.26"国际禁毒日等重大纪念日，以黑板报、展板、挂图、播放禁毒录像等形式进行禁毒宣传，同时以"综治工作站"为阵地，组织流动人口观看禁毒宣传片，提高流动人口的知毒、防毒、拒毒意识。

3.健全机制，重点落实流动人口管理

建立了多渠道信息采集机制，以"综治工作站"为依托，加大对流动人口信息的采集，并将信息及时录入"全员人口平台"；为流动人口中的服刑和刑释人员登记建档，成立由社区民警、社区干部、社区工作人员组成的矫正帮教领导小组，定期走访、教育、帮扶；进一步强化了流动人口管控措施，全面掌控流动人口活动轨迹，及时做好信息变更、注销、研判等工作，提升了信息管理科技水平。此外，社区联合派出所开展排查整治行动，加大对流动人口的登记管理工作。定期开展流动人口、出租房屋、娱乐场所、网吧等排查摸底工作，对流动人口中的无业人员、吸毒人员、刑释解教人员等违法犯罪高危人群进行重点管控，有效改善了辖区治安环境。在摸清底数的基础上，社区还通过身份核查、网上比对、安全检查等方法，把有现实和潜在社会危害，特别是可能危及社会稳定的流动人口纳入视线范围，并按照要求对其实施重点管理。

4. 强化环境卫生管理，营造良好环境氛围

“十二五”期间，头桥社区加强环境卫生综合整治，针对“野广告”这一城市“牛皮癣”，发动单位干部、职工、辖区居民、志愿者进行清除，定期或不定期发动社区居委会、辖区单位、居民群众开展卫生大扫除活动，加大对辖区内各主、次干道，小街小巷，楼群院落，城郊接合部环境卫生的清扫、保洁工作以及积存垃圾的清理、清运工作力度。此外，社区还自行出资，联系区市政部门疏通、清掏英烈路、湾子巷、百灵巷等居民区的化粪池、下水道，解决了辖区多处化粪池堵塞、污水长年外溢的问题，同时，对辖区内乱扔、乱吐、乱倒、乱贴、乱画等现象进行重点整治，开展创建“绿色社区”“文明社区”“文明院落”“文明单位”的活动；积极开展辖区公共厕所周边整治工作，确保公共厕所周边环境卫生干净整洁。截止到2015年年底，共清除“野广告”15000余处，教育散发、张贴广告行为16起；清运垃圾、杂物178余车，共500余吨；清理化粪池、下水道54处。

本着“因地制宜、疏堵结合、规范管理”的原则，头桥社区加大了对规范摊区的管理力度，并设立了黄金路饮食夜市、海马冲路两个规范摊区，并安排专人进行管理，同时积极落实经营户“门前三包”责任制度，2015年共新（补）签订“门前三包”责任书458份，处理各类违反“门前三包”行为451起，有效改善了社区环境卫生状况。

二　头桥社区提升社会治安综合治理能力面临的问题与挑战

（一）发展基础较差

1. 山体滑坡隐患威胁多

头桥地区地处多山的环境，房屋多建在山体附近，在连续降雨之后极可能发生山体滑坡自然灾害，冲垮房屋。因此，头桥社区目前仍面临山体滑坡自然灾害隐患威胁，其中重点防患地区为黔春路、海马冲路、头桥路1号。例如，2015年头桥社区一栋九层居民楼发生垮塌，事发楼旁边由黄土和石块组成的山体高度超出楼体，该山体的黄土和石块松动滑坡后，将居民楼的整个4单元冲成了废墟。

2. 基础设施投入少

头桥社区内老旧小区较多，基础设施陈旧，存在较多隐患，配套设施不完备、房屋老化。电力、供水设施老化，供电负荷不达标，停水停电频繁。环卫基础设施不达标，卫生死角多。消防设施建设不到位，火灾事故隐患突出。排水设施满足不了排水需求，污水外溢现象普遍。但是，由于经费来源有限，社区对基础设施改造的投入力度比较小，改造工作还面临巨大的困难。

（二）城市管理问题多

1. 环境整治困难

头桥社区在环境整治工作方面仍然存在较大困难。例如，辖区双峰路55号院落旁因2015年8～12月修建北京西路转双峰路匝道形成一个面积约5000平方米的空地，路段建成后一直未移交，造成此处无清洁公司进行保洁及垃圾清运，市容环境卫生处于无人管理的真空状态，匝道旁的空地也因长期的垃圾堆积而形成卫生死角，严重影响了辖区卫生环境。

2. 占道经营现象严重

由于特殊的位置条件和历史遗留问题，头桥社区内居住了大量的残疾人、低保户等弱势群体。为求生存，弱势群体常在辖区内主、次干道进行各种形式的占道经营活动。取缔这部分摊点，势必带来弱势群体的生存问题，头桥社区因此在市容环境管理工作上陷入两难局面。

3. 治安形势严峻

头桥社区仍面临较为严峻的治安形势。社区内农居混杂情况严重，流动人口密集，使得社区消防安全、反邪防邪、普法教育、毒品预防、房屋安全、生产安全、盗窃抢劫等方面的工作存在一定难度，对创建平安社区提出了巨大的挑战。

（三）重点人群管控难

1. 流动人口管理难

在社区工作人员开展入户登记等工作中，流动人口的“流动性”这一特点，使得流动人口不好控制，通常较难联系上，导致登记和统计清楚流动人口基本信息存在较大的困难。此外，流动人口工作和生活的无序性，也增加了其管理的难度，流动人口居无定所的特征，造成了流动人口管理上的混乱。

2. 吸毒人员管控难

由于辖区重点管控群体较多，情况复杂，受到不稳定因素的干扰，社区在完善吸毒人员档案资料方面存在困难。另外，辖区内吸毒人员较多，参加社戒社康人员多于实际在册人数，且大多社戒社康人员对社区工作不予配合，民警因自身工作任务较重，不能全程参与社戒社康，使得社区对吸毒人员的尿检和帮扶工作效果不佳。

3. 维稳成本较高

在维稳工作上，为积极做好重点上访人员的思想工作和解决他们的实际困难，社区需要投入大量人力和财力。如上访人员谭某某 2014 ~ 2015 年前往北京上访四次，社区在经费相对紧张的情况下先后拿出 40 万元作为谭某某维稳工作的经费（其中 6 万元作为对谭某某的困难补助）。

三　头桥社区提升综合治理能力的对策建议

（一）坚持综合治理理念，提升治理能力

1. 明确综合治理理念

提升社区综合治理能力，需要明确治理理念，即必须要以科学发展观为指导，树立符合经济、社会协调发展和人的全面发展规律的新理念。社区要把维护人民群众的根本利益作为一切工作的出发点和落脚点，不断满足人民群众日益增长的物质、精神需要。要从满足人民的安全需要出发，积极预防和严厉打击犯罪，治理整顿治安秩序，维护社会秩序长期稳定，保障人民群众安居乐业。

2. 探索综合治理机制

头桥社区应积极探索、逐步完善综合治理新机制。坚持以社区党委为核心，发挥党员带动作用，确保各部门各司其职，同时加强对社会组织、各类企业综合治理工作的领导指挥，积极推动居民自治，融合综合治理与社区管理，实现“一核为主，多元共治”。改革考核评价制度，对于综合治理工作中考评

结果较差的职能部门，社区应与其一同分析出现的问题，找准弱点、难点，及时做出改进。社区应与职能部门形成合力，共治社区，提升工作水平，力争形成长效良性循环机制。

3. 提升综合治理能力

要进一步加强队伍正规化建设。首先，要增强服务意识，提高服务质量和办事效率。其次，应不断提高执法水平和质量，提高依法处理矛盾纠纷的能力。再次，社区应完善综合治理程序，把维护社会稳定作为综合治理的重点工作，加强组织领导，协调各方，维护社会治安稳定。最后，不断完善全面覆盖、高效灵敏、互通互联、共建共享的社会管理综合信息平台，提高社区服务管理的信息化、精细化水平。

（二）深化重点对象治理，提升自治水平

1. 重点扶持困难群体

基于辖区内特殊人群多的情况，社区应重点对困难群体进行帮扶。及时了解社区群众的困难和需求，努力把社会服务管理延伸到基层，覆盖到每一个居民。对失独家庭进行入户走访与慰问，对上访人员重点管控，做好维稳工作。同时，为进一步减少因流动人口增加而带来的不稳定因素，社区应协同派出所加强对流动人口的管理，做到人口底数清、出租房屋数目清。

2. 重点推动居民自治

为保障社区综合治理成果，头桥社区应积极推动居民自治，使居民自发对改造后基础设施进行可持续性维护。要改善过去政府负责、社会协同、公众参与的多格局模式，让居民自治组织在社会治理中发挥作用，把社会组织、自治组织变成服务主体，提升居民的主人翁意识，综合协调居民，做好社区综合治理工作。尤其是在社区进行基础设施改造后，需要居民共同努力维护成果，实现社区的可持续发展。

3. 促进流动人口融入城市

头桥社区辖区内流动人口较多，改变了社区人口结构，也导致流动人口利益诉求变化，逐步产生融入当地社会的强烈愿望。流动人口社会融合问题是头桥社区当前面临的重大难题。尽管流动人口在社区内工作、生活，但暂时未能真正融入城市社会，社区内部分化现象仍然存在。头桥社区应积极推动流动人

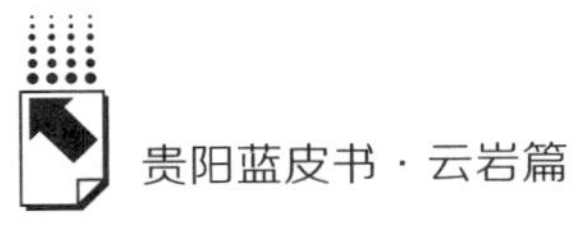

口转变意识，促使流动人口接受城市文明，由农民向市民转变，真正融入城市发展，实现流动人口经济立足、社会接纳、身份认同、文化交融，推动社区和谐稳定发展。

（三）坚持以党建为引领，强化多元参与

1. 以党建为引领，加强共驻共建

社区治理应以党建为引领。要进一步以完善区域化党建平台、健全网格化责任体系、构建开放性教育网络、推进精细化管理服务、全面落实民主化管理、建设高标准保障体系为抓手，继续筑牢“一核多元协同”区域化党建工作格局；继续完善区域化党建平台，进一步整合与充实社区服务资源，加强共驻共建，充分发挥驻区单位和党代表的作用；发挥群众参与社区管理和社区监督的作用，增强社区居民议事会“调处”能力，优化网格管理，推动机关党建服务功能向社区下移，不断提升社区服务水平，不断提高党的建设科学化水平，有效推进社区党建工作上台阶。

2. 拓展参与渠道，加强公众参与

积极依靠群众力量，如辖区企业单位、志愿者、居民等，激发群众积极性，鼓励群众参与社会治安综合治理，营造良好的社会氛围。组织动员社区群众落实人防、物防、技防措施，开展群防群治、巡防巡治，严打“两抢一盗”，着力抓好重点区域及特殊人群的管理，扎实抓好处置机制，维护社区和谐稳定，进一步提升群众安全感。

3. 加强队伍建设，提升治理能力

加强社区综合治理，着力推动治理主体的自身建设，即充实治理人才队伍，提升治理队伍专业素养。积极引进人才，加强社区网格管理员队伍建设，加大网格管理的培训力度，编制网格员手册，使网格员应知应会内容和职责全面可知，提升网格员工作素质和工作能力。

参考文献

粟卓：《和谐视域下的城市社会治安综合治理研究》，硕士学位论文，湖南师范大

学，2012。

张传发：《当代中国社会转型与社会治安综合治理创新》，硕士学位论文，华中师范大学，2004。

王培安：《让流动人口尽快融入城市社会》，《求是》2013年第7期。

头桥社区：《“十三五”时期贵阳市基层社区发展规划思路编制手册》，2015年10月。

头桥社区：《攻坚克难促发展，凝心聚力惠民生——2015年度头桥社区年终工作总结汇报材料》，2015。

B.26

创新社会治理　破解扶贫难题
推动城乡接合部社区转型发展

——云岩区金龙社区“十三五”发展思路研究

摘　要：　金龙社区是一个典型的城乡接合部社区，拥有复杂的人口结构。在这一背景下，“十三五”时期金龙社区将创新社会治理模式。本文从总结金龙社区社会治理的探索实践入手，在分析扶贫工作面临的问题与挑战的基础上，提出以党建为引领，以社会保障制度兜底，加快城乡居民融合，改善社区整体发展环境，坚持精准扶贫，以期为推动城乡接合部社区的转型发展提供参考。

关键词：　金龙社区　社会治理　精准扶贫　城乡接合部　创新

金龙社区位于贵阳市云岩区松山路地区，东临浣沙路，西到后冲路，南至花果园，北抵延安西路，与市西社区、三桥社区、花果园社区、头桥社区相邻。下辖五柳、松山、智慧龙城、金鼎山片区、金谷、罗汉营、杨柳湾7个居委会，其中，金鼎山片区为老旧院落，是老城区的中心区，大多数居民为20世纪八九十年代南明区的拆迁安置户；智慧龙城为待开发地区，与南明区交界；罗汉营为城市到乡村的过渡地区。社区周边城市与乡村交错，属于一个典型的交通便利、人口众多、治安状况复杂的城乡接合部地区。作为老旧城区，金龙社区有较多的困难户、低保户、残疾人、吸毒人员等特殊群体，为了紧跟全省的发展步伐，加快社会主义现代化的推进节奏，应大力开展精准扶贫工作。金龙社区基本情况见表1。

表1 金龙社区基本情况

社区概况	辖区面积	3.525平方公里	辖区人口						
	辖区范围	东临浣沙路，西到后冲路，南至花果园，北抵延安西路	户籍人口			25465人	流动人口	12971人	
			18岁以下	5851人	失学儿童	—	留守儿童	11人	
科技和教育资源	科研院所		幼儿园		小学		初中高中		
			公办	民办	公办	民办	公办	民办	
	—		—	10个	1个	—	1个	—	
社会资源	辖区内单位			辖区内社会组织					
	行政单位	事业单位	企业(国有)	孵化型(枢纽型)社会组织	专业型社会组织	自发型(草根型)社会组织			
	2个	3个	3个	—	—	1个			
体育文化休闲餐饮住宿设施	体育场(馆)	影剧院	广场	公园	图书市场、书店	50平方米以上饭店、餐馆	旅店、招待所	写字楼	
	1个	—	—	1个	—	8个	17个	2个	
医疗卫生资源	综合医院	专科医院(诊所)	妇幼保健院	急救中心	疾控中心	社区卫生服务站	辖区药店	养老机构	
								公办	民办
	—	3个	—	—	—	2个	12个	—	—
困难群体与特殊人群	失业人员数	退休人数	60岁以上老人	残疾人	低保人员	刑释解教人员	吸毒人员		
	925人	4503人	7673人	642人	2666人	286人	699人		

资料来源：表格数据由金龙社区提供。

一 金龙社区社会治理的探索实践

（一）以党建为抓手，促进社会和谐

金龙社区坚持社区“大党委”的统一领导，下辖26个党支部，共有党员415名。在“十二五”时期，金龙社区从三个方面对党建工作进行探索。首

先，完善社区党委的运行机制。不断筑牢社区党委的核心地位，全面落实群众路线的教育实践活动。在活动过程中，社区党委将学习与整风问题相结合，妥善解决群众提出的问题，有效加强了基层党建工作。其次，全面改进机关作风。金龙社区关注干部在纪律、思想、工作等各方面观念和行动作风，把党风廉政建设的工作落到实处，充分联系党纪两委，发挥党委的主体责任和纪委的监督责任作用。最后，全面推进党员志愿者的服务工作。建立党员志愿服务队伍，在日常工作和生活中广泛听取民意，为居民办好事、办实事，拉近党与群众之间的距离，让群众做到信任党、依靠党。从而进一步夯实基层党组织的建设基础，树立党组织在群众心中的良好形象。

（二）强化民生建设，提升居民自治力度

从惠民政策和文体事业多个方面强化民生建设，全面提升了社区群众的幸福指数。在惠民政策方面，不断完善社会保障体系。基本在辖区内实现城乡居民社会养老保险、医疗保险的全覆盖。对失业、困难人员开展就业技能、创业知识等相关培训，加快促进困难人员的再就业。有序地开展城乡居民最低生活保障工作，对辖区的低保对象实行动态管理，确保无遗漏、无错误，同时加强对需要帮助和具有困难家庭的关怀与服务，坚持“以人为本”的理念，将便民利民的各项服务第一时间送到居民家中。在文化体育事业方面，不断提升社区文化体育事业的质量，利用健身运动会、文艺表演等文体活动汇聚人心，使辖区居民的精神文化生活得到了丰富。

（三）注重治安综合治理，打造平安院落

金龙社区是一个人口结构复杂、社会矛盾集中的区域。在成立的三年多时间里积极按照市委市政府和区委区政府的安排，开展“两严一降”工作，注重社会的综合治理工作。

开例会。金龙社区每月坚持召开多部门的联席会议，针对辖区存在的突出问题和治安形势进行讨论，对突出的治安防范问题进行重点部署，及时总结工作中的经验与不足，研究在治安综合治理工作中有效的创新思路。自行组织企业与辖区相关单位，邀请公安局局长、政法委书记参观交流和指导社区的综治工作，打造平安院落。每个季度召开党政及综治会议，对综合治理及平安建设的工作进

行讨论研究，并与各网格员签订各项责任书，落实各项工作的具体责任。

建体系。金龙社区从自身实际出发，合理布局多层次的社会治安防控体系，并且对各类公共场所的经营信息等情况做了相关台账，保证条理清晰，巩固社会的稳定状态。

二　金龙社区在社会治理中面临的问题与挑战

（一）特殊群体多，脱贫任务重

1. 低保户、残疾人、吸毒人员多

金龙社区所辖范围内有 1351 户是低保户，其中包含 642 名残疾人。大多数低保户是 20 世纪八九十年代遗留下的拆迁安置户，除此之外，有部分低保户是在企业改制或经营不力倒闭之后，无法维持经济来源导致的。即使为他们提供一定社区公益性岗位，但岗位由于工资较低，也无法保障他们的基本生活。此外，外来人口和流动人口较多，有大量散居人员，对流动人口和外来人员管理较困难，造成这部分群体多发生偷抢行为，并且存在大量的吸毒人员。众多的低保户、残疾人以及吸毒人员造成社会治理困难、经济发展滞后，为脱贫任务带来了巨大的挑战。

2. 拆迁安置房、廉租房多

由于贵阳旧城改造后，金龙社区聚集了一批拆迁安置房和廉租房，从而聚集了大量的拆迁安置户和贫困人群。例如，金顶山区域大概有 500 多户，五柳街地区也有大量的廉租房。廉租房的租户本身就是一部分经济状况较差的贫困用户，这些情况致使金龙社区全面脱贫困难重重。

（二）治安状况复杂，管理难度大

1. 区域相互交叉致使管理难

金龙社区与黔灵镇的云岩村和南明区花果园交界，属于典型的城乡接合部地段。该地区交通便利，人口众多，因此有大量流动人口和外地人员涌入，使得该地区的治安状况较为复杂。

由于村居相互交叉，各乡镇、社区管理区域相互交叉，个别区域行政区域划分不清晰，职责范围不明确，造成无人管理或相互推诿的情况。长期处在这种状况下，该区域治安综合治理水平逐渐下降，管理难度日渐增大。

流动人口、房屋出租信息不完善、不明确，造成该地区多发偷抢情况，使得群众满意度、安全感下降，无法让该地居民拥有归属感，也因此降低了群众的社区参与感和配合社区开展工作的热情度，使社区的服务和管理工作难度加大。

2. 矛盾纠纷多，维稳压力大

征地拆迁补助标准不同导致矛盾纠纷。在征地拆迁的过程中，每年拆迁的补助标准不同，从而造成拆迁安置户与政府之间的矛盾，有的拆迁群体让政府以最高一年的拆迁补助标准向其发放补助，连续到省、市政府单位进行上访，造成社会稳定的隐患。

企业改制不完善导致矛盾纠纷。在企业改制方面，有的老企业在改制后进行人员裁减的工作，部分员工面临下岗问题，而在改革过程中，劳动合同不完善、保险制度不明确，造成下岗职工及其家属对政府和社会的不满，从而引起社会的不稳定。

社会发展的政策性问题。居民在基本生活得到保障后，对政府的补助问题及社会资源的保障问题日益关注，满足了物质需求的居民的思想意识不断活跃，无法得到社会保障，将会引起群众对社会的不满，从而影响社会的稳定发展。

（三）老旧院落多，基础设施差

金龙社区有较多的老旧院落，其基础设施相对落后，造成居民的活动场所较少、活动场地受限，无法正常地开展各项文体活动。而老旧小区的物业管理情况也不容乐观，使得辖区居民的日常居住环境难以保障，如小区排污管道堵塞、房屋渗水等基础设施问题，暂时都无法得到彻底解决。

三　金龙社区创新社会治理路径探讨

（一）注重精准扶贫，完善社会保障体系

1. 创新治理框架，多方参与扶贫

采取“党委领导、政府主导、社会协同”的创新治理框架。在党委的领

导下，抓好基层党建工作，加强对党员干部的教育培训和管理工作，同时对党员进行经常性教育，全面提升党组织的统筹凝聚力；在政府的主导作用下，合理分配扶贫资金、资源和人力，对贫困地区实行精准的扶贫工作，提升贫困人口的满意度；通过社会各界多方主体的共同参与，以开放的模式进行扶贫治理工作，做到将扶贫治理工作和区域协调发展相结合，形成党、政府与社会统一有效的沟通渠道。

2. 提升居民自力更生能力，强化扶贫内生动力

积极开展失业人员就业技能培训和外来务工人员择业、创业培训等工作，让辖区居民不断提升自身的就业技能，帮助失业、困难人员走向就业岗位和再就业岗位，使居民在依靠政府的扶贫政策脱贫之后能够自力更生，保障居民经济收入稳定，防止再次返贫的情况发生。

3. 加大社会资源投入，以社会保障制度兜底

进一步加大社会资源的投入，完善社会资源服务的相关政策，做好医疗保障、社会保障、养老保险等相关工作，同时用好党的政策，做好基层党组织的服务工作，全面落实各项惠民政策。开展社会救助服务，采取多种措施对城乡最低生活保障家庭进行关爱。开展社区医疗卫生和计划生育等服务，保障居民的健康，掌握人口信息状况。开展公共服务，为居民提供就业服务、基本社会保障等服务。在完善社会保障制度的前提下，精准兜底个别地区和个别户的贫困人口。通过从“面”到“点”的精准扶贫模式，全面实现所有贫困人口不愁吃、不愁穿，享有义务教育、基本医疗和住房安全保障。

（二）整合社会资源，改善整体发展环境

1. 化解基层矛盾，推动老旧小区和棚户区改造

充分发挥社区综治站的作用，对影响地区和谐稳定的矛盾和问题进行分析，找到产生问题的原因和解决方法。首先，设立民愿接待室，加强人民调解委员会的建设，完善相关机制，使社区领导和工作人员更加积极主动地正视基层矛盾、化解基层矛盾，增加社会和谐因素，努力做到基层矛盾的清零化。其次，明确征地拆迁的补助标准，减少拆迁安置户与政府之间的矛盾，从而减少拆迁安置工作不到位造成的居民上访问题，保证社会治安的稳定。再次，完善各项社会保障制度，特别是针对企业改制后的下岗职工及其家属的保险制度，

让这些就业难的群众能够得到政府的保障，从而提升社会的满意度。最后，在棚户区改造工作中，做到合理规划，不能仅仅改旧楼、建新楼，加大城市人口压力，而是应创新思路，将经济发展和环境保护问题相结合，将棚户区改造成公园，通过建设公园，优化城市功能，改变城市环境，提高居民的生活质量。

2. 服务辖区单位发展，强化共驻共建

充分发挥辖区企事业单位、社会组织等各界的资源优势，以获取共同利益、实现共同需求、达成共同目标为前提，加强社区与驻区各单位的共驻共建工作。推行驻区单位的目标责任制，实行驻区单位的"轮值制"，让驻区单位切实参与社区的相关工作。通过免费开放驻区企事业单位、院校文体活动等设施，丰富居民的精神文化生活，提高居民对社区的归属感和参与度。通过对企业的有效管理，加快企业的经济发展速度，从而带动社区的经济发展，实现共同进步，为社会的治理工作、城市的扶贫工作打下良好的基础。

（三）提升民生服务，推动城乡融合发展

1. 以特殊群体、流动人口为重点，提升服务管理力度

加强对社会特殊群体的帮扶工作，为困难群体、特殊群体解决就学、工作、生活等困难，为其提供社会服务保障。加强对流动人口的管理和服务，将社区流动人口管理站的建设进一步进行规范化，并且对流动人口和出租房屋情况实行全面登记制度。加强对犯罪人员、吸毒人员等重点人员的教育管理，对刑满释放、回归社会的这部分人员，要重点监督，同时满足他们在社会中正常工作、生活的需求，使他们能够更快地回归社会、更好地服务社会。对辖区居民积极开展禁毒知识、犯罪知识等安全防范教育，提高居民的安全意识和守法意识，强化社区的安全责任，为提升社区的服务管理工作做好保障。

2. 强化居民自治，提升归属感与参与感

引进和整合社会资源，建设社联中心，将儿童之家、妇女之家、职工之家、文体活动中心、居家养老服务等百姓服务工作融入其中，使辖区群众形成自治组织，能够通过社区搭建的平台参与社区的服务管理，提升辖区居民的自治意识与归属感。

有效利用社区的志愿者服务团队，加强社会组织孵化的建设工作，成立志愿者协会、义工联盟、爱心联盟等社会公益组织，通过各种渠道和方法，帮助

辖区困难居民及特殊人群，提高社会整体的参与感与获得感。

3. 以党建为引领，加快城乡居民融合

以社区党建为“龙头”，不断增强党组织在社区管理中的影响力，做好社区整合工作，坚持对社区“两委”班子的培训工作，提高班子整体的业务能力水平，提升非公企业的党建工作能力，激发非公企业党组织和党员积极参与社会工作的主动性。

进一步落实和强化社区发展规划和基础设施建设，同时加大政府对社区服务的资金保障力度，加大社区服务设施建设项目的补助。加强城市旧城改造、棚户区改造等建设工作，特别注重旧城区、安置房的周边建设情况，提高相关区域的居民生活质量，逐渐缩短城乡居民间的生活差距，加快城乡居民的融合，提高社会的整体稳定性。

4. 建设社会组织，引入第三方服务模式

加强社会组织发展建设的工作，对省内外优秀社区进行调研、学习，找到适合自身发展的模式，引入第三方服务模式，推动扶贫工作的前进。建议规范、创新对社会组织的服务管理制度，并加强培训体系建设，加快培育社会组织，使社会组织积极参与到社区服务项目中，在社会基层管理工作中发挥应有的作用，将大众参与的服务与管理相互结合，增加社区的凝聚力和吸引力。

参考文献

金龙社区服务中心：《“十三五”时期金龙社区发展规划》，2016。

张玉：《在社会治理中实现精准扶贫》，《光明日报》2016 年 5 月 8 日。

B.27

借助重大项目建设　推进社区转型发展

——云岩区三桥社区“十三五”发展思路研究

摘　要：　三桥社区位于贵阳市老城区与金阳新区连接处，是典型的城乡接合部。社区地域交错，城乡杂居特点突出，人口结构复杂，辖区内改制企业较多。这些问题给社区服务和管理带来了诸如完善与更新基础设施、管理大量流动人口等挑战。因此，在“十三五”时期，社区应积极抓住贵阳市和云岩区在该片区实施重大项目建设的重大机遇，积极解决辖区的基础设施建设问题，提高社会治理水平和社会服务能力，加强对社会力量的动员力度，推进社区的转型发展。

关键词：　三桥社区　城乡接合部　轨道交通　企业改制　社区转型

随着城市现代化建设步伐加快，城乡接合部地区的改造提升工程逐渐成为工作重点。城市要实现现代化的发展，必须在城乡接合部地区进行棚户区改造工程，加快城市化建设的进程。云岩区三桥社区处于贵阳市老城区，是老城区与金阳新区的重要连接点，属于典型的城乡接合部。作为企业改制后的老城区，三桥社区正处在城市化转型发展的过程中，社区应借助贵阳市和云岩区重大建设项目，以社会治理为主，社区服务为辅，加大对社会力量的动员力度，整合社区的各方资源，全面推进社区转型发展。三桥社区基本情况见表1。

表1　三桥社区基本情况

<table>
<tr><td rowspan="3">社区概况</td><td>辖区面积</td><td>—</td><td colspan="6">辖区人口</td></tr>
<tr><td rowspan="2">辖区范围</td><td rowspan="2">—</td><td colspan="3">户籍人口</td><td>23218人</td><td>流动人口</td><td>5251人</td></tr>
<tr><td>18岁以下</td><td>—</td><td>失学儿童</td><td>—</td><td>留守儿童</td><td>—</td></tr>
</table>

续表

科技和教育资源	科研院所	幼儿园		小　学		初中高中	
		公办	民办	公办	民办	公办	民办
	—	—	3 个	1 个	—	1 个	—

社会资源	辖区内单位			辖区内社会组织		
	行政单位	事业单位	企业（国有）	孵化型（枢纽型）社会组织	专业型社会组织	自发型（草根型）社会组织
	—	3 个	—	—	—	—

体育文化休闲餐饮住宿设施	体育场（馆）	影剧院	广场	公园	图书市场、书店	50 平方米以上饭店、餐馆	旅店、招待所	写字楼
	—	—	—	—	—	12 个	13 个	—

医疗卫生资源	综合医院	专科医院（诊所）	妇幼保健院	急救中心	疾控中心	社区卫生服务站	辖区药店	养老机构	
								公办	民办
	2 个	—	—	—	—	1 个	8 个	0	0

困难群体与特殊人群	失业人员数	退休人数	60 岁以上老人	残疾人	低保人员	刑释解教人员	吸毒人员
	1115 人	2750 人	4625 人	447 人	1273 人	48 人	434 人

资料来源：表格数据由三桥社区提供。

一　三桥社区的基本情况与发展基础

（一）三桥社区的发展现状与特点

1. 三桥社区地理位置特殊

三桥社区地处贵阳市老城区西出口地段，位于三马片区中心位置，周边有黔灵镇、头桥社区、金鸭社区、荷塘社区，处于城市与乡村地区的过渡地带。三桥社区下辖北路、改茶、白云、新街 4 个居委会，辖区内共有 26 家企事业单位，5 所中小学校、幼儿园。社区地域交错，城乡杂居特点突出。

2. 三桥社区人口构成复杂

三桥社区户籍人口有 23218 人，流动人口有 5251 人。社区内破产改制企业多达 6 家，造成了大量下岗失业人员。企业改制劳资纠纷和城市改造拆迁引起的上访人员也逐渐增多。社区存在大量弱势群体，其中包括零就业家庭、残疾人、低保户，辖区内有低保户 969 户，共 1273 人。另外，辖区内的吸毒人员较多，“十二五”期末，登记在册人数共 434 人。社区人口结构多样，造成管理任务繁重，社会稳定难度大。

（二）三桥社区发展的主要实践与探索

1. 全面改造老旧小区院落，完善社区硬件设施

为了改善老旧小区的生活环境，三桥社区服务中心在广泛征求辖区居民意见，采集辖区老旧院落存在问题的基础上，加强项目建设申报工作，对社区内的硬件设施进行了进一步完善。2013 年、2014 年，社区申报的“新型社区·温馨家园”第二批、第三批项目得到了批准，社区对辖区的照明路灯、路面破损、垃圾分类、化粪池等基础设施进行改造、修缮、增补，老旧居民小区院落得到全面改造，获得了辖区居民群众的广泛好评，有效提升了服务群众的满意度。

另外，重点打造了“文明小区”“党建文化进院落”等项目工程，在辖区内新建了 10 个宣传栏、宣传橱窗，新增休闲座椅 6 张、体育健身器材 16 个、居民议事亭 1 个，增设了党员群众连心树、群众意见收集箱，将居民的群众诉求和对社区各项工作的意见和建议进行广泛收集采纳。

2. 提高党员干部服务意识，解决困难群众问题

三桥社区在社区党委和各党支部中认真组织开展党的群众路线教育实践活动，明确党委书记和党委领导班子的主要职责，大力推进社区的党建工作，加强领导班子、党员干部的学习、培训工作，为完成好各项工作任务打下了坚实的政治基础。

社区党组织积极收集、整理居民群众反映的热点、难点问题，对确实存在的问题认真进行整改落实。领导干部和党员认真开展批评和自我批评，整改党内的不正之风。社区充分利用党员活动场所等阵地资源，在辖区开展“三会一课”“党委书记课堂”“送课进非公”等教育培训活动，落实党员、干部与群众密切联系的机制，确保党员、干部对群众居民的走访联系实现常态化。转变党内的工作作风、完善党内有关作风建设的相关制度，建立健全“一对一、一对多、多对一”党员帮扶工作机制，帮助辖区困难群众解决实际困难和问题，有效化解辖区内的矛盾纠纷，使党的群众路线教育实践活动达到成效，并得到有利的巩固。

3. 调动社区多方力量，加强共驻共建

三桥社区辖区内危旧房较多，陈旧性的设施较多，社区充分发挥消防九中队的作用，为社区居民提供无偿、义务的服务，到辖区内的陈旧院落、老旧小区开展消防知识宣传、教育活动，通过专业性、系统性的宣传和讲解，使广大辖区居民群众对于消防知识和安全问题有更加充分的认识，也使消防工作更具信服力。

社区党委与功能性党小组通过共驻共建，共同抓好社区的党建工作，形成了街道社区与驻区非公企业单位的良性互动。企业单位对社区的积极支持、主动配合，确保了党组织活动的顺利开展，通过这样的党组织生活模式，使驻区企业中的在职党员积极参与到社区工作中，赢得了广大居民群众的拥护和信任，加快了社区的建设步伐。

三桥社区加强与辖区非公企业的联系合作，与企业的党组织形成共驻共建的党建工作模式，使在职党员能够发挥专业特长，积极服务于社区工作。

二 三桥社区当前发展面临的问题与挑战

（一）经费拮据，人员队伍不稳定

1. 财政经费受限制，公共设施老化

贵阳市城市管理体制改革之后，社区的经费改由区财政统一拨付，经费减少，在保障社区正常运转的情况下，已无更多的资金对辖区内的公共设施进行全面维护。由于社区是老旧小区，且部分企业倒闭，小区无人管理，物业、治安、保洁、卫生等服务性工作全部交由社区，起初，居民积极配合缴纳物业管理所需的相关费用，但久而久之，有的居民不交费，逐渐影响其他居民的主动性，导致所需的物管费用、卫生费用无人缴纳。加上每个月用于这类住宅小区卫生保洁、公共设施维护的经费有限，造成住宅小区的居住环境质量下降、公共设施老化，治安问题无法得到保障，居民对社区的认可度逐渐降低。

2. 干部职工待遇低，难以留住人才

自 2012 年城市基层体制改革以来，社区的工作量不断加大，责任不断增

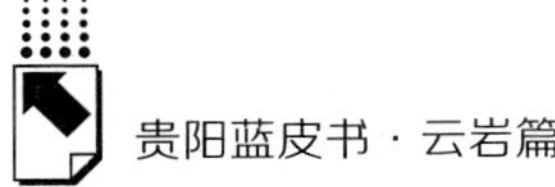

加，而包括领导干部在内的职工在职人数却在不断减少，工资、福利待遇较低，这些问题直接使部分干部、职工产生了思想波动，影响了工作积极性。此外，面对大量的工作，社区员工经常需要加班加点，却无法拿到相应的加班补贴，造成职工干劲不足、工作难以推动。

居委会同样如此，工作量大，需要开展的公益性活动较多，但办公经费有限。居委会的工作人员无法得到正常的生活保障，加上个人时间被挤占、支出大，造成其人员流动量增大，工作难以正常推进。这些问题也给居委会工作带来难度和影响，使居委会的人心松散。

（二）棚户区改造增加治理压力

1. 房屋拆迁征收影响社区稳定

自2016年起，三桥辖区内进行了大面积开发建设，涉及轨道交通建设以及老旧危房改造、拆迁征收等重大项目工程，社区面临征地拆迁、维护稳定、保障安全等众多问题。这主要源于此前在城市建设过程中，以“摊大饼”的模式向外扩充，造成了城市更新必须要涉及大面积的房屋拆迁征收问题。而由于房屋拆迁征收补助标准不一、存在违规现象等，居民合法权益受到损害，从而极易引发群体上访等事件，影响社区的稳定和谐。

2. 回迁居民增多加重返贫风险

在三马片区开发建设过程中，辖区范围内启动了大量楼盘开发等项目，社区面临着一系列大型建设项目开工，大量失地农民将回迁及今后生活、就业等问题。主要表现在，很多拆迁居民因得到大量补助而一夜暴富，由于及时享乐的思想和生活懒散、安于现状，返贫情况时有发生；或者由于土地征收，居民由于缺乏技能，面临失业、难就业的现象，对社会稳定、辖区经济发展都会产生巨大影响，对于社区的社会管理来说将是极大的考验，将关系到社区一系列的社会安全工作，也关系到“幸福云岩”的建设。

3. 城市布局杂乱增大社会治理难度

在三桥社区城市化的改造过程中，土地过度开发，辖区的范围越来越小，“一地多主”的现象出现。其一，改造区域不仅受城区和郊区的政府部门管制，还被房开、物管等多个单位共同管制，造成职责不明、互相推诿的现象，在出现问题时找不到明确的责任单位，加大了社会治理的难度。其二，原有的道路、水系等规划布局被打乱，造成严重的垃圾成堆、排水不畅、违章搭建现象，环境卫生恶化，使得社区在创建卫生城市和建设现代文明城市工作中遇到极大的挑战，也影响了社区景观和社区精神文明建设方面的工作。

三　三桥社区转型发展的新路探索

（一）借助重大项目建设，提升辖区整体环境

1. 加大新马王路改造力度，改善辖区基础设施建设

切实配合云岩区改善三马片区的项目工程，逐步推进新马王路的改造工作。加强社区与开发商之间的联系和沟通协调，实现双方利益的最大化。利用市政设施改造工程，改善辖区基础设施建设，解决老旧小区生活设施问题，完善设施配套，翻新陈旧设施，提升社区环境质量，改进社区周边的交通情况，提高社区以及三马片区的居民生活水平。

2. 推进轻轨二号线建设项目，加快辖区经济发展

充分把握轻轨项目建设能有效推动辖区经济发展的机遇，积极培育工程施工、建设材料、机械制造、电子技术等相关行业。同时，积极与云岩区政府对接，力争将其改造、建设成为集居住、购物、休闲和娱乐于一体的城市综合体，从而在“十三五”期间形成新的经济增长点。

（二）创新管理运行机制，提升社区治理能力

1. 加强辖区治安防控，提高群众安全感

充分发挥义务巡逻队、红袖标志愿者、社区保安等群防群治队伍的作用，加大管理力度。在人流密集，治安重点区域积极推行电子监控等技防措施，在辖区内逐步建成覆盖主要街道、重点路口、重点地段的综合科技防范网络。做到巡逻队伍与路面监控系统形成点面相结合的安全防范体系，预防和减少犯罪，实现治安防范无死角。

在社区内对群众进行治安防控的相关宣传、教育，为群众安装智能防盗锁芯，继续加大机关、企事业单位以及居民住宅小区技术防范措施的推行和落实。

2. 加强流动人口管理精准化

“十三五”期间，三桥社区结合实际情况，因地制宜，整合辖区各类资源，形成职能部门与社区同抓共管的局面。发挥社区流管办的积极作用，对辖区内的新增人员和出租房屋及时报告、登记，建立台账并随时更新，录入计算机，提高管理的规范性，为及时发现社区重点人及治安安全隐患等问题提供有效的保证。同时，在各个居委会建立流动人口管理站。

进一步完善流动人口和出租房屋管理规章制度，做到规范化管理，继续建立健全网格化管理责任机制，做到流动人口的全面掌握与精准管理，确保流动人口管理工作“有人管、有人服务”“管得住、服务得好”“管长远、服务大局”。

3. 加强环境保护力度，优化片区形象

大力优化片区形象，进一步提升社区的环境。坚持科学发展观和以人为本的思路，将“观念现代化、手段科学化、设施标准化、运作市场化、管理法制化、形象城市化”的理念贯穿于工作中，以网格化管理和定位责任制为基础，建立和完善先进的城市管理体制和运行机制，做到城市服务管理工作的“早、实、管、严、精”。

一方面，广泛听取辖区居民的意见，针对居民反应强烈的“脏乱差”片区问题，积极协调、组织城管力量集中进行整治。另一方面，将整治市容市貌的重点放在三桥南路和林泉路周边，全面遏制辖区的乱设摊点行为。

与此同时，定期对社区管辖的门面商户“门前三包”责任制进行督促，确保辖区内所有门面、商户、住房都符合市容市貌标准。加强对辖区保洁公司的管理力度，严格按照区属有关部门对各保洁公司的管理办法进行管理，保证辖区居民能够拥有干净整洁的生活环境。

（三）调动各界资源，增强辖区居民社会认同感

1. 找准党建抓手，加强企业党组织的建设力度

实行“轮值主席制”，让驻区单位负责人按季度轮流担任主席，定期与群众进行沟通，广泛听取和收集群众的意见和建议，利用社区的非公企业资源，发挥好企业自身作用，为辖区的服务做出贡献。

加强企业党组织的建设力度，通过党员自身的示范作用，推动、宣传党组织的服务能力，带动辖区群众参与到辖区的建设中。结合辖区自身特点，利用

企业单位的资源优势，对社区的居民群众进行一定帮扶。

2. 集合多方力量，开展共驻共建工作

对社区资源进行整合，优化原有的配置结构，动员辖区学校、企业、单位及社会各界力量，共同参与社区环境整治、治安巡防、安全生产、文教卫生等各项事业发展建设。

深入学校开展各项文化教育活动，利用学校师生资源，加大对精神文明建设的宣传力度，在学校建立道德讲堂、禁毒教室等相关宣传场所，联合辖区学校共同对青少年的健康身心发展进行教育宣传。

联合驻区企业、单位共同推进辖区公共安全。其一，让企业加强配合，完善内部相关管理制度，做到安全生产，预防重大事故发生。其二，动员企业、单位加入到社区的治安工作中，让驻区企业中的党员带动企业职工，在辖区开展与企业相关的义务宣传和巡查活动，共同维护社会治安。

3. 壮大志愿服务队伍，形成多方参与格局

要积极吸引辖区内更多的党员、干部、团员、少先队员和广大社区居民自愿加入社区志愿者服务队伍，通过志愿服务，解决居民的问题和困难，改善辖区居民的生活质量，增强居民对社区的认同感和归属感。动员和组织更多社区内的社会力量参与到群防群治的工作中，与社区内的专业巡防力量一起，形成全民防范、打击犯罪的天罗地网，构筑社会参与、共保平安的铜墙铁壁，为社区的安全治理提供强有力的保障。对辖区的群众和居民进行定期宣传与培训，使辖区群众积极参与社区的服务管理、社会治理、困难帮扶、文体活动等各项工作，提高群众的参与意识，打造社区居民共同维护、治理社区的工作模式，形成良好的社区生活氛围。

参考文献

三桥社区：《“十三五”时期云岩区三桥社区发展规划》，2015。

三桥社区：《“十三五”时期贵阳市基层社区发展规划思路编制手册》，2015 年 10 月。

B.28

加强棚户区改造升级　建设人文、宜居、绿色、平安的新型社区

——云岩区圣泉社区“十三五”发展思路研究

摘　要：　棚户区改造升级的目的是改善城乡面貌，提升居民生活质量，是城镇化过程中一项重要民生工程。“十二五”期间，圣泉社区面临棚户区改造升级工作推进难度大、社区配套基础设施建设不完善、社会治安综合管理工作难度大的问题，对此，本文通过实地调研，并查阅大量文献后提出，“十三五”期间，圣泉社区应充分发挥人文资源优势，完善基础设施建设，加强社会治安综合治理，最终将社区建设成集人文、宜居、绿色、平安于一体的新型社区。

关键词：　圣泉社区　棚户区改造　社会治理　新型社区

近年来，随着我国城镇化建设的持续推进，旧城棚户区改造成为城镇化的一项重要内容。棚户区改造具有改善城市形象、提升居民生活质量的现实意义。棚户区改造是一项重要的民生工程，但在其落实过程中面临诸多阻碍，云岩区圣泉社区也如此。“十二五”时期，圣泉社区面临棚户区改造升级工作推进难度大、社区配套基础设施建设不完善、社会治安综合管理工作难度大的问题。如何依托自身优势，建设人文、宜居、绿色、平安的新型社区，实现社区建设质的飞跃，是“十三五”时期圣泉社区亟待思考的问题。圣泉社区基本情况见表1。

表1　圣泉社区基本情况

<table>
<tr><td rowspan="3">社区概况</td><td>辖区面积</td><td>1.17 平方公里</td><td colspan="7">辖区人口</td></tr>
<tr><td rowspan="2">辖区范围</td><td rowspan="2">中坝路、圣泉路沿线</td><td colspan="3">户籍人口</td><td>4500 人</td><td colspan="2">流动人口</td><td>2315 人</td></tr>
<tr><td>18 岁以下</td><td>2065 人</td><td>失学儿童</td><td>0</td><td colspan="2">留守儿童</td><td>0</td></tr>
<tr><td rowspan="3">科技和教育资源</td><td colspan="3" rowspan="2">科研院所</td><td colspan="2">幼儿园</td><td colspan="2">小　学</td><td colspan="2">初中高中</td></tr>
<tr><td>公办</td><td>民办</td><td>公办</td><td>民办</td><td>公办</td><td>民办</td></tr>
<tr><td colspan="3">—</td><td>—</td><td>4 个</td><td>1 个</td><td>—</td><td>—</td><td>—</td></tr>
<tr><td rowspan="3">社会资源</td><td colspan="5">辖区内单位</td><td colspan="4">辖区内社会组织</td></tr>
<tr><td colspan="2">行政单位</td><td colspan="2">事业单位</td><td>企业（国有）</td><td colspan="2">孵化型（枢纽型）社会组织</td><td>专业型社会组织</td><td>自发型（草根型）社会组织</td></tr>
<tr><td colspan="2">1 个</td><td colspan="2">2 个</td><td>1 个</td><td colspan="2">—</td><td>2 个</td><td>—</td></tr>
<tr><td rowspan="2">体育文化休闲餐饮住宿设施</td><td>体育场（馆）</td><td>影剧院</td><td>广场</td><td>公园</td><td>图书市场、书店</td><td>50 平方米以上饭店、餐馆</td><td>旅店、招待所</td><td colspan="2">写字楼</td></tr>
<tr><td>—</td><td>—</td><td>—</td><td>—</td><td>—</td><td>12 个</td><td>—</td><td colspan="2">—</td></tr>
<tr><td rowspan="3">医疗卫生资源</td><td rowspan="2">综合医院</td><td rowspan="2">专科医院（诊所）</td><td rowspan="2">妇幼保健院</td><td rowspan="2">急救中心</td><td rowspan="2">疾控中心</td><td rowspan="2">社区卫生服务站</td><td rowspan="2">辖区药店</td><td colspan="2">养老机构</td></tr>
<tr><td>公办</td><td>民办</td></tr>
<tr><td>—</td><td>—</td><td>—</td><td>—</td><td>—</td><td>1 个</td><td>3 个</td><td>—</td><td>—</td></tr>
<tr><td rowspan="2">困难群体与特殊人群</td><td>失业人员数</td><td>退休人数</td><td>60 岁以上老人</td><td>残疾人</td><td>低保人员</td><td>刑释解教人员</td><td colspan="3">吸毒人员</td></tr>
<tr><td>120 人</td><td>1250 人</td><td>1991 人</td><td>105 人</td><td>185 人</td><td>12 人</td><td colspan="3">115 人</td></tr>
</table>

资料来源：表格数据由圣泉社区提供。

一　圣泉社区建设新型社区的现实基础

（一）圣泉社区的基本情况

1. 社区由基层体制改革分离而成

圣泉社区由原三桥街道办事处经基层体制改革分离而成，于 2012 年 4 月 24 日正式挂牌成立，办公地点位于中坝路 99 号圣泉流云花园小区内。圣泉社区所辖区域为贵阳市甲秀南路二环城市带，东临三桥立交桥北京西路路口，西与大洼相连，南至中坝路立交，北抵贵遵路路口。根据贵阳市委、贵阳市政府统一规划，辖区内原有的阳关、新阳关、建材3个居委会于2013年10月31日划归观山湖区管理，现有一个居委会——圣泉居委会，管辖圣泉路、中坝路等，辖区总面积为1.17平方公里，有户籍人口4500人、流动人口2315人；有贵阳市益佰工业园、亨特萃山国际、贵阳印象等法人单位70余家。

2. 社区老旧棚户区集聚

圣泉社区是一个处于城镇化进程中的社区，且处于动态变化中。老旧厂房、宿舍集中是圣泉社区的突出特点。辖区内有原贵州省粮食车厂、贵阳市商业车厂、贵阳市蛋禽厂宿舍、拉丝厂、油资厂等既有厂区以及宿舍区。同时辖区内企业改制的群体众多，仅粮食车厂就有4500户。企业改制的一些遗留问题，包括棚户区马上面临的拆迁问题，对圣泉社区来说，带来的机遇与挑战并存。

（二）基于“三创一强一提升”的综合型社区建设实践

1. 抓住片区开发和园区建设有利时机，做好社区经济发展服务工作

“十二五”期间，圣泉社区在服务经济发展工作上，紧紧围绕三马片区开发和云岩区工业园区建设等机遇，全力为辖区企业做好服务工作，努力做到在服务全区经济方面有新突破。一方面，明确专人全力配合云岩区三马指挥部、云岩区园区办和云岩区的相关区直部门做好重点建设项目征地拆迁和维护稳定工作。另一方面，加强与工商、税务、城管、公安部门的联系，坚持召开每月一次的辖区项目工作调度会，对辖区启动和在建项目做到“底数清、情况明”。辖区主要项目有亨特萃山国际、万科大都会、恒大帝景等。认真排查项目建设中城市建设、信访维稳、征地拆迁等问题，对辖区内工商、税务、派出所负责人现场把脉问诊，切实解决项目发展中存在问题。全方位做好辖区企业生产服务工作，让企业得到更好的发展。

2. 完善党建机制，优化服务方式，提升社区服务能力

坚持以服务型党组织建设为统揽，通过优化组织结构，健全服务体系，完善共治机制，不断强化基层党组织的政治功能、服务功能和维稳功能。按照“纵向建、横向联、网格管”的思路，不断优化所辖机关、居委会、非公有制企业党组织设置。为了增强社区党委统筹能力，圣泉社区实行“大党委”制，把社区内公安、司法、城管、工商等单位负责人明确为“大党委”委员，把辖区内机关事业单位、国有企业、非公企业和社会组织党组织负责人选聘为“大党委”兼职委员。通过定期组织党员开展“三会一课”和民主评议党员、“党员五诺进院落·党的声音进万家”等活动，使各级党组织的活动经常化、制度化、规范化。积极探索“柔性党建”工作模式，把党组织建在住宅小区、楼栋以及社团组织、行业协会中，把党建工作融入社区建设、社团活动、行业管理中，通过柔性管理、人文关怀、政治领航，引导各类组织和广大群众积极参与社区建设与管理。

此外，社区依托社区综合服务大厅，实行党务、政务“一站式”“一门式”服务，推行“首问负责、一站办结”的服务模式。并建立“五办”服务模式（见图1），尽力做到让群众只跑一趟腿、只进一个门，为群众提供快捷、方便、周到的全方位服务，健全服务体系，强化群众凝聚力。

图1　圣泉社区“五办”服务示意图

3. 加大资金投入，加强文明社区建设

“十二五”期间，圣泉社区加大资金投入，完善硬件设施建设，强化软件资料收集、整理，深入开展志愿服务活动。圣泉社区先后投入5万余元重点打造圣泉流云观云邸文明小区，又投入专项工作经费3万余元用于“社会主义核心价值观”“文明礼仪”“道德模范”等宣传，深入开展“整脏治乱、满意在贵州”工作。圣泉社区组织辖区志愿者以“多彩贵州文明行动”为主题，组织开展小小志愿者、绿丝带志愿者活动，举办以设点宣传、文明引导、环境保护、学习雷锋、维护治安为主题的活动20余次，有效地美化了辖区的环境，提升了辖区的文明程度及治安水平。圣泉社区以道德讲堂的形式，开展社会主义荣辱观、公民基本道德规范、“三德”、“三好”、“诚信”、“道德模范”、“身边好人事迹”等宣传活动12次；开展“讲文明树新风”公益广告宣传工作，共计张贴宣传画20余幅；上报贵州省、贵阳市文明网信息20余篇，登载、转播文明网信息12篇。

4. 加强社区社会治理，推进平安社区建设

在社会治理方面继续深入开展“两严一降”专项行动，以联系社区民警进家入户、派发宣传资料、制作黑板报、宣传平安E家和超B级锁芯的方式，向辖区群众大力宣传治安防范的重要内容，提醒居民加强防范意识；督促辖区各单位对重点部位加强物防措施。“十二五”期间圣泉社区物防、人防措施实施情况见表2、表3。

表2 “十二五”期间圣泉社区物防措施实施情况

	措施类型	数量
社会综合治理物防措施实施情况	安装超B级锁芯	390套
	安装平安E家	50台
	安装防盗门	4扇
	升级防盗门门禁系统	35扇

表3 “十二五”期间圣泉社区人防措施实施情况

	措施类型	次数
人防措施实施情况	召开治安联席会	20余次
	相关宣传活动	60余次
	协调解决群众反映各类事件	50余次

5. 以房管人，加强流动人口管理和服务

2015年9月，贵阳市住建局正式下发了《关于贵阳市房屋租赁管理职权下放委托管理工作的实施方案》，切实把“以房管人”落到实处。截至2015年12月，圣泉社区流动人口总数为1987人，出租房屋登记的户数为643户，对流动人口均已全部验证，验证率为100%。对流入人口严格按照规定进行验证，并及时与户籍地联系，掌握流入者的婚育情况。对每一位流动人员的档案做好登记，便于随时查看和更新材料。同时与派出所加强工作配合，严格按照要求进行管理，确保不出现一例出生漏报、迟报和错报。

二 圣泉社区社会治理和社会建设中的难点问题

（一）棚户区改造升级工作推进难度大

1. 棚户区改造涉及范围较大

由于圣泉社区原有企业改制以及其他历史遗留原因，社区内有将近1/3的

住户和居民面临城市棚户区改造的问题。大面积的棚户区改造，意味着大量的拆迁安置工作需要落实。由于该社区在资金、基础设施方面存在不足，改造、拆迁、安置为社区服务工作以及社区建设等带来了巨大的挑战。

2. 搬迁工作协调难

圣泉社区辖区内老年群体偏多，大多数经济条件比较差。因为改制企业居住环境较差，房屋大多为 20 世纪 60 年代左右所建，设施陈旧，有的甚至是危房；当地老人出于居住习惯和对旧居的不舍，不愿意搬迁，因此思想工作难做。例如，圣泉社区专门走访了五六家抗美援朝的老战士家庭，做思想工作，但他们都表示不愿意搬走，更愿意就地安置，主要原因在于他们在这个地方生活了数十年，对居住的地方有着深厚的感情。

3. 上访维稳工作压力大

圣泉社区面临完成棚户区拆迁和居民安置的重要任务，涉及群体较多，各楼盘人员的安置问题较复杂。如社区内南苑、北苑、贵阳印象等楼盘，都是原来北京西路拆迁的一些安置人员，这部分群众因没有完全安置好、安置房基础设施不完善、安置中自身一些问题未得到合理解决而上访，使得维稳工作压力大。

（二）社区配套设施建设不完善

社区整体配套设施滞后。在教育资源方面，社区仅有 4 所幼儿园和 1 所小学，而社区内 15 岁以下儿童有 1248 人，教学资源明显不能满足社区适龄儿童的入学需求。在社会治安方面，社区只有 1 个派出所和 8 名民警，与社区社会治安管理的需求相比，这股力量显得较为薄弱。另外，社区内没有公共厕所，其他便民、利民设施的建设也非常薄弱。基础设施的不完善将引起连锁反应，影响社区教育、文化、社会治安等各方面的建设，阻碍社会建设和社会治理的快速有序推进。

（三）社会治安综合管理难度大

1. 社区治安力量薄弱

圣泉社区虽然在社会治安管理方面采取了许多措施，如为社区居民安装防盗锁、升级防盗系统、开展宣传教育等，取得了实实在在的成效。但从客观条件来看，社区仅有 1 个派出所和 8 名民警，面对社区结构和社区人群复杂等现实状况，治安力量仍显薄弱。

2. 社区治安压力大

“以房管人”虽然在一定程度上实现了流动人口的精准管理，但随着社区开发而来的农民工等群体，具有临时性、入住时间短暂、流动频繁等特点，加大了社区治安难度，增加了治安工作压力。

三　关于圣泉社区以棚户区改造升级推动新型社区建设的思考

（一）发挥人文资源优势，构建良好人文环境

1. 发掘“圣泉”人文历史

圣泉社区有一个“圣泉”名胜古迹，由明代镇远侯修建，从明代洪武年间一直保存到现在。据时任圣泉社区党委书记介绍，在明朝进驻贵州的一些名将中，有一位叫顾诚的将军，朱元璋命他来镇守贵州，打通西南的要道，因其驻守贵州有功，册封他为镇远侯。“圣泉”以及镇远侯为圣泉社区提供了丰富的人文历史素材，“十三五”期间，圣泉社区应深入发掘“圣泉”人文历史，打造圣泉社区特色人文环境。

2. 改善“圣泉”景区环境

“圣泉”景区曾因管理不善，“圣泉”古迹遭到污染，附带景观遭到破坏，严重阻碍了“圣泉”人文资源的延续和发展。“十三五”时期，圣泉社区应加大资金投入，组织专门队伍对景区进行管理，保障景区人文资源得以延续和发展，为社区营造良好人文环境。

3. 打造特色绿地空间

在社区生态建设中，圣泉社区应结合社区人文特色，打造具有社区特色的社区公园。在“圣泉”景区的基础上，结合社区发展定位，将“圣泉”景区打造成集人文、生态为一体的绿色人文景区。建立社区生态发展格局，促进社区人与自然和谐相处、协同发展，打造生态宜居环境。

（二）完善基础设施，推进棚户区改造升级

1. 加大资金投入，健全社区基础设施

在辖区建设学校，完善社区义务教育阶段教育设施建设。建立社区公厕、

停车场等便民场所，满足居民日常出行所需。加快推进社区药店、警务站、超市等设施建设，使居民教育、医疗卫生、治安等各方面得到有力保障。

2. 加大就业安置力度，保障安置居民安居乐业

充分利用社区资源，抓住社区开发和产业园区建设机遇，积极发掘就业岗位，为居民创造、增加就业机会，保障失业人员的就业安置，提升居民满意度，维护社区社会的和谐稳定。

（三）加强社会治安综合治理，打造平安社区

1. 以党建为引领，加强社区群防群治

面对社区警力配置薄弱的情况，以党建为引领，通过社区党组织党员深入群众开展宣传教育，动员社区社会力量参与社区治安综合治理，建立和强化社区治安群防群治机制，提升社区社会治安综合管理能力，为社区居民提供一个安全祥和的社区环境，推动平安社区建设。

2. 加强基层党建，发挥党员先锋作用

“十三五”期间，继续以“三创一强一提升”活动为抓手，建强基层党组织；以党建为主题、文化为纽带，将党建与党建文化阵地建设相结合。设立党员议事室、开辟党建文化墙、开展“轮值主席进院落”活动、开展种植“连心树”活动，针对党员群众关心的热点、难点问题组织院落党员、群众代表进行讨论，收集民意、化解民怨，进一步密切党群干群关系。充分利用圣泉流云观云邸小区内围墙、走廊、过道等平面空间，打造党建文化墙，让党员群众更加形象地理解党建工作、接受党的教育。以党员志愿服务形式开展集中接待、座谈交流、义诊服务等活动，切实解决村民、居民关心的热点、难点问题。以“连心树”为载体，通过广泛收集院落群众的心愿和诉求，并将其悬挂在“连心树”上，定期组织、定点联系相关部门和社区的党员开展“连心树”心愿和诉求认领活动，并做好活动开展情况的跟踪和公示，确保活动取得实效。

参考文献

袭亮、吕军：《社区发展理论视角下城市棚户区改造的思考》，《中共济南市委党校

学报》2013 年第 3 期。

黄立林：《棚户区改造与社区治理论——从莫地的变迁谈起》，《辽宁公安司法管理干部学院学报》2012 年第 1 期。

董丽晶、张平宇：《城市再生视野下的棚户区改造实践》，《地域研究与开发》2008 年第 3 期。

B.29

以解决历史遗留问题为重点 创建平安和谐社区

——云岩区金鸭社区“十三五”发展思路研究

摘　要：随着城市化进程，城市社区呈现多样化，乡村逐步向城市过渡，城市和乡村边界越来越模糊。云岩区金鸭社区是三马片区生态建设的重要区域，也是未来中心城区和观山湖区的重要连接点，承担了生态保护、居住、交通、创意产业、新兴商贸、现代物流等众多职能，是贵阳“西连”战略的重要组成部分。本文通过对金鸭社区基本情况与发展基础的回顾，在分析社区治理存在的困难与挑战的基础上上，提出要解决好历史遗留的疑难问题，不断提升居民对社区的认同度、信任度和归属感，通过实施便民、为民、助民三大工程实现公共服务人性化，以期为金鸭社区创建平安和谐社区提供参考。

关键词：金鸭社区　历史遗留　平安社区　和谐社区

随着城市化进程的推进，城乡整合发展逐步成为我国社会建设的重中之重。在乡村逐步向城市过渡、城市和乡村边界越来越模糊的情况下，我国城市社区呈现多样化的趋势，城中村改造的历史疑难问题日益凸显，社区居委会的协同管理难度增大。云岩区金鸭社区位于贵阳市老城区边缘，属于村居交叉地区，社区功能较为复杂，服务设施较为匮乏。金鸭社区基本情况如表 1 所示。

表1　金鸭社区基本情况

<table>
<tr><td rowspan="3">社区概况</td><td>辖区面积</td><td>11.4平方公里</td><td colspan="7">辖区人口</td></tr>
<tr><td rowspan="2">辖区范围</td><td rowspan="2">东临贵阳市北京西路鸭江寨段荷塘社区和尚坡，西到金关社区轮胎厂，南至三桥社区新街居委会，北抵普天社区公路机械厂段</td><td colspan="3">户籍人口</td><td>18908人</td><td>流动人口</td><td colspan="2">16092人</td></tr>
<tr><td>18岁以下</td><td>5775人</td><td>失学儿童</td><td>—</td><td>留守儿童</td><td colspan="2">4人</td></tr>
<tr><td rowspan="3">科技和教育资源</td><td colspan="2" rowspan="2">科研院所</td><td colspan="2">幼儿园</td><td colspan="2">小　学</td><td colspan="3">初中高中</td></tr>
<tr><td>公办</td><td>民办</td><td>公办</td><td>民办</td><td>公办</td><td colspan="2">民办</td></tr>
<tr><td colspan="2">—</td><td>—</td><td>8个</td><td>2个</td><td>4个</td><td>1个</td><td colspan="2">—</td></tr>
<tr><td rowspan="3">社会资源</td><td colspan="4">辖区内单位</td><td colspan="5">辖区内社会组织</td></tr>
<tr><td>行政单位</td><td>事业单位</td><td colspan="2">企业（国有）</td><td>孵化型（枢纽型）社会组织</td><td>专业型社会组织</td><td colspan="3">自发型（草根型）社会组织</td></tr>
<tr><td>1个</td><td>1个</td><td colspan="2">2个</td><td>—</td><td>—</td><td colspan="3">—</td></tr>
<tr><td rowspan="2">体育文化休闲餐饮住宿设施</td><td>体育场（馆）</td><td>影剧院</td><td>广场</td><td>公园</td><td>图书市场、书店</td><td>50平方米以上饭店、餐馆</td><td>旅店、招待所</td><td colspan="2">写字楼</td></tr>
<tr><td>—</td><td>—</td><td>1个</td><td>—</td><td>—</td><td>3个</td><td>4个</td><td colspan="2">1个</td></tr>
<tr><td rowspan="3">医疗卫生资源</td><td rowspan="2">综合医院</td><td rowspan="2">专科医院（诊所）</td><td rowspan="2">妇幼保健院</td><td rowspan="2">急救中心</td><td rowspan="2">疾控中心</td><td rowspan="2">社区卫生服务站</td><td rowspan="2">辖区药店</td><td colspan="2">养老机构</td></tr>
<tr><td>公办</td><td>民办</td></tr>
<tr><td>—</td><td>—</td><td>—</td><td>—</td><td>—</td><td>1个</td><td>3个</td><td>—</td><td>—</td></tr>
<tr><td rowspan="2">困难群体与特殊人群</td><td>失业人员数</td><td>退休人数</td><td>60岁以上老人</td><td>残疾人</td><td>低保人员</td><td>刑释解教人员</td><td colspan="3">吸毒人员</td></tr>
<tr><td>5人</td><td>2413人</td><td>3416人</td><td>243人</td><td>487人</td><td>44人</td><td colspan="3">380人</td></tr>
</table>

资料来源：表格数据由金鸭社区提供。

一　金鸭社区基本情况与发展基础

（一）金鸭社区概况

金鸭社区位于贵州省贵阳市云岩区西南部，属于老城区与新城区相连的咽喉地段，服务中心正式挂牌成立于2012年4月27日。辖区东临云岩区最西部——贵阳市北京西路鸭江寨段荷塘社区和尚坡，西到金关社区轮胎厂，南至三桥社区新街居委会，北抵普天社区公路机械厂段。社区辖区面积为11.4平方公里，下辖一个村委会、四个居委会，分别是金鸭村委会、金马居委会、汽制居委会、金鸭居委会和黎苏居委会。户籍人口为18908人，流动人口为16092人。金鸭社区占据三马片区与云岩区和金阳区相连的有利位置，还有较大的发展空间，随着新技术、新产业、新理念的逐步成熟，城市化的不断发展可以形成新的交通枢纽或城市分区中心。

（二）金鸭社区服务与管理的实践和探索

1.提升社区服务管理

在“十二五”时期，金鸭社区以组织学习党中央会议精神、观看历史纪录片、慰问帮扶、开展义诊等丰富多样的形式将党建工作落到基层实处。

在民主建设方面，通过“三会一评”“三会一课”“民主生活会”和“组织生活会”对村务重大事项进行民主决策、对民主评议实施监督，定期召开支部委员大会、支部委员会、党小组会，组织党员按时上好党课，积极开展批评与自我批评、思想交流、经验教训总结等。

在服务管理方面，第一，全面推行社区共驻共建轮值主席制。金鸭社区制定了轮值主席制方案，召开了轮值主席制工作会议，与轮值主席共同成立“党员义务队”。通过制度来开展党建工作。第二，建设服务型党组织。例如，在碧玉居小区设立“党员居民议事室”，针对热点、难点问题进行讨论，收集民意、化解民怨，进一步密切党群干群关系。第三，成立金鸭社区人才工作领导小组。健全目标考核机制，执行党政人才执政能力提升工程，鼓励和支持在职干部参加继续教育。

在困难帮扶方面，开展“千名党员帮千户、干部群众心连心”活动，并在春节、“七一”、“八一”对结对子困难群众进行帮扶慰问。在“七一”“八一”系列活动中，金鸭社区党委把微党课延伸到院落，采用灵活的形式传递正能量，并对困难党员、老党员进行慰问。

在文化建设方面，开展“党建文化进百院”活动。通过远教平台让群众了解健康养生、法律法规、文化娱乐等方面的知识，丰富社区居民的日常生活；建设邻里互助小站，通过爱心捐款、捐赠的形式对困难个人和家庭进行帮助，促进邻里关系和谐；开设“四点半”小课堂，为放学后无人监管的中小学生提供课业上的辅导帮助，培养学生学习兴趣。继续深化“党建同心，发展同行”党建主题活动。指定社区党员指导社区非公企业党建工作，并积极和非公单位达成资源共享协议。

2. 重点推进精神文明建设，增强社区居民综合素质

以创建文明社区为抓手，通过努力实施创建工程有效地促进了该地区精神文明的建设。社区工作领导小组根据社区实际情况制定了《文明社区三年创建规划和工作实施方案》《大宣传工作方案》《大走访工作方案》等方案，通过召开社区会议、组织社区共建单位的方式，发动居民群众积极参与共创文明社区、共建美好家园活动。

丰富宣传方式，扩大宣传覆盖面。围绕创建文明社区目标要求，结合社区实际情况进行宣传，形成整体联动的格局。积极开展“我们的节日”和“四进社区”的活动，在建党、建军、重阳、国庆、中秋等节日期间进行走访慰问和座谈。全年走访慰问、组织座谈覆盖人数有2000余人。通过开展活动、走访慰问、座谈的方式，宣传社区文明理念，提高精神文明的建设水平。

开展多样的志愿活动。定期开展社区党员、干部职工、共青团员、学生参加的“绿丝带”志愿者活动。组建7支志愿者队伍进行义务清洁、慰问帮扶、义务巡逻等活动，全年共开展志愿服务活动60余次。

3. 提升社会治理能力，保障社区和谐稳定

社区稳定是保障居民生活稳定、满足居民生活需要的基础。加强社区的稳定能给居民带来更加安定的生活环境。社区稳定工作重点围绕信访维稳、综合治理、全面禁毒等方面开展。

在信访维稳方面，采用多次召开信访维稳专题会议的方式，通过研究社区的实际情况，部署信访工作。成立了工作领导小组，按照“七个一”标准要求，即一个包案领导、一套工作班子、一个化解方案、一个稳控措施、一个化解时限、一个化解结果、一个后效评估，对社区重点人员全部建档，坚持领导接访日制度和群众工作站、群众说事室接访机制，及时解决群众反映的问题。

在综合治理方面，加大了资金投入，增加了社区企事业单位内部保卫组织和保卫力量，从而形成物防、人防、技防相结合的内部防控网络。加强门禁系统单元防盗门维护，安装超B级防盗锁芯160套，投入3万余元安装及维修路灯。配合天网工程建设，整合金融、商贸、公共场所社会视频资源，组织沿街门面、小旅馆、小超市等安装“平安在线”社会视频监控探头。增强企业自防意识，做好防范工作，排查安全隐患。

在全面禁毒方面，将禁毒工作纳入社区议事日程。第一，结合“平安社区”创建工作，广泛开展禁毒宣传教育。在春节、3月8日、6月26日等重要节点，开展“依法禁毒，构建和谐”的宣传活动6次，刊出禁毒知识黑板报20期，张贴禁毒宣传标语1000余份，悬挂禁毒宣传横幅40余条，制作禁毒园地5个，通过社区短信平台发布的禁毒信息覆盖2000余部手机。第二，开展社区戒毒（康复）工作。将3名生活困难的吸毒人员纳入低保，动员13名戒吸毒人员到云岩区阳光就业基地培训、就业，安排2名戒吸毒人员到阳光园艺上班、8人到阳光清洁队上班。

4. 着力完善社区服务，满足居民多层次需求

在民政工作上，组织建设、管理制度、两委廉勤与财务监督、重大事项与党务村务公开监督方面的工作取得了成果。在组织建设的开展上，村务监督委员会机构人员直接由村民代表选出，村务监督委员会配有齐全的硬件设施。健全监委会组织，明确分工方式，保障组织活动正常开展。在管理制度的实施上，社区监委会建立完善了学习制度、履职保障制度、工作运转制度、工作报告制度、工作考评奖惩制度和会议记录制度等10余项制度，有效提高了社区工作人员的学习能力及自身素质，改进了工作态度和方法，增强了内部凝聚力。在两委廉勤与财务监督的进程中，社区监委会对农村的各项方针政策以及各项支农惠农政策进行监督，主要包括新农村建设、民政工作、环境整治与农村筹资筹劳费用的收缴等。并对村干部履行职责、依法办事进行监督。在重大事项与党务村务公开监督的程序中，先选择审查公开村务，存有疑义的公开事项由村两委会在7个工作日内予以答复和处理。社区监委会审核党务村务公开的内容、时间、形式及程序，督促村两委及时公开群众关心的热点问题，并征求居民对村务公开和民主管理的意见建议，这些措施有力促进了社区监委会的工作。

在社会保障上，社区灵活就业人员参加社会保险的共计422人，其中灵活就业养老保险扩面新参保 47 人，完成全年任务的 87.3%；灵活就业医疗保险扩面新参保 67 人，完成全年任务的 149%；城镇居民医疗保险参保共计 200 人，其中城镇居民医疗保险新参保 110 人，完成全年任务的 100%；2015 年，社区共有低保 286 户、569 人，其中农村低保 18 户 32 人发放金额为 13896 元，城市低保 268 户 537 人发放金额为 172019 元，发放集体企业职工生活费 12720 元。申报临时救助的有 12 人，救助金额为 23500 元。申报医疗救助的有 7 人，救助金额为 25317 元。金鸭社区 60 岁以上老人基本情况见图 1。

在就业工作上，金鸭社区落实就业政策、抓好失业人员培训、帮扶自主创业人员创业，为自主创业人员落实各项就业政策。为社区居民解答就业的方面的相关政策 200 次以上，积极组织社区失业人员参加招聘会。组织社区失业人员参加 SYB 培训和技能培训。

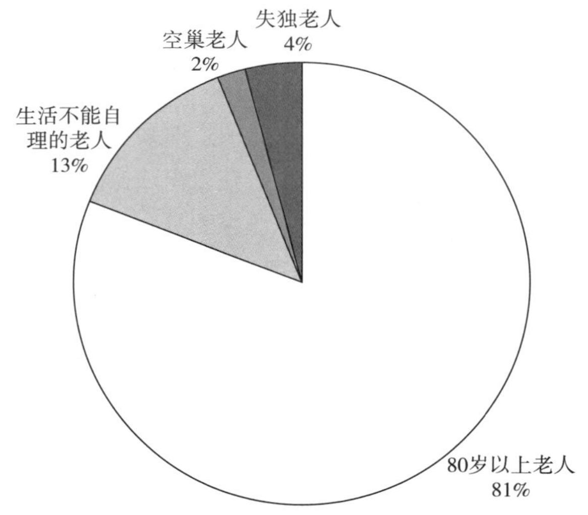

图 1　金鸭社区 60 岁以上老人基本情况

资料来源：《贵阳市基层社区居委会工作调查表》。

二　金鸭社区治理的困难与挑战

金鸭社区人口流动大、工作岗位转换较快、基层工作难以招人、社区基础条件差、历史遗留问题多、居民缺乏归属感，在社会治理工作中面临较多困难和挑战。

（一）工作人员配备不足

社区工作人员编制少，人员招聘难。金鸭社区社区人口众多，但工作人员配备不足，正式编制的工作人员共有 11 人，难以承担社区 11.4 平方公里内 3 万多人的服务管理工作。由于体制制约，社区招聘工作人员只能参照网格员的标准，收入较低，月收入仅 1500 元左右。网格员需要有一定的文化程度，在材料写作、电脑管理、车辆驾驶上有一定经验，但由于网格员缺少编制、福利较低、工作较为烦琐，所以人员流动性较大。

社区有网格 21 个、网格员 32 名。网格管理工作中存在区域开发与管理服务发展不同步、农村网格数量不够的问题。金鸭社区处于三马片区开发的中心区域，大部分新建项目没有配网格员，而现有的网格与人员无法覆盖新开发的项目。另外，金鸭村户籍人口、流动人口共计 7800 余户，已划定了 5 个网格，但现有的网格员难以承担大量的人口与管理工作。

（二）历史遗留问题较多

基础设施较为落后。社区内存在大量的老旧厂房、宿舍、棚户区、村（居）民自建房屋，居住环境较差，人均绿地率较低，基础设施薄弱。国有改制企业多，如社区内的大众橡胶厂、申一橡胶厂、贵阳新建汽车零部件厂等均已破产改制，留下受到破坏的生态环境、闲置的办公厂房、老旧的生产设备等。下岗失业人员多，大多数企业破产改制导致社区下岗失业人员急剧增加。下岗职工的再就业、子女读书、养老问题成为当务之急。另外，随着大型企业的改制，原有的单位制居住形式逐步瓦解，居民从“单位人”转变为“社会人”，导致居民间信任感降低、归属感缺失。

（三）治安管理难度较大

金鸭社区处在城乡接合的地带，存在大量的农村城市化现象，农民大规模迁居。大量外来人口的进入导致治安难度上升、管理难度加大。金鸭社区的治

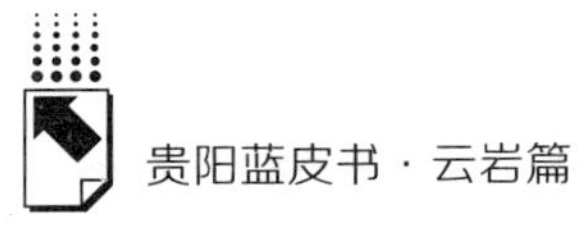

安基础设施条件较差，工作经费不足，物防、技防设施普及难度大等因素导致社区治安环境恶劣，进一步影响了社区居民的信任感和归属感。

三 关于金鸭社区建设和谐社区的探讨

（一）改善居民生活环境

提高社区管理水平，改善社区环境卫生。加大对原有公共绿地的管理和改善，提升绿地的景观价值和使用价值，为社区居民提供可以休闲娱乐的室外场所。大力推进社区生态环境建设和环境治理，并对社区进行整体规划，为居民创造新的室外活动空间、提供优美的生活环境。大力实施“绿色社区”创建，处理环境较差的阴暗小巷，增加社区内的细菌病毒防治力度，全面整治居民小区。

（二）实施“三大工程”，实现公共服务人性化

金鸭社区要实施“便民工程”“为民工程”“助民工程”三大工程，在公共服务方面做到人性化。

1. 实施“便民工程”，深化为民服务体系

加快完成社区建设成为建设为民服务工作平台的基础。深化社区为民服务的主旨和制度，率先完成社区、村（居）、网格三级网络和机制的建立，拓展服务管理领域，为居民提供劳动就业、社会保障、医疗保健、计划生育、文化教育以及政治、法律、科技等多方面的服务。

2. 实施“为民工程”，健全社会保障体系

通过走访调研社会单位、社区的就业潜力，为拓宽居民就业渠道奠定基础，将社区创业作为重中之重，大力开展服务行业的密集培训，为失业人员安排就业技能培训，扩大劳动就业规模。进一步帮助弱势群体，认真落实低保政策，实现应保应尽。

3. 实施“助民工程”，完善社会救助体系

为金鸭社区的老年人、残疾人、困难户建立救助体系信息库，准确掌握社区弱势群体的信息，并设立解困机制和有效救助体系。在丰富老年人业余文化

生活方面，加强老年人相关协会的建设，以市场化、全方位的服务，深入开展帮扶空巢老人工作，建立并完善安全服务、医疗服务、生活服务和温情服务"四位一体"服务网络。深入推进法律服务社区建设，引导、指导残疾人走出家庭、融入社会，继续做好残疾人就业技能培训工作，帮助残疾人实现自食其力的目标。

（三）实现"三个领先"，创建平安社区

社区以平安建设为重点，开展基层相关工作，完善维护地区安全稳定工作长效机制和矛盾化解调处体系，加大社会治安治理力度，实现"三个领先"和平安社区创建目标。

1. 健全联动机制，保障社区安全

采用信息预警机制，完善社区居民、村居委会、社区单位三级信息建设，畅通信息报送网络。充分发挥公安机关主力军作用，保持对违法犯罪活动的严打态势。对邪教组织的滋事破坏活动保持高度警惕，巩固群防群控、人防物防有效结合的综合防控体系，切实降低地区刑事、治安案件的发案率，增强社区居民的安全感。

2. 拓宽平台渠道，化解矛盾纠纷

加大信访矛盾调处化解渠道的通畅程度，发挥社区原有的矛盾调处工作站的作用。掌控影响社区和谐稳定的主要矛盾和重要问题及其产生的原因。

3. 强化管理服务，消除安全隐患

加强社区内流动人口的管理和服务，规范流动人口管理站的建设，完善流动人口以及出租房屋的登记制度。积极开展交通安全、消防安全、生产安全宣传活动，强化居民群众的安全意识和守法意识。依据《安全生产法》，需加强安全生产责任制落实力度，加大对重点单位、建筑工地、人员密集场所的安全检查，特别是消防设施设备的检查，消除安全隐患。

（四）提升服务管理能力，推动和谐社区建设

1. 创新体制机制，探索新型社区管理模式

金鸭社区需加强社区组织建设，大力发展社区志愿者组织、老年人组织、残疾人组织、群众性文体教育组织，建立将社区作为单独整体的新型组织动员

体制，提升社区组织和动员群众的能力。提高社区工作人员解决实际问题和服务管理的能力。建立健全社区单位、社区民间组织与社区事务管理共建机制、协商机制和指导机制，形成新型社区管理模式。

2. 开展多样公益活动，提升精神文明水平

金鸭社区需将中心设定为社区志愿者服务站，将志愿者作为社区的资源，推进文明家庭建设，开展争创“五好文明家庭”活动，调动社区妇女和家庭参加文明楼院、文明小区建设。组织社区巾帼志愿者，大力开展“巾帼爱心奉献”活动，推动和谐社区建设。

参考文献

吴晓燕、赵普兵：《“过渡型社区”治理：困境与转型》，《理论探讨》2014年第2期。

汪丽、王兴中：《对中国大城市安全空间的研究——以西安为例》，《现代城市研究》2003年第5期。

余远来：《浅论新型社区的形成及居民自治特征》，《前沿》2005年第5期。

王开泳：《中国城市社区可持续发展的战略方向》，《未来与发展》2012年第5期。

项继权、李增元：《经社分开、城乡一体与社区融合——温州的社区重建与社会管理创新》，《华中师范大学学报》（人文社会科学版）2012年第6期。

周秀平、邓国胜：《社区创新社会管理的经验与挑战——以深圳桃源居社区为例》，《中国行政管理》2011年第9期。

B.30

综合管理高效服务　推动社区协调发展

——云岩区荷塘社区“十三五”发展思路研究

摘　要：　随着城市的不断发展，居民服务需求愈发多元化，对城市的管理和服务提出了更高的要求。位于云岩区与观山湖区新老区域连接地带的荷塘社区，“十二五”期间以党建为统领对社区的管理和服务进行了积极探索和实践，面对“十三五”社区发展新需求，亟须有新提升和新突破。本文采取实地访谈调研的方法，通过对荷塘社区的书记进行访谈，总结了该社区的主要特点与发展基础，以及当前运行过程中面临的问题与挑战。在此基础上，对该社区“十三五”的发展思路进行探究。作为一个面临多样化管理服务需求的社区，荷塘社区的发展思路对于创新基层社会治理具有重要的参考和借鉴意义。

关键词：　荷塘社区　综合管理　社区服务　协调发展

城市的发展变化，不仅在于外观，而且在于其内在运行方式会随着社会发展而变化。贵阳市正处在创建生态文明示范城市的关键阶段，生态文明城市不仅是生态环境良好的城市，而且是经济、政治、文化、社会和生态文明建设协调发展的城市。云岩区作为贵阳市的核心区，提出了到2018年率先达到生态文明示范城区标准的目标。如何推动城市协调发展成为云岩区当前的一大课题。

荷塘社区位于云岩区与观山湖区的交界处，是连接新老城区的城乡接合部。在缺乏老城区的资源功能优势、环境建设又不及新城区、发展极不协调的情况下，荷塘社区以党建为统领对社区建设发展进行了积极探索和实践。未来，荷塘社区应继续做强长板、补齐短板，强化综合管理和高效服务，满足居民生活需求，探索一条协调发展的道路。荷塘社区基本情况如表1所示。

表1　荷塘社区基本情况

社区概况	辖区面积	3.2平方公里	辖区人口						
	辖区范围	—	户籍人口		29969人	流动人口	5249人		
			18岁以下	4039人	失学儿童	0	留守儿童	10人	
科技和教育资源	科研院所		幼儿园		小学		初中高中		
			公办	民办	公办	民办	公办	民办	
	2个		0	1个	1个	1个	2个	1个	
社会资源	辖区内单位			辖区内社会组织					
	行政单位	事业单位	企业(国有)	孵化型(枢纽型)社会组织	专业型社会组织	自发型(草根型)社会组织			
	0	6个	1个	0	0	0			
体育文化休闲餐饮住宿设施	体育场(馆)	影剧院	广场	公园	图书市场、书店	50平方米以上饭店、餐馆	旅店、招待所	写字楼	
	0	0	1个	1个	0	63个	5个	0	
医疗卫生资源	综合医院	专科医院(诊所)	妇幼保健院	急救中心	疾控中心	社区卫生服务站	辖区药店	养老机构	
								公办	民办
	3个	6个	0	1个	0	2个	10个	0	0
困难群体与特殊人群	失业人员数	退休人数	60岁以上老人	残疾人	低保人员	刑释解教人员	吸毒人员		
	87人	4580人	6779人	467人	156人	18人	319人		

资料来源：表格数据由荷塘社区提供。

一　荷塘社区的基本情况与实践探索

（一）基本情况

1. 新旧城区连接地带，城乡接合部社区

荷塘社区是云岩区和观山湖区的连接带，主要管辖210国道和尚坡地段，

周边是七林镇三桥村和金鸭社区的金鸭村，与观山湖区金林社区的阳光村交叉，是典型的城郊接合部。面积为3.2平方公里，户籍人口为29969人，下辖水电八局、水电九局、鸭江和鑫园4个居委会。[①] 社区服务中心设有党政部、社会事务部、城市管理部、群众工部、经济服务部、综合办公室、网格办公室，即“两办五部”。

2. 辖区企业单位多，退休职工老人多

荷塘社区内社会资源较丰富，有水电八局、水电九局、雪花啤酒厂、贵阳勘测设计研究院、贵州省经济学校等10余家大型企事业单位。辖区有中国工商银行、中国建设银行2家金融单位；有2所公办中学（观山湖区第六中学和贵阳第四十中学）和1所私立小学，其中贵阳第四十中学涵盖小学、初中、高中，是云岩区唯一的一所完全中学；有4所大中专院校、1所幼儿园（均为私立），有1家公立医院、5家私立医院及诊所。[②]

辖区内主要有水电九局小区、水电八局小区、广信四季花园、城堡小区、公路公司宿舍、国电设计院宿舍、三环机械厂宿舍等8个小区，多为企业单位的职工小区，退休人数达4580人，60岁以上老人达6779人。[③]

（二）荷塘社区以党建为引领，全面提升服务管理的实践

1. 完善硬件设施，强化社区基础保障

多种方式改善生活基础设施和环境。荷塘社区引入医疗机构，设置了社区卫生服务站；通过争取市群工委和区委组织部支持，把公路公司宿舍列入“三年千院”改造项目和“党建文化进百院”项目，在市区投入68万元的基础上，社区投入11万元，将公路公司宿舍打造成宜人宜居的温馨家园。社区积极拓展居民活动空间。根据居民意愿，投入经费和器材把空置的200平方米房屋恢复成党团活动室、远教活动站、图书小站、文体健身室。此外，社区也着力保障居委会的办公基础，督促房开企业在新建的小区交付社区居委会办公用房和文化室300余平方米，协调老旧小区物业为居委会提供办公房200余平方米。[④]

① 荷塘社区：《基层社区工作调查表》，2015。

② 荷塘社区：《“十三五”时期荷塘社区发展基本思路》，2015。

③ 荷塘社区：《基层社区工作调查表》，2015。

④ 荷塘社区：《“十三五”时期荷塘社区发展基本思路》，2015。

2. 实施“金钥匙”服务战略，全面提升服务企业水平

荷塘社区在经济服务方面，着力实施“金钥匙”个性化服务战略。对于企业在新成立或升级改造，与经销商产生纠纷、发生劳资纠纷，以及需要新闻媒体宣传报道，甚至面临管理层子女就近入学等方方面面的问题时，党委都主动协调职能部门和有关单位为企业提供全方位的服务。

3. 社区各主体共同发力，改善社区治安环境

针对荷塘社区离当地派出所较远，出警至少要20分钟的问题，驻地单位协同修建荷塘派出所。在土地和经费投入方面，该派出所办公楼四层共1700平方米，土地由水电九局提供，总投入为265万元，各单位支持修建经费达145万元。此外，在“两严一降”和禁毒专项行动中，每年水电九局支持经费为12万元，圣地诚物业支持经费为13万元。在辖区各单位的支持下，居民见警率提高，出警率提升，辖区治安环境有了极大的好转。2015年1～10月荷塘社区盗窃案为96起，发案60起，同比下降18%。[①]

4. 多方协力治理，改善民生服务

在改善服务管理方面，荷塘社区党委充分发挥统揽全局协调各方的领导核心作用，党政一把手定期上门与驻地单位沟通，一方面虚心向单位主要负责人汇报社会管理和公共服务情况，另一方面充分采纳单位对社区发展的意见和建议，从而推动驻地单位在理解认同社区的基础上，响应和支持甚至积极参与社区开展的社会治理活动。在此基础上，驻地单位大力支持社区进行建设管理，帮助社区党委解决民生困难。

在环境卫生方面，荷塘社区接管水电九局广场的公厕，投入6.4万元升级改造，聘请专人管理，对居民免费开放；投入1万余元封堵255个单元楼道的灰道，投入13万元增设垃圾斗和环卫车。在城市管理方面，荷塘社区引进资金100余万元对水电八局早蔬市场进行升级改造，规范了市场管理，杜绝了原先市场管理混乱的现象，彻底改变了脏乱差状况，打击了坑蒙拐骗和售卖假冒伪劣商品现象。投入5.3万元在水电九局小区道路中设置单行线安全柱，杜绝车辆乱停现象，保障27路公交车能正常驶进小区。[②]

① 荷塘社区：《“十三五”时期荷塘社区发展基本思路》，2015。

② 同上。

5. 大力培育志愿服务队，强化居民自治

荷塘社区共有志愿者2030人，占总人口的10%。作为创建文明社区的中坚力量，志愿者，尤其是驻地的高校学生志愿者，在服务中潜移默化地影响和带动周边居民，长期开展关爱空巢老人活动、清理“牛皮癣”等卫生大扫除，有效服务居民所需。在自治方面，荷塘社区现有166名楼幢长、院落管委会成员，实行居民自治一事一议，曝光不文明行为，开展端午节院坝粽子会、重阳节老年茶话会。

6. 打造多支文化队伍，营造和谐生活氛围

在文化活动方面，荷塘社区现有文体联合协会，共有包括健身队、舞蹈队、腰鼓队、门球队、器乐队在内的29支文化队伍。每年结合节日文化，有多种多样的文化表演活动，如在各居委会支部的引导下，“五一”节群众举行广场舞表演，九局组织群众开展自编自导文艺汇演，端午节鸭江居委会组织党员与国电设计院宿舍居民包粽子，“六一”节幼儿园小朋友进行才艺展示，“七一”期间全民健身活动展演，九局居委会基地有迎国庆文艺汇演等。浓厚的人文氛围不仅是社区、单位、居民的感情纽带，而且使社区的文明程度、和谐环境得到全面提升。

二　荷塘社区当前发展存在的问题与挑战

（一）交通设施薄弱，管理存在难度

1. 道路维护保养责任不清，常年坑洼积水

荷塘社区有两条主干道，其中一个是北京西路，另一个就是老的210国道。老的210国道道路窄，路面坑洼多，排水沟不通畅。但由于该路段的归属不明确，210国道的维护保养责任不清，一直尚未改造，严重影响交通环境。

2. 道路交通拥堵严重，社区难以解决

210国道和尚坡路段道路两边车辆随意乱停，路面无人行道且路边沟无井盖，占道经营严重，加之交警数量不足，导致该路段常年交通堵塞，居民不满情绪严重（见图1）。

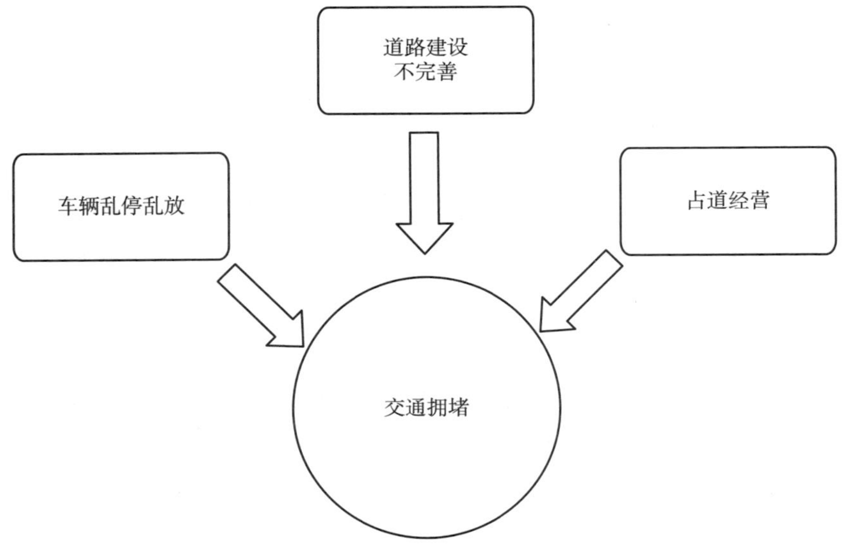

图1　荷塘社区交通拥堵成因

（二）群体需求多，服务管理难落地

1. 老年人多，养老服务难落地

荷塘社区下辖水电八局居委会、水电九局居委会、鸭江居委会以及鑫园居委会，居民主要由企事业单位的职工组成。尤其是水电八局和水电九局以老年人和退休职工为主，养老服务需求大。如水电九局居民认为现有的老年活动中心太小，希望社区建设日间照料机构，为不少子女在外地的老人提供中餐、娱乐设施等。在征求水电九局和居民的意见后，社区计划建设五层楼的日间照料机构。但在办理相关手续时，在城管部门、规划局、国土局等有关部门遇到难以解决的问题，一方面水电八局、水电九局属于国有企业，现在按照国资委的要求，国有企业职工家属区正逐步移交地方。另一方面荷塘社区要建设养老服务机构，所需的土地等需要地方出台相关意见后才能得到落实。因此，建设日间照料机构项目难以落地。

2. 自治不足，自我服务管理难落地

在治安管理方面，荷塘社区针对鑫园居委会和水电九局居委会，计划出资在其居住区域的两个路口统一安装门禁、全方位监控，规范停车。相关部门表示需在每家每户都同意的情况下才能进行建设，但社区缺乏人员进行入户填写意愿表、停车画线、办手续等具体环节的操作。在物业管理方面，辖区内的三环机械厂宿舍现在面临拆迁，国电设计院宿舍和公路公司宿舍有单位、有物业，但作用不大。小区内物业费仅为 0.25 元/平方米，一个月总共只能收到 2000 元左右，物业管理效果有限，小区内的绿化带十分杂乱，甚至有居民在绿化带种蔬菜、喂养家禽等。

3. 不稳定因素多，维稳压力大

在信访维稳方面，荷塘社区主要有集资、水电九局退休工人增加、九州实业锦城拆迁等不稳定因素。但在具体的工作中，某些群体难以稳定。按照《信访条例》和《治安管理处罚法》，如果到行政事业单位反映问题，出现吵闹、围堵、拉横标等一些过激行为，行政事业单位就会采取警告、罚款、行政拘留等相关的处罚。但对于年满 60 岁以上的人，只能进行警告和罚款，处罚效果不佳，某些群体仍时常造成不稳定。

（三）社区建设薄弱，人才支撑不足

1. 人员配备不足与工作任务繁杂的矛盾突出

荷塘社区在编人员有 11 人（其中 4 人为行政编制，7 人为事业编制），公司编制有 11 人，临聘人员有 22 人。按照有关规定，社区应配备 20 个事业编制人员，还缺编 13 个。工作人员与居民人口数量比例达 1∶750，服务队伍明显不足。加之 2015 年贵阳市出台的《关于进一步加强和改进社区工作的十条意见》要求社区将原有的四个工作部，变为“两办五部”，同时将城管执法权下放社区，社区工作任务加重，不仅要完成部办委局下发的各种指标，还要完成文明社区、绿色社区等各类创建工作，因此，亟须充实工作队伍。

2. 工资待遇低与任务繁杂的矛盾突出

荷塘社区的聘用人员工资是按照网格员标准发放的，相对于生活水平和企业工资标准，过于少。面对社区繁重的事务，聘用人员时常加班，这不仅牺牲了他们的休息时间而且往往还没有加班费，出现工资低任务重的局面，工作人员工作热情不高，因而工作时间不长就会出现辞职现象，阻碍了工作的顺利推进。

三　提升综合管理高效服务水平，推动荷塘社区协调发展

（一）树立综合管理、高效服务、协调发展的目标

坚持党委领导、政府负责、社会协同、公众参与、法治保障“五位一体”社会治理架构。在社区环境、公共服务、治安管理、多元治理等方面加大力度，着力以信息化、数据化手段提高社区综合管理和高效服务能力，适应城市化发展和居民群众的新要求，以服务实现凝聚，以凝聚实现稳定，推动荷塘社区协调发展。立足实际，创新治理手段的综合性和多样性，实行需求分析和精准分析，展现社区特色，积极有序推进发展路径，实现智慧社区建设治理精准化。

（二）明确改善环境、优化服务、多元共治的重点任务

1. 进一步改善社区环境

在社区环境建设及保护方面，紧紧抓住云岩建设生态文明示范城区的机遇，树立绿色、低碳发展理念，以完善基础设施、提升居民环保参与度为重点，健全激励和约束机制，大力推进社区开展生态环境建设与保护的相关活动，进一步改善社区环境卫生，提升社区绿化水平，为居民提供舒适优美的生活、工作环境。

2. 进一步优化社区服务

面对社区需求日益多元化、专业化的要求，积极转变思路、转移职能，为居民提供多层次、个性化的社区服务。健全社区服务体制机制，坚持智慧社区平台建设，丰富社区服务内容，拓展社区服务领域、整合社会服务资源、激发社会组织活力，形成社会多方齐参与的社区建设协同机制，实现社区服务高效化。

3. 进一步强化多元治理

在过去党建工作的良好基础上，继续坚持以党建为统领，强化社区多元治理。统筹推进基层党建，动员辖区驻地单位、社会组织、热心居民积极参与社区社会治理工作。以社区基层党组织为依托，继续推进非公有制企业党建工作区域化，以辖区内的民办医院、民办学校、民办职业培训机构为重点，以社会

组织党建为载体，以服务为核心，推动辖区单位与社区、居民共驻共建，着力在资源共享、双向服务、参与治理等方面有所突破。

（三）以重点项目为抓手，创新社区治理与服务模式

1. 数据化经济服务

在强化“金钥匙”服务的基础上，引入大数据手段，对辖区企业现状进行摸排，收集辖区企业生产规模、人员、纳税情况、用地性质和发展规划等有关数据，提升服务企业的精准化和科学化水平，为培育税收增长点和招商引资做好准备。同时，加强与招商局和发改局相关部门的对接，将辖区内有关企业的更新改造和发展规划与大数据建设接轨，提升社区服务经济的前瞻性。

2. 信息化城市管理

创新社区管理形态。借助互联网、物联网等网络通信技术，对住宅楼宇、家居、医疗、社区服务等进行智能化升级。在云岩网格化信息管理系统的基础上，通过进一步汇聚社区管理和服务的重要信息，建立健全与云岩区“12319”公共服务指挥中心的沟通反馈机制，探索社区管理服务的信息化、智能化、精准化的新模式。

3. 居民自我服务可持续化

荷塘社区以“三年千院”实施工程为契机，以公路公司宿舍为示范点，逐个将一些老旧院落进行升级改造，着力提升院落内居住环境质量，进一步提升群众满意度。在此基础上，探索居民自治的路径，推进老旧院落的服务管理可持续化。在卫生环境和治安环境等物业方面，由社区党组织领导以及居委会指导，以居民意愿为基础，以解决居民突出问题为重点，发挥居民的自助和互助作用，成立老旧小区自管组织，由其承担物业职责，从而有效满足居民的生活需求。

参考文献

荷塘社区：《基层社区工作调查表》，2015。

荷塘社区：《“十三五”时期荷塘社区发展基本思路》，2015。

B.31

以非公党建为载体
强化社区服务管理

——云岩区普天社区“十三五”发展思路研究

摘　要：　自十八大报告提出大力推进服务型党组织建设以来，服务群众成为基层党组织核心任务。普天社区作为既有居委会又有村委会的城乡接合部社区，在“十二五”期间秉承服务型党组织的理念，积极探索了以非公党建为载体、服务企业居民的路径。本文通过总结社区的主要特点与发展基础，从分析社区发展存在的问题与挑战的基础上，对普天社区的“十三五”思路进行理论研究与实践探讨，提出要以党建为统领，增强服务能力；强化城市建设管理，创造良好发展环境；引入多方主体，解决失地农民和养老问题。

关键词：　普天社区　非公党建　服务　城市化

十八大报告中明确提出“以服务群众、做群众工作为主要任务，加强基层服务型党组织建设”。贵阳市创新性提出撤销街道办事处建立区（市、县）直属的新型社区党委和社区服务中心，提出以“三创一强一提升”（创建平安社区、文明社区、绿色社区，建强社区党组织，提升群众满意度）为载体，推进社区服务型党组织建设，打造和谐文明、平安幸福、群众满意的“新型社区·温馨家园”。地处城乡接合部的普天社区，2014 年建成区级平安社区、绿色社区，并坚持服务型党组织建设，在非公党建领域取得较好成效。作为云岩区三马片区的重要组成部分，当前辖区内正在进行大面积建设。面对自身基础薄弱、大面积开发建设带来的多种治理难题，普天社区应继续以非公党建为载体，进一步强化和完善社区服务和管理，在改善社区环境、创新服务模式等方面有所突破。普天社区基本情况见表 1。

表 1　普天社区基本情况

<table>
<tr><td rowspan="3">社区概况</td><td>辖区面积</td><td>2.5 平方公里</td><td colspan="6">辖区人口</td></tr>
<tr><td rowspan="2">辖区范围</td><td rowspan="2">东临云岩区金鸭社区柏杨林，西到金阳管委金源社区二铺村，南至云岩区金惠社区杨惠村，北抵观山湖区世纪城社区</td><td colspan="3">户籍人口</td><td>6452 人</td><td>流动人口</td><td>7046 人</td></tr>
<tr><td>18 岁以下</td><td>1621 人</td><td>失学儿童</td><td>0 人</td><td>留守儿童</td><td>—</td></tr>
<tr><td rowspan="3">科技和教育资源</td><td colspan="2" rowspan="2">科研院所</td><td colspan="2">幼儿园</td><td colspan="2">小　学</td><td colspan="2">初中高中</td></tr>
<tr><td>公办</td><td>民办</td><td>公办</td><td>民办</td><td>公办</td><td>民办</td></tr>
<tr><td colspan="2">—</td><td>—</td><td>4 个</td><td>1 个</td><td>3 个</td><td>1 个</td><td>1 个</td></tr>
<tr><td rowspan="3">社会资源</td><td colspan="4">辖区内单位</td><td colspan="4">辖区内社会组织</td></tr>
<tr><td>行政单位</td><td colspan="2">事业单位</td><td>企业(国有)</td><td>孵化型(枢纽型)社会组织</td><td colspan="2">专业型社会组织</td><td>自发型(草根型)社会组织</td></tr>
<tr><td>—</td><td colspan="2">1 个</td><td>1 个</td><td>—</td><td colspan="2">4 个</td><td>—</td></tr>
<tr><td rowspan="2">体育文化休闲餐饮住宿设施</td><td>体育场(馆)</td><td>影剧院</td><td>广场</td><td>公园</td><td>图书市场、书店</td><td>50 平方米以上饭店、餐馆</td><td>旅店、招待所</td><td>写字楼</td></tr>
<tr><td>—</td><td>—</td><td>2 个</td><td>—</td><td>—</td><td>3 个</td><td>7 个</td><td>—</td></tr>
<tr><td rowspan="3">医疗卫生资源</td><td rowspan="2">综合医院</td><td rowspan="2">专科医院(诊所)</td><td rowspan="2">妇幼保健院</td><td rowspan="2">急救中心</td><td rowspan="2">疾控中心</td><td rowspan="2">社区卫生服务站</td><td rowspan="2">辖区药店</td><td>养老机构</td></tr>
<tr><td>公办 | 民办</td></tr>
<tr><td>—</td><td>—</td><td>—</td><td>—</td><td>—</td><td>2 个</td><td>2 个</td><td>— | —</td></tr>
<tr><td rowspan="2">困难群体与特殊人群</td><td>失业人员数</td><td>退休人数</td><td>60 岁以上老人</td><td>残疾人</td><td>低保人员</td><td>刑释解教人员</td><td colspan="2">吸毒人员</td></tr>
<tr><td>34 人</td><td>258 人</td><td>1243 人</td><td>83 人</td><td>62 人</td><td>55 人</td><td colspan="2">96 人</td></tr>
</table>

资料来源：表格数据由普天社区提供。

一　普天社区的基本情况和发展基础

（一）城乡接合部社区

普天社区位于金阳大道南段 117 号，是典型的城乡接合部社区，面积为 2.5 平方公里，东临云岩区金鸭社区柏杨林，西到金阳管委金源社区二铺村，南至云岩区金惠社区杨惠村，北抵观山湖区世纪城社区。普天社区下辖茶园村和普天居委会、野鸭居委会，户籍人口有 6452 人，流动人口为 7046 人。[①] 2012 年改制后成立的普天社区被明确为正科级事业单位，履行“服务群众、凝聚人心、优化管理、维护稳定”四大功能。社区服务中心设有群众工作部、党政工作部、社会事务部、城市管理部、服务经济小分队；建立了居民议事会、妇联、工会、团委等自治组织和群团组织。

普天社区内企事业单位较多，包括大型国有企业贵州省公路机械厂，军事管理单位贵州省武警后勤基地、武警文工团，生产销售类非公企业贵州建工混凝土有限公司、贵州华通汽车贸易服务有限公司、贵州恒立工程机械有限公司等。

（二）普天社区服务管理的主要实践和探索

1. 硬件 + 软件，着力改善治安环境

在硬件方面，超 B 级锁芯、“平安 E 家”报警电话入户工程，提升了辖区技防工作的整体水平，社区安装“平安 E 家”电话 332 部、超 B 级锁芯 148 套；在软件方面，“5 加 2、白加黑”的车巡、步巡模式，在各节假日期间也未间断，通过努力实现了春节及国庆长假期间的零发案，发案率下降 45%。[②]

2. 整治卫生环境，提升辖区市容形象

普天社区通过修建围墙，协调辖区企业建工集团对黑丫口垃圾填埋场进行混凝土掩埋，有效治理了垃圾暴露、恶臭熏天现象，使周边环境卫生得到极大的改善。此外，通过区级匹配资金，对普天社区至普天园区沿线居民房屋、商

---

① 普天社区：《“十三五”时期普天社区发展规划基本思路》，2015。

② 同上。

铺门头集中统一更换牌匾、粉饰外墙体，进一步提升辖区整体环境。

3. 强化基础党建，践行群众路线

普天社区一方面通过抓好领导班子、党员干部的学习、培训，为完成好各项工作任务提供坚实的政治保证。充分利用“三会一课”“党委书记课堂”“送课进非公”等业余党校培训方式，提高广大党员干部的服务意识。注重提升农村党支部的致富带富能力，建立“一对一、一对多、多对一”党员帮扶工作机制，帮助失地村民解决就业困难问题，化解失地返贫矛盾。通过组建社区“帮帮团”队伍，通过“群众 + 干部、学习 + 布置任务、服务 + 氛围营造”三道加法，为辖区非公企业、社会组织、村（居）民送知识进家，送党课进非公企业，帮扶困难群众、学生，开展帮扶济困、抢险救灾、温情服务，切实解决辖区群众困难。

4. 非公党建“三连线”，有效服务企业群众

除了大型企事业单位，普天社区还有 200 余家非公企业。普天社区以非公党建为抓手，通过“三连线”（见图 1）——服务企业、帮扶企业员工、融合企业和居民关系，积极指导企业建立党组织、群团组织，有效将服务覆盖辖区各非公企业。一方面，针对企业在落户过程中对当地政策法规不熟悉、对办事办证流程不清楚等问题，联合云岩区工商、税务等部门，通过指导、咨询、现场协助等方式，全程帮助要落户的企业办理工商、税务等相关手续，让企业的经营活动得到合法开展。另一方面，积极为企业、社会组织职工办理本地居住证，协助办理异地居住证、灵活就业保险，协调辖区学校帮助职工子女就近入学等，及时解决了企业职工的后顾之忧，让职工安心工作。通过对企业的服务，也推动了企业“反哺”居民。

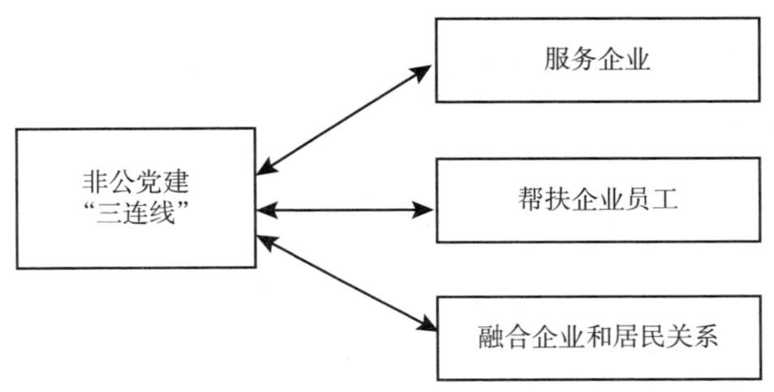

图 1　普天社区非公党建“三连线”

二 当前普天社区发展存在的问题与挑战

（一）辖区自身发展基础薄弱

1. 户籍人口与流动人口相当，管理问题多

普天社区所在地曾先后属于乌当区、观山湖区，后因云岩区缺乏发展空间，将该地区划给了云岩区。普天社区得名于辖区内的普天居委会。在成立社区之前，普天居委会是一个主要由企业职工组成的居委会。而附近的茶园村部分村民在土地征收后，成立了野鸭居委会。为拓宽经济来源，许多农转非的居民、茶园村村民自行修建房屋出租。一方面，由于房屋没有经过规划布局，存在很多死角，加之街巷较窄，垃圾车无法进入，垃圾长期堆积难以处理。另一方面，城乡接合部房租较便宜，使得辖区内的流动人口数量增多，给社区的管理，尤其是在治安和卫生环境方面也带来了难题。普天社区户籍人口与流动人口比例见图2。

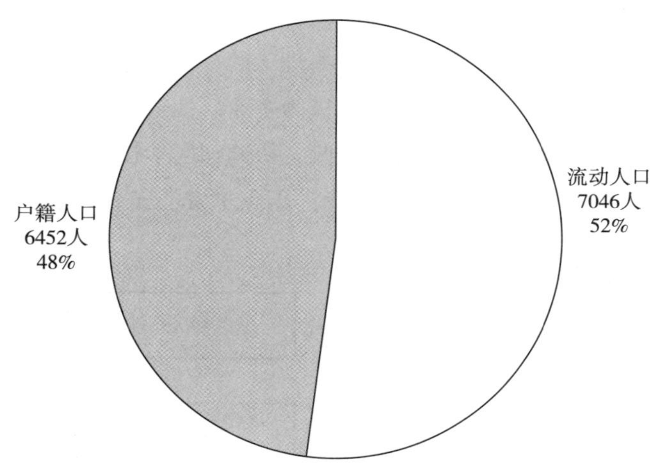

图2 普天社区户籍人口与流动人口比例

2. 基础设施滞后，影响居民生产生活

由于辖区属于城镇化建设的重点地段，多个项目正在进行建设，辖区主要道路破损不堪，申请修复后，路面被重车反复辗压再次破损，存在重复投资情况。同时，辖区村民饮用水来自30年前修建的自备水源，供水设备落后，地势较高处村民家中频繁停水，且因项目建设也无法向自来水公司申请一户一表，供水问题成为社区急需解决的民生问题。

（二）城市化进程中，大面积开发带来新问题

1. 面临拆迁改造，土地、房屋纠纷多

社区正处在大面积拆迁及建设过程中。一方面，辖区拆迁带来不少房屋、土地征收纠纷问题。另一方面，部分村民仍留有少量田地，由于生活习惯不愿接受安置。拆迁公司曾提出赔偿村民周边的房源，但老百姓因为仍有土地，需要做农活，不愿离开生活的地方，矛盾纠纷较多，影响着社区和谐稳定。

2. 失地村民面临可持续发展问题

随着辖区内包括中国普天新能源及现代物流创业园等在内的重点项目征地拆迁工程的启动，社区将有一系列的大型建设项目开工。在征地过程中，将产生大量失地村民，解决失地村民的回迁及今后生活、就业等问题迫在眉睫。做好预防回迁村民一夜暴富后各种原因导致的返贫工作，对社区来说也是一种考验。

（三）难以适应社区改制变化

1. 环卫市场化，清洁效率滞后

街道办改社区后，社区的环境卫生工作采取了市场化的运作方式，社区并不具备管理环境卫生的职能和自主权，只能发现问题请环卫公司清扫。但普天社区所在地的环卫公司同时负责三个社区的环卫工作，且公司距离普天社区较远，导致环卫问题的发现和处理之间有较长的时间差，清洁效率低。同时，承包给环卫公司的费用比原来社区负责清扫时的费用多出一半，又缺乏社区对环卫公司的监督机制，环卫公司的清扫仍难以满足社区需求。

2. 监督管理不具备执法权限

街道办改社区后，社区不再具备执法权，但仍有管理的职能和职责。例如，在安全生产监督方面，辖区内分布了许多大企业、小作坊、厂矿、学校等，一旦出现问题，社区负有管理的责任。但是由于不具备执法权，社区也只能采取劝说的方式进行管理，效果不佳，难以将管理落实到位（见图3）。

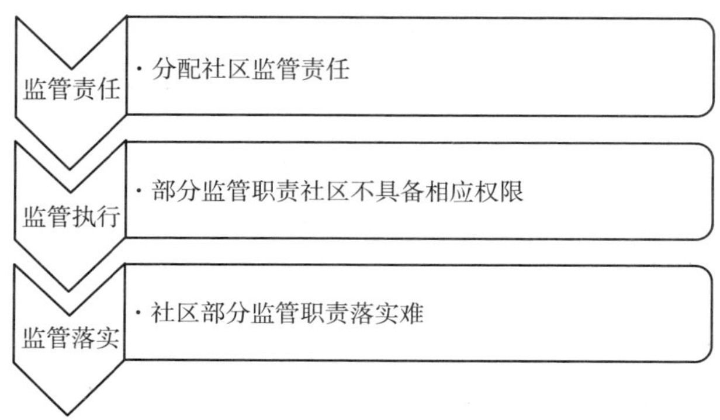

图3　普天社区监管困境

3. 编制遗留问题，影响干部积极性

在基层管理体制改革的不同阶段，社区的工作量并没有实质性减少。繁重的工作任务，尤其是“准行政”工作，仍占据了社区工作人员大部分的精力与时间，导致社区服务功能的发挥十分有限。并且，街道办改社区后，社区性质改为事业单位。工作人员不在职务与职级并行实施范围内，影响了干部和工作人员的积极性，对维护基层干部队伍稳定造成不利影响。

三　关于以非公党建为载体，强化社区服务管理模式的探讨

（一）以党建为统领，增强服务能力

1. 双向服务，惠民惠企

“十三五”期间，随着不少企业项目的落地建设，辖区范围内的人口将达到10万人，服务好居民和企业是普天社区的重点工作。因此，要以党建为引领，坚持推进“双向服务”机制建设，激发驻区单位的参与积极性。“双向服务”即，社区党组织要主动了解驻区单位党组织的需求，主动为其提供服务，以推动驻区单位党组织为社区发展提供服务。在已经探索取得的“双向服务”成效基础上，进行经验总结，将“双向服务”机制在社区全面铺开，动员更多驻区单位将服务性、公益性、社会性的文化、教育、体育等活动设施和场地

向社区和居民开放。实行党员共管，以党的群众路线教育实践活动为契机，社区党员与驻区单位党员发挥党员模范作用，共同深入到群众中，了解群众需求、解决群众困难。

2. 项目推动，合理监督管理

以项目为载体促服务共享。根据社区和驻区单位的实际需求和自身优势，社区党委寻找双方共建的切入点，并落实到具体共建项目上，如社区环境建设、社区养老、社区医疗等方面的具体项目。具体来说，可采取平等协商，签订合作共建协议，制定具有可操作性的项目实施方案和阶段性的推进目标，明确项目的具体负责单位、参与单位及其具体职责、相关的监督机制和评估标准等。以具体项目来满足社区居民和驻区单位的需求，提升资源的配置效率，以项目的共建实现服务的共享。

（二）强化城市建设管理，创造良好发展环境

1. 社会治安综合治理，保持社区治安基础

排查梳理辖区重大矛盾纠纷和不稳定因素，重点化解重大矛盾纠纷。深入开展“两严一降”、平安社区建设，落实有效的社会治安防控措施，切实降低发案率，创建一批“零”发案小区。定期清查辖区流动人口，重点打击流窜作案的流动人口，及时将新采集的数据录入流动人口信息平台，对重点人员纳入管控，推动辖区流动人口管理工作步入正轨、形成常态。继续深入开展禁毒人民战争，加大禁毒宣传覆盖率，进一步加强吸毒人员动态管控，推动辖区禁毒工作步入正轨、形成常态，达到无毒社区创建标准。

2. 强化环境卫生治理，改善社区环境

针对环卫市场化后出现的问题，社区要建立和完善以目标管理、奖惩考核、监督反馈三项机制为主要内容的环境卫生系统管理链，充分利用网格化管理系统，建立健全环卫公司、社区相关部门和有关职能部门之间的信息沟通机制，推动环卫建设信息化、自动化、科学化，并实行责任追究制。

加大力度完善公共环卫设施，实行公共环卫设施与辖区内在建项目开发建设同步规划建设，科学布局，解决环卫设施不足的问题。此外，加大对居民的宣传教育，通过有意识地向居民分享环保理念、居民自治管理环境卫生的成功案例等，帮助居民树立良好的环保观，促使居民自觉保护社区公共卫生环境，

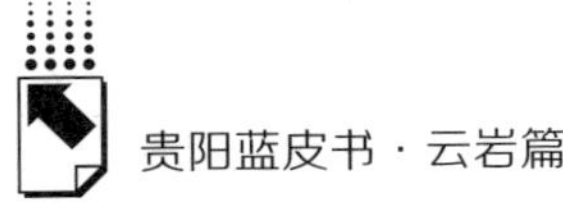

并通过有效宣传社区居民参与环境治理的方法，鼓励居民更多地参与到社区环境的保护和治理中。

3. 重点加强流动人口和村民管理，促进社区融合发展

在职责功能上强化针对社区流动人口和村民的生活救助、法律援助、职业技能培训、子女受教育等基础保障，同时更多畅通流动人口和村民的诉求表达和应急求助渠道，充分发挥辖区社会组织、志愿者队伍等的作用，不断增进流动人口、村民与社区居民的互动交流。此外，通过建立志愿服务队等各类社区组织的方式，将流动人口、村民与居民组织起来，促进辖区内各类群体的沟通交流、互帮互助和融合发展，提升各类群体对社区的归属感和认同感，促进社区和谐稳定。

（三）引入多方主体，解决失地农民和养老问题

1. 推动失地农民可持续发展

针对大面积征地拆迁带来的失地农民，加大就业信息及业务咨询等服务，并形成就业后的跟踪指导。完善就业培训体系，按期分批办班，以市场需求量较大的就业岗位为重点使失地农民得到职业技能培训、创业能力培训和就业指导。借助项目引进的带动作用，与辖区在建企业进行沟通协调，及时了解企业用人需求，实现农民就业及企业发展的双满足。

2. 创新养老服务模式，满足老人生活需求

探索多种养老服务。茶园村可利用其村集体资产建立养老服务机构，在满足本村老人养老需求之外，以对外盈利的部分来补贴养老中心的发展所需。联合辖区内的金康医院，探索建立医养结合的养老服务机构，通过实现资源共享，可为老年人提供更加优质的医疗服务。发挥社区卫生服务中心的辐射作用，在高龄、失能老年人家中设置家庭病床，提供居家养老、医疗二合一的护理服务，解决看病不便的问题。

参考文献

普天社区：《基层社区工作调查表》，2015。

普天社区：《“十三五”时期普天社区发展规划基本思路》，2015。

B.32

服务管理双管齐下 建设商住友好互动型社区

——云岩区金关社区“十三五”发展思路研究

摘 要：近年来，随着我国城市化、城镇化的持续快速推进，城乡一体化成为推进我国城市化发展转型进程的重要内容之一。云岩区金关社区属于村居混合型社区，“十二五”期间，通过筑牢社区网底、狠抓社区治理，社区生活环境得到了巨大改善。但是由于其具有村居混合型社区的特点，加上辖区内汇聚了多种类型的产业，所辖行政村也拥有较为强大的集体经济，且产业发展与人居空间交错重叠。“十三五”期间，如何做好金关社区的管理，提升社区服务能力，成为其发展的主要任务。本文通过分析金关社区的发展基础和困境，提出了建设商住友好互动型社区的思考，以期为建成商住混合型和谐社区提供参考。

关键词：金关社区　商住混合　服务管理

城乡一体化是我国城市化进程的一个必然阶段，目的是促进城乡资源整合，改变长期以来的城乡二元化经济结构。即要通过体制改革和政策调整来促进城乡在各个领域的发展一体化，推动城乡政策平等、产业互补、国民待遇的一致性，实现城乡整体经济社会全面、协调、可持续发展。金关社区在城乡一体化进程中，因自身资源和历史发展积累，形成了商户住混合的特色社区发展格局。金关社区基本情况见表1。

表1 金关社区基本情况

<table>
<tr><td rowspan="3">社区概况</td><td>辖区面积</td><td>3平方公里</td><td colspan="6">辖区人口</td></tr>
<tr><td rowspan="2">辖区范围</td><td rowspan="2">金关辖区</td><td colspan="3">户籍人口</td><td>11104人</td><td>流动人口</td><td>26885人</td></tr>
<tr><td>18岁以下</td><td>—</td><td>失学儿童</td><td>0</td><td>留守儿童</td><td>4人</td></tr>
<tr><td rowspan="3">科技和教育资源</td><td colspan="2" rowspan="2">科研院所</td><td colspan="2">幼儿园</td><td colspan="2">小　学</td><td colspan="2">初中高中</td></tr>
<tr><td>公办</td><td>民办</td><td>公办</td><td>民办</td><td>公办</td><td>民办</td></tr>
<tr><td colspan="2">0</td><td>0</td><td>10个</td><td>3个</td><td>1个</td><td>0</td><td>1个</td></tr>
<tr><td rowspan="3">社会资源</td><td colspan="3">辖区内单位</td><td colspan="3">辖区内社会组织</td></tr>
<tr><td>行政单位</td><td>事业单位</td><td>企业(国有)</td><td>孵化型(枢纽型)社会组织</td><td>专业型社会组织</td><td>自发型(草根型)社会组织</td></tr>
<tr><td>0</td><td>3个</td><td>6个</td><td>0</td><td>1个</td><td>120个</td></tr>
<tr><td rowspan="2">体育文化休闲餐饮住宿设施</td><td>体育场(馆)</td><td>影剧院</td><td>广场</td><td>公园</td><td>图书市场、书店</td><td>50平方米以上饭店、餐馆</td><td>旅店、招待所</td><td>写字楼</td></tr>
<tr><td>0</td><td>0</td><td>1个</td><td>0</td><td>0</td><td>0</td><td>0</td><td>0</td></tr>
<tr><td rowspan="3">医疗卫生资源</td><td rowspan="2">综合医院</td><td rowspan="2">专科医院(诊所)</td><td rowspan="2">妇幼保健院</td><td rowspan="2">急救中心</td><td rowspan="2">疾控中心</td><td rowspan="2">社区卫生服务站</td><td rowspan="2">辖区药店</td><td colspan="2">养老机构</td></tr>
<tr><td>公办</td><td>民办</td></tr>
<tr><td>1个</td><td>0</td><td>0</td><td>0</td><td>1个</td><td>2个</td><td>0</td><td>0</td><td>0</td></tr>
<tr><td rowspan="2">困难群体与特殊人群</td><td>失业人员数</td><td>退休人数</td><td>60岁以上老人</td><td>残疾人</td><td>低保人员</td><td>刑释解教人员</td><td>吸毒人员</td></tr>
<tr><td>367人</td><td>1679人</td><td>1489人</td><td>239人</td><td>293人</td><td>27人</td><td>62人</td></tr>
</table>

资料来源：表格数据由金关社区提供。

一　金关社区的基本概况与发展基础

（一）金关社区基本概况

1. 社区人口与机构设置情况

云岩区金关社区地处三马片区，原属高新区野鸭乡。金关社区服务中心于2012年4月28日正式挂牌成立，辖区面积3平方公里，下辖金关村、金关居委会、三砂居委会、贵轮居委会4个村（居），总人口有14027户，户籍人口为11104人，流动人口为26885人（见图1）。社区分为32个网格，有网格管理员 32 人，社区党委下辖各类党组织 22 个、社区服务中心机关党组织 1 个，其中村委会党总支有 1 个，居委会党组织有 3 个，非公和社会组织党组织有 17 个，辖区在册党员有 265 名。①

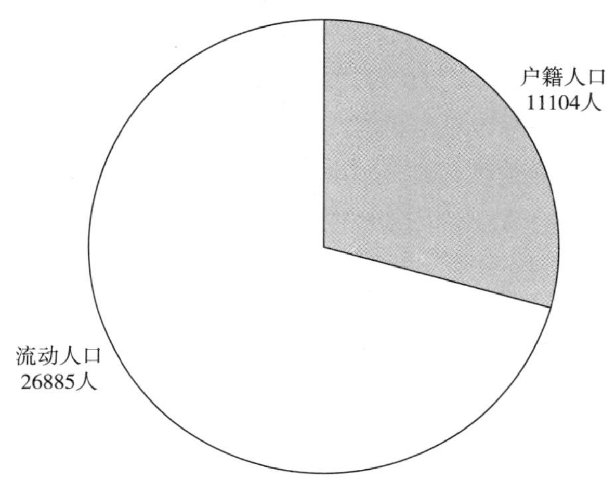

图 1　“十二五”末期金关社区流动人口与户籍人口情况

金关社区服务中心位于金坡路 5 号金关酒店内，总办公面积为 800 余平方米（租用），中心设有党政工作部、社会事务服务部、群众工作部、城市管理部、网格管理办公室。社区自成立以来，立足“服务群众、凝聚人心、优化管理、维护稳定”四大职能，以“倾情民意、服务民生、凝聚民心”为着力点，通过整合资源、创新载体、强化特色，以“党员志愿者服务站”助推区域化党建，重点打造一站式服务大厅，为居民提供党务政务服务、民政服务、创业就业、社会保障、计生卫生、环境卫生、志愿者招募、全程代办等多项便民利民服务内容。

2. 区位优势突出

金关社区位于贵阳市西出口，西接观山湖区，南邻蔡关社区，距贵阳市中心 4 公里。辖区内有 10 所幼儿园、4 所小学、1 所初中，有贵州省疾控中心附属医院、贵州轮胎厂职工医院、贵阳金关大酒店、贵阳澳怡都酒店等各类教

① 《“十三五”时期云岩区金关社区发展规划》。

育、卫生医疗、餐饮住宿等服务配套设施。金关社区是云岩区三马片区开发规划的商住、商储、物流等项目的规划区，是“二环四路”贵黄公路两侧开发的重要板块，将成为连接贵阳市新老城区的重要中心地段，发展前景良好（见图2）。

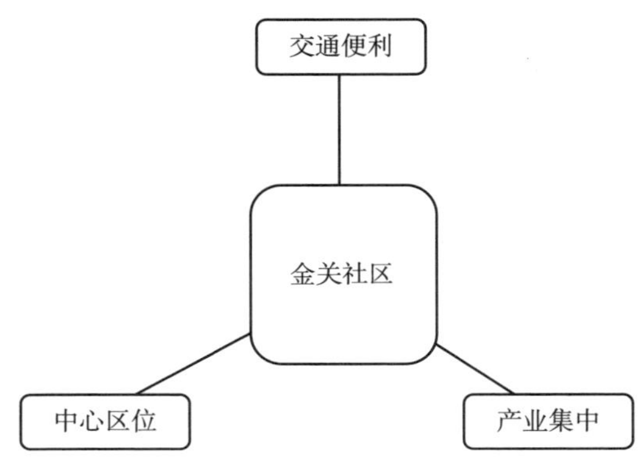

图2　金关社区发展优势

3. 重要水源保护地

辖区内拥有贵州省内最大的金关钢材市场，国有大型企业贵州前进轮胎股份有限公司、贵州大力士轮胎有限公司、贵阳铸钢有限责任公司、贵州润丰制药有限公司、贵阳高新惠诚食品有限公司、贵州天地顺物流园等100余家国有和民营企业。同时，金关社区是云岩区一、二级水源保护地，这就要求金关社区必须满足经济社会发展和水源保护的双重要求。

（二）社区提升治理和服务水平的实践

1. 强化党组织领导，创新社区党建形式

金关社区紧扣党建工作新形势、新要求，以“筑牢基层党建、建美好金关”为总抓手，强服务、求实效、筑网底。坚持党建共商、场所共建、环境共创、服务联办、文体联谊和治安联动，严格落实“三会一课”（见图3）制度和党员干部培训工作，开展党员先锋行——党小组领办课题活动，察民情、办实事。

强调发挥班子带头学习、带头干事、带头服务、带头守法作用，强化社区

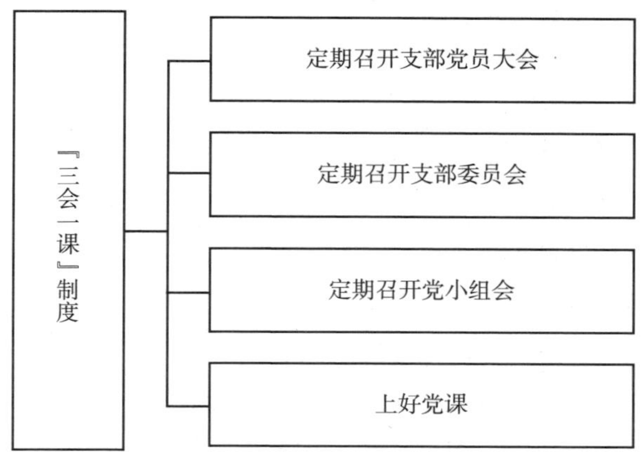

图3 “三会一课”制度

干部职工的理想信念、思想作风、服务群众的三强建设，加强班子自身理论武装和思想作风建设。通过建立和完善社区党委谈话谈心制度，加强班子之间经常化的沟通交流，综合运用选举、下派、上挂、选拔、聘任、交流等方式加强支部建设和队伍建设，创新开展密切党群干群关系的活动。实施以提升素质、规范行为为主要内容的亲和力指数建设，建立社区党组织领导、居委会负责、社会协同、居民参与的工作机制。以社区党委统筹推进基层党建，夯实支部基础，加强支部建设，以社区基层党组织为依托，继续推进非公有制企业党建工作区域化，着力在建立组织、发挥作用上下功夫。以民办医院、民办学校、民办职业培训机构为重点，积极做好社会组织党建工作。

2. 加强宣传管理，整治社区环境

金关社区紧紧围绕生态文明城市建设、“整脏治乱”和“农村环境整治”的目标，分解指标体系，着重抓管理、抓宣传、抓发动，建立了辖区市容环境卫生观长效机制，推动管理工作常态化。每日对辖区占道经营情况进行巡查，及时发现、纠正店外经营和占道经营行为；成立10余人组成的专项管护小组，每月定期对金钟河段进行清捞、保洁；在社区LED宣传屏每日滚动播放创模宣传标语，以“自觉践行健康、低碳生活方式”为主题，开展生态文明志愿者宣传活动。组建了绿化管护队伍，完成辖区内绿地的补植补种、管护，及时清理枯死危树；对辖区行道树树坑及绿化带垃圾、杂草、杂物、泥土外溢进行管护，保证绿化带、花台等干净整洁。节假日安排人员设卡守点，确保林区有专人管护，落实好森林火灾安全防范工作。

3. 深入推进民计民生，提升社区服务能力

围绕“打造和谐金关，提升服务群众质量”目标，坚持以人为本，以民为先，加强社区建设和管理，深入推进民计民生、基层基础工作，努力营造幸福和谐家园。在做好城市居民养老保险的同时，加大新型农村养老保险政策的宣传力度，加深村民对新农保政策的认知度，并明确专人负责接待参保老年人和农村人员咨询、服务、办理工作。规定在辖区内居住一年以上持独生子女证的流动人口可在本辖区领取独生子女保健费，开展流动人口免费婚检；积极开展孕妇和新生儿上门访视，定期为重点妇女群体妇检，严格控制政策外生育。

4. 狠抓社区治安治理，保障社会和谐稳定

金关社区党委立足辖区实际，围绕“抓稳定，促和谐，助发展”的整体思路，加强社会治安防范和管理，不断完善基层工作机构建设和制度建设，确保辖区和谐、稳定，提升群众安全感和满意度。在综治维稳和禁毒人民战争工作中，定期召开安全防范、禁毒工作和综治维稳形势分析会，对辖区发生的盗窃案实行一案一研判，及时解决和研究工作中出现的问题和困难，提出改进和加强防范的措施办法。社区与辖区单位、村（居）民签订治安责任书，督促商场门面和摊区建立贵重物品保管箱及安装监控设备，张贴警示标语，加强门面商场“两抢一盗”的防范力度。为营造和谐社区社会环境，金关社区加大对各级调解组织的建设力度，进一步健全完善“大调解”工作协调领导机构及工作机制，认真受理辖区信访人员的合法诉求，及时了解他们反映的问题，思想上进行沟通、生活上给予关心、工作就业上实施帮助，使他们尽量了解党和政府的政策，自觉遵守和维护社会的和谐与稳定。

二　金关社区推进商住混合型社区建设面临的困境

（一）村居混合难以统筹协调

1. 村民素质与城市化进程不协调

金关社区的金关村现在已经不再以农业为主，从理论上来说城市化进程应该要快于其他社区。但事实上，农民的思想意识跟不上城市化进程的脚步，难以融入城市。一方面，大部分农民从心理情感上不愿放弃世代耕作的土地；另一方面，农民由于思想保守，生存技能少，再就业较难，担心失去土地后将面临生存问题，因此不愿融入城市生活。村民思想意识落后与城市化进程的推进严重不协调，在一定程度上阻碍了社区的整体发展。

2. 村改居进程中村集体经济和产业安置不明确

金关社区村改居后，村集体经济和产业如何安置和改造尚不明确。金关村是贵州省经济实力最雄厚的一个村，现在在村级仍排名全省第一。整村的固定资产有 2 亿元，年收入达 2000 万元。在村改居的过程中，农民担心转为居民以后，原属于他们集体的村集体资产、集体经济和土地房屋产权无法得到合理处置。因此，并不愿意村改居，这影响社区协调发展。

（二）体制机制不健全

1. 村居职能关系不明确

由于治理主体和上级职能部门不同，金关社区内的行政村虽然在社区管辖范围内，但是村、居关系没有理顺，社区难以对其进行有效的管理。从体制上看，社区在社区党委领导下开展工作，上级是区政府；行政村则是在村民委员会的领导下开展工作，村的上级是乡镇，二者的运行机制、上级主管单位等均不统一。尚缺乏一套科学的协调机制来促使二者协调统一，要真正实现村改居，还面临较多困难和不确定因素。

2. 社区辖村经济发展难统筹

金关社区辖区内村、居治理模式各成体系，相对独立。从村的层面来看，金关村拥有自己的治理组织——村民委员会，有独立的财政，有自己的产业经济发展模式；从社区的层面来看，金关社区党委是社区建设的领导者，但并不是行政机关，社区对村不具备直接管理的权限。因此，金关社区还难以从社区整体上进行统筹管理。

（三）社区结构调整转型统筹困难

1. 社区产业发展定位不明确

辖区在发展集体经济过程中，产业定位不明确。虽然辖区内产业数量、类型众多，初步形成了商住混合的发展格局。但是并没有结合社区商住混合的优势明确发展定位，产业结构不够优化，还亟待转型。

2. 社区商住空间布局缺乏统筹

缺乏对商住空间结构进行统筹调整的机制，社区内产业和居住空间的布局结构不尽合理，还没有形成商住互动、有机统一的发展格局。产业发展和居民宜居的需求与当前环境不协调，甚至存在相互制约和相互阻碍的问题。

三 关于推进金关社区商住混合型社区建设的思考

（一）加强基层党建，创新党建工作机制

1. 优化职能和机构设置

优化社区工作职能、内设机构、社区班子构成。按照贵阳市委办公厅《关于进一步加强和改进社区工作的十条意见》，按“两办五部”设置对社区机构进行调整充实。不断优化岗位设置，明确网格组团式服务，规范社区前后台工作运行流畅机制，综合运用直接办理、承诺办理、联合办理、上报办理、协助办理、代为办理等方式为群众服务，让群众满意；积极“向上”争取政策、资金支持，为群众排忧解难；强化对各服务流程、细节的管理，做到监督到位、协调到位、落实到位，确保社区各项工作正常稳定运行。

2. 以“大党委”促共驻共建

坚持以“大党委”助推共驻共建。一方面，在金关社区党委选聘社区内有影响力的驻区单位党组织负责人兼任社区党委副书记或委员，成立“大党委”，统筹抓好辖区内各领域党的基层组织建设、居委会及工青妇等群团组织建设，发挥驻区单位的人才、技术、资金优势；以机制为保障，以服务为纽带，探索整合资源、联动共赢的党建联动新形势、新方法，以开创区域化党建工作的新局面。另一方面，以党建为引领，加强践行党的群众路线，发动社区的群众共同参与到社区的社会建设中来，在参与中逐渐加强村民对身份转变的认同感和对社区的归属感。

（二）建立村居联建机制，处理村居发展难题

在村改居进程中，建立村居联建机制。通过居民议事会等形式，将村民和

居民纳入统一治理体系，强化认同感和归属感。以股份制推进村集体经济改造，将村集体资产量化，以股份形式分到人头或者户，在继承原有集体经济资产所有权和经营权的基础上建立股份经济合作社或合作联社。

（三）统筹管理商住，提升社区综合服务能力

以绿色、集约型发展理念为引领，统筹社区商业发展和社会建设。优化调整商住结构，促进辖村产业发展与居住、生态环境良性互动，以商业发展推动辖村整体发展，提升居民生活质量，打造商圈中的宜居环境，以宜居吸引商业人才入住，建设产业、生态、宜居协调统一发展的商住混合型新型社区。

提升社区综合服务能力。做好商住混合型社区服务工作，建设商住友好互动型社区。提升服务经济能力，为辖村集体经济发展提供良好的环境；做好社区居民服务工作，不断完善社区基础设施，协调居民与商圈关系，推动建设商住友好互动型社区建设。

参考文献

夏鹏：《基于日常生活的商住混合住宅类型研究——以武汉汉正街宝庆社区为例》，《华中建筑》2010 年第 12 期。

邵远平：《别让商住楼成为社区服务的“盲区”》，《社区》2013 年第 11 期。

邓晓明、王毅：《居于闹市汉正街——传统商住混合区人居环境研究》，《华中建筑》2006 年第 8 期。

张克俊、付宗平：《“村改居”社区集体经济面临的困境及出路——以成都市成华区为例》，《农村经济》2015 年第 9 期。

B.33

强化流动人口管理与服务建设和谐幸福社区

——云岩区蔡关社区“十三五”发展思路研究

摘　要：　随着城市和农村经济体制改革不断推进，自主性迁移已经成为当今人口迁移的主要方式，并形成了规模庞大的农村流动人口群体。在这一背景下，管理服务流动人口，建设和谐社区成为重要的发展思路。本文按照理论研究与实证调研相结合的方法，从蔡关社区在“十二五”期间创新服务模式、提升居民凝聚力、规范社区管理等方面的实践与探索入手，在挖掘蔡关社区存在的流动人口管理难度大、硬件设施老旧等问题的基础之上，提出社区要不断改善社区环境、完善服务体系、强抓社会治理、鼓励社会参与，从而提升居民的幸福感、归属感、安全感，以强化流动人口管理与服务为抓手，探索建设幸福社区的新路径。

关键词：　蔡关社区　流动人口　温暖驿站　以房管人　机制

一　蔡关社区的基本情况与发展基础

（一）蔡关社区：以流动人口为主的城乡接合部社区

蔡关社区于2012年4月28日正式挂牌。地处距贵黄公路约两公里处，东临甲秀南路，西接伍鲊路，南至下坝路，北抵贵黄高等级公路，总面积为3.98平方公里。现有一村（蔡关村）、一居（贵工大居委会）。户籍人口为11223人（见表1），学生教职员工为1.2万人。由于蔡关社区处于城乡接合部，房租相对贵阳市区要低廉许多，不少外来务工人员选择在蔡关社区租房居住，导致蔡关社区流动人口数量庞大。流动人口为24368人，占辖区人口大部分。社区组织机构由“一委一会一中心”（包括一个居委会、一个村委会以及一个社区服务中心）、“两办一厅五部”组成。内设党政工作部、社会事务服务部、城市管理服务部、群众工作服务部、农村工作服务部，设有一站式服务窗口，向辖区群众提供党务咨询、党组织关系转接、志愿者招募登记、精神文明建设、群团、低保、双拥、社保、医保、医疗卫生、扶贫救困、创业、就业培训介绍、残疾人服务、经济适用房和廉租房初审、群众来信来访、人民调解、社会治安防范、戒毒、康复、安全生产等优质、高效、便捷的服务。①

表1　蔡关社区基本情况

<table>
<tr><td rowspan="3">社区概况</td><td>辖区面积</td><td>3.98平方公里</td><td colspan="7">辖区人口</td></tr>
<tr><td rowspan="2">辖区范围</td><td rowspan="2">阿哈湖水源保护区范围</td><td colspan="3">户籍人口</td><td>11223人</td><td>流动人口</td><td colspan="2">24368人</td></tr>
<tr><td>18岁以下</td><td>4291人</td><td>失学儿童</td><td>0</td><td>留守儿童</td><td colspan="2">0</td></tr>
<tr><td rowspan="3">科技和教育资源</td><td colspan="2" rowspan="2">科研院所</td><td colspan="2">幼儿园</td><td colspan="2">小　学</td><td colspan="3">初中高中</td></tr>
<tr><td>公办</td><td>民办</td><td>公办</td><td>民办</td><td>公办</td><td colspan="2">民办</td></tr>
<tr><td colspan="2">0</td><td>0</td><td>3个</td><td>1个</td><td>3个</td><td>1个</td><td colspan="2">2个</td></tr>
<tr><td rowspan="3">社会资源</td><td colspan="4">辖区内单位</td><td colspan="5">辖区内社会组织</td></tr>
<tr><td>行政单位</td><td colspan="2">事业单位</td><td>企业（国有）</td><td>孵化型（枢纽型）社会组织</td><td colspan="2">专业型社会组织</td><td colspan="2">自发型（草根型）社会组织</td></tr>
<tr><td>1个</td><td colspan="2">2个</td><td>1个</td><td>0</td><td colspan="2">1个</td><td colspan="2">0</td></tr>
<tr><td rowspan="2">体育文化休闲餐饮住宿设施</td><td>体育场（馆）</td><td>影剧院</td><td>广场</td><td>公园</td><td>图书市场、书店</td><td>50平方米以上饭店、餐馆</td><td>旅店、招待所</td><td colspan="2">写字楼</td></tr>
<tr><td>1个</td><td>0</td><td>0</td><td>1个</td><td>1个</td><td>8个</td><td>16个</td><td colspan="2">0</td></tr>
<tr><td rowspan="3">医疗卫生资源</td><td rowspan="2">综合医院</td><td rowspan="2">专科医院（诊所）</td><td rowspan="2">妇幼保健院</td><td rowspan="2">急救中心</td><td rowspan="2">疾控中心</td><td rowspan="2">社区卫生服务站</td><td rowspan="2">辖区药店</td><td colspan="2">养老机构</td></tr>
<tr><td>公办</td><td>民办</td></tr>
<tr><td>0</td><td>0</td><td>0</td><td>0</td><td>0</td><td>1个</td><td>10个</td><td>0</td><td>0</td></tr>
<tr><td rowspan="2">困难群体与特殊人群</td><td>失业人员数</td><td>退休人数</td><td>60岁以上老人</td><td>残疾人</td><td>低保人员</td><td>刑释解教人员</td><td colspan="3">吸毒人员</td></tr>
<tr><td>16人</td><td>55人</td><td>1684人</td><td>44人</td><td>35人</td><td>7人</td><td colspan="3">52人</td></tr>
</table>

资料来源：表格数据由蔡关社区提供。

① 博雅地名网，http：//www.tcmap.com.cn/。

（二）蔡关社区创新服务和管理模式的实践与探索

1. 以幸福家庭评选为平台创新服务模式

蔡关社区以幸福家庭“五评比”（卫生家庭、平安家庭、文明家庭、守法家庭、诚信家庭）为着力点，创新社区服务模式，推动建立网格楼栋上门服务。每年结合网格员平时掌握的信息和年底检查的情况，对各家庭进行考核，家庭和睦、积极参与社区活动的就评为“文明家庭”，环境卫生干净、不乱倒污水的就评为“绿色家庭”，车辆规范停放、配合民警工作又没发案的就评为“平安家庭”，奖项还包括“诚信家庭”和“守法家庭”等。针对评选达标的幸福家庭，社区实行VIP上门服务，建立网格员服务包，提供优先办理服务优惠。评选幸福家庭、创新服务模式，不仅有助于提升居民家庭自身的卫生、平安、文明、守法、诚信水平，为社区的服务和管理奠定良好基础，而且能有效强化蔡关社区的服务针对性。

2. 以公益文化活动为载体提升居民凝聚力

搭建温暖驿站，帮扶困难群体。温暖驿站是蔡关社区2014年夏天建立的公益救助站，通过建立帮扶困难群众的保障机制，社区向辖区单位、学校以及居民等筹集、募捐资金和相关的物资，帮助蔡关社区辖区内的贫困学生、低保户和因突发事件生活陷入困境的群众。截至2015年，捐助资金已有40余万元，物资为60余万元，帮扶群众430人。

建立社区文联、开展社区文化活动，有效提升居民的凝聚力。自建立社区文联以来，组建各种文艺活动队伍6支，积极开展社区文化活动，以文化引导人、以活动联络人、以娱乐沟通人、以幸福社区之歌引领群众，在丰富居民文化生活之余，也有效提升居民对社区的归属感和认同感。

3. 以有效资源整合为原则实现有序管理

蔡关社区有效地整合资源，在管理上坚持规范有序、民主公正，使社区组织机构更加健全和规范。不但提高了社区公共服务的效率，同时还创新了社区服务的机制。建立了25个网格议事室，实行网格党员村居民代表议事、理事、问事的网格机制，建立定期走访、收集约谈、研究处理、报告回复、建档评议的议事规则。通过划分网格摸清楼栋人口数，建立和完善了楼栋各类人员档案，全方位掌握基本信息。此外，规范设置摊区，实行定时定点规范管理。建立物业管理网格服务中心，优化整合计生流动人口等人力资源，实现网格卫生保洁、绿化管护、设施建设的常态化管理。保障群众出行方便，新建道路1200米，修建排水沟560米，安装路灯430盏、监控探头35个，改造小区院落1个，新增水源保护区绿化面积为280余亩。

4. 以体制机制创新为突破落实精准管控

实施以房管人的机制。将居民的自身利益与房屋登记相关政策挂钩，促使居民能积极上报有关信息。有房屋出租的家庭在社区办理备案登记，社区发放不同颜色牌进行区分。本地村民用蓝色的房屋租赁牌标示，外来流动人口以红色的租赁牌标示，保证在巡查过程中能快速识别。

实施流动人口管理制度。对租房户等外来人员进行详细的流动人口管理登记，并上报网格管理员建档。房东到社区服务中心办理相关手续时，核查是否按要求填写流动人口管理登记簿，对未登记人员不提供相关服务。

（三）蔡关社区管理存在的三大难点

1. 流动人口管理之难

蔡关社区流动人口占总人口一半以上。由于流动人口具有流动性、隐蔽性、复杂性的特点，相当一部分流动人口从业和居所变动频繁、无固定住所、无固定职业，给社区的管理带来较大困难。流动人口中有大部分人员摆摊设点赚取生活费用。此外，流动人口中大部分文化程度、自身素质都较低，防范意识不高，所以发案率也较高。

2. 硬件设施短缺之难

蔡关社区周边配套设施极不完善。其一，经费不足，导致社区办公用房依靠租赁、借用、置换等。其二，物防、技防设施普及难度大等导致了辖区治安环境恶劣。其三，辖区内没有大型超市和农贸市场导致随处可见摆摊设点、占道经营，不仅造成卫生和交通拥堵问题，而且严重影响社区面貌。其四，辖区无活动场所。活动场所修建也存在资金、土地使用等困难。

3. 管理体制约束之难

改制后的社区无行政执法权导致管理难度大、管理效果不佳。例如，对流动人口随意摆放摊点等问题只能劝说不能直接对其进行处理；对群众意见较大的占道经营、车辆乱停乱放现象也无权整治。虽然已实行城市管理综合执法

“扁平化”管理模式，在每个社区设立城管派出队，承担繁重的治理工作，但是由于城管派出队只有10余人，人手不足导致该模式在社区并不能充分发挥作用。

二　坚持四大原则，提升社区居民“三感”的发展思路

（一）坚持网格自治原则，改造社区环境，提升居民幸福感

以“三年千院”行动计划为契机，坚持民主管理、村居网格自治的原则，不断完善基础设施，全力改造社区环境。打造雅河生态湿地社区公园，改造贵工大居委会老旧楼群院落，建设文明平安卫生楼群院落，用多彩文明行动来进行农村环境综合整治行动。成立小区业主议事会，推动居民议事物业管理机制建设。实行污水管网建设，解决污水横流脏乱问题，对脏乱治理难度较大的区域实行绿化、治理、美化措施。

（二）坚持保障民生原则，完善服务体系，提升居民归属感

坚持以保障民生为原则，建立完善社区服务保障体系。继续完善网格楼栋服务警示牌，实现网格群众零距离服务，落实大厅受理与后台办理跟踪、高效优质服务机制。建立VIP服务与群众支持配合协同整改服务工作机制。从思想上采取“群众倡导、政府主导、购买服务相结合”的方式来创新公共服务方式，实现公共服务人性化的目标。加快推进社区公共服务体系建设，为开展为民服务工作搭建平台。深化社区为民服务全程代理制度，健全完善社区、村（居）、网格三级无偿服务工作机制，建立社会组织进行有偿服务代理机制。

（三）坚持健全机制原则，强抓社会治理，提升居民安全感

坚持以“党委领导、政府负责、社会协同、公众参与、法制保障”为原则健全机制，切实加强对综治维稳工作的领导，确保社区安全稳定。建立领导协调机制，坚持安全维稳月例会制度，实现安全防范关口前移。建立信息预警机制，进一步完善社区群众、村居委会、辖区单位三级信息队伍建设，畅通信

息报送网络，完善社区安全稳定的隐患预警信息和紧急突发事件信息的及时报送机制。建立防范打击机制，充分发挥社区派出所主力军作用，保持对违法犯罪活动的严打态势，增强社区居民群众的安全感。建立信访维稳矛盾纠纷调处机制，充分发挥社区群众工作站和网格议事室的作用，掌握和分析影响社区和谐的矛盾和原因。加强人民调解委员会和网格议事室自治调解建设，加快完善人民调解和司法调解的联调机制，最大限度地增加社会和谐因素。同时，积极开展交通安全、消防安全、生产安全宣传活动，强化居民群众安全意识。

三　强化流动人口管理与服务，探索社区和谐发展的路径

（一）强化网格化管理，深化管理精准到位

加强流动人口信息收集工作，规范流动人口管理，完善流动人口和出租房屋的登记、备案、报告制度。在以房管人的基础上，进一步将辖区内的农房、居民楼全部以网格划分，再实行网格楼栋编号。以网格楼栋为单位建立档案，为有房屋出租的家庭办理备案登记。建立流动人口的档案和家庭住址的档案、户籍人口和流动人口住户的档案。发放并检查流动人口管理登记簿，房东及时将租房人员的信息填写进流动人口管理登记簿，上报网格管理员，网格管理员登记建档。

（二）强化数字化管理，实时掌握人口变动

将各类信息收录到管理系统中，以实现动态化、常态化、信息化管理。将居民人口进行数字化系统管理，让居民的基本情况更清晰、社区工作的目标性更加具体。另外，将流动人口信息与社区向居民提供的服务联系起来，促使房东将租户的信息主动、实时更新，以便社区服务中心及时掌握辖区内流动人口变动情况。

（三）强化融合化管理，推动社区和谐发展

成立流动人口管理委员会，搭建社区流动人口管理服务融合平台。充分发

挥社区文化活动室、健身房、远程教育及图书室等文化阵地的作用，吸引和鼓励流动人口来社区参与各种文化体育活动。建立信访维稳矛盾纠纷调处机制。充分发挥社区群众工作站和网格议事室的作用。坚持社区党委领导决策和接待制度，加强人民调解委员会和网格议事室自治调解建设，加快完善人民调解和司法调解的联调机制，最大限度地增加社会和谐因素。

参考文献

王君莉：《贵阳市流动人口管理问题探析》，硕士学位论文，贵州大学，2010。

张学兵、沈荣芳：《社区建设中硬件设施的优化配置》，《党政论坛》1997 年第5 期。

王屿：《基于多角度的贵阳市“城中村”现状分析》，《现代经济信息》2011 年第 11 期。

中共贵阳市委办公厅：《关于进一步加强和改进社区工作的十条意见》，2015。

孔伟艳：《当前我国流动人口管理的难点与对策》，《宏观经济管理》2012 年第 10 期。

B.34

建立村居联建机制　促进村居混合型社区统筹协调发展

——云岩区金惠社区“十三五”发展思路研究

摘　要：　村居混合型社区是城镇化进程中产生的一种特殊类型的社区，是城镇化的一种过渡模式。云岩区金惠社区是一个典型的村居混合型社区，在社区发展过程中面临社区职能定位不明确、治理主体关系不顺等诸多难题。村居联建是解决这一系列难题的有效机制之一，本文基于此展开研究，针对金惠社区统筹协调发展进行了思考。

关键词：　金惠社区　村居联建　协同发展

近年来，我国城市化进程的加快推动了乡村向社区的转型，一些城乡接合部的乡村也被逐步纳入城市发展规划当中。一些尚未完成“村改居”的便在城镇化进程中成为社区的一部分，由此出现社区辖行政村的村居混合型社区格局。在村居混合型社区内社区和村是一个整体，但在管理体制方面又存在许多相互独立的地方，给社区治理和社会建设工作带来了挑战。如何解决其中的矛盾，保障城市化进程顺利进行，成为村居混合型社区的紧要任务。云岩区金惠社区是一个典型的城乡接合部村居混合型社区，在其发展过程中面临诸多难题。本文以此为背景展开研究，力图探索出有效解决村居混合型社区治理难题的路子，推进城市化建设进程。

一　金惠社区的基本情况与现实基础

（一）金惠社区是典型的村居混合型社区

1. 位于城乡接合部的村居混合型社区

金惠社区位于贵阳市云潭南路延伸段，东临云岩区普天社区茶园村，西到观山湖区金华镇，南至花溪区久安乡吴山村，北抵观山湖区金源社区二埔村（见表 1）。辖区面积为 16.7 平方公里，辖杨惠、大凹 2 个村和北极星居委会，是典型的村居混合型社区（见图 1）。

表 1　金惠社区基本情况

<table>
<tr><td rowspan="3">社区概况</td><td>辖区面积</td><td colspan="3">16.7 平方公里</td><td colspan="11">辖区人口</td></tr>
<tr><td rowspan="2">辖区范围</td><td colspan="3" rowspan="2">东临云岩区普天社区茶园村，西到观山湖区金华镇，南至花溪区久安乡吴山村，北抵观山湖区金源社区二埔村</td><td colspan="5">户籍人口</td><td colspan="2">6509 人</td><td colspan="3">流动人口</td><td>4722 人</td></tr>
<tr><td colspan="3">18 岁以下</td><td>3856 人</td><td>失学儿童</td><td colspan="2">0</td><td colspan="3">留守儿童</td><td>10 人</td></tr>
<tr><td rowspan="3">科技和教育资源</td><td colspan="4" rowspan="2">科研院所</td><td colspan="4">幼儿园</td><td colspan="3">小　学</td><td colspan="4">初中高中</td></tr>
<tr><td colspan="3">公办</td><td>民办</td><td>公办</td><td colspan="2">民办</td><td colspan="3">公办</td><td>民办</td></tr>
<tr><td colspan="4">—</td><td colspan="3">1 个</td><td>7 个</td><td>3 个</td><td colspan="2">1 个</td><td colspan="3">1 个</td><td>1 个</td></tr>
<tr><td rowspan="3">社会资源</td><td colspan="8">辖区内单位</td><td colspan="7">辖区内社会组织</td></tr>
<tr><td colspan="2">行政单位</td><td colspan="3">事业单位</td><td colspan="3">企业（国有）</td><td colspan="2">孵化型（枢纽型）社会组织</td><td colspan="3">专业型社会组织</td><td colspan="2">自发型（草根型）社会组织</td></tr>
<tr><td colspan="2">—</td><td colspan="3">1 个</td><td colspan="3">1 个</td><td colspan="2">—</td><td colspan="3">—</td><td colspan="2">3 个</td></tr>
<tr><td rowspan="2">体育文化休闲餐饮住宿设施</td><td>体育场（馆）</td><td colspan="2">影剧院</td><td colspan="3">广场</td><td colspan="2">公园</td><td>图书市场、书店</td><td colspan="3">50 平方米以上饭店、餐馆</td><td colspan="2">旅店、招待所</td><td>写字楼</td></tr>
<tr><td>—</td><td colspan="2">—</td><td colspan="3">1 个</td><td colspan="2">—</td><td>—</td><td colspan="3">1 个</td><td colspan="2">4 个</td><td>—</td></tr>
</table>

续表

<table>
<tr><td rowspan="3">医疗卫生资源</td><td rowspan="2">综合医院</td><td rowspan="2">专科医院（诊所）</td><td rowspan="2">妇幼保健院</td><td rowspan="2">急救中心</td><td rowspan="2">疾控中心</td><td rowspan="2">社区卫生服务站</td><td rowspan="2">辖区药店</td><td colspan="2">养老机构</td></tr>
<tr><td>公办</td><td>民办</td></tr>
<tr><td>—</td><td>—</td><td>—</td><td>—</td><td>—</td><td>2 个</td><td>3 个</td><td>1 个</td><td>—</td></tr>
<tr><td rowspan="2">困难群体与特殊人群</td><td>失业人员数</td><td>退休人数</td><td>60 岁以上老人</td><td>残疾人</td><td>低保人员</td><td>刑释解教人员</td><td colspan="3">吸毒人员</td></tr>
<tr><td>41 人</td><td>162 人</td><td>527 人</td><td>97 人</td><td>109 人</td><td>25 人</td><td colspan="3">48 人</td></tr>
</table>

资料来源：表格数据由金惠社区提供。

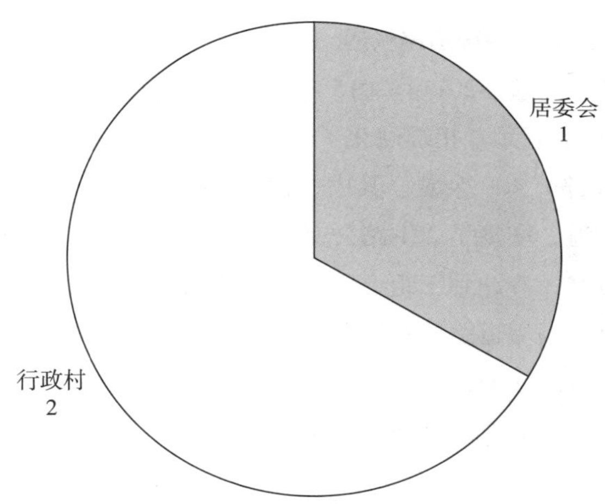

图 1　金惠社区村居结构

其中，杨惠村属少数民族苗族村落，每年都会开展“三月三”“四月八”少数民族文化节活动。辖区有北极星汽车改装厂、振杨物流、金惠群力物流、金燕物流、利成商品砼、甬鑫塑管 6 家企业。

金惠社区党委共有 9 个党支部（含机关党支部），其中，非公有制经济组织党支部 3 个、社会组织党支部 2 个。共有党员 196 名，其中，非公有制经济组织和社会组织党员有 15 名。自城市基层管理体制改革以来，金惠社区设有 380 余平方米的便民利民“一站式”服务大厅、6 个便民服务窗口。金惠社区党委充分发挥核心领导作用，倡导、践行“团结拼搏、爱岗敬业、务实创新、永争一流”的精神，团结带领和充分发动社区单位、群众开展“新型社区 · 温馨家园”建设，群众满意度普遍提升。

2. 村居联建是村居混合型社区发展的必然要求

村居联建是推动城乡协同发展的重要途径。城乡一体化是一项长期的系统工程，不仅是农民与城市居民身份的融合，还包括生产生活、精神文化等方方面面的逐渐融合。加快对村居基层组织架构和运作模式的改革与创新，理顺村居职能、党组织关系，实现村居协同发展、逐步融合，是我国村居混合型社区治理的现实要求，也是进一步加快推进城乡一体化建设的必然要求。

（二）金惠社区推进村居一体化发展的实践

1. 改造村级道路，保障道路畅通

村级道路全面改造。2011～2015 年，金惠社区通过“一事一议”申请财政奖补资金 1000 余万元，相继硬化了辖区各村的串寨道路 32 条，总长度达到 40 多公里，安装路灯 400 余盏。其中，投入 200 余万元硬化并拓宽了精忠桥进村的主要交通干道，恢复了 221 路公交车的通行；投入 300 余万元硬化了杨惠村二组到五组道路、冷冲到三组道路、大凹至杨惠村委会道路、一组和七组串户路、金西路至跳场坝道路等；投入 200 余万元安装太阳能路灯 495 盏，保障了辖区范围内的道路畅通，切实解决了辖区村民出行难问题；由于大凹村车流量大，道路较窄，容易造成交通拥堵，给辖区村居民和企业的生产生活造成很大的不便，大凹村投入 40 余万元，安排了 8 名交通协管员每天在精忠桥通往村里的主要干道上疏导交通，保障辖区道路畅通。

2. 社区牵头协调，修缮村通信设施

因历史原因，辖区的杨惠村固定电话线路年久失修且无宽带网络，信息沟通困难一直制约着杨惠村的经济发展。为方便村民生活，增强杨惠村村民与外界的信息共享水平，社区党委经多次与电信部门协调，对杨惠村一、六、七组固定电话及宽带网络进行系统性安装，解决了杨惠村信息闭塞、滞后的问题。

3. 多渠道筹资，推进社区排水工程建设

完成云潭南路（太金线断头路）的排水工程。因太金线施工尚未全线完成，在大凹村五组形成了一个断头路工程，但该段已修建好的公路路面的排水设施没有完善，每逢雨季路面的积水就要冲坏群众的农田，大量的积水也涌入村民的家中，群众反映强烈。在金惠社区的帮助下，由区产业园区攻坚指挥部出资 20 万元，大凹村组织施工，在 2014 年雨季来临前，修建完成了一条长

620米、宽60厘米、深60厘米的排水沟。

完成金燕路地势低洼路段的排水工程。金惠社区金燕路距金钟桥约1100米处，地势低洼，常年积水，凡下大雨和暴雨，该路段积水就会达到2米，车辆无法通行，危及过往群众的生命安全。尤其是2014年5月份以来，该路段积水甚至长达5天。村委会拿出10万元，申请“一事一议”专项资金23万元，通过区移民局协调移民提供后期扶持资金25万元，企业出资30万元，通过社区协调云岩区产业园区出资10万，修建了一条直径80厘米、长326米的排水管道，并将该路段2000平方米低洼路段的公路路基提升1米，同时铺上沥青。

4. 减轻村民负担，加强社会保障工作

金惠社区为2894位参加新型农村合作医疗的村民缴纳了36万余元参保费，村民实际结报账总计200万元以上，大大减轻了村民因病返贫的风险。为新增的老年人缴纳养老保险金10多万元，已领取养老金的老年人有244人，并且帮助农村23位80岁以上的老年人办理高龄补贴。农村共有低保户22户，共计44人，农村有残疾证的残疾人为38人。

5. 申请财政资金，修建少数民族活动中心

自2011年杨惠村成功申办“三月三”民族活动以来，通过“一事一议”财政奖补投资174万元完成跳场坝硬化及道路修建，相关基础设施也相继完善。少数民族活动中心的修建让社区内少数民族文化传统得以传承，推动了辖区内少数民族地区经济发展和社会文化事业的进步。

二　金惠社区村居协同发展的困境

（一）社区基础设施落后

1. 地处水源保护区，村集体经济发展受限

村集体经济发展受限于水源保护线。辖区内设有水源保护线，大凹村内有一级水源保护线和准水源保护线。从辖区居委会层面来说，由于需保护水源，村集体经济发展受到制约，这在一定程度上限制了产业发展和经济发展。除上述原因外，政府没有针对金惠社区大凹村的特殊情况制定相应的扶持奖补政

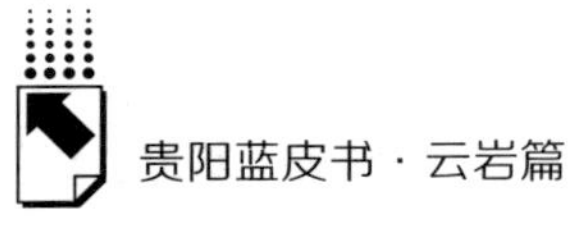

策，也导致了经济较难发展。

2. 经济基础薄弱，制约村居联建

资金紧缺是金惠社区建设发展的难题之一。社区承担了繁重的基层治理事务，相关政府职能部门的工作下沉，进一步加重了社区的任务和压力。然而，“权随责走、费随事转”的原则在政府职能和工作向社区分解和下沉的过程中，并没有真正落到实处，社区的工作量增加了，资金却没有相应地随之增加，导致了社区部分工作难以开展。此外，随着新建小区中大量居民入住，少量工作资金难以保障服务工作高效的开展，这也容易导致矛盾纠纷得不到及时化解，不利于社区安定和谐。

（二）社区结构多元，村居关系不明确

1. 社区职能不明确

面对村居混合的现实情况，金惠社区对村管理组织的调控能力较弱。由于社区内既有居委会，又有村委会，在管理上实行的是“两块牌子、一套班子”，出现了村委会带领村民自治模式和现代城市社区居委会服务型模式并存的局面。一方面，村的社会管理体制没有发生根本变化，其管理、服务、资源分配方式依旧如故；另一方面，社区和村之间的管理层级关系没有理顺，社区和村在工作模式、工作人员、社会资源分配等方面没有进行合理有效地调整与整合，社区与村的职能关系、管理层级仍存在诸多不明确，导致社区对村的管理缺乏相应的调控能力，存在诸多管理“盲区”，社区难以在村的管理中充分发挥其职能作用。

2. 治理主体关系不顺

从治理主体层面来看，村的治理主体是村民委员会，村民委员会是村民自治组织，在乡（镇）的指导下开展村的治理；社区的治理主体是社区服务中心，在社区党委的领导下开展工作。通常来说，应由乡（镇）对村的工作开展进行指导，社区不能对村进行直接指导。然而在金惠社区，大凹村和杨惠村却在社区的辖区范围内。金惠社区存在治理主体多元、职能关系不顺等问题，导致部分工作难以开展。

3. 村居治理缺乏协同机制

“村改居”作为农村向城市化迈进的关键步骤，不仅仅是名称上的改

变，更重要的是社会治理体制、资源分配方式等多方面的转变，是完成从乡村治理体制向城市治理体制的转变。金惠社区正处于转变过程中，辖区内村居并存，在划分上虽然同属金惠社区，但在实际管理中村与社区呈相对独立的状态，缺乏相应协同机制，无法将二者有机统一起来，难以形成协同发展合力。

（三）社区党组织调控能力较弱

1. 村居党组织分立，党建工作难以统一

金惠社区村居混合的现状，导致村居党组织并存的分割状况存在，二者党建工作难以统一（见图2）。社区党委对党员实行的统一教育管理难到位，使社区党组织管理领域向行政村党员渗透受阻，形成社区党委对村党支部“看得着却管不着”的尴尬局面。

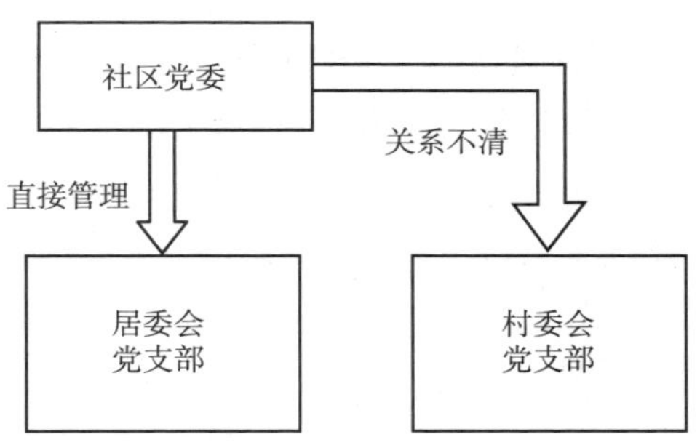

图2　村居党组织关系

2. 村居党组织关系定位不明确，难以形成领导合力

金惠社区事务繁多，服务对象也涉及辖区内的企业及众多居民，社区工作压力较大。社区每一项工作的顺利完成，都需要与其辖区内相关单位、组织进行沟通、协调，这就要求社区必须具备一个良好沟通协调机制。事实上，由于金惠社区村居并存，对于一些村居均有涉及的事务，通常会出现“不知道该谁管”或“不知道怎么管”的局面，村居职能部门关系不顺，难以形成领导合力。这就致使社区出现了许多管理上的“盲点”，社区党组织和党员的作用难以充分发挥，社区资源难以有效利用，社区建设、管理和服务难以有效开展。

三　加快推进金惠社区村居统筹协调发展的思考

（一）创新村居党建工作机制

1. 理顺党组织关系，构建村居党建共建格局

要实现社区党建统一协调，构建村居党组织齐抓共建的格局。搭建党建平台，有机统一村居的党建活动。创新社区基层党组织架构，建立由社区党组织牵头、村居共管的党组织体系，将社区党总支、居委会党支部、村委会党支部纳入一个组织架构中，实现党组织上下联动、齐抓共管。此外，建立社区党建协调小组，负责协调辖区内村居党组织共同开展社区党建活动，充分利用村居各自的资源优势，开展社区精神文化共建、资源共享、社会共治等活动，增强社区党组织建设的整体合力。

2. 优化党组织结构，保障村居党建协同开展

优化党组织结构，建立以党组织为核心的新型社区组织体系，为村居混合型社区党建工作提供组织保证。以社区党总支为核心，统筹协调辖区内基层党组织的建设。采用社区主要党政干部兼任党总支书记、村党支部书记兼任副书记的组织架构，由社区主导，村居共同主持日常工作，构建村居混型社区新型党组织体系，促使村居党建有机统一。

（二）加快推进“村改居”进程

加快推进村集体资产分配方式改革，积极推进“村改居”背景下农村集体资产改革，采用股份制方式对传统村集体资产分配方式进行改革，将村原有集体资产进行估值并转换为股份。并按照村集体经济组织与社区自治组织分离的原则，将原来的村集体资产确权到人，将转为股份后的村集体资产分配给村民，使村民成为村集体资产的持股人，维护村民的合法利益。此后，按照地域性、认同感等要素成立社区居委会，变村民为居民，促使农村管理体制转向城市管理体制。

（三）加强村居文化共建

加强村居文化共建，增强社区凝聚力。充分发掘和利用社区文化资源，推动村居共同打造社区特色文化，在构建社区特色文化的基础上，建立社区共有精神家园，增强社区凝聚力和社区文化认同感，以文化认同提升社区归属感，逐渐消除社区居民和村民之间的文化隔阂，从文化层面推进村居联建，促进村居混合型社区协调发展。

参考文献

屈宪广：《村居联建引领村居混合型社区的统筹协调发展》，《中国商界》2009 年第 182 期。

盖宏伟、孔超：《村居混合型社区管理中存在的问题及其原因分析》，《中国公共管理论丛》2013 年第 1 辑。

周凌华：《加强村居混合型社区党建工作的思考》，《组织人事学研究》2004 年第 3 期。

周凌华：《村居混合型社区特点》，《中国社会报》2001 年 12 月 15 日。

B.35

依托大数据平台创建智慧新社区

——云岩区水东社区“十三五”发展思路研究

摘　要：　随着大数据时代的到来，依托大数据进行社会治理已逐步实践。智慧社区这一概念正是在大数据背景下形成的。本文通过对云岩区水东社区优势的分析，总结了水东社区在“十二五”期间的经验做法，梳理了社区在创建智慧社区方面面临的困难，并在此基础上，借鉴其他发达地区智慧社区创建的经验，针对水东社区自身发展的优势与定位，提出了水东社区应依托大数据推动智慧型社区发展的建议，以期对智慧社区建设与发展提供参考和借鉴。

关键词：　水东社区　大数据　智慧社区　发展模式

国务院在2015年印发的《促进大数据发展行动纲要》中提出了让“大数据成为提升政府治理能力的新途径”的要求，同时还提出利用“大数据进行科学决策，推动政府管理理念和社会治理模式进步”的目标要求。云岩区围绕贵阳市“以大数据为引领，加快打造创新型中心城市”的战略部署，进一步明确了自身战略定位，将以“大数据为引领，加快打造创新型中心城市核心区和都市功能核心区”。同时，还要以大数据政用为切入点，助推商用，带动民用。水东社区以大数据平台为依托，努力打造智慧社区。水东社区基本情况见表1。

表 1　水东社区基本情况

<table>
<tr><td rowspan="3">社区概况</td><td>辖区面积</td><td>11.5 平方公里</td><td colspan="7">辖区人口</td></tr>
<tr><td rowspan="2">辖区范围</td><td rowspan="2">未来方舟城市综合体、渔安新城、中天世纪新城、中天甜蜜小镇、渔安村、安井村、石榴园居委会、王家桥居委会</td><td colspan="3">户籍人口</td><td>6477 人</td><td>流动人口</td><td colspan="2">3599 人</td></tr>
<tr><td>18 岁以下</td><td>—</td><td>失学儿童</td><td>—</td><td>留守儿童</td><td colspan="2">—</td></tr>
<tr><td rowspan="3">科技和教育资源</td><td colspan="2" rowspan="2">科研院所</td><td colspan="2">幼儿园</td><td colspan="2">小　学</td><td colspan="3">初中高中</td></tr>
<tr><td>公办</td><td>民办</td><td>公办</td><td>民办</td><td>公办</td><td colspan="2">民办</td></tr>
<tr><td colspan="2">—</td><td>4 个</td><td>1 个</td><td>2 个</td><td>—</td><td>1 个</td><td colspan="2">—</td></tr>
<tr><td rowspan="3">社会资源</td><td colspan="4">辖区内单位</td><td colspan="5">辖区内社会组织</td></tr>
<tr><td>行政单位</td><td>事业单位</td><td colspan="2">企业（国有）</td><td>孵化型（枢纽型）社会组织</td><td>专业型社会组织</td><td colspan="3">自发型（草根型）社会组织</td></tr>
<tr><td>—</td><td>—</td><td colspan="2">4 个</td><td>—</td><td>—</td><td colspan="3">—</td></tr>
<tr><td rowspan="2">体育文化休闲餐饮住宿设施</td><td>体育场（馆）</td><td>影剧院</td><td>广场</td><td>公园</td><td>图书市场、书店</td><td>50 平方米以上饭店、餐馆</td><td>旅店、招待所</td><td colspan="2">写字楼</td></tr>
<tr><td>—</td><td>—</td><td>2 个</td><td>4 个</td><td>—</td><td>30 个</td><td>—</td><td colspan="2">2 个</td></tr>
<tr><td rowspan="3">医疗卫生资源</td><td rowspan="2">综合医院</td><td rowspan="2">专科医院（诊所）</td><td rowspan="2">妇幼保健院</td><td rowspan="2">急救中心</td><td rowspan="2">疾控中心</td><td rowspan="2">社区卫生服务站</td><td rowspan="2">辖区药店</td><td colspan="2">养老机构</td></tr>
<tr><td>公办</td><td>民办</td></tr>
<tr><td>—</td><td>—</td><td>—</td><td>—</td><td>—</td><td>3 个</td><td>10 个</td><td>—</td><td>—</td></tr>
<tr><td rowspan="2">困难群体与特殊人群</td><td>失业人员数</td><td>退休人数</td><td>60 岁以上老人</td><td>残疾人</td><td>低保人员</td><td colspan="2">刑释解教人员</td><td colspan="2">吸毒人员</td></tr>
<tr><td>548 人</td><td>908 人</td><td>—</td><td>122 人</td><td>131 人</td><td colspan="2">—</td><td colspan="2">—</td></tr>
</table>

资料来源：表格数据由水东社区提供。

一　从“四大优势”看水东社区发展智慧社区的基础

（一）区位优势明显

水东社区辖区总面积为11.5平方公里，地处贵阳市“一核五圈三片”[①]中的东线片区，紧邻临空经济开发区，是连接云岩区与乌当区的重要交通枢纽。辖原黔灵镇渔安、安井两村和东山社区王家桥居委会及万科玲珑湾、未来方舟城市综合体。待未来方舟全部入住后，该片区总人口预计达到17万人。水东社区服务中心于2014年9月正式成立。

（二）城市副中心优势突出

水东社区辖区的王家桥商圈和未来方舟城市综合体已逐渐成为云岩区的城市副中心。水东社区在渔安新城A区和F区设立以餐饮百货、农贸市场等为主的日用生活品市场；在渔安新城B区和G区发展以呼叫中心、培训机构等为代表的大数据产业，以构筑电子商务产业园；在滨河七公里建设以体验店和高档商品为代表的商业街；在原高寨和沙窝冲等地发展以会展和旅游为主体的服务经济区。

辖区内的中天·未来方舟旅游综合体项目包含了全省第一个城市旅游综合体、全省第一家国际品质的主题公园、国内首个与水族馆结合的水上乐园、全省首个高端休闲度假温泉、全省第一家室内滑雪场、贵阳第一条滨河休闲景观长廊等重点工程。

（三）京筑教育协同发展

水东社区利用京筑联姻协同发展的机遇，积极引进优质教育资源。贵阳市于2014年与北京朝阳区签署了教育“6+4”合作协议书，其中，“6”表示朝阳区的6所小学，“4”表示朝阳区的4所中职学校，这10所学校与贵阳市开

① “一核五圈三片”是指云岩区完善块数据城市的核心区布局。

展合作办学模式。其中，北京日坛中学经过多次调研，利用位于辖区渔安新城建设现代化生态新区和棚户区改造的契机，与水东社区共同开办了北京市日坛中学贵阳分校。水东社区进一步整合了辖区教育资源，积极引进外地优质教育资源，提升辖区教育水平。

（四）配套设施一流完备

拥有一流的文体活动配套设施，文体活动中心总使用面积为 3700 平方米，不仅包含大数据中心、小区居民电子商务中心、社区数字影院、文体活动中心等高端电子数字项目，还包括 DIY 非遗中心、社区品茗茶室、书画棋牌活动室等文化活动场所。同时，在文体活动中心四楼建有功能齐全的社区综合运动场馆，包括 5 人制足球场、综合健身房、跆拳道室、瑜伽室、乒乓球馆、台球室。

公共医疗资源集中、优质。水东社区紧邻贵州省人民医院和省中医院，拥有特色的社区卫生服务中心，其中，社区卫生服务中心在规模、设备、医护人员等硬软件方面，都已经达到二级医院标准。优质的公共医疗资源能够为辖区居民提供低价、就近、便捷的医疗卫生服务。

二　村居混合过渡期凸显发展瓶颈

（一）协同治理两大主体较难

渔安新城与未来方舟是水东社区需要协调的两大重要部分。渔安和安井两村受城市化进程和未来方舟建设影响，两村的土地和房屋征迁后，村民都集中安置在渔安新城；未来方舟属于新建的城市综合体，居民为购置商品房的业主。一边是以拆迁村民为主的安置小区，另一边是高档住宅商品房小区。两大不同主体给社区治理带来不小难度。渔安新城的村民面临着转型问题。首先，渔安新城的村民以前主要以农业种植为生，现在随着城市化进程，需要转向城市就业，但由于文化水平不高，就业难度较大，这成为转型过程中的突出问题。其次，村民的卫生意识和法律意识较为淡薄，增加了环境保护和治安治理难度。最后，还存在如何盘活集体资产，带领村民致富的问题。未来方舟居住人口总量较大，居民的来源广泛，对打造精品社区提出了不小的挑战。

（二）村居交叉管理较为混乱

水东社区处于村居混合过渡期，村居建设、物业管理和管辖范围较为混乱。居委会与村委会还没有建设完毕，还未能实现有效衔接与良性互动，村居权责边界还不清晰；渔安新城的物业管理混乱，水东社区与渔安新城的居民在物业管理方面还没有达成共识，安置小区的物业管理收费较低，导致物管公司面临破产，以村为主体的业主管理委员会也还未成立；辖区派出所存在交叉管理的情况，不仅要管辖整个水东社区，还要管辖黔灵镇的部分村居。

（三）工作队伍建设有待加强

水东社区工作人员只有 33 人（见表 2）。随着未来方舟城市综合体的建设，新住户会陆续迁入水东社区，将会给社区的服务与管理造成很大压力，水东社区的工作人员队伍从结构和数量上都亟待完善与建设。

表 2　水东社区工作队伍情况

科室名称	工作人员	主要职责
党政工作部	5 人	开展社区党建工作，加强党员管理和培训
群众工作部	8 人	社区社会治理和群众信访接待，做好重点人员管控
社会事务部	12 人	开展计生、民政、社保工作，向居民提供各项服务
城管工作部	5 人	开展城市管理服务工作
经济工作办	3 人	负责推动辖区经济发展，做好辖区企业服务

三　以大数据为引领推动智慧型社区建设

（一）以创新模式为突破，打造“五型”社区

水东社区根据自身特点，提出了坚持“五力并举、合力共治”的五大“社区+”发展模式。从这五大发展模式中，通过以点带面，着力打造具有“时代特征、云岩特色、基层特点”的基层社会治理升级版，全面推进向智慧社区加速发展。

1. 模式一：“社区+党建”=先进社区

以党建为引领，建设思想先进、理念先进、服务先进的先进社区。突出党建引领的作用，把党建工作作为推动水东社区建设的“核心力”。积极开展基层党组织建设，把握好党的自身建设，推动基层党组织建设向不同领域延伸，强化基层党组织引领发展、服务社会、维护稳定的作用。按照“健全组织架构—完善制度框架—促进功能发挥”的先后顺序（见图1），推进基层党组织建设并取得实效。

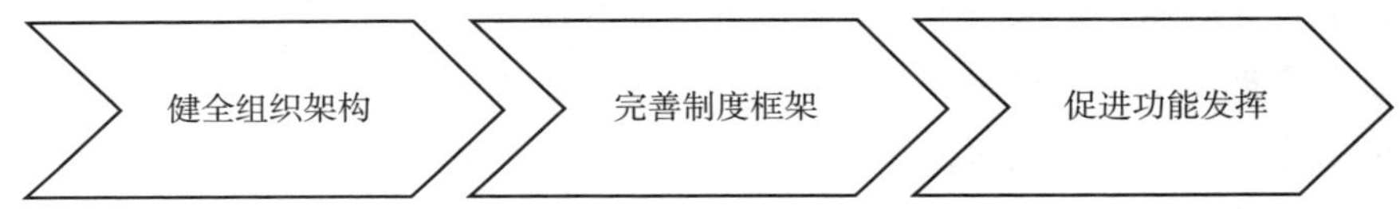

图1　推进基层党组织建设顺序

2. 模式二：“社区+服务”=便民社区

以社区服务为基础，建设联系群众、服务群众、方便群众的便民社区。提高统筹管理能力和服务群众水平，把管理服务作为推动社区建设的“原动力”。在社区服务中，把群众的实际需求作为服务工作的切入点，从居民的需求出发，制定或提供与之对应的服务，帮助群众解决实际问题。加强群众工作站的规范化建设，以群众实际需求为导向，整合综治工作站、构建“条块”有机统筹的工作机制，促进社区的服务发展。通过举办各类活动和培训，加大对村居的宣传，强化服务手段和水平，增强广大群众参与社区建设的自觉性和荣誉感。

3. 模式三：“社区+社会组织”=活力社区

依托社会组织，建设群策群力、群建群治、群动群益的活力社区。水东社区应坚持群众自治，培育发展社区小微社会组织，把引导群众参与社区建设、激发社区社会组织活力作为推动社区发展的“内生力”。设立社区社会工作发展中心，中心涵盖社会领域党建、工青妇等社区枢纽型社会组织、小微社会组织联合会、社工机构、“爱心银行”志愿服务等内容。同时，依托云岩区社会组织培育发展中心，培育社区社会组织，对公益类社会组织给予大力扶持。

4. 模式四：“社区+企业”=小康社区

打造社企互动、经济繁荣、人民乐居的小康社区。坚持寓经济发展于社会管理创新，把发展经济作为推动社区服务建设的“保障力”。加强对辖区企业的服务和共筑共建。积极宣传政府优惠扶持政策，帮助辖区企业享受实惠；帮助辖区企业登记招聘岗位，为企业免费发布招聘信息，及时为辖区企业推荐人才。与辖区企业共同解决社区经费不足、活动场地不够等问题，企业可通过以冠名或共同参与的形式与社区一起开展活动；引导辖区企业对社区弱势群体结对帮扶，营造和谐、乐居社区的氛围。

5. 模式五：“社区 + 智能化” = 智慧社区

依托大数据，建设管理智能、服务智能、运转智能的智慧社区。把大数据思维理念贯彻于社区建设的方方面面，坚持智能化、信息化、科技化的高效治理方式，把社区智能化建设作为推动社区建设的“助推力”。以云岩区在水东社区打造“社会和云”社区应用创新示范点为契机，积极建设“云上虚拟实时三维城市”，建立政府、社会、居民畅通的沟通渠道，建立大数据应急呼叫平台，助推管理智能、服务智能、运转智能的智慧社区建设。

（二）以大数据为手段，推动社区治理智慧化

1. 以治理为导向，加快数据汇聚与整合

以社区治理为导向，加快数据的汇聚与整合。充分利用云岩区“智慧门牌”管理平台，用数据提升社区人口管理水平。借鉴“智慧门牌”数据采集方法，加快地理数据库、人口数据库、法人数据库三大数据库建设。

2. 以治理为导向，创新数据分析与应用

以社区治理为导向，在数据库的基础上，创新数据分析方法与应用。建立社区大数据应急指挥中心，将重点路段、重要入口、重点场所和所有楼栋统筹起来，对城市管理、社会治安、娱乐场所、地质灾害、重点人群实行有效管控，进行统一指挥和调度。

（三）以大数据为手段，推动服务精准化

1. 居民需求智能化表达

积极将居民的需求进行转化，进行智能化表达。在智慧社区的治理模式中，社区居民对“吃、住、行、购”等的需求都可以在智慧社区进行适时地表达。智慧社区将居民在一段时间范围内的需求信息进行记录，社区工作人员

利用大数据分析技术对所有的需求信息进行分析，并得出需求分析结论，进而得到不同居民的各种需求类别，根据需求定制个性化服务，从而实现由被动供给向主动供给的转变，推动实现服务精准化。

2. 社区决策智能化制定

通过智慧社区的信息化平台，实现信息共享，以数据信息服务决策制定。在传统的社区中，个体成员由于相对比较分散，很多时候不能对社区相关事项进行实时表决。为打破这一局限，可将决策事项发布到智能终端，居民通过智能化设备对决策事项进行实时表决。比如，通过决策智能化表决，社区居委会可以不采用现场投票形式，而是通过智能投票的形式，根据投票结果，分析各类居民的需求，从而形成需求分类，最终形成个性化服务模式。

3. 服务水平智能化监督

根据“一委一会一中心”的治理架构，形成“社区居民提议，社区党委决策，社区服务中心执行，群众评议成效”的新模式。通过社区大数据平台，将服务居民的相关数据纳入社区公共服务管理系统中，从而形成“居民需求表达—需求整合和甄别—多元主体提供服务—服务反馈与评价—提供主体间的优胜劣汰—更高质量的社区公共服务”① 这一完整的服务流程和智能化监督流程。通过监管流程对各供给主体的服务质量进行实时动态评价，形成评判机制，促使社区服务质量与服务水平不断提高。

参考文献

陆毅：《智慧社区视角下无锡市社会治理创新研究》，硕士学位论文，华东政法大学，2016。

黄秋月：《搭建大数据平台　创建智慧新社区》，新华网，http：//news. xinhuanet. com/local/2016 -05/18/c_ 128991635. htm，2016 年 5 月 28 日。

钟关勇：《云岩区水东社区奋力创建新型现代化社区》，光明网，http：//news. gmw. cn/newspaper/2016 -10/26/content_ 117398822. htm，2016 年 10 月 26 日。

云岩区水东社区：《水东社区“十三五”规划工作报告》，2015。

---

① 陆毅：《智慧社区视角下无锡市社会治理创新研究》，硕士学位论文，华东政法大学，2016。

B.36

以城市化进程为主攻向 全力打造贵州一流强镇

——云岩区黔灵镇“十三五”发展思路研究

摘　要：　随着我国城市化转型发展的不断推进，乡镇的城市化进程成为重点。在这一背景下，云岩区黔灵镇以城市化进程为主攻方向，全力打造贵州一流强镇。本文以案例研究为主，从黔灵镇的基本情况切入，总结了黔灵镇在“十二五”时期的主要做法及存在的问题，对黔灵镇“十三五”时期的城市化进程提出思考和建议，以期为乡镇城市化转型发展提供借鉴和参考。

关键词：　黔灵镇　城市化　经济转型　社会治理

云岩区作为贵阳市的中心城区，在城市转型发展过程中承担重要角色。作为云岩区唯一的镇，黔灵镇在新型城镇化的发展中起到至关重要的作用。“十二五”时期，黔灵镇逐步完善城镇建设，有效推动城镇经济发展，健全民生服务保障。“十三五”时期，按照“城市发展主战场、经济发展增长极、都市功能新中心”的发展定位，黔灵镇将着力破解两大难题、把握好三大关系，加快城镇化进程，打好“五张牌”、全面推动黔灵镇发展升级，全力打造贵州一流强镇。黔灵镇基本情况见表1。

表 1　黔灵镇基本情况

<table>
<tr><td rowspan="7">概况</td><td>辖区面积</td><td>57.87 平方公里</td><td colspan="7">辖区人口</td></tr>
<tr><td rowspan="2">辖区范围</td><td rowspan="2">位于云岩区东西北面、东西两面及东北面与乌当区接壤,西北部与北面邻白云区界,南面与南明区毗连</td><td colspan="3">户籍人口</td><td colspan="2">62613 人</td><td>流动人口</td><td>81922 人</td></tr>
<tr><td rowspan="2">困难群体</td><td>低保人员</td><td colspan="3">1662 人</td><td rowspan="2">外出打工</td><td rowspan="2">—</td></tr>
<tr><td rowspan="4">自然资源</td><td rowspan="4">自然景观好,生态环境优,拥有贵州省目前规模最大、自然生态景观最好的温泉项目——天邑温泉度假中心</td><td>60 岁以上老人</td><td>—</td><td>建档立卡贫困户</td><td>—</td></tr>
<tr><td rowspan="3">特殊人群</td><td>残疾人</td><td>1051 人</td><td>失业人员</td><td>291 人</td><td>刑释解教人员</td><td>116 人</td></tr>
<tr><td>留守儿童</td><td>21 人</td><td rowspan="2">吸毒人员</td><td rowspan="2">904 人</td><td rowspan="2">缠访、集访带头人</td><td rowspan="2">5 人</td></tr>
<tr><td>失学儿童</td><td>—</td></tr>
</table>

<table>
<tr><td rowspan="3">经济发展</td><td colspan="2">村(居)民可支配收入</td><td rowspan="2">地方财政总收入</td><td colspan="2">村集体经济</td><td rowspan="2">一产总值</td><td rowspan="2">二产总值</td><td rowspan="2">三产总值</td><td rowspan="2">辖区内企业</td><td colspan="3">招商引资</td><td rowspan="2">全社会固定资产投资</td></tr>
<tr><td>村民</td><td>居民</td><td>总数</td><td>资金总额</td><td>签约金额</td><td>签约企业</td><td>落地企业</td></tr>
<tr><td>14026 元</td><td>28117 元</td><td>1.205 亿元</td><td>11 个</td><td>2200 万元</td><td>—</td><td>—</td><td>—</td><td>276 个</td><td>5 亿元</td><td>—</td><td>—</td><td>152.8 亿元</td></tr>
</table>

<table>
<tr><td rowspan="3">基础设施建设</td><td colspan="6">六个小康专项行动计划</td></tr>
<tr><td>小康路</td><td>小康水</td><td>小康房</td><td>小康电</td><td>小康讯</td><td>小康寨</td></tr>
<tr><td>—</td><td>—</td><td>—</td><td>—</td><td>—</td><td>—</td></tr>
</table>

<table>
<tr><td rowspan="3">教育资源</td><td colspan="2">幼儿园</td><td colspan="2">小学</td><td colspan="2">中学(初中和高中)</td><td>大中专及以上院校</td></tr>
<tr><td>公办</td><td>民办</td><td>公办</td><td>民办</td><td>公办</td><td>民办</td><td rowspan="2">1 个</td></tr>
<tr><td>2 个</td><td>56 个</td><td>5 个</td><td>42 个</td><td>1 个</td><td>27 个</td></tr>
</table>

<table>
<tr><td rowspan="2">文体建设</td><td>人文资源</td><td>重点文化节庆活动</td><td>公共文体活动场所(包括广场、公园和体育运动场所等)</td></tr>
<tr><td>—</td><td>—</td><td>—</td></tr>
</table>

<table>
<tr><td rowspan="3">医疗卫生资源</td><td colspan="2">乡镇卫生院</td><td>—</td><td>养老院</td><td>—</td></tr>
<tr><td>医护总数</td><td>床位数</td><td>床位占用率</td><td rowspan="2">村级卫生室</td><td rowspan="2">11 个</td></tr>
<tr><td>100 人</td><td>98 张</td><td>94.89%</td></tr>
</table>

资料来源：表格数据由黔灵镇提供。

一　黔灵镇城市化的基本情况

（一）城镇建设日益完善

1. 基础设施完善

作为云岩区唯一的镇，黔灵镇在基础设施建设方面与城市存在一定差距。“十二五”期间，黔灵镇筹集资金，逐步将镇中的道路、公共设施进行了完善，先后完成了三桥村消防通道、东山村休闲娱乐广场、沙河村百花山、西瓜村木瓜田组、黔灵村南垭农民新村、茶店村登高坡等村寨道路、排污管网、饮水管网的改造工程，同时修建了1万余米的村道路，安装和修缮各路段的路灯，给所有村民安装了“一户一表”，全面完善辖区内的各项基础设施，提高了村民的生活质量。

2. 城镇空间逐步扩大

“十二五”期间，黔灵镇积极配合市、区共同开展中环路项目建设，制定了有效的工作方案和健全的工作机制，主动协调上级、对接下级，争取辖区各单位和群众的支持，确保妥善处理历史遗留问题，强力推动了集体土地征收工作，提高了道路周边的土地资源利用率，使黔灵镇的可用土地面积得到进一步扩大，为全区推进基础设施建设做出了积极的贡献。

3. 城镇功能逐步完善

通过完善道路、公共服务等基础设施，扩大土地资源的利用面积，提高村民的生活质量，优化乡镇的道路规划等工作，黔灵镇提高了产业的生产功能、政府的服务和管理功能、企业与单位的协调功能、对辖区人口的集散功能和各行业的创新功能，城镇功能逐步完善。

（二）经济总量持续增长

“十二五”期间，通过不断优化服务，黔灵镇成功实现了从“大招商”到“招大商”的转变，从单一性的项目招商、环境招商、服务招商到多元化地利用中心城镇生产力资源要素招商的转化。同时，及时更新确保动态了解企业经营生产情况，定期追踪跟进，做好项目的协调服务，确保项目顺利实施。

2015 年，全镇经济保持稳步增长，具体情况如图 1 所示。五年来，黔灵镇共引进企业 398 家，其中注册资金 1000 万以上的项目有 119 个，扶持创办微型企业 100 余个。

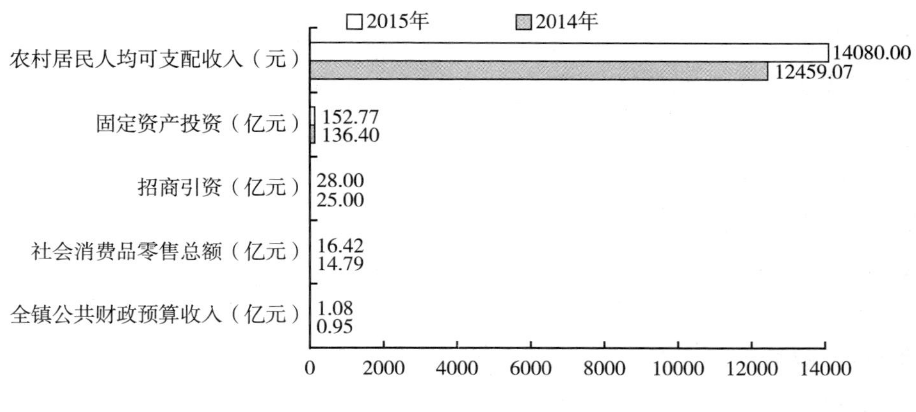

图 1　黔灵镇经济增长情况

（三）民生事业稳步推进

黔灵镇以保障和改善民生为重点，围绕民生“十困”问题，创新社会管理方式，为村民谋福利，解决居民的生活困难问题，使辖区群众的幸福感、安全感和满意度不断提升，稳步推进黔灵镇的民生事业。

1. 加快发展教育事业

黔灵镇加快发展科教文卫事业，完善了各村的文化工作网络和农村的公共文化设施。通过与周边城市的密切联系和交流，黔灵镇引进先进的教育资源，大力推动城乡教育事业的发展，完善义务教育管理体制，确保辖区内无辍学、失学的适龄儿童。“十二五”期间，全镇的适龄儿童入学率大大提高，已达到 99.9%。

根据国家和省市的各项相关扶持政策，黔灵镇积极解决农民工子女教育问题，保证人人有学上，人人有书读。通过巩固“两基”成果，抓实“文化户口簿”流动工作，狠抓教育水平和提高教学质量，进一步加大农民工子女接受义务教育和扫盲的工作力度，解决了黔灵镇百姓“上学难”的问题，提高农民群众融入城市生活和发展的能力。

2. 完善养老保障机制

为了实现农民居民化，黔灵镇从机制入手，以政策为保证，切实建立和完善农村失地农民和“农转非”后的养老保险体系。

在“十二五”期间，黔灵镇加大新型农村养老保险的参保力度，提高了城镇居民基本养老保险的参保人数。此外，黔灵镇还给辖区60岁以上老年人办理了老年优待证，在节假日期间慰问辖区特困、高龄、空巢、低保老人，向他们发放慰问金及慰问品。为了提升老年人的归属感和幸福感，黔灵镇还申报了农村老年幸福院项目，加强对辖区老人的关心力度，解决“养老难”的问题。

3. 积极解决就业问题

为了提高农民群众的就业率，黔灵镇完善各项就业保障制度，为符合条件的居民办理就业失业登记证，为灵活就业人员办理了社保补贴。此外，黔灵镇积极协助市、区劳动部门举办招聘会，提高村民的就业率。

黔灵镇还根据辖区群众的实际情况，有针对性地开展技能培训，提高村民的综合素质和职业技能水平，积极发展适合他们的就业岗位，解决了群众“就业难”的问题。

4. 大力加强卫生保障

为解决全镇居民“看病难”的问题，黔灵镇继续做好“新型农村合作医疗”的政策宣讲工作，并且完善相应的医疗保险配套体系，提高全镇的参保率。同时，为了使居民看病更加方便，黔灵镇将服务延伸到每个村民组，实行一站式便民服务，为村民报销各类医疗费用，提供医疗救助、临时救助，发放相应的救助金，让村民不再为看病而发愁。

除此之外，黔灵镇还大力加强公共卫生服务，全镇所有村卫生室均已达到标准，计划免疫门诊达到预防接种合格门诊的标准，全镇的饮用水消毒情况也完全达标，公共卫生得到有效保障。

5. 村（居）民收入稳步提升

《2015年云岩区国民经济和社会发展统计公报》中的资料显示，2015年云岩区城镇居民人均可支配收入为28117元，同比增长8.8%，农村居民人均可支配收入为14026元，同比增长9.2%。由于云岩区的农村常住居民多来自黔灵镇，因此“十二五”时期云岩区农村居民收入的不断增长，也反映出黔灵镇五年来村（居）民收入稳步提升的情况。截至2015年，黔灵镇农村居民人均可支配收入达14080元，年均增长13.01%（见图2）。

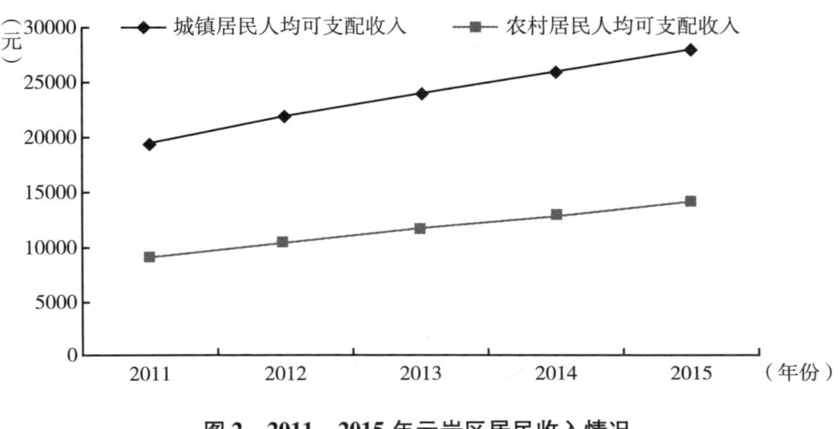

图2　2011～2015年云岩区居民收入情况

二　黔灵镇在城市化进程中面临的瓶颈和挑战

（一）发展问题依然突出

1. 城市化进程缓慢

虽然在"十二五"期间，黔灵镇取得了不少发展成果，加快了城镇建设的脚步，但是辖区内基础设施仍跟不上发展需要，房屋老旧破损、环境卫生较差等问题仍较为突出。此外，在城乡居民保障一体化方面，广大农民群众缴纳费用与城市居民相当，却无法享受与城市社区居民同等的待遇。

2. 产业结构亟须调整

"十二五"期间，黔灵镇主要以房地产的发展拉动区域经济社会的发展，但是由于正处于城市化进程中，大型城市规划项目的建设导致大量土地被政府征收，农民只能依靠招租维持经济来源。同时，黔灵镇位于贵阳市的中心城区，考虑到城市的环境，发展占地面积大、污染环境严重的工业产业也不现实。在农业发展不具备土地要素、重工业发展不符合发展方向的情况下，黔灵镇亟须调整产业结构。

3. 村集体经济后劲不足

产业发展空间受限及人才缺乏导致黔灵镇的村集体经济发展后劲不足。黔灵镇大多数村集体的土地被政府征拨，村集体缺乏用以发展的土地指标，长久以来以土地出租、厂房出租和土地提留款作为支撑；村民缺乏用以发展规模种植的土地空间。加上黔灵镇位置特殊，村集体及村民发展规模养殖业也不现实。此外，村民拥有的技能较少，就业渠道较窄。这些都影响了村集体经济的发展。

4. 社会矛盾化解难度进一步增大

土地征收影响村民利益，产生社会矛盾。在城镇建设工作中，长昆线、渝黔线、贵广线、市域快速铁路、中环路、棚户区改造等项目建设都面临土地征收的问题，村民的集体土地资源被征收，村民失去农业种植地，无法依靠农业获得经济来源，土地征收影响了他们的利益，产生了社会矛盾；在城镇建设和社会发展的过程中，土地征拨和企业单位改制产生民生欠账问题，从而引发村民的不满，引起一系列的社会治理问题。

人口结构复杂与城乡二元化导致社会矛盾。由于黔灵镇处于城郊接合部的特殊地理位置，流动人口较多，镇中的村民与周围城市的居民以及大量涌入的流动人员有着不同的生活习惯，在工作和生活中也存在突出的矛盾。随着社会经济的不断发展，村民的诉求也难以满足，常常缴纳与城市居民相同的费用，却无法享受相同的待遇，导致社会矛盾逐渐加大，化解难度也进一步加大。

（二）挑战仍旧艰巨

1. 两大难题亟待破解

对于城市化建设中的黔灵镇来说，最重要的是要解决农村向城市发展的问题，解决农民适应城市生活的问题，为此，黔灵镇应重点破解两大发展难题。

一方面，黔灵镇应当着力解决“农转非”问题，解决农民的保障和发展问题。首先要保障农民生存的基本需要，在此基础上，应着力推动农民可持续发展。黔灵镇应跳出农业来谋划发展，以产业为支撑，重点突破机制体制障碍，以北线的开发建设为载体，通过项目引进、产业布局调整、经济增长方式的转变，加快农村发展，实现产业结构、农村经济增长方式和就业渠道的转变。

另一方面，黔灵镇还需要破解农民居民化难题。“农转非”的工作不但关系到社会的稳定，而且涉及经济发展问题，关系到社会的进步，是影响城市化的关键问题。如果仅仅只是转变农民的身份，无法实现统筹发展，也无法构建和谐社会。要真正实现农民的居民化，首先应当从机制入手，建立和完善农村失地农民养老保险和“农转非”后的养老保险、医疗保险及再就业等一系列与之相配套的体系，解决好农民的后顾之忧。其次，应当努力提高农民的基本素质，把提升农民转变为居民后的素质作为当前和今后一段时期的重要任务，从根本上转变他们的生活方式、思想观念，真正实现好农民向居民的转化。

2. 三大关系亟待平衡

首先，黔灵镇需要处理好传承与创新之间的关系。黔灵镇作为一个城市中的建制镇，拥有优良的工作作风，领导干部和党员群众在工作中能起到模范带头作用，镇政府的工作人员也在工作中积极发挥自身特长，推动全镇的发展。同时，黔灵镇也拥有淳朴的乡规民约，农民群众能够自觉形成一套规矩和约定，让农村有秩序、有规律地发展，使农村保持自身的淳朴民风和稳定的社会秩序。黔灵镇在城市化的过程中应当传承这些优良的工作作风和淳朴的民风，保留自身优势，推动社会发展。此外，黔灵镇还应该进行创新，顺应时代的发展潮流，进一步创新工作机制，革新工作思路，改善工作措施，改变传统的观念，不断提升辖区群众的生活质量，促使区域更好更快发展。

其次，黔灵镇需要处理好业态拓展和产业结构调整之间的关系。“十三五”期间是大数据、电子商务大发展和推广应用的时期，黔灵镇应当抓住这一良好机遇，争取政策和资金，完善基础设施建设，增强工业园区的核心实力，依靠科技创新，实现该镇原有第二产业的业态拓展，形成生产、输送、服务等功能相结合的产业链，为产业结构调整提供持续有力的支撑和推动。同时，黔灵镇需要进行三次产业的结构调整，打破该镇原有的房地产独大的局面，与时俱进，加快发展现代网络、现代金融、现代物流等生产性服务业，做好以服务云岩、服务贵阳为依托的服务产业，实现产业结构调整与业态拓展的良性互动。

最后，黔灵镇需要处理好空间拓展和城镇功能之间的关系。在“十三五”时期，黔灵镇应当积极配合中环路改造项目，紧抓雅关、偏坡片区轨道交通建设的契机，布局好中环路经济带，拓展黔灵镇的发展空间。因此，黔灵镇一方面要做好城镇发展的规划，形成适应城镇发展的乡镇规划体系；另一方面要进一步完善城镇功能，加强城镇基础设施和配套设施建设，包括硬件设施和市政设施等的修缮工作，最终增强黔灵镇的城市综合竞争力。

三 打好“五张牌”，全面推动黔灵镇发展升级

（一）打好产业提档升级的核心牌

黔灵镇应当继续坚持传统产业和新兴产业“两条腿”走路的发展理念，推动黔灵镇各类企业发展壮大。

1. 巩固存量产业，实现升级转型

黔灵镇拥有稳固的存量产业，在“十三五”时期，应当进一步增强工业园区的核心实力，巩固存量产业，实现产业的转型升级。要协助益佰制药建好建强工业园区，积极引进、开发新药技术和行业科技成果，提高制药企业的技术创新实力、新产品开发能力和市场竞争力。例如，引导立爽、科辉、神奇等制药企业融汇整合，提高辖区制药企业的市场竞争力。另外，应当以永吉印务为龙头，积极推进印刷包装行业的资源整合，鼓励企业引进先进技术和设备，提高产品档次，增强印刷企业的市场竞争力。

2. 培育增量产业，注入新动能

在巩固传统存量产业的同时，黔灵镇应当加强对增量产业的培育，利用区位优势，结合繁荣的商业网点、便利的交通网络，积极打造现代服务业，依托北二环、盐沙路等市级重点建设项目，积极引进低污染、高效益的高新技术产业，以点为基础，连点成线，扩线成面，为黔灵镇的产业发展注入新动能，增强发展后劲，壮大经济实力。

（二）打好群众职工的素质牌

素质是城市发展的根本。干部素质不高，就无法提高工作质量；市民素质不高，就难以形成文明风气。因此，黔灵镇应加强对干部和群众的素质教育，努力打好群众职工的素质牌。

1. 加强村民素质教育

良好的市民、村民素质是经济社会发展的必要支撑。黔灵镇在“十三五”时期，应当将提升素质作为发展“补药”，不断提高全民思想道德素质和科学文化水平，促进自身加快发展、率先发展、协调发展。要加快发展科教文卫事业，完善村（居）文化工作网络，抓好农村公共文化设施建设。

黔灵镇要做到以解决农民工子女教育问题为目标，推动城乡教育事业发展，完善义务教育管理体制。同时，要创新人口计生工作机制，优化人口结构，提高人口素质。通过开展青年志愿服务，以服务村（居）民为出发点，把先进文化带到农村，宣传各类知识，推动农村的社会主义精神文明建设，提高农村的整体素质。

2. 加强干部素质教育

干部的工作水平，是全镇社会经济发展的根本保障，因此，努力加强干部的素质教育，是推动黔灵镇发展的基础条件。黔灵镇应当通过治贪、治庸、治懒进一步加强领导班子作风建设，发挥领导干部的模范带头作用，转变干部职工的工作作风，提高办事效率，提升执政能力和水平，为经济社会又快又好发展提供坚实保障。

同时，要巩固先进性教育活动所取得的成果，充分利用例会、民主生活会等形式，学习习近平总书记的重要讲话，中央、省、市、区的文件和查处违反工作纪律的通报等，加深全体工作人员对中央、省、市、区关于加强党风廉政建设的理解，通过各种形式的教育，加强政治学习，增强贯彻落实“八项规定”的责任感、紧迫感，提高贯彻落实上级有关要求的自觉性，有效提升全镇党员干部队伍的服务能力。

（三）打好城镇建设的人气牌

一个地区的发展，离不开“人气”，如果没有了“人气”，发展必然滞后。因此，黔灵镇应当合理进行城市规划，优化辖区设施和城市功能，通过聚集“人气”来吸引外部的资金和项目，让“人气”带动“商气”，推动黔灵镇的发展。

1. 规划城市空间

黔灵镇应当全力配合中环路改造项目，利用这一契机，提前谋划周边区域的规划布局，实现城市规划的融合、产业规划的融合、民生发展规划的融合等“多规融合”的发展模式。在建设过程中，黔灵镇应当积极争取上级帮扶，建立部门统筹协调机制，动用各方力量，拓宽资金来源，合理规划城市空间，优化城市发展格局。

2. 优化城市功能

黔灵镇应优化产业结构，依靠产业的发展进一步丰富和完善城市功能，提升城市能级。此外，黔灵镇要借助公园城市建设，进一步优化城市功能，实现各个区域的组团式发展，从而带动全镇以及全区的经济发展。

3. 完善城市设施

黔灵镇应进一步完善教育、养老、医疗等公共设施，满足基本群体的社会保障需求，提高群众满意度。同时，要拓宽资金渠道、吸引项目入驻，在区域内建设高端的服务场所，建立可供高层次、高消费需求人群使用的设施设备，进一步提高黔灵镇的“商气”。

（四）打好城镇环境的生态牌

生态是城市和地区发展的“脸面”，对城市和地区发展形象的塑造至关重要。此外，绿水青山就是金山银山，生态对城市和地区经济的发展也意义重大。黔灵镇应做好生态保护工作，积极配合云岩区公园城市的建设，努力打好城镇环境的生态牌。

生态作为大趋势，是一个城市或者一个地区的一张“脸”，同样也是生产力和产业。作为公园省的贵州，生态是贵州省、贵阳市的外塑形象，因此黔灵镇要努力打好城镇环境的生态牌。

1. 注重生态保护

黔灵镇要在生态保护上狠下功夫。要继续开展全民义务植树活动，增加城市的绿地面积；同时，要加强对森林防火工作的宣传、执勤等；要积极做好水资源的保护工作，并且协助辖区企业做好节能减排工作。此外，黔灵镇要谋划好片区的产业布局，努力将该镇打造成高科技、无污染的生态旅游文化示范区。

2. 开展公园建设项目

黔灵镇在“十三五”时期，应当积极配合云岩区“百园之区”的打造，加强公园建设工作。继续协同周边社区，完善对公园的管理和开发，积极与上级部门沟通，落实各项公园建设的开发项目，将生态旅游、公园之城的发展模式融入黔灵镇的发展中。

3. 加强城市管理和社会治理

在“十三五”时期，黔灵镇应当继续加强城市管理的工作，修缮垃圾清运配套设施、进一步改善市容市貌、全面实施主次干道的亮丽工程项目，不断提升辖区群众的生活质量。同时，还应继续加强社会治理工作，做好“智慧小门牌，社会大治理”工程项目，积极探索法治、善治、自治、共治、德治“五治”体系，积极调动村民居民参与共建共治工作，使社会服务更加完善。

（五）打好村民增收的致富牌

1. 实施精准扶贫

黔灵镇应当结合大数据，实施“大数据 + 大扶贫”的建设工程，充分发挥大数据众筹众扶的优点，精准筛选、智能匹配，将扶贫对象的具体需求与政府、公益组织、企业、社会爱心人士等帮扶资源精准对接，实现精准扶、全面扶、大众扶的“大扶贫”新模式。同时，黔灵镇要在以往的工作中总结经验、发扬优势、补足差距，形成科学治贫、精准扶贫、有效脱贫的扶贫效果。

2. 加强村集体经济

成立“致富队”，带领村集体致富。加强班子队伍建设，加强年轻党员的培养和储备，实施多元化干部培训，增加经验，启发思维，提升致富能力。同时，实施“电子商务 + 村集体”的建设工程，积极利用“电商惠农”“贵农网”“贵农金融”等电商服务平台，充分发挥电子商务的优势，助推村集体经济的发展。

参考文献

黔灵镇人民政府：《黔灵镇党委五年工作报告》，2016。

黔灵镇人民政府：《黔灵镇 2015 年度年终检查汇报材料》，2016。

S 子库介绍
Sub-Database Introduction

中国经济发展数据库

涵盖宏观经济、农业经济、工业经济、产业经济、财政金融、交通旅游、商业贸易、劳动经济、企业经济、房地产经济、城市经济、区域经济等领域，为用户实时了解经济运行态势、 把握经济发展规律、 洞察经济形势、 做出经济决策提供参考和依据。

中国社会发展数据库

全面整合国内外有关中国社会发展的统计数据、 深度分析报告、 专家解读和热点资讯构建而成的专业学术数据库。涉及宗教、社会、人口、政治、外交、法律、文化、教育、体育、文学艺术、医药卫生、资源环境等多个领域。

中国行业发展数据库

以中国国民经济行业分类为依据，跟踪分析国民经济各行业市场运行状况和政策导向，提供行业发展最前沿的资讯，为用户投资、从业及各种经济决策提供理论基础和实践指导。内容涵盖农业，能源与矿产业，交通运输业，制造业，金融业，房地产业，租赁和商务服务业，科学研究，环境和公共设施管理，居民服务业，教育，卫生和社会保障，文化、体育和娱乐业等 100 余个行业。

中国区域发展数据库

对特定区域内的经济、社会、文化、法治、资源环境等领域的现状与发展情况进行分析和预测。涵盖中部、西部、东北、西北等地区，长三角、珠三角、黄三角、京津冀、环渤海、合肥经济圈、长株潭城市群、关中—天水经济区、海峡经济区等区域经济体和城市圈，北京、上海、浙江、河南、陕西等 34 个省份及中国台湾地区 。

中国文化传媒数据库

包括文化事业、文化产业、宗教、群众文化、图书馆事业、博物馆事业、档案事业、语言文字、文学、历史地理、新闻传播、广播电视、出版事业、艺术、电影、娱乐等多个子库。

世界经济与国际关系数据库

以皮书系列中涉及世界经济与国际关系的研究成果为基础，全面整合国内外有关世界经济与国际关系的统计数据、深度分析报告、专家解读和热点资讯构建而成的专业学术数据库。包括世界经济、国际政治、世界文化与科技、全球性问题、国际组织与国际法、区域研究等多个子库。

法律声明